Belardi u.a. · Beratung

Berufsfelder Sozialer Arbeit

Band 10

Herausgegeben von C. Wolfgang Müller

Beratung

Eine sozialpädagogische Einführung

Von Nando Belardi, Lale Akgün,
Brigitte Gregor, Reinhold Neef,
Thomas Pütz, Fritz Rolf Sonnen

2. Auflage

Beltz Verlag · Weinheim und Basel

Prof. Dr. phil. habil. *Nando Belardi* (1946), Psychotherapeut (FPI/HPG) und Supervisor (DGSv), Lehrstuhl für Sozialpädagogik an der Techn. Universität Chemnitz. Von ihm stammen alle nicht namentlich gekennzeichneten Beiträge dieses Buches.

Dr. rer. nat. *Lale Akgün* (1953), Diplompsychologin, war an der Erziehungsberatungsstelle der Stadt Köln tätig. Seit 1997 Leiterin des Landeszentrums für Zuwanderung NRW in Solingen.

Brigitte Gregor (1956), Diplomsozialpädagogin, lebt als freiberufliche Beraterin und Supervisorin (DGSv) in Schwelm. Sie war langjährig tätig als Leiterin einer Schwangerschaftskonfliktberatungsstelle.

Reinhold Neef (1949), Gestalttherapeut (FPI), Mitarbeiter der Beratungsstelle des Frankfurter Kinderschutzbundes, Psychotherapeut und Supervisor in freier Praxis.

Thomas Pütz (1954), Diplomsozialarbeiter, Leiter der Drogenhilfe Bergisch-Gladbach.

Fritz Rolf Sonnen (1946), Diplompsychologe (BDP), Diplomtheologe, Klinischer Psychologe, Leiter einer ökumenischen Familienberatungsstelle in Köln-Mülheim.

Lektorat: Richard Grübling

2., korrigierte und neu ausgestattete Auflage 1999

© 1996 Beltz Verlag · Weinheim und Basel
Herstellung: Erich Rathgeber, Weinheim
Satz: Satz- und Reprotechnik GmbH, Hemsbach
Druck: Druckhaus Beltz, Hemsbach
Umschlagfoto: Bavaria Bildagentur, München

ISBN 3-407-55823-6

Inhaltsverzeichnis

III Was gehört noch zur sozialpädagogischen Beratung?

Vorwort des Herausgebers

Berufsfelder Sozialer Arbeit heißt die Lehrbuch-Reihe, in der dieser, von Nando Belardi konzipierte und moderierte Band als 10. Lehrbuch erscheint. Die Lehrbuchreihe ist an den festen, Stein gewordenen Grundlagen Sozialer Arbeit orientiert: an ihren *festen Häusern* dem Lebenslauf entlang. Dem KinderGarten, dem JugendAmt, dem JugendHaus, dem ErziehungsHeim, dem SozialAmt, dem ObDach, dem Gefängnis, dem „Irrenhaus", dem KrankenHaus und dem Alten-Heim. Zwei Bände weichen von dieser Systematik ab. Sie beschreiben zwischenmenschliche Aktivitäten und Interaktionen, die nicht an feste Häuser gebunden sind, die sich sogar weitgehend einer Institutionalisierung in festen Mauern widersetzen: *Selbsthilfe* und *Beratung*. Sie sind Ausdruck und Auswirkung eines seit langem anhaltenden Prozesses der teilweisen Ent-Institutionalisierung Sozialer Arbeit. Dieser Prozeß ist manchmal als Tendenz zur Ent-Professionalisierung mißverstanden worden und hat sich dabei auf die vollmundig vorgetragene Experten-Schelte bezogen, die Ivan Illich und andere in den 70er Jahren vorgetragen haben.

Richtig ist, daß die Professionalität derer, die in „festen Häusern" auf „festen Planstellen sitzen", anders aussieht – und wohl auch anders erworben werden muß – als die Professionalität von Sozialarbeiterinnen, die „im Felde arbeiten". Häufig wird eine solche Aussage mit dem Bild vom Hausbesuch eines Arztes am Krankenbett in der Mietwohnung illustriert, und dieses Bild wird mit dem Arbeitsplatz der Apparate-Medizin in der Intensivstation eines Großstadt-Krankenhauses verglichen. Ein solches Bild hat etwas für sich, und es führt doch gleichzeitig in die Irre. Denn Anlässe für sozialpädagogische Interventionen sind menschliche, zwischenmenschliche und soziale Konflikte und deren selbstaktive Bearbeitung, nicht aber Krankheiten.

Mit der zeitgenössischen Ausdehnung der Wirkungsstätten Sozialer Arbeit über die Mauern der festen Häuser hinaus, in denen sie zunächst einmal professionalisiert worden war, wuchsen die Anforderungen der Praxis an die Qualität methodischen Arbeitens. Nicht mehr die eingeschliffene Routine der *Häuser* legte die einzelnen Schritte der Problembearbeitungen fest, sondern die Eigengesetzlichkeiten und die „Störvariablen" – aber auch die zusätzlich mobilisierbaren „Ressourcen des *Feldes*". Die Professionalität in diesen neuen, entgrenzten Bereichen Sozialer Arbeit steckte nun nicht mehr im Bauplan der Häuser, sondern in den Blaupausen „methodischen Arbeitens".

Auch dieses methodische Arbeiten ist weiterentwickelt worden. Gerade am Beispiel von „Beratung" kann dies eindrucksvoll demonstriert werden. Die historischen Wurzeln sozialarbeiterischer Beratung liegen bei der „Fallarbeit" (*social case work*) nordamerikanischer und europäischer Hausbesucherinnen in den Wohnungen von Familien, die um soziale Unterstützung und Hilfe nachgesucht hatten. In einem zweiten Schritt wurden sie in festen Häusern (in Deutschland auch in den klassischen drei „Ämtern" Sozialer Arbeit) konzentriert und unter Zuhilfenahme sozialwissenschaftlicher Forschungsergebnisse und Theorie-Schulen lehrbar gemacht. Differenzierungen in psychoanalytische Schulen, nichtdirektive gesprächstherapeutische Traditionen, systemische Ansätze und verhaltensmodifizierendes Training fanden statt. Ihre Wirksamkeit hing wesentlich davon ab, ob die „richtigen" Klienten mit den „richtigen" Problemen und Symptomen den Weg in die „richtige" Beratungsstätte mit dem „richtigen" Beratungsansatz fanden. Der Beratungsmarkt spezialisierte sich mehr und mehr mit allen positiven und negativen Folgen eines solchen Segmentierungsprozesses für BeraterInnen und KlientInnen.

Mit dem Paradigmenwechsel in der Sozialen Arbeit von der gesellschaftlichen Struktur-Analyse zum lebensweltlichen Problem-Verstehen bahnte sich in den Beratungsprozessen eine Wende zu ganzheitlichen Sichtweisen und integrativen Handlungsprofilen an. „Beratung" war nun nicht mehr gleich „Beratung", sondern zur Professionalität von Beratern zählte mehr und mehr ein vertieftes Verständnis für unterschiedliche soziale Probleme und Symptome, unterschiedliche Klientengruppen, deren Lebensweisen, Lebensstile und Lebenswelten und unterschiedliche Beratungsprofile, ohne daß die Ratsuchenden deshalb von einer Spezialberatung zur anderen geschickt werden mußten.

Ein solches eher ganzheitliches Vorgehen erforderte neue Versuche der Methoden-Integration. Die grundlegenden Fertigkeiten sozialpädagogischer „Beratung im Gespräch" sind zum gegenwärtigen Zeitpunkt hinlänglich dokumentiert und in Lehrbüchern zugänglich. Die *Edition Sozial* des Beltz Verlages hat sich an diesem Prozeß der Grundlagensicherung mit den Büchern von Sabine Weinberger, Gerard Egan, Stephan Murgatroyd und Sue Collins beteiligt. Gerade angesichts der Aufeinanderfolge dieser Autorinnen und Autoren mag die starke Tendenz zur Integration unterschiedlicher Beratungsschulen und Beratungsprofile in den Beratungsprozeß deutlich werden.

Gleichzeitig müssen Beraterinnen, die einen starken Feldbezug haben (*gemeinwesenorientierte Beratung*), ein geschärftes Verständnis für die unterschiedlichen Kulturen und Lebensstile besitzen, die an bestimmte Zielgruppen mit bestimmten Problemen und Symptomen gebunden sind. Sie müssen dieses Verständnis besitzen, nicht um Klienten wegzuschicken, wenn sie nicht zum Stil der Beraterin passen, sondern um ihre Beratungstätigkeit jeweils so weit zu modifizieren, daß sie für die jeweilige Interaktion sinnvoll und erfolgversprechend erscheint.

Das von Nando Belardi konzipierte und moderierte Lehrbuch versucht, die notwendige Verbindung zwischen basalen Fertigkeiten, differenzierenden Kenntnissen und einer integrierenden Sichtweise als einen Überblick über exemplarische Felder zeitgenössischer Beratung herzustellen. Ich denke, daß dieses Buch helfen kann, die Unübersichtlichkeit der bedeutsamen sozialpädagogischen Handlungsform „Beratung" und ihrer unterschiedlichen Praxis zu mildern und zu zeigen, daß die gegenwärtige Vielfalt bestimmten Gesetzen folgt und nicht mit einem ungeregelten Chaos verwechselt werden sollte.

C. Wolfgang Müller

Vorbemerkung

Obwohl seit Jahren ein Mangel an einführenden Werken zum Thema Sozialpädagogik und Beratung besteht, ist es doch ein schwieriges Unternehmen, eine Einführung in die sozialpädagogische Beratung zu schreiben. Denn die zu berücksichtigende Fachliteratur aus den Bereichen Beratung und Psychotherapie ist sehr stark angewachsen. Sozialpädagoginnen und Sozialpädagogen haben hinsichtlich des Themas Beratung zumindest immer *zwei Gesichtspunkte* zu beachten:

1. Es existiert eine Fülle von Wissensbeständen aus der Beratungs- und Psychotherapiewissenschaft. Diese können im Rahmen der sozialpädagogischen Arbeitsfelder jedoch selten in direkter Übertragung angewendet werden: Auch werden sie in der grundständigen Ausbildung an den Fachhochschulen und Universitäten höchstens bruchstückartig gelehrt und noch seltener trainiert. Trotzdem benötigen Sozialpädagogen viele Elemente dieses Wissens und Könnens für ihre Alltagspraxis.
2. Im beruflichen Alltag sind Sozialpädagoginnen und Sozialpädagogen für unterschiedliche Zielgruppen tätig. Hierfür ist die Kenntnis von Beratungswissen notwendig. Allerdings findet die Anwendung dieses Wissens zielgerichtet für jeweilige Betroffene in sehr unterschiedlichen Arbeitszusammenhängen und selten in „reiner Form" statt. Die Ratsuchenden, die Aufgabenstellung, die Team- und Organisationszusammenhänge unterscheiden sich in der Sozialen Arbeit so stark voneinander, daß eine „allgemeine Beratungstheorie" wenig hilfreich wäre.

Entsprechend dieser doppelten Bedeutung von Beratungswissen und -können für die Soziale Arbeit gliedert sich das Buch. Dabei soll versucht werden, zumindest zweierlei zu leisten:

Im *ersten Teil* wird das notwendige *Beratungswissen* für die Sozialpädagogik in allgemeiner Form beschrieben. Im *zweiten Teil* wollen wir anwendungsspezifische *Beispiele* aus sieben unterschiedlichen Arbeitsfeldern vorstellen. Es schließt sich ein *dritter Teil* an, der sich mit *Rahmenfragen* der sozialpädagogischen Beratung beschäftigt: weitere Merkmale sozialpädagogischer Beratung, Recht, Supervision sowie Weiterbildungsmöglichkeiten.

Die Begriffe Sozialpädagogik und Sozialarbeit werden nebeneinander benutzt; zuweilen wird auch der Oberbegriff *Soziale Arbeit* verwendet, der die inzwischen überholte Trennung beider Traditionslinien aufheben möchte. Die Bezeichnungen Sozialpädagogin bzw. Sozialpädagoge meinen unabhängig vom Ausbildungsabschluß alle in den sozialen Arbeitsfeldern Tätigen: Erzieher, Heilpädagogen, Sozialpädagogen, Sozialarbeiter, Diplompädagogen sowie Angehörige anderer Ausbildungsgänge und Laienhelfer. Um Wortungeheuer zu vermeiden, werden entweder nach Möglichkeit geschlechtsneutrale Bezeichnungen bevorzugt, bzw. es wird zwischen der männlichen und der weiblichen Form gewechselt. Alle Beispiele sind real; sie wurden jedoch anonymisiert.

Neben den Autoren dieser Einführung danke ich Heribert Bergermann (Bergisch-Gladbach) für die Lieferung von Materialien, Prof. Günther Timm (FH Köln) sowie Dr. Detlef Horn-Wagner, Dr. Gertrud K. Pietsch und Carola Weise, Mitarbeiter am Lehrstuhl für Sozialpädagogik (TU Chemnitz) für die Lektüre des Manuskripts. Frau Jaqueline Bibas-Gemeinhard (M.A.) danke ich für das Korrekturlesen.

Nando Belardi

I

Grundlagen
sozialpädagogischer Beratung

1

Weshalb ist sozialpädagogische Beratung notwendig?

Angebote und Literatur zur Beratung haben in den letzten Jahren unüberschaubare Ausmaße angenommen. Weshalb eigentlich dieser Bedeutungsanstieg von Beratung in den letzten Jahren? Geht es nicht auch – wie früher – ohne Beratungsexperten? Anhand eines längeren Beispiels wollen wir uns die Veränderungen innerhalb einer Familie seit dem letzten Jahrhundert vergegenwärtigen. Im Gegensatz zu früheren Zeiten wurde unsere Gesellschaft in den letzten Jahrzehnten immer komplizierter. Das Leben gelingt nicht mehr in der traditionellen Weise wie früher. Deswegen benötigen moderne Familien zuweilen Unterstützung von außen.

Ein Mehrgenerationenbeispiel als Einführung

Nehmen wir einmal die Familie Hauser, eine idealtypische Familie, die vor hundertfünfzig Jahren gelebt hat, und untersuchen, weshalb damals noch keine Beratung im heutigen Sinne existierte.

Da Deutschland zu dieser Zeit noch ein Agrarstaat war, lebte die selbständige Bauernfamilie Hauser in einem Dorf. Verglichen mit der heutigen Kleinfamilie, war die Anzahl der Familienmitglieder bei den Hausers größer. Neben den Eltern und ihren vier Kindern wohnten dort noch die Großeltern väterlicherseits, ein jüngerer Bruder mit Frau und Kindern sowie eine unverheiratete Dienstmagd. Die Schulzeit dauerte nur einige Jahre, und nicht nur zu Erntezeiten hatten alle Kinder die Eltern bei der Arbeit zu unterstützen. Alles, was man für den Beruf wissen mußte, konnte man ebenso bei den Eltern erlernen, wie diese es bei ihren Eltern getan hatten. Denn gesellschaftliche und technische Veränderungen fanden damals nicht nur viel seltener statt, sondern sie beeinflußten das Leben auch in weitaus geringerem Maße als heute. Die damals größere Familie war nicht nur eine Lebens-, sondern auch eine Wirtschaftsgemeinschaft. Deswegen wurden Partnerschaft und Ehe vor allem unter wirtschaftlichem Gesichtspunkt eingegangen. Auch bei den Hausers fanden Eheschließungen unter dem Einfluß der beiden Herkunftsfamilien statt.

Die Familie Hauser achtete sehr darauf, daß die künftigen Schwiegertöchter und Schwiegersöhne gut zu ihnen „paßten". Würden die neuen Familienmitglieder sich den Familienregeln fügen? Wie ist es um ihre Arbeitskraft beschaffen? Bringen die Schwiegertöchter eine entsprechende Mitgift zur Erweiterung des Familienbesitzes mit? Durch die Mehrgenerationenfamilie der Hausers waren die Lebensbereiche Kindheit, Jugend, Ausbildung, Erwerbsleben und Alter nicht so scharf getrennt wie heute. Das meiste, was man zum Leben kennenlernen mußte, konnte in der Familie erlernt wer-

den. Ebenso verbrachten die Familienmitglieder einen Großteil ihrer Zeit zusammen bei der Arbeit oder im Hause. Außenkontakte gab es nur mit der Verwandtschaft oder Nachbarschaft im Dorfe. Die soziale Mobilität war sehr gering; denn kaum jemals war ein Familienmitglied weiter als bis in die nächste Kreisstadt gekommen. Das Sozialverhalten der gesamten Familie Hauser war zu dieser Zeit viel mehr „traditionsgeleitet" als heutzutage. So hat es bei dieser Familie noch niemals eine Trennung von Partnern gegeben. Die starke Einbindung der Familie in ihre dörfliche Umwelt sowie die Verfügung der Älteren über den Besitz erlaubten wenig Individualismus. Die Älteren verfügten auch über mehr Wissen als ihre Nachkommen. Deswegen waren die Lebensvorstellungen der älteren Familienangehörigen Anweisung und Ratschlag gleichermaßen. Die Hausers waren ebenso wie ihre Nachbarn in erster Linie Familien- und Gruppenmenschen; ihre Lebenswege waren weitgehend vorgeschrieben. Über Generationen hinweg könnte man deswegen von einer Art „Normalbiographie" sprechen. Krisen innerhalb dieser Familie kamen eher durch wirtschaftliche Notzeiten, Mißernten, mangelnde soziale Absicherung, Krankheit und frühen Tod zustande. Also durch Vorgänge, die eher von außen veranlaßt waren. Gerieten die Hausers in wirtschaftliche Not, so half keine Beratung oder staatliche Absicherung. Wenn Verwandte oder Freunde nicht helfen konnten, drohte Armut. Erziehungsprobleme mit den Kindern waren bei den Hausers seit Generationen eigentlich kein Thema. Die Kinder hatten sich zu fügen und ordneten sich, von Ausnahmen abgesehen, auch deswegen unter, weil es keine Alternativen innerhalb und außerhalb der Familie gab. Wenn tiefer gehende Probleme mit den Kindern oder in der Ehe vorkämen, wären die Hausers wohl kaum auf den Gedanken gekommen, von außen Hilfe anzufordern. In Ausnahmefällen hätte man allenfalls ein älteres Familienmitglied, einen Bekannten oder den Arzt bzw. Pfarrer gefragt.

Um eine bessere Vergleichsmöglichkeit der veränderten politischen, gesellschaftlichen und persönlichen Umstände zu erhalten, gehen wir jetzt in die vierziger Jahre dieses Jahrhunderts, also zu den Nachkommen der soeben beschriebenen Familie. Wie keine andere Generation haben die Menschen, die um 1920 oder 1930 geboren sind, schwierige Lebenserfahrungen in drei verschiedenen politischen Systemen durchleben müssen: Weimarer Republik, NS-Diktatur und die Nachkriegszeit in zwei unterschiedlichen deutschen Staaten.

Die erwachsenen Männer dieser Familie mußten Kriegsdienst leisten. Ein Onkel kam zu Tode, ein anderer war in Kriegsgefangenschaft. Während dieser Zeit hatten die Frauen und Kinder den landwirtschaftlichen Betrieb aufrechtzuerhalten; sie mußten ihren „Mann" stehen. Als die Männer dann zurückkamen, wurden die Frauen wieder stärker in traditionelle Frauenrollen abgedrängt. Von Flucht und Vertreibung war die Familie Hauser, anders als viele Millionen Deutsche nach Kriegsende, nicht betroffen. Im Zuge der Kollektivierung der Landwirtschaft in der DDR verlor sie jedoch ihren Grundbesitz. Sie zog in eine benachbarte mittelgroße Stadt, wo die Erwachsenen Arbeitsmöglichkeiten in der Industrie fanden. Dort gingen die beiden Kinder auf weiterführende Schulen. Sie wurden Mitglied in staatlich gelenkten Jugend- und Freizeitorganisationen. Gegenüber früheren Generationen bei den Hausers ist das ein bedeutender Bruch im Familienleben. Die Heranwachsenden lebten nun seit dem Krippen- oder Kindergartenalter weitgehend in einem eigenen Bereich. Die Familienmitglieder sehen sich nur noch abends und am Wochenende. Die Lebenswelten von Eltern und Kindern sind von nun an noch stärker getrennt.

Zeitereignisse und Altersphasen der westdeutschen Bevölkerung nach Jahrgangsgruppen

In Ausbildung und Berufsausbildung	Jüngere ArbeitnehmerInnen		Ältere ArbeitnehmerInnen	Jahrgangsgruppen	VorruheständlerInnen und FrührentnerInnen	Jüngere RentnerInnen	Älteste
geb. 1967-1976	geb. 1957-1966	geb. 1947-1956	geb. 1937-1946	Zeitereignisse	geb. 1927-1936	geb. 1917-1926	geb. 1907-1916
Alter in Jahren					Alter in Jahren		
				1. 1. Weltkrieg 1914–1919		0–2	0–12
				2. Weimarer Republik 1920–1932	0–5	0–15	4–25
			0–1	3. NS-Staat, 1. Phase 1933–1938	0–11	7–21	17–31
			0–8	4. NS-Staat, 2. Weltkrieg 1939–1945	3–18	13–28	23–38
			0–11	5. Nachkriegsphase 1946–1948	10–21	20–31	30–41
	0–3	0–13	3–23	6. Aufbauphase 1949–1960	13–33	23–43	35–53
0–7	0–17	5–27	15–37	7. Wohlstandsphase bis zur Ölkrise 1961–1974	25–47	35–57	45–67
0–18	9–28	19–38	29–48	8. Wohlstand und Wachstumskrise 1975–1985	39–58	49–68	59–78
10–22	20–32	30–42	40–52	9. Tschernobyl und Umweltdiskussion 1986–1989	50–62	60–72	70–82
13–26	23–36	33–46	43–56	10. Vereinigung BRD/DDR, Solidarpakt und Rezession, 1989–1993	53–66	63–76	73–86

☐ Ausbildungszeit ☐ Vermögensbildungszeit ◯ Reproduktionszeit

(Aus: Bundesminister für Familie 1994, S. 106)

Auch in Westdeutschland waren mit dem verlängerten Besuch von Kindergarten, Schule und Berufsausbildung immer mehr eigenständige Lebenswelten entstanden. Allerdings gab es für die Heranwachsenden in beiden deutschen Staaten verschiedene Verwirklichungsmöglichkeiten, was wiederum zu spezifischen Ablösungsformen und Generationskonflikten geführt hat. Im Osten entfiel durch die Enteignun-

Zeitereignisse und Altersphasen der ostdeutschen Bevölkerung nach Jahrgangsgruppen

In Ausbildung und Berufsausbildung	Jüngere ArbeitnehmerInnen		Ältere ArbeitnehmerInnen	Jahrgangsgruppen	VorruheständlerInnen und FrührentnerInnen	Jüngere RentnerInnen	Älteste
geb. 1967-1976	geb. 1957-1966	geb. 1947-1956	geb. 1937-1946	Zeitereignisse	geb. 1927-1936	geb. 1917-1926	geb. 1907-1916
Alter in Jahren					Alter in Jahren		
				1. 1. Weltkrieg 1914–1919		0–2	0–12
				2. Weimarer Republik 1920–1932	0–5	0–15	4–25
			0–1	3. NS-Staat, 1. Phase 1933–1938	0–11	7–21	17–31
			0–8	4. NS-Staat, 2. Weltkrieg 1939–1945	3–18	13–28	23–38
		0–1	0–11	5. Nachkriegsphase 1946–1948	10–21	20–31	30–41
	0–4	0–14	3–24	6. Aufbauphase des Sozialismus 1949–1961	13–34	23–44	33–54
0–3	0–13	5–23	15–33	7. Mauerbau. Ära Ulbricht, politische Stabilisierungsphase	25–43	35–53	45–63
0–13	5–23	15–33	25–43	1961–1970	35–53	45–63	55–73
5–22	15–32	25–42	35–52	8. Ära Honecker, 1. Phase, ökonom. Stabilisierungsphase 1971–1980	45–62	55–72	65–82
13–26	23–36	33–46	43–56	9. Ära Honécker, 2. Phase Zerfall pol. Identifikation 1981–1989	53–66	63–76	73–86
				10. Vereinigung DDR/BRD Einführung der sozialen Marktwirtschaft 1989–1993			

☐ Ausbildungszeit   ⬚ Vermögensbildungszeit   ⬭ Reproduktionszeit

(Aus: Bundesminister für Familie 1994, S. 111)

gen vieler Besitztümer ein Machtmittel der elterlichen Autorität hinsichtlich der Berufs- und Partnerwahl sowie der Vererbung.

Dadurch, daß die Familie ihrem Erwerb in der Landwirtschaft nicht mehr nachging, hatten sich die Wohnverhältnisse geändert. Die vierköpfige Familie lebte in einer Dreizimmerwohnung. Beide Großelternpaare bekamen jeweils eine kleinere Wohnung zugewiesen. Als die Großeltern pflegebedürftig wurden, mußten sie ins Altenheim übersiedeln, denn die berufstätigen Kinder hatten keine Zeit, sie zu versorgen.

    Gegenüber früheren Zeiten hat die heutige Eltern- und Kindergeneration in vielen Bereichen schon andere Erfahrungen machen müssen. Die Eltern haben ihre Kindheit und Jugend in den Jahrzehnten der Nachkriegszeit verbracht. Mit dem Ende der NS-Diktatur haben sich bis 1989 in beiden Teilen Deutschlands unterschiedliche politische und gesellschaftliche Systeme entwickelt, in denen sehr verschiedene Sozialerfahrungen gemacht werden konnten und teilweise gegensätzliche Wertorientierungen vorgegeben waren. In wirtschaftlicher Hinsicht fand der Aufstieg in die Konsum- und Wohlstandsgesellschaft im westdeutschen Staat früher statt als in der DDR. Familie und Kindererziehung waren dabei jedoch weitgehend „Privatrisiko". Individualismus, Leistungsstreben und Wettbewerb sind zentrale Werte geworden. Demgegenüber wurde in der DDR durch die Herrschaft der SED ein neues Verhältnis von Arbeit und Familie herbeigeführt. Über die Einbeziehung der erwerbstätigen Frauen in den Arbeitsprozeß hat man deren Gleichberechtigung gefördert. Seitens der staatlichen Institutionen kam es deswegen vor allem für die Frauen zu einer Entlastung von Pflege, Erziehung und Beaufsichtigung der Kinder. Insgesamt scheint die DDR-Gesellschaft, auf niedrigerem wirtschaftlichem Niveau, sozialer und einförmiger gewesen zu sein. Die Familie und das umgebende soziale Netzwerk spielten vermutlich eine größere Rolle als im Westen. Der Preis dafür waren politische Bevormundung und eingeschränkte Freiheitsrechte.

Trotz der – vereinfacht ausgedrückt – gegensätzlichen Orientierungen haben sich beide Gesellschaften, wenn auch sehr unterschiedlich, immer stärker differenziert. Ein immer größerer Anteil der Heranwachsenden verfügte in beiden deutschen Staaten über eine höhere Schulausbildung, was wiederum die Bedeutung von Schule erhöhte und die Jugendzeit bis ins zweite Lebensjahrzehnt verlängerte. Die Berufserfahrungen der heutigen Elterngeneration fallen in die Zeit des Übergangs von der Industriegesellschaft zur Dienstleistungs- und Informationsgesellschaft. Ihre schulischen und beruflichen Kenntnisse können schnell veralten. Das macht es für die Kinder schwieriger, so einfach auf die Erfahrungen ihrer Eltern zurückzugreifen. Vielfach ist die heutige Elterngeneration im Westen schon seit über einem Jahrzehnt von den gestiegenen und veränderten Anforderungen im Berufsleben betroffen; das gilt um so mehr für die Menschen in der ehemaligen *DDR.*[1] In Westdeutschland fand seit den 70er Jahren ein Ausbau des sozialen Versorgungssystems statt, um den Menschen bei den anstehenden Problemen in Familie, Schule, Beruf und Freizeit Hilfen anzubieten.

Für die Familie Hauser waren zu DDR-Zeiten entsprechende Angebote angesichts der staatlich organisierten Vollbeschäftigung und der hohen Sozialkontrolle teilweise nicht nötig. Dort, wo Hilfen, beispielsweise im Beratungsbereich, notwendig wurden, waren sie teilweise anders organisiert. Etwa über die Schulen, Betriebe oder andere gesellschaftliche Einrichtungen. Seit 1989 findet in der ehemaligen DDR nicht nur in wirt-

schaftlicher Hinsicht, sondern auch bezüglich der sozialen Hilfsangebote ein „Anpassungsprozeß" an das westdeutsche Versorgungssystem statt. Das bringt für viele Familien Versorgungsengpässe und neue Probleme mit sich.

Warum wird sozialpädagogische Beratung immer wichtiger?

Das vorstehende vereinfachte Beispiel gilt jedoch nicht nur für Familien in der ehemaligen DDR. Es betrifft auch Veränderungen, die alle Menschen in den hochentwickelten Industriegesellschaften angehen. „Noch in den sechziger Jahren besaßen Familie, Ehe und Beruf als Bündelung von Lebensplänen, Lebenslagen und Biographien weitgehend Verbindlichkeit. Inzwischen sind in allen Bezugspunkten Wahlmöglichkeiten und -zwänge aufgebrochen" (Beck 1986, S. 163). Durch Zunahme von Arbeitsteilung und Spezialisierung in den außerfamiliären Lebensbereichen „steigen auch die Anforderungen an die Familienmitglieder". Der „Fünfte Familienbericht" der Bundesregierung spricht deswegen hinsichtlich der Schwierigkeiten, mit denen gegenwärtige Familien konfrontiert sind, von einer „strukturellen Rücksichtslosigkeit der verschiedenen gesellschaftlichen Teilsysteme gegenüber der Familie" (Bundesminister 1994, S. 32). Die soziologische Fachliteratur stellt für die Gegenwartsbeschreibung häufig die Schlüsselbegriffe *Individualisierung* und *Pluralisierung* in den Vordergrund. Unter *Individualisierung* verstehen wir, daß die dargestellten traditionellen Sozialbindungen sich im Zuge der Industrialisierung und Modernisierung immer mehr aufgelöst haben. Zwar haben viele Menschen mehr persönliche Freiheiten erhalten, der Preis dafür war jedoch eine Zunahme von Lebensrisiken. Immer mehr Menschen leben vereinzelter als zuvor. Unter *Pluralisierung* von Lebensformen versteht man, daß die Möglichkeiten der Lebensverwirklichung freier geworden sind. Der soziale Druck auf den einzelnen, sich in einer bestimmten Weise „angepaßt" verhalten zu müssen, ist nicht mehr so groß wie früher. So ist es heute für Heranwachsende eher möglich, andere Lebensentwürfe zu erproben: Zusammenleben ohne Trauschein, Orientierungen an alternativen Lebensformen usw.

Trotzdem darf man sich nicht täuschen. Die Freiheitsgrade in der Lebensführung hängen auch von den finanziellen Möglichkeiten ab. So gilt es als sicher, daß die Armut in unserem Lande zugenommen hat. Nach zwei großen Untersuchungen sind etwa zehn Prozent unserer Bevölkerung „arm". Das heißt, sie verfügen über weniger als 50% des Durchschnittseinkommens.[2]

Ausgaben für Sozialhilfe in Rekordhöhe. Bedürftige erhielten rund 49 Milliarden

Die Ausgaben der Kommunen für die Sozialhilfe haben im letzten Jahr einen neuen Rekordstand erreicht. Sie stiegen nach Berechnungen des Statistischen Bundesamtes bundesweit um 14,9 Prozent auf 48,9 Milliarden Mark. Allein in den alten Bundesländern wurde Sozialhilfe in Höhe von 43 Milliarden Mark geleistet – ein bislang einmaliger Höchststand. Die Ausgaben stiegen um 12,9 Prozent. Noch stärker war der Trend in den neuen Bundesländern und Ostberlin. Dort wurden 5,9 Milliarden Mark oder 31,7 Prozent mehr Sozialhilfe gezahlt als 1992. Sie liegen damit aber immer noch deutlich unter dem Anteil der ostdeutschen an der gesamtdeutschen Bevölkerung von rund 19,4 Prozent.

(Kölner Stadt-Anzeiger vom 23/24.7.1994)

Welches sind die Ursachen für den gestiegenen Beratungsbedarf?

- Seit Beginn der Industrialisierung hat sich die *Entwicklungsgeschwindigkeit* von Individualisierungs- und Modernisierungsprozessen und die Auflösung traditioneller Lebensbereiche gegenüber früheren Zeiten vervielfacht.
- Traditionelle Bindungen, etwa durch die Kirchen oder Gewerkschaften, haben weiter an Bedeutung verloren. Trotzdem oder deswegen stellen viele Menschen die *Sinnfrage*. Alternative Lebensmöglichkeiten, auch gefährliche Kulte und Sekten, werden auch zu einer Herausforderung für die Sozialpädagogik.
- Der Wertewandel vom ökonomischen Leistungs- und Konsumdenken in Richtung auf Erhöhung der Lebensqualität hat auch bewirkt, daß der *Leistungsdruck* nicht mehr so ohne weiteres hingenommen wird. Für viele Menschen ist die Erhöhung ihrer persönlichen Lebensqualität wichtiger als bloßer materieller Wohlstand.
- *Lebensentwürfe* gelingen nicht mehr in der herkömmlichen Weise. Wir können unsere Zukunft nicht mehr so einfach planen, weil viele neue, unwägbare Faktoren hinzugekommen sind; weil die gesellschaftlichen Rahmenbedingungen sich schneller ändern als früher.
- Früher lebte man noch eher aus den Ressourcen von Vergangenheit und Gegenwart. Heute leben wir teilweise auch auf *Kosten der Zukunft*. Denken wir nur an die ungelösten Aufgaben der Ökologie, des Armutsgefälles zwischen Nord und Süd oder der künftigen Versorgungsprobleme für die älteren Generationen in unserem Lande.
- Der angesprochene Wertewandel hat auch eine starke Veränderung der Sichtweisen menschlichen Zusammenlebens hervorgerufen. Wenn es beispielsweise früher *normal* war, keine persönlichen Schwierigkeiten zu haben, so ist das heute wiederum zumindest problematisch, vielleicht sogar *unnormal*.
- Nicht immer denken wir daran, daß diese Veränderungen vor allem auch für die Millionen Migranten gelten. Denn diese sind nur binnen weniger Jahre aus wirtschaftlich unterentwickelten Gesellschaften und anderen Kulturkreisen zu uns gekommen. Viele von ihnen haben innerhalb einer Generation so viele Veränderungsprozesse erlebt wie die Deutschen im Verlaufe mehrerer Generationen.
- In der Sozialpädagogik weiß man schon lange, daß gesetzliche, sozialpolitische und institutionelle Hilfsmöglichkeiten als Antwort auf diese gesellschaftlichen Risiken häufig einem *Verspätungseffekt* unterliegen. Denn die zeitlichen Abstände zwischen den oftmals bei ihrer Entstehung noch unbekannten neuen Risiken und dem Offensichtlichwerden ihrer schädlichen Folgen vergrößern sich. In der Zwischenzeit haben sich die Probleme angehäuft und verfestigt. Wenn die dann verspätet eintretenden Lösungsversuche fehlschlagen, verbreitet sich Pessimismus.

Alle diese Tendenzen verdeutlichen, daß es heute keinen einheitlichen Standard der Lebensbewältigung geben kann. Zusätzliche Hilfen sind nötiger als zuvor. So haben alle diese Veränderungsprozesse auch die *Verberuflichung der Helfertätigkeiten* gefördert. Denn für viele frühere Aufgaben, die in der heutigen Kleinfamilie nicht mehr wahrgenommen werden können, stehen nun spezialisierte Berufe zur Verfügung: Erzieherinnen im Vorschulbereich, Sozialpädagogen im Jugendhaus, Altenpflegepersonal, Berufsausbilder und Sozialarbeiter im Jugendamt sowie die vielen Arbeitsmöglichkeiten in den neu entstandenen sozialpädagogischen Feldern.

Die reduzierte Familie

Eingangs haben wir gesehen, daß die Familien in den letzten Jahrzehnten einen *Funktionswandel* (von der Wirtschafts- und Versorgungsinstitution zur Freizeitfamilie) erlebt haben. Vor allem an den Formen des Zusammenlebens innerhalb und außerhalb heutiger Kleinfamilien können wir einige dieser Individualisierungs- und Pluralisierungstendenzen, einschließlich ihrer Gefährdungen, beschreiben:

- Heutige Familien sind eher *Kernfamilien* von zwei Eltern mit ihren unmündigen Kindern. Das Zusammenleben mit Großeltern oder anderen Anverwandten wird immer seltener. 1991 war knapp ein Drittel aller Kinder Einzelkinder, und 45 Prozent hatten nur ein Geschwister (Bundesminister 1994, S. 56). Dadurch hat sich die Möglichkeit innerfamiliärer Beziehungen verringert. Natürlich erhöht diese abnehmende Kinderzahl auch die emotionale Bedeutung der Kinder für die Eltern. Die Fachleute sprechen deswegen von einer „Pädagogisierung" und „Verinselung" der Kindheit. Damit ist gemeint, daß viele Kinder schon sehr früh „mit sehr unterschiedlichen Personengruppen zu tun haben, die keineswegs immer untereinander in Verbindung stehen" (S. 77). Dadurch wird die traditionelle, ganzheitliche Erfahrung der Kinder stärker als zuvor durch einzelhafte Erlebnisse in unterschiedlichen Lebensbereichen mit verschiedenen Personen ersetzt.
- Die Zahl der *Erstverheiratungen* ist gesunken; demgegenüber haben die *Ehescheidungen* ständig zugenommen: 1950: 86.000, 1970: 76.000, 1980: 96.000, 1990: 123.000, 1993: 156.000, 1994: 166.000, davon knapp 23.000 in den neuen Bundesländern (Statistisches Jahrbuch 1994 für die Bundesrepublik Deutschland, S. 86; Kölner Stadt-Anzeiger 8./9. Juli 1995, S. 47).

Jahr	Von 100 Ehen wurden geschieden		Von 100 Geschiedenen würden wieder heiraten	
	BRD	DDR	BRD	DDR
1970	15,9	20,7	70	68
1989	30,1	36,9	68	71

(Aus: Bundesminister 1994, S. 53)

- *Ost-West-Unterschiede*: Hinsichtlich des Zeitpunktes und der Bedeutung von Familiengründungen unterschieden sich beide deutsche Gesellschaften beträchtlich: Im Osten versprach die zeitlich frühere Heirat ein individuelleres Leben außerhalb von Herkunftsfamilien und gesellschaftlicher Kontrolle. Im Westen sollte gerade die spätere Familiengründung den Zeitraum einer individuellen Lebensgestaltung verlängern.
- *Zunahme außerfamilialer Lebensformen*: Mehr Menschen als je zuvor leben alleine oder anders als in herkömmlichen Familien. In den Großstädten ist inzwischen jede dritte Wohnung ein „Singlehaushalt". Alleinerziehende, nichteheliche Lebensgemeinschaften, Scheidungs- und Stieffamilien sind neben das vorherrschende Konzept der „Normalfamilie" getreten. Im Jahre 1972 gab es nur 137.000 nichteheliche Lebensgemeinschaften mit Kindern, 1992 waren es schon knapp 1,5 Millionen (Statistisches Jahrbuch 1994, S. 71). Trennung und Scheidung sind eine Korrekturfunktion zur Stabilisierung von Ehe und Familie, denn etwa zwei Drittel verheiraten sich wieder. Allerdings hat sich der Charakter der Ehe als ausschließ-

liche Lebensform mit einem Partner gewandelt. Der Bindungswille ist weiterhin vorhanden; die Bindungs- und Beziehungsfähigkeit scheint jedoch gesunken zu sein.

- *Neue Armut bei alleinerziehenden Müttern*: Knapp 1,5 Mio. *Alleinerziehende* leben in ganz Deutschland; davon sind über 85 Prozent Frauen. Noch extremer ist die Situation in den neuen Bundesländern: Dort sind etwa 40 Prozent aller jungen Mütter alleinerziehend. Über drei Viertel von ihnen liegen mit dem Einkommen unter dem Sozialhilfesatz. In vielen Fällen sind Scheidung und Trennung die Hauptursachen für den Antrag auf Sozialhilfe. Oft werden die Beratungsstellen dann erst nach einer Scheidung aufgesucht. Auch führen die finanziellen Belastungen einer Scheidung (doppelte Haushaltsführung, Anwalts- und Gerichtskosten) in die Verschuldung. Deswegen sind die von Scheidung Betroffenen die Hauptklientel der Schuldnerberatung (vgl. unten, S. 141ff.).
- *Zunehmende Trennungserfahrungen*: Über 10 Prozent der Kinder und Jugendlichen leben in unvollständigen Familien. Insgesamt wächst knapp die Hälfte von ihnen nicht dauernd in ihrer Herkunftsfamilie auf. 1994 kamen über 135.000 weitere Kinder und Jugendliche hinzu (Frankfurter Allgemeine Zeitung 8. Juli 1995, S. 7). Trennungen sind damit zu einer verbreiteten Lebenserfahrung geworden. Die Familie ist längst nicht mehr nur ein geschützter Raum und der einzige Ort, an welchem junge Menschen weitgehend unbeeinflußt von Krisen und Außeneinflüssen aufwachsen können.

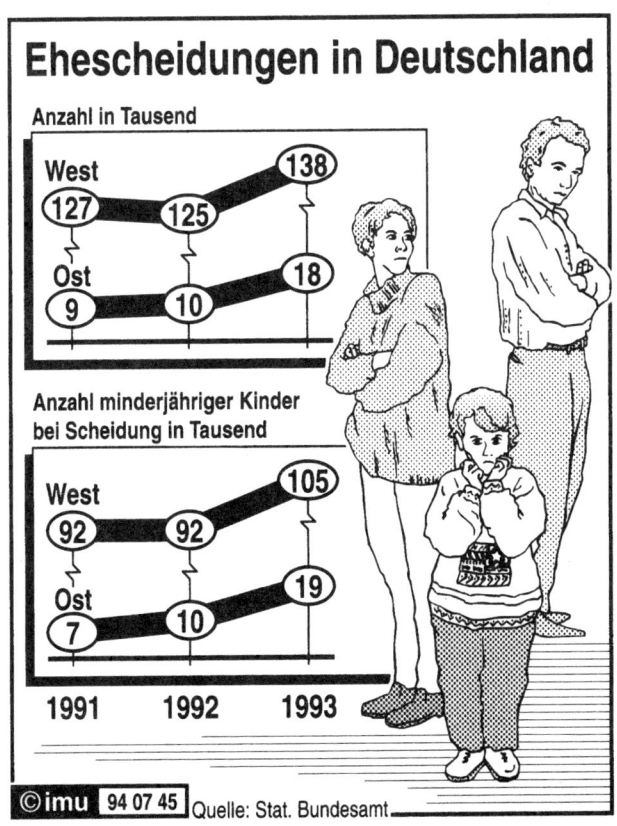

Ehescheidungen in Deutschland

Anzahl in Tausend

West
127 125 138

Ost
9 10 18

Anzahl minderjähriger Kinder bei Scheidung in Tausend

West
92 92 105

Ost
7 10 19

1991 1992 1993

©imu 94 07 45 Quelle: Stat. Bundesamt

23

• *Folgen für die Kinder*: Untersuchungen zeigen, daß über zwei Drittel dieser Schei-
dungskinder an psychischen Störungen leiden: Trennungsangst, Depression,
Schuldgefühle oder Aggressivität. Damit ist ein großes Potential an Problemen
entstanden. Das soll aber nicht heißen, daß jeder Mensch, der aus einer unvollständigen Familie kommt, automatisch gefährdet ist. Aber schwierige Familienverhältnisse sind natürlich ein Nährboden für psychosoziale Probleme. So erklären sich dann viele problematische Lösungsmöglichkeiten, wie beispielsweise der
Drogenkonsum.

Lebenslauf und Familienzyklus

Neben den Veränderungen in den Familien hat sich auch der traditionelle Lebens-
zyklus (Ausbildung, Erwerb, Ruhestand) früherer Jahre gelockert. Ein Blick auf die
soziologische und psychologische *Lebenslaufforschung* oder *Biographieforschung*
verdeutlicht, daß „Lebenslauf und Lebensalter als eine eigenständige gesellschaftliche Strukturdimension aufzufassen sind" (Kohli 1985, S. 1).

Die in den letzten Jahrzehnten angestiegene Trennung von Familienleben und
Arbeit, verlängerte Ausbildungszeit und erhöhte Lebenserwartung führten zu einem
neuartigen *Familienzyklus*, der, wie dargestellt, in vorindustriellen Gesellschaften
noch weitgehend unbekannt war. Das Leben in den verschiedenen Stadien dieses
Familienzyklus erzwingt immer wieder notwendige Rollenveränderungen aller Familienmitglieder. Das folgende Stufenmodell zeigt in idealtypischer Weise die unterschiedlichen Stadien des aktuellen Familienzyklus. Es verdeutlicht, wie sehr sich
die Familien immer wieder durch innere und äußere Lebensbedingungen verändern
müssen, um als Familie bestehenbleiben zu können. Familienleben ist mehr denn je
ein Lernprozeß geworden.

1. Das kinderlose Ehepaar bildet eine (noch) unvollständige Familie.
2. Das erste Kind befindet sich noch im Vorschulalter.
3. Zur Familie gehört mindestens ein Schulkind.
4. Die Adoleszenzphase (ältestes Kind ist zwischen 13 und 20 Jahren alt).
5. Das älteste Kind ist über 20 Jahre alt; eventuell vorhandene weitere Kinder befinden sich in den vorangegangenen Altersgruppen. Deswegen kann sich die Familie gleichzeitig in verschiedenen Familienphasen befinden.
6. Die Schrumpfungsphase der Familie beginnt mit dem Weggang des ersten Kindes.
7. Die Eltern sind wieder alleine („empty nest").
8. Das Lebensalter (Pensionierung bis zum Tod eines Ehegatten).

Zu diesen Veränderungen kommen noch typische Übergangs- und Grenzerfahrun-
gen, wie Eintritt in Kindergarten, Schule und Beruf, schwere Erkrankung, Trennung,
Wiederverheiratung oder wirtschaftliche Probleme, hinzu. Diese stellen sich dann
oft als *kritische Lebensereignisse* dar. Aus derartigen kritischen Lebensereignissen
kann sich dann die Notwendigkeit von Beratung ergeben. Im folgenden sollen in
vereinfachter Form einige Phasen des durchschnittlichen Lebenslaufs mit dem Blick
auf diese kritischen Lebensereignisse betrachtet werden:

Eheschließung und die ersten Ehejahre: Derzeit sind etwa 60 bis 70 Prozent aller
Erwachsenen im Alter von 20 bis 60 Jahre verheiratet. Erfahrene Familientherapeuten wissen, daß bei der Paarbildung zwei Menschen sich oft zunächst wegen ihrer
(scheinbaren) Gleichheit und Interessen füreinander interessieren. Dazu gehört

auch das Bedürfnis nach tiefgehendem Verständnis, welches auch Defizite aus den früheren Lebensphasen ausgleichen soll. Das allein ist jedoch für eine beiderseits befriedigende, lebenslange Beziehung unzureichend. Denn auf Dauer kann nur das Erkennen und das Leben *mit* der Unterschiedlichkeit dazu führen, daß man zusammenbleibt. Partnerschaft und Familie sind damit gleichzeitig die zentralen Entwicklungs- und Gefährdungsmöglichkeiten für Erwachsene. In Partnerschaft und Ehe bilden beide Erwachsene ein *neues Sozialsystem*. Hierbei müssen die vorhandenen Ideale, Wünsche, Rollen und Beziehungsmuster aus den Herkunftsfamilien immer wieder – auch durch Konflikte und Krisen – modifiziert werden. Auf die große Wirksamkeit dieser mitgebrachten Beziehungsmuster hat die familientherapeutische Forschung hingewiesen. Als sozialpädagogisches Lehrbuch sei verwiesen auf Burnham (1995).

Familien mit Kleinkindern: Schon vor der Geburt des ersten Kindes werden elterliche Phantasien über dieses Kind deutlich. Nachdem das erste Kind auf die Welt gekommen ist, ändert sich die Beziehung der erwachsenen Partner in mehrfacher Hinsicht. Mutter und Kind bilden zunächst eine Art Symbiose und damit ein neues *Subsystem* in der jungen Familie. Schon im ersten Lebensjahr differenziert sich das *Selbst* des Kindes durch mehrere komplizierte Loslösungs- und Wiederannäherungsprozesse in Richtung auf eine eigenständige Persönlichkeit (Mahler u.a., 1980; Stern 1992). Elternwerdung kann man nicht erlernen wie einen Beruf. Deswegen greifen die Eltern auf vielerlei (unbewußte) Phantasien und Erfahrungen aus ihrer eigenen Kindheit zurück und weisen damit ihren Kindern mehr oder minder bewußt Rollen zu, die von Erlebnissen mit ihren Eltern, Geschwistern, anderen Beziehungspersonen sowie den eigenen Idealen geprägt sind. H.E. Richter hat diese *elterlichen Rollenzuweisungen* in seinen Büchern „Eltern, Kind und Neurose" (1963) sowie „Patient Familie" (1970) ausführlich beschrieben.[3] Die Geburt von weiteren Kindern führt dann noch zu einer Vergrößerung des Sozialsystems. Dem Subsystem der Erwachsenen steht nun ein eigenständiges Subsystem der Kinder gegenüber. Darüber hinaus bildet jedes Familienmitglied mit jedem anderen noch ein spezifisches Beziehungssystem. Unter dem Stichwort „Familienkonstellationen" hat der Psychologe Toman (1974) den lebenslangen Einfluß des Platzes in der Geschwisterreihenfolge auf das weitere Leben wie auf die späteren Partnerwahlen und Lebenswege beschrieben. Viele Probleme in dieser Anfangsphase einer Familie können eine Beratung erforderlich machen:

- Die Eltern *scheitern* in der Bewältigung der komplizierten Aufgaben von Paar- und Elternwerdung, weil sie es nicht schaffen, ein für alle Beteiligte neues und schwieriges Beziehungssystem zu errichten – und ständig zu verändern. Denn das Leben unter sich wandelnden Bedingungen muß immer wieder neu erlernt und bewältigt werden.
- Besonders belastend ist diese Situation dann, wenn, wie bei etwa 30 Prozent der Ehen, diese Eheschließung vor allem durch eine *unerwünschte Schwangerschaft* zustande kam.
- Auch die *gemeinsame Haushaltsführung* muß erlernt werden. Wer übernimmt welche Aufgaben? Inwieweit können die Partner wirtschaftliche Entscheidungen des jeweils anderen tolerieren?
- Im Zusammenhang mit Arbeitslosigkeit, steigenden Mietbelastungen und daraus resultierenden Verschuldungen verstärken sich vor allem in sozial schwachen Familien dann die ohnehin vorhandenen Probleme. Die Kosten für ein Kind belau-

fen sich bei Familien mit geringem Verdienst auf ein Viertel des Monatseinkommens. Das viel zu niedrige Kindergeld, Versorgungsengpässe im Wohnungs- und Kindergartenbereich können *innerfamiliäre Spannungen* erhöhen.

Auch das erklärt, weshalb immer weniger Eltern und Paare bereit sind, Kinder aufzuziehen. Familie ist „Privatsache" (Bundesminister 1994, S. 19), und die gesellschaftlich Verantwortlichen begegnen ihr, um einen schon erwähnten Begriff aus dem „Fünften Familienbericht" noch einmal anzuführen, mit einer „strukturellen Rücksichtslosigkeit" (S. 32). Für Familien hilfreich sind die Angebote der Erziehungs- oder Familienberatung und Familienbildung wie auch in besonderen Fällen die Schwangerschaftskonfliktberatung und Schuldnerberatung.

Kindergarten und Schuleintritt der Kinder tragen zunehmende Außenbeziehungen und Leistungsanforderungen an die Familie heran. In einer „Mehrkindfamilie" sind die Eltern teilweise bis zu zwei Jahrzehnten mit dem Thema Schule konfrontiert: Noten, Leistungsdruck, Konkurrenz, Elternversammlungen, Gespräche mit den Lehrern. Im Gegensatz zur Schulzeit der Eltern sind die schulischen Lernprozesse heute teilweise anders organisiert, und Kinder lernen in den Schulen Dinge, von denen Erwachsene oft noch nichts gehört haben. Damit haben die Eltern in schulischer und beruflicher Hinsicht ihren Wissensvorsprung, aber auch ihre Autorität gegenüber den Kindern eingebüßt. Auch das kann die Notwendigkeit außerfamiliärer Hilfsmaßnahmen erzwingen. Die Folgen dieser belastenden Situation in den Kleinfamilien sind vor allem für die Kinder in den sozial benachteiligten Lebenslagen beträchtlich: „Die Häufigkeit psychischer Störungen im Kindes- und Jugendalter in der Normalbevölkerung liegt bei 20–25%. Dieser Anteil umfaßt die leichten bis schweren Störungen. Intensivere Beratung bzw. Therapie werden für 5–10% der Kinder als notwendig angesehen". Nach dieser Untersuchung waren zu Ende der siebziger Jahre alleine in Westdeutschland etwa 1 Mio. Kinder und Jugendliche intensiv behandlungsbedürftig, und weitere 3 Mio. hätten durch präventive Maßnahmen erfaßt werden müssen (Petri 1979, S. 56). Schon 1939 hat man in den USA in der inzwischen als klassisch bezeichneten „New Haven Study" festgestellt, daß mit sinkender Sozialschicht die Häufigkeit und Schwere von seelischen Erkrankungen zunimmt (Hollingshead/Redlich 1958). Petri kommt in seiner in Deutschland durchgeführten Untersuchung zur Bestätigung dieser amerikanischen Forschungen: Es besteht eine „intensive Beziehung zwischen sozialer Schicht und der Häufigkeit psychischer Störungen. Kinder aus den unteren sozialen Schichten und besonders aus der unteren Unterschicht zeigen in der Nomalbevölkerung gegenüber höheren sozialen Schichten ein stärkeres Erkrankungsrisiko" (S. 56f.). Mit sinkender Sozialschicht werden die finanziellen Einkünfte der Familien ungünstiger, verschlechtern sich die Wohnverhältnisse, sind die Mütter eher berufstätig und die Kinder vermehrt unehelich geboren, sind die Familienverhältnisse häufiger unvollständig (S. 135). Auch der „Fünfte Familienbericht" hebt den angestiegenen Beratungsbedarf hervor. Demnach sollen „junge Eltern stärker als bisher in ihren Erziehungsaufgaben" unterstützt werden. Vor allem die Angebote der Familienhilfe, Familienberatung, aber auch der Familienbildung und spezialisierter Beratungsstellen seien zu intensivieren (Bundesminister 1994, S. XIII). Für spezielle schulische Probleme sind noch die schulpsychologischen Beratungsstellen zu erwähnen.

Familien mit Heranwachsenden: Menschen im mittleren Lebensalter befinden sich bezüglich der Anforderungen des Lebens in einer *Sandwichposition*: Beruflich sind sie oftmals auf der Höhe ihrer Leistungskraft, familiär und persönlich stehen sie zwischen der jüngeren (eigene Kinder) und der älteren Generation (eigene Eltern). Typische Krisen dieses Alters sind Ablösungskonflikte mit den Kindern; sowie Fragen nach der Sinnhaftigkeit des eigenen Lebens angesichts früherer Wünsche und Ziele und der Begrenztheit von Lebenszeit. Familien mit Jugendlichen in der Ablösungsphase befinden sich oftmals in großen Konflikten. „So geraten die Kinder in der Pubertät normalerweise in eine Identitätskrise. Die Eltern stehen nun vielfach in der ‚Midlife-crisis' und die Großeltern in einer Alterskrise" (Maiwald 1992, S. 52). Die schon erwähnten gesellschaftlichen Veränderungsprozesse führen auch dazu, daß wir nicht mehr von *der* Kindheit bzw. Jugend sprechen können. Denn bezüglich der jungen Generation haben wir es mit *gleichzeitiger* „Verfrühung" und „Verspätung" zu tun. Schon seit längerem suchen sich Kinder verstärkt ihre Orientierungen außerhalb der Herkunftsfamilien. Etwa ab dem zehnten Lebensjahr kann man Verhaltensweisen feststellen, die früher erst in der Pubertät deutlich wurden. In der Jugendarbeit hat man deswegen begonnen, für diese „Kids" spezielle Angebote zu organisieren. Auch die sexuellen Aktivitäten unterliegen einem „Verfrühungseffekt". Denn „im Alter von 16 hatten vor dreißig Jahren erst knapp 10% der Mädchen und etwas mehr als 20% der Jungen sexuelle Erfahrungen mit dem anderen Geschlecht; heute dagegen gilt dies für etwa 60% der 16jährigen Jungen wie Mädchen" (Böhnisch/Münchmeier 1987, S. 181). Wie im Eingangsbeispiel dargestellt, zeichnete sich noch bis zur Mitte dieses Jahrhunderts die „Normalbiographie" für die Mehrheit der Jugendlichen durch folgende Merkmale aus: Mit 14 verließ man die Hauptschule, und drei Jahre später hatten die meisten einen Beruf erlernt, der, von Krisenzeiten abgesehen, oftmals lebenslang wirtschaftliche, soziale und psychische Sicherheit bot. Demgegenüber sind Schule und Beruf heute für die meisten Heranwachsenden nicht mehr kalkulierbar. Die planbare Zukunft stellt gegenwärtig eher die Ausnahme dar. Das gilt erst recht für viele Menschen in den neuen Bundesländern. Erhöhte Anforderungen im Erwerbsbereich und die damit zusammenhängende Verlängerung der Schul- und Ausbildungszeiten haben dazu beigetragen, die Jugendphase zu verlängern. Deswegen ist die Jugendzeit nicht mehr so sehr wie früher eine Übergangsphase („Statuspassage"). Vielmehr hat sich dieser Lebensabschnitt für viele Jugendliche immer mehr zu einer zeitlich nach oben hin verlängerten, eigenständigen Lebensphase entwickelt. Mit Blick auf diejenigen, die älter als 18 oder 20 sind, spricht man in der Jugendforschung deswegen auch von einer *Nachjugendphase* oder *Postadoleszenz*, die zuweilen bis zum Ende des dritten Lebensjahrzehntes dauern kann. Immer mehr Jugendliche werden immer länger und besser schulisch ausgebildet. Etwa ein Drittel aller jungen Menschen im studierfähigen Alter erwerben gegenwärtig die Berechtigung zum Hochschulstudium. Auf der anderen Seite bilden junge Menschen mit oder ohne Haupt- und Sonderschulabschuß die Hauptgruppe der jugendlichen Arbeitslosen und/oder besuchen vom Arbeitsamt geförderte Vorbereitungs- bzw. Ersatzmaßnahmen. Hierzu gehören überdurchschnittlich viele junge Ausländer. Lebensziel dieser Gruppe ist es, überhaupt einen Einstieg in das Erwerbsleben zu finden. Nicht nur die Familie, sondern auch der Beruf hat seine Bedeutung als Ort der Identitätsbildung verloren. Aber auch eine einmal erworbene berufliche Qualifikation ist heute längst nicht mehr die Garantie für lebenslange berufliche Sicherheit. Bis zum Jahre 2.000 werden einige Millionen Arbeitsplätze durch Umstrukturierung und Modernisierung verlorengehen. Niemand weiß genau, welche der heutigen Berufe in einigen Jahrzehnten wirklich zukunftsträchtig sind. Das ist auch der Grund, daß immer weniger Menschen „Normalarbeitsverhältnisse" erhalten können. Diese Entwicklung führt zum *Qualifikationsparadox*: Die „Jugendlichen und ihre Eltern versuchen, die Entwertung der Qualifikationen durch noch größere Anstrengungen und noch längere Qualifikationszeiten wettzumachen". Dadurch entsteht ein Teufelskreis: Die Ausweitung des Bildungswesens führt zu einer Verlängerung der Jugendzeit und einem gestiegenen Qualifikationsanspruch. Dieser jedoch entwertet das „Qualifikationsangebot, was weitere Qualifikationsanstrengungen hervorruft, was nochmals zu einer Verlängerung der Jugend im Sinne einer Vorbereitungszeit führt" (Böhnisch/Münchmeier 1987, S. 61).

Die Angehörigen der heranwachsenden Generationen sind die Leidtragenden der gesellschaftlichen Veränderungsprozesse geworden. Diese komplizierten Vorgänge bewirken, daß die Jugendphase den Charakter einer *eigenständigen Lebensphase* annimmt und daß die Jugendlichen sich stärker unter ihresgleichen, also der *Peergroup*, orientieren (Allerbeck/Hoag 1985). Demgegenüber haben die Eltern als „Vorbilder" immer weniger Bedeutung, wie der Vergleich zweier Studien von 1955 und 1984 zeigt (Fischer u.a. 1985, Bd. 3, S. 255). Diese Veränderungen haben auch den aus der Vergangenheit bekannten *Generationenkonflikt* entschärft. Die moderne Familie hat sich vielfach von einem „Befehls- in einen Verhandlungshaushalt gewandelt" (du Bois-Reymond u.a. 1993, S. 33). Der „Fünfte Familienbericht" der Bundesregierung betont, daß ein Generationskonflikt oder der in der Vergangenheit hinlänglich bekannte „Vater-Sohn-Konflikt" in aktuellen „empirischen Erhebungen nicht mehr vorfindbar ist" (1994, S. 83). Möglicherweise ist das die Ursache dafür, daß die Heranwachsenden im Prozeß der Ablösung weniger alternative Gegenwelten und -werte errichten müssen. Denn die Lebensstile in der Erwachsenenwelt sind auch pluralistischer geworden. Viele Eltern wissen, daß sie nicht mehr „Vorbilder" sein können, und klagen das auch nicht ein. Berufliche und schulische Erfahrungen der Erwachsenen nutzen den Jüngeren weniger, zumal diese durch die Schule oftmals besser und anders qualifiziert sind als ihre Eltern. Durch die elektronischen Medien ist zusätzlich noch eine neue Welt in die Familien eingedrungen, zu der viele Erwachsene nichts sagen können. Gerade durch die Medienwelt wissen heute Kinder und Jugendliche mehr als ihre Eltern. Der erhöhte Medienkonsum, bei Jugendlichen teilweise mehrere Stunden täglich, bringt aber auch Gefahren und damit Herausforderungen für die Eltern mit sich. Die „Vielseher" werden zu passiver Haltung und Scheinrealitäten erzogen. Nicht nur die Generationskonflikte, sondern auch die Ablösungsprozesse verlaufen heute ebenfalls anders. Die Jugendzeit unterliegt gleichzeitigen Verlängerungs- und Verfrühungsprozessen; die Ablösephase hat sich entstrukturiert und entdramatisiert. Schon die 9- bis 11jährigen tragen ihre ersten Ablösungskonflikte mit den Eltern aus, und viele der 18- bis 20jährigen wohnen noch bei ihren Eltern. „Man kann sich also ganz einfach vorstellen, daß es unmöglich ist, 10 Jahre lang einen dramatischen Ablösungskonflikt mit der Herkunftsfamilie durchzustehen. Jugendliche haben heute gelernt, mit den Eltern zu leben. Außerdem ist die Herkunftsfamilie seit den 70er und 80er Jahren nicht mehr der ausschließliche und zentrale Ort und Schauplatz der Ablösung und des Selbstständigwerdens Jugendlicher" (Böhnisch 1992, S. 166). Ein Teil der Heranwachsenden verbleibt heute länger als früher im Elternhaus *(Nesthocker)*: weil sie sich noch in Ausbildung befinden und/oder weil zuwenig passende Wohnmöglichkeiten vorhanden sind. Eine kleinere Gruppe verläßt das Elternhaus schon relativ früh. Darunter auch solche, die mit Hilfe des Jugendamtes in eine sozialpädagogisch betreute Wohnung ziehen. Wobei kann hier Beratung notwendig werden? Neben den schon erwähnten unterstützenden Angeboten für die Familie können auch Hilfen seitens der Jugendarbeit oder gar der Drogenberatung in Frage kommen.

Die Lebensphase mit erwachsenen Kindern: Im Gegensatz zu früher sind heutige Eltern aufgrund der gestiegenen Lebenserwartung und der verminderten Kinderzahl nicht mehr einen Großteil ihres Erwachsenenlebens von ihren Kindern und Heranwachsenden umgeben. Hundert Jahren früher lebten viele Eltern bei Volljährigkeit des letzten Kindes nur noch wenige Jahre. Gegenwärtig hat sich in vielen Familien diese „Empty-nest-Lebensphase" auf mehrere Jahrzehnte ausgedehnt. Nachdem das letzte Kind die Familie verlassen hat, verlieren Vater und Mutter wesentliche Bestandteile ihrer Elternrolle. Die Familie ist nun ein „leeres Nest", und die Eltern müssen sich als Paar – wieder – neu finden. Kann mit dieser Herausforderung flexibel umgegangen und ein neuer Lebenssinn gefunden werden, oder war man *nur* wegen der Kinder zusammen? Längst vergessene Themen der Paarfindung können wieder aufkommen. Versäumte Klärungen rächen sich. Nicht ohne Grund steigt in dieser Lebensphase die Trennungsquote von Eltern wieder an. Das ist vor allem dann der Fall, wenn diese sich vorwiegend über ihre Kinder, also die Elternschaft, definiert haben. Die Bewältigung dieser Lebensaufgaben gelingt um so leichter, wenn man in Beruf, Freizeit und anderen sozialen Beziehungen noch während der Familienphase die enorme Leistung einer optimalen Ausbalancierung zwischen familienbezogenen Aufgaben und weiteren Lebensmöglichkeiten erlernen konnte.

Das Alter: „Vor einhundert Jahren waren lediglich fünf Prozent der Deutschen über 65 Jahre alt, heute sind es fünfzehn Prozent und zur Jahrtausendwende werden es fünfundzwanzig Prozent sein" (Borscheid 1989, S. 7). Da die Menschen bei uns inzwischen meistens knapp 80 Jahre alt werden, haben sich sowohl das durchschnittliche Alter wie auch die durchschnittliche Ehedauer von 1870 bis 1970 nahezu verdoppelt. Unter Umständen kann eine Ehepaar noch drei Jahrzehnte zu zweit zusammenleben, nachdem das letzte erwachsene Kind die Familie verlassen hat. Noch niemals lebten zwei Menschen so lange als Paar zusammen wie heute. Noch nie zuvor gab es so viele Großeltern wie in der Gegenwart. Trotzdem befinden sich relativ wenige ältere Menschen in einer tätigen Großelternrolle. Die Ursache hierfür liegt in der enormen sozialen und räumlichen Mobilität, die bewirkt, daß die meisten Großeltern nicht in der Nähe ihrer Kinder bzw. Enkel leben, sondern in eigenen Wohnungen oder im Altenheim. Selbst dort, wo die Möglichkeit und der Wunsch besteht, räumlich zusammenzuleben, finden sich selten geeignete Wohnmöglichkeiten. In unserer Gesellschaft ist die Altersphase geprägt von Einbußen in der Lebensqualität: wirtschaftliche Einschränkungen, Krankheiten, körperliche Beschwerden, Verringerung der sozialen Kontakte und Isolation. Viele Menschen, die ihr Selbstwertgefühl durch ihre Rolle im Beruf erhalten haben, erleben den Eintritt ins Rentenalter als Schock. So meint das Schlagwort vom „Rentnertod", daß, statistisch gesehen, die Anfälligkeit für Krankheiten mit tödlichem Ausgang nach dem Ende der Erwerbsphase erheblich ansteigt. Das zeigt, daß die Angebote von Einrichtungen der Erwachsenen- und Altenbildung sowie die Beratungsangebote der Altenhilfe oder Selbsthilfemöglichkeiten im Nachbarschaftsbereich noch zuwenig bekannt sind.

Zusammenfassend kann gesagt werden, daß die Aufgaben zur Lebensbewältigung komplexer geworden sind; ebenso die Ansprüche an ein gelingendes Leben. Die meisten Menschen leben in Familien, und diese befinden sich oft in isolierter Situation. Hier leben Eltern, die sich nicht sicher sind, wie sie erziehen können oder dürfen. Erhöhte Anforderungen in den Schulen; erschwerter Zugang zu Beruf, wirtschaftlicher und psychosozialer Selbständigkeit; verstärkte Freizeit-, Peer-group-

und Medienorientierung bei gleichzeitiger Verfrühung und Verlängerung des Jugendalters sind Neuerscheinungen, die zu Krisen und eventuell notwendigen Hilfen von außerhalb führen können oder müssen. Je nach Sichtweise kann man diese Veränderungen in Partnerschaft und Familie unterschiedlich bewerten. Konservative oder Pessimisten würden sagen, daß Selbstverwirklichung und individuelle Lebensgestaltung heute übertrieben werden. Die Menschen würden eher nebeneinander statt miteinander leben. Ehemalige Intimräume wie die Sexualität sind nun entprivatisiert. Bindungsfurcht und nichteheliche Lebensgemeinschaften scheinen gefördert zu werden. Traditionelle Familienvorstellungen und Kinder gelten nicht mehr als Erfüllung gemeinsamen Daseins. Dieser eher negativ getönten Sichtweise kann man jedoch die gleiche – nur positiv gewendete – gegenüberstellen. Die Verringerung der abhängigen Rolle von Frauen: Die vorgegebene Frauenrolle ist nicht mehr nur an die Existenz als Mutter und Hausfrau geknüpft. Sexualität und Beziehungen sind weniger tabubehaftet. Das ist auch erkennbar am erhöhten Scheidungsbegehren der Frauen sowie an Experimenten mit verschiedenen Lebensformen. Männer und Kinder beteiligen sich stärker am Haushalt. Autoritäre Erziehungspraktiken haben nachgelassen. Das Alter schließlich führt oftmals zu vielfältigen finanziellen, gesundheitlichen und sozialen Einschränkungen, die ebenfalls zu Krisen führen können. Angesichts der Vielfalt derartiger „kritischer Lebensereignisse" ist Beratung eine zentrale sozialpädagogische Tätigkeit geworden. Beratungsangebote sind inzwischen parallel zum gesamten Lebenslauf etabliert. Sie sollten für alle Altersgruppen, Lebensbereiche und Problemlagen zur Verfügung stehen und sich besonders den krisenanfälligen biographischen Übergängen von einer Lebensphase zur anderen widmen.

Lesehinweise

Böhnisch, L.: Sozialpädagogik des Kindes- und Jugendalters, Weinheim 1992.
Gut geschriebene und sozialpädagogisch orientierte Darstellung von Geschichte, Konzeptionen und aktuellen Grundfragen des Kindes- und Jugendalters.

Bundesmini ster für Familien und Senioren (Hrsg.): Familien und Familienpolitik im geeinten Deutschland. Zukunft des Humanvermögens. Fünfter Familienbericht, Bonn 1994.
Umfassende Darstellung der Familie im geeinten Deutschland auf der Grundlage von Expertenberichten. Themen: Wandel der Familie, Familienrecht und Lebenslagen der Familie in den alten und neuen Bundesländern, Familie und Erwerb, Bildung und Gesundheit. Kann kostenlos im Bundesministerium angefordert werden.

Bundesministerium für Familie, Senioren, Frauen und Jugend (Hrsg.): Bericht über die Situation der Kinder und Jugendlichen und die Entwicklung der Jugendhilfe in den neuen Bundesländern. Neunter Jugendbericht, Bonn 1994.
Erste Darstellung der Situation in den neuen Bundesländern. Kann kostenlos im Bundesministerium angefordert werden.

Nave-Hertz, R./Markefka, M. (Hrsg.): Handbuch der Familien- und Jugendforschung, 2 Bde., Neuwied 1989.
Standardwerk mit Fachbeiträgen namhafter Autoren über zentrale Fragen von Kindheit, Jugend und Familie einschließlich der Lebensbereiche Schule, Beruf und Freizeit.

Fischer, A. u.a. (Hrsg.): Jugend '92. Lebenslagen, Orientierungen und Entwicklungsperspektiven im vereinigten Deutschland, 5 Bde., Opladen 1992.
Erste umfassende Gesamtdarstellung des Heranwachsens im geeinten Deutschland. Auch die nächsten Veröffentlichungen des „Shell-Jugendwerkes" sollten beachtet werden.

Richter, H.E.: Eltern, Kind und Neurose. Die Rolle des Kindes in der Familie, Reinbek 1963ff.

Dieses Standardwerk in Taschenbuchausgabe ist ein unbedingtes „Muß" für alle Sozialpädagogen und Berater. Man kann die wissenschaftsbezogene Diskussion der ersten 70 Seiten auch auslassen und sofort mit der sehr einprägsamen Beschreibung der Möglichkeiten beginnen, wie Eltern durch ihren Konflikt die Kinder in bestimmte Rollen zwängen: Kinder als Ersatz für eigene (unbewußte) Anteile, für einen anderen Partner bzw. Elternteil oder Kinder als „umstrittene Bundesgenossen" zwischen den Eltern.

Richter, H.E.: Patient Familie. Entstehung, Struktur und Therapie von Konflikten in Ehe und Familie, Reinbek 1970ff.

Hierin erweitert Richter seinen rollenbezogenen Ansatz auf das gesamte Familiensystem und hat damit ein Grundlagenwerk für die Familientherapie geschaffen. Familien können eine wirkliche Lösung ihrer Konflikte vermeiden, indem sie sich ängstlich von der Umwelt abschotten oder ein Familienmitglied zum „Problemfall" organisieren. Ebenfalls als Taschenbuch erhältlich.

Textor, M.R. (Hrsg.): Hilfen für Familien. Handbuch für psychosoziale Berufe, Frankfurt a.M. 1990.

Sehr umfassendes Handbuch über viele Fragen, die Hilfen für Familien betreffen. Rechtliche, sozialwissenschaftliche, pädagogische und psychotherapeutische Fachbeiträge. Darstellung von Beratungsmöglichkeiten mit unterschiedlichen Zielgruppen.

Literatur

Allerbeck, R./Hoag, W.J.: Jugend ohne Zukunft? Einstellungen, Umwelt, Lebensperspektiven, München 1985.

Baltes, P.B./Eckensberger, A. (Hrsg.): Entwicklungsphasen der Lebensspanne, Stuttgart 1979.

Beck, U.: Risikogesellschaft, Frankfurt a.M. 1986.

Böhnisch, L./Münchmeier, R.: Wozu Jugendarbeit?, Weinheim 1987.

Böhnisch, L.: Sozialpädagogik des Kindes- und Jugendalters, Weinheim 1992.

Borscheid, P.: Geschichte des Alters, München 1989.

du Bois-Reymond, M. u.a.: Die moderne Familie als Verhandlungshaushalt, Neue Praxis 1/2 1993.

Bundesminister für Familie, Jugend und Gesundheit (Hrsg.): Achter Jugendbericht, Bonn 1990.

Bundesminister für Familie und Senioren (Hrsg.): Familien und Familienpolitik im geeinten Deutschland. Fünfter Familienbericht, Bonn 1994.

Bundesministerium für Familie, Senioren, Frauen und Jugend (Hrsg.): Bericht über die Situation der Kinder und Jugendlichen und die Entwicklung der Jugendhilfe in den neuen Bundesländern. Neunter Jugendbericht, Bonn 1994.

Burnham, J.B.: Systemische Familienberatung. Eine Lern- und Praxisanleitung für soziale Berufe, Weinheim/Basel 1995.

Fischer, A. u.a.: (Hrsg.): Jugend '92. 5 Bde. (Jugendwerk der Deutschen Shell), Opladen 1992.

Hollingshead, A.B./Redlich, F.C.: Der Sozialcharakter psychischer Störungen, Frankfurt a.M. 1975.

Kohli, M. (Hrsg.): Soziologie des Lebenslaufs, Darmstadt 1980.

Kohli, M.: Die Institutionalisierung des Lebenslaufs, Kölner Zeitschrift für Soziologie und Sozialpsychologie 1/1985.

Mahler, M. u.a.: Die psychische Geburt des Menschen, Reinbek 1980.

Maiwald, L.: Der Familienzyklus. Aufgaben und häufige Probleme, in: Textor, M. (Hrsg.): Hilfen für Familien, Frankfurt a.M. 1992.

Müller, C. W.: JugendAmt. Geschichte und Aufgabe einer reformpädagogischen Einrichtung Weinheim/Basel 1994.

Petri, H.: Soziale Schicht und psychische Erkrankung im Kindes- und Jugendalter, Göttingen 1979.

Richter, H.E.: Eltern, Kind und Neurose, Reinbek 1970.

Richter, H.E.: Patient Familie, Reinbek 1970.

Stern, D.N.: Die Lebenserfahrung des Säuglings, Stuttgart 1992.

Textor, M. (Hrsg.): Hilfen für Familien, Frankfurt a.M. 1992.

Toman, W.: Familienkonstellationen, München 1974.

2.

Was ist sozialpädagogische Beratung?

Verschiedene Funktionen sozialpädagogischer Beratung

Ursachen für die Beratungsbedürftigkeit sind lebenspraktische, soziale, seelische, körperliche und wirtschaftliche Schwierigkeiten. Beraten und Helfen sind einerseits allgemein menschliche Handlungen. Andererseits ist die Beratung neben Aktivitäten wie Erziehen, Betreuen, Organisieren, Intervenieren oder Beschaffen eine zentrale sozialpädagogische Berufstätigkeit (Lüssi 1992, S. 392). Da die Beratung sowohl eine allgemein menschliche als auch professionelle Handlung ist, kann sie eher „alltagsnah" oder auch „alltagsdistanziert" vonstatten gehen (Thiersch 1978, S. 9).

Die folgenden Beispiele zeigen, wie unterschiedlich die Schwerpunkte sozialpädagogischer Beratung gelagert sein können:

- *Information*: Ein alleinstehender Rentner mußte seine preisgünstige Wohnung aufgeben und in eine wesentlich teurere einziehen. Ein Sozialarbeiter im Altenclub gibt ihm die Information, daß er beim städtischen Wohnungsamt Wohngeld beantragen kann.
- *Vermittlung*: Die Sozialarbeiterin im Allgemeinen Sozialen Dienst des Jugendamtes übernimmt die Betreuung einer alleinerziehenden Mutter von drei Kindern. Ihr Ehemann ist unter Hinterlassung von Schulden aus der gemeinsamen Wohnung ausgezogen und hält sich an unbekanntem Ort auf. Die Sozialarbeiterin vermittelt den Kontakt zum Sozialamt (Sozialhilfe), dem Wohnungsamt (Wohngeld) und zur Schuldnerberatungsstelle.
- *Rückmeldung*: Ein Jugendlicher besucht öfters die „Offene Tür" und findet jedoch keinen Anschluß an Gleichaltrige. Nach einiger Zeit macht ihn der Sozialpädagoge darauf aufmerksam, daß dies auch etwas mit seiner Zurückgezogenheit und abweisenden Haltung zu tun hat, und vermittelt ihn, da er gerne Fußball spielt, in eine Sportgruppe.
- *Unterstützung*: Eine mit mehreren Kindern und wirtschaftlichen wie auch psychischen Problemen belastete Familie erhält nach Gesprächen mit dem Jugendamt Unterstützung im Rahmen der sozialpädagogischen Familienhilfe.
- *Hilfeplan*: Ein alkoholkranker Mann bekommt einen Platz in einer Entzugsklinik. Für die Zeit nach der Entlassung sind eine weitere, ambulante Betreuung und die Teilnahme an einer Selbsthilfegruppe vorgesehen. Hieran waren Arbeitgeber, niedergelassener Arzt, Krankenversicherungsträger und die Suchtberatungsstelle des Gesundheitsamtes beteiligt.

Dies sind nur fünf von sicherlich viel mehr Varianten sozialpädagogischer Hilfen *und* Beratung. Deutlich wird dabei: Die sozialpädagogische Beratung kann viele unterschiedliche und sich ergänzende Aspekte haben. Sie hat selten ausschließlichen Charakter etwa in dem Sinne, daß es vorwiegend um die psychische Seite geht. Oft sind auch andere Institutionen und Fachkräfte beteiligt. Um die Notwendigkeit von Beratung mit diesen vielfältigen wirtschaftlichen, psychosozialen und institutionalen Aspekten hervorzuheben, möchten wir wieder auf unser Beispiel zurückgreifen. Gleichzeitig soll veranschaulicht werden, daß eine *sozialpädagogische Beratung* mehr und anders ist als die *Alltagsberatung* etwa in der Nachbarschaft oder die reine psychotherapeutische Beratung in der psychologischen Praxis *(klinische Beratung)*.

Die gegenwärtige Familie Hauser lebt inzwischen in einer ostdeutschen Großstadt. Die Hausers haben in einem Mehrfamilienhaus eine Vierzimmerwohnung gemietet. Ihr Stadtteil wird vorwiegend von mittleren und unteren Einkommensbeziehern bewohnt. Die Eltern von Herrn und Frau Hauser leben noch; wohnen allerdings in anderen Stadtteilen. Herr Hauser ist 42 Jahre alt und arbeitet schon seit vielen Jahren in einem mittelgroßen metallverarbeitenden Unternehmen. Seine gleichaltrige Frau war Verkäuferin. Durch die Privatisierung des HO-Ladens hat sie nach der Wende ihren Arbeitsplatz verloren. Die Hausers haben inzwischen drei Kinder. Der 17jährige Jürgen geht auf eine technische Berufsfachschule. Die 14jährige Martina besucht die Realschule. Vor fünf Jahren wurde Claudia als „Nachkömmling" geboren. Seit einigen Monaten hat sich Claudia zum „Problemkind" gemausert. Sie schläft nicht mehr durch, näßt nachts wieder ein und möchte nicht mehr in den Kindergarten. Zu DDR-Zeiten war die Kinderversorgung für die Eltern kein Problem. Es existierte Arbeitsplatzsicherheit. Die Kinder wurden in staatlich gelenkten, oft betriebsnahen Einrichtungen rundum versorgt. Vieles hat sich seitdem geändert. Claudia mußte kürzlich in einen neu organisierten Kindergarten eines freien Trägers wechseln. Die aktuelle Entwicklung macht Frau Hauser immer ungeduldiger. Sie möchte, daß Claudia ebensogut „funktioniert" wie die beiden Großen. Denn sie möchte wieder arbeiten. Der „normale Lebensrhythmus" hat sich für diese Familie seit der Wende sehr verändert. Gespräche über diese Erziehungsfragen mit Freundinnen und Verwandten haben sie nur verwirrt. Eltern und Schwiegereltern hatten ihr vorgeworfen, sie sei „zu lasch". Früher habe man die Kinder „härter" angefaßt. Die Claudia sei schon immer als Nesthäkchen sehr verwöhnt worden; man müsse ihren Willen „brechen". Frauen aus der Nachbarschaft, die teilweise jüngere Kinder haben, empfehlen eher das Gegenteil. Sie werfen ihr vor, nicht mehr genug Geduld für die Jüngste zu haben. Ihr Ehemann hält sich aus diesen Themen weitgehend heraus. Er hat berufliche Sorgen. Die Auftragslage seiner inzwischen privatisierten Firma ist schlecht, er hat schon mehrfach Kurzarbeit erlebt und befürchtet eine Entlassung. Miete und Lebenshaltungskosten sind angestiegen. Die Kinder haben seit der Wende erhöhte Konsumwünsche. Für den dringend notwendigen Kauf eines PKW wurde ein Kredit von DM 5.000,– aufgenommen. „Hoffentlich geht das gut", sagt Herr Hauser. „Mit der noch abzuzahlenden neuen Küche haben wir jetzt knapp 10.000 Mark Schulden." Deswegen wurde auf den Urlaub in Spanien verzichtet. Herr Hauser hofft dringend auf den Zuverdienst seiner Frau. Inzwischen sieht es jedoch so aus, daß Claudia auch nach dem Beginn der Grundschulzeit die Zeit der Mutter noch so sehr absorbieren wird, daß an eine Berufstätigkeit nicht zu denken ist. In letzter Zeit geht Herr Hauser öfters als früher zu seinem Fußballverein und danach in die Stammkneipe, was das Fami-

lienbudget belastet. Die hierbei stattfindenden wenigen Gespräche über Claudia und die Familie bringen jedoch auch nicht weiter. Inzwischen wird Claudia auch beim Essen immer anspruchsvoller. Sie geht oft ohne Frühstück in den Kindergarten. Von der Kindergartenleiterin kommt schließlich ein Signal. Sie bittet die Mutter um ein Gespräch. Claudias Verhalten in der Gruppe habe sich in letzter Zeit verändert. Sie sei anspruchsvoller geworden, isoliere sich immer mehr oder werde schneller aggressiv. Möglicherweise möchte sie mehr Aufmerksamkeit erhalten. Die Eltern sind gleichermaßen besorgt und ungeduldig und machen sich gegenseitig Vorwürfe. Einerseits wissen sie aus vielen Berichten der Medien, daß die Probleme von Kindern ernst zu nehmen sind; andererseits haben sie gerade jetzt genug mit sich selber zu tun. Gespräche im Freundeskreis helfen auch nicht weiter. Hier wird Widersprüchliches empfohlen. Nach einigen Monaten findet ein weiteres Gespräch mit der Kindergartenleiterin statt. Diese schlägt vor, einen Kontakt mit der städtischen Erziehungsberatungsstelle aufzunehmen. Im abendlichen Gespräch ist die Mutter unentschieden. Schließlich führt ihr Ehemann die Entscheidung herbei: „Ich will nicht zu fremden Leuten gehen, die kennen uns doch gar nicht. Wir kriegen das auch so wieder hin." Einige Tage später kommt ein Telefonanruf aus Jürgens Schule. Ein Elternteil wird zum Gespräch gebeten. Wieder nimmt die Mutter den Termin wahr und spricht mit zwei Lehrern. Jürgens Leistungen haben nachgelassen. Sein Verhalten hätte sich geändert. Er sei desinteressiert, kaum noch ansprechbar. Was er in seiner Freizeit mache, ob er sich einer gefährlichen Clique angeschlossen haben oder gar Drogen nehme? Die Eltern sollten dringend etwas tun, sonst sei die Versetzung gefährdet.

An dieser Stelle möchten wir diese Fallschilderung vorläufig abbrechen und weitere Fragen aufwerfen. In den Lesern können viele Vermutungen aufkommen. War der Nachkömmling Claudia eigentlich ein unerwünschtes Kind? Wurde sie eventuell zu sehr verwöhnt und lehnt sich jetzt trotzig gegen Leistungsansprüche auf? Was ist mit Jürgen? Hat man ihn übersehen und zu sehr sich selber überlassen? Wer hilft den Eltern, die beide offensichtlich in einer Lebenskrise stehen, die auch im Zusammenhang mit den allgemeinen wirtschaftlichen und sozialen Problemen der neuen Bundesländer verstanden werden muß?

Alltagsberatung

Diese ist sicherlich die am häufigsten vorkommende Möglichkeit gegenseitiger Hilfe. Sie findet täglich überall in Gesprächen zwischen Familienmitgliedern, Freunden, Bekannten, Nachbarn, aber auch zwischen völlig unbekannten Menschen statt. Das vorangestellte Beispiel zeigt allerdings: Die Alltagsberatung, also Gespräche im Nahumfeld, haben eher Verwirrung gebracht. Statt einer beraterischen Hilfe kam es eher zu Rat-„Schlägen" im buchstäblichen Sinne. Diese Feststellung spricht überhaupt nicht gegen Alltagsberatung als informelle Hilfestellung. Im Gegenteil, denn im allgemeinen kann die Bedeutung derartiger Gespräche gar nicht hoch genug eingeschätzt werden. Vor allem Hinweise von Freunden und Bekannten, die in gleicher oder ähnlicher Lage waren, helfen weiter. Sogar wildfremde Menschen können Anstöße geben. Auch die soziale Unterstützung durch informelle Netzwerke in Bekanntenkreis und Nachbarschaft oder gar Berufsgruppen im Dienstleistungsgewerbe (Gastwirte, Taxifahrer, Masseure, Friseusen) ist wissenschaftlich schon beschrieben worden (Nestmann 1988). In einem erweiterten Sinne können viele populärwissenschaftliche Beiträge in den Medien auch zur Alltagsberatung gezählt werden. Aber die Alltagsberatung hat auch ihre Grenzen. Ein zweiter Gesichtspunkt ist wichtig. Oftmals geht man im Alltagsverständnis von einem verkürzten und rationalistischen Beratungsbegriff aus. Beratung ist demnach ein einmaliger auf eine bestimmte Situation bezogener „Ratschlag", der unabhängig von Gesamtzusammenhang und den unbekannten Hintergründen als „vernünftig" empfunden wird und ohne Probleme befolgt werden kann. Dieses Beratungsverständnis ist einfach naiv. Als wenn das Erkennen und Befolgen „richtiger" Hinweise für Problembewältigung so einfach wäre. Leider haben wir es in den meisten Beratungsfällen mit tiefer gehenden Schwierigkeiten zu tun, die überhaupt erst nach einer vertrauensvollen und anonymen – also auch nicht verstrickten – *Beratungsbeziehung* ans Licht kommen. Dagegen sind mehr oder weniger gutgemeinte Vorschläge von Freunden oder Verwandten oftmals auch von deren Interessen und Schwierigkeiten geprägt, also durch die „eigene Brille" wahrgenommen. Wirklich wichtige Dinge sagt man auch nicht gerne nahen Bekannten. Denn das kann eine Freundschaft gefährden. So unverständlich es klingen mag. Viele Menschen vertrauen sich deswegen lieber einer fremden Fachkraft an. Weil sie wissen, daß sie am Ende der Beratungszeit mit dieser Person nichts mehr zu tun haben werden.

In ähnlicher Weise geht es jetzt mit der Familie Hauser. Unsere Kenntnisse über diese Familie sind noch unzulänglich. Wie steht es wirklich um die wirtschaftliche Situation der Familie? Sollte hinsichtlich der Schulden etwas getan werden? Weshalb ist das Ehepaar so sehr mit sich selber beschäftigt? Hat das nur mit den Veränderungen seit 1989 zu tun? Was sind ihre unerfüllten Lebensziele? Wie sieht es mit den unbewußten Bindungen an die Kinder aus? Deutlich wird aber auch, daß das Problem der Familie Hauser vielschichtig ist oder – wie die Fachleute sagen – multiperspektivisch.

Unter einem *multiperspektivischen Vorgehen* verstehen wir „eine Betrachtungsweise, wonach sozialpädagogisches Handeln bewußte Perspektivwechsel zwischen unterschiedlichen Bezugsrahmen erfordert. Multiperspektivisches Vorgehen heißt z.B. die leistungs- und verfahrensrechtlichen, die pädagogischen, die therapeutischen und die fiskalischen Bezugsrahmen eines Jugendhilfefalles nicht miteinander zu vermengen, aber dennoch sie als wechselseitig füreinander relevante Größen zu behandeln" (B. Müller 1993, S. 15). Derartige fachbezogene Fragen können mit dem „gesunden Menschenverstand" der Alltagsberatung allein nicht geklärt werden. Deswegen würden Hilfen im Nahumfeld allein nicht weiterhelfen. Zu komplex sind die Probleme, und zu tief sind die Menschen darin verstrickt.

So ist es auch kein Zufall, daß im vorliegenden Beispiel Institutionen, wie Kindergarten und Schule, die eigentlich gar nicht auf Beratungsfragen spezialisiert sind, den Anstoß zur Suche nach einer professionellen Beratung gegeben haben.

Klinische Beratung

Die klinische Beratung oder Psychotherapie[1] ist ein spezifisches Angebot von niedergelassenen Diplompsychologen sowie Kinder- und Jugendlichenpsychotherapeuten (manchmal auch Ärzten und Angehörigen anderer Berufe) im Rahmen freier Praxis. Aber auch in ambulanten und stationären Einrichtungen gibt es die klinische Beratung. Hier haben wir es mit Fachkräften zu tun, die über eine qualifizierte psychotherapeutische Zusatzausbildung verfügen und vom Gesundheitsamt die rechtliche Befugnis zur Ausübung der psychotherapeutischen Heilkunde erhalten haben (entweder nach dem Psychotherapeuten- oder nach dem Heilpraktikergesetz). Rechtlich betrachtet ist die Psychotherapie eine *Krankenbehandlung*, deren Kosten von den Krankenkassen beim Vorliegen bestimmter Voraussetzungen vergütet werden. Psychotherapeuten orientieren sich an wissenschaftlich anerkannten Krankheitsbildern *(Diagnosen)* und kennen die Möglichkeiten für stationäre *(Klinik)* und ambulante *(freie Praxis)* Behandlung. Längst nicht jeder Psychiater, Neurologe oder sonstiger Arzt ist für längere Psychotherapie qualifiziert. Denn die Mediziner sind eher für die Diagnostik und medikamentöse Behandlung der psychiatrischen Erkrankungen ausgebildet. Die Ärzte müssen über den Zusatztitel „Psychotherapie" verfügen oder besser noch „Arzt für Psychoanalyse" sein. Die wichtigste Berufsgruppe für die klinische Beratung sind jedoch die Diplompsychologen. Hier sollte die Zusatzausbildung „Klinischer Psychologe/Psychotherapeut", die vom „Berufsverband Deutscher Psychologen" (BDP) verliehen wird, vorhanden sein; ebenso die Zulassung nach dem Psychotherapeutengesetz. Durch die Hierarchisierung im klinischen Bereich nehmen die dort tätigen Sozialpädagogen gegenüber den Ärzten und Psychologen nur eine untergeordnete Stellung ein. Bedauerlicherweise ist für die Laien die Situation im Bereich der klinischen Beratung (Psychotherapie) sehr unübersichtlich. Leider betätigen sich dort auch Personen, die nicht über die ausbildungsmäßigen und rechtlichen Voraussetzungen verfügen. Vor einem allzu blinden Vertrauen auf den „Psychomarkt" kann nur gewarnt werden! Esoterik, „Guruverhalten", fernöstliche Heilsbotschaften oder „Beratungsangebote" von Sekten und kultischen Gruppen haben mit seriöser sozialpädagogischer Beratung oder Psychotherapie nichts zu tun. Deswegen ist es wichtig, sich beim Gesundheitsamt und den jeweiligen Krankenkassen zu erkundigen. Allerdings sind die seelischen Nöte in unserer Gesellschaft sehr groß: Statt der behandlungsbedürftigen 5 bis 10 Prozent der Bevölkerung nehmen nur etwa 0,2 Prozent psychotherapeutische Hilfe *wirklich* in Anspruch. Noch eine andere Zahl: Bis zu einem Drittel der Patienten in den Praxen von Allgemeinärzten leiden unter psychoneurotischen bzw. psychosomatischen Erkrankungen; aber nur bei 3–4 Prozent werden diese Erkran-

---

„Die Seele heilt selten von selbst"

Viele Menschen mit seelisch bedingten Erkrankungen gesunden auch ohne psychotherapeutische Hilfe, heißt es oft. Diesem ‚überkommenen Mythos' widerspricht jetzt eine Studie des Zentralinstituts für Seelische Gesundheit in Mannheim. Wie die Zeitschrift PPmP Psychotherapie Psychosomatik Psychologie (1/94) berichtet, bleiben in der Mehrzahl der Fälle die psychogenen Beeinträchtigungen über den Untersuchungszeitraum von zehn Jahren bestehen, wobei sich der Allgemeinzustand in dieser Zeit sogar verschlechtert. 600 zufällig ausgewählte Erwachsene der Mannheimer Stadtbevölkerung waren in die Untersuchung einbezogen. Bei einem Viertel wurden seelisch bedingte Erkrankungen festgestellt. Zehn Jahre später wurden die Patienten, die keine ärztliche Hilfe in Anspruch genommen hatten, erneut untersucht. Dabei zeigte sich nicht nur, wie Matthias Franz von der Psychosomatischen Klinik des Zentralinstituts dazu ausführte, wie gering die Rate derjenigen ist, deren Zustand sich ohne therapeutische Hilfe normalisiert, sondern auch eine Zunahme der Beschwerden in der Gruppe der Persönlichkeitsstörungen und Psychoneurosen."

(Psychologie heute 10/1994, S. 16)

kungen auch erkannt. In der Regel dauert es dann bis zu sieben Jahren, bis diese Patienten dann auch tatsächlich behandelt werden (Meyer u.a. 1991, S. 17). Seelisches Leiden in unscrer Gesellschaft ist also weitaus größer, als man denkt, und nur ein kleiner Teil der Betroffenen erhält nach längerer Zeit des Suchens und Wartens dann auch wirklich Hilfe.

Diese Angaben sind sicherlich sehr eindrucksvoll. Doch viele würden eine klinische Beratung ablehnen. Denn diese wird in der Laienmeinung zu Unrecht mit einer „Krankheit" oder gar „Verrücktheit" in Verbindung gebracht. Viele haben nämlich ein von Ängsten, Vorurteilen und Informationsmangel geprägtes Verständnis menschlicher Schwierigkeiten. Der Gang zu einer sozialpädagogischen Einrichtung scheint für sie deswegen doch leichter zu sein als in eine psychotherapeutische Praxis.

Sozialpädagogische Beratung

Wie wir gesehen haben, meint Beratung in ihrer ursprünglichen Bedeutung konkrete Ratschläge und Hilfestellungen, etwa in Erziehungsfragen und Lebensentscheidungen. Diese sollten den Betroffenen helfen, unerwünschte, aber eigentlich normale und manchmal sogar notwendige Probleme der menschlichen Existenz zu meistern. Aber dort, wo Gespräche und gutgemeinte Ratschläge im Nahumfeld nicht mehr weiterhelfen, ist eine berufsmäßige Beratung angesagt. Im Gegensatz zur Alltagsberatung hat die sozialpädagogische Beratung folgende Merkmale:

- Professionalität
- Erreichbarkeit
- Uneigennützigkeit
- Nichtverstrickung sowie
- Vermittlungsmöglichkeiten bezüglich weiterer Hilfsquellen.

Damit betreten wir das Feld der Sozialpädagogik. Denn eine klassische Definition aus dem Jahre 1929 hebt hervor, daß Sozialpädagogik ein *dritter Erziehungsraum* zwischen Familie und Schule ist und deren „Lücken" auszufüllen hat (Bäumer 1929, S. 3). Die beschriebenen Probleme im Beispiel liegen genau in diesem Lücken- und Übergangsbereich von Familie, Kindergarten, Schule und Beruf. Dort hat niemand die alleinige Zuständigkeit. Auch deshalb handelt es sich um einen Gegenstand der Sozialpädagogik. Einige weitere Begrifflichkeiten sind wichtig: In der Sozialpädagogik unterscheiden wir zwischen der funktionalen Beratung und der institutionalen Beratung (Hölzel 1981, S. 12).

Die *funktionale Beratung* ist eine allgemeine erzieherische und sozialpädagogische Tätigkeit und liegt sozusagen „quer" zu allen Arbeitsfeldern. Beratung ist hierbei eine *Querschnittfunktion* der Sozialpädagogik. Sie findet eigentlich überall im zwischenmenschlichen Kontakt statt. Bei Eltern und Kindern, Lehrern und Schülern oder in der Freizeit zwischen Erwachsenen, auch als Alltagsberatung. Die Elternbildung (Familienbildung) als Oberbegriff für Informations- und Weiterbildungsmöglichkeiten im Rahmen von Familienbildungsstätten oder sonstiger Weiterbildungseinrichtungen gehört auch in den Bereich der *funktionalen* Beratung mit vorbeugendem und unterstützendem Charakter. Sie wendet sich insbesondere an sozial schwache und kinderreiche Familien. Ihre Angebote sind: Familienseminare,

Familienfreizeiten, Elternurlaub, Gesprächskreise zu Erziehung, Partnerschaftsproblemen, Hilfen bei der Haushaltsführung, Erfahrungsaustausch unter Eltern (vgl. §§ 16–21 KJHG). Vor allem aber haben viele Gespräche in sozialpädagogischen Einrichtungen *auch* den Charakter von funktionaler Beratung. Sie gehören ebenso wie Betreuen, Erziehen, Arrangieren, Helfen oder Informieren zum alltäglichen Geschäft der Sozialpädagogik (Giesecke 1987, S. 75ff.).

Ein Beispiel dieser Beratungsart ist schon erwähnt worden: Die Gespräche der Kindergartenleiterin mit Frau Hauser, aber auch die Kontakte seitens der Schule gehören in den Bereich der funktionalen Beratung.

Es wurde aber auch deutlich, daß eine gelungene funktionale Beratung angesichts der Probleme und eventuell noch notwendiger weiterer Hilfsmöglichkeiten alleine oftmals nicht ausreicht. Aus diesem Grund stellt die Gesellschaft seit Beginn dieses Jahrhunderts *institutionale Beratungsmöglichkeiten* zur Verfügung. Viele Jahre lang war das eine Domäne der Erziehungsberatung. (Daneben sind noch weitere, an bestimmte Zielgruppen gerichtete und teilweise hochspezialisierte Beratungseinrichtungen entstanden.)

Das zeigt uns, daß wir die Beratung auch nach den unterschiedlichen *Institutionalisierungsgraden* unterscheiden können. Die oben schon erwähnte Alltagsberatung in der Familie, unter Freunden („Peer-group"), in Schule, Beruf und Freizeit hat überhaupt keine institutionelle Form. Oft wissen die Beteiligten nicht, daß ihre Unterhaltung auch ein Beratungsgespräch war. Sicherlich ist das im Beispiel auch der Fall gewesen.

Andere im sozialpädagogischen Alltag stattfindenden Gespräche weisen einen *niedrigen Institutionalisierungsgrad* auf.

Sozialpädagogen und Ratsuchende treffen sich zwar in einem professionellen Zusammenhang – und nicht privat. Das ist in den sogenannten offenen Einrichtungen der Fall, also beispielsweise in Jugendhäusern und Bürgerzentren. Aber auch hierbei kann es vorkommen, daß keiner der Beteiligten daran denkt, daß es sich um eine „Beratung" gehandelt haben könnte. Denn das Beratungsgespräch ist oftmals eingebettet in einen weiter reichenden und gleichzeitig auch unverbindlich scheinenden Zusammenhang.

Die Gespräche der Frau Hauser mit der Kindergartenleiterin und den Lehrern hatten diesen Charakter.

Die vielen spezialisierten Beratungsstellen für die Lebens- und Krisenbereiche: Familie, Schwangerschaft, Erziehung, Schule, Beruf, Wohnen, Schulden, Sucht, Drogen- und Aids-Fragen haben demgegenüber einen *hohen Institutionalisierungsgrad.* Denn sie wenden sich nur an bestimmte Zielgruppen. Einige davon werden weiter unten gesondert dargestellt. In den letzten Jahren sind viele Beratungsstellen darum bemüht, die *Zugangsbarrieren* oder *Hemmschwellen* möglicher Ratsuchender zu ihnen zu verringern: Diese müssen sich nicht unbedingt anmelden, können auch unverbindlich kommen, und teilweise gehen die Berater auch zu den Betroffenen („Geh-Struktur"). In diesem Falle spricht man von *niedrigschwelliger Beratungsarbeit.* Hierzu gehört auch die weiter unten in diesem Buch vorgestellte *gemeinwesenorientierte Familienberatungsstelle.* Auf der anderen Seite ist die sozialpädagogische Beratung schon immer von der klinischen Beratung (Psychotherapie) beeinflußt worden. Ein Grund mehr, die Eigenständigkeit der sozialpädagogischen Beratung neu zu bestimmen.[2] In dieser Hinsicht hat Mollenhauer schon im Jahre 1965 in einem heute als klassisch anzusehenden Beitrag auf das seinerzeit neue „pädagogische Phänomen" *Beratung* aufmerksam gemacht (S. 25ff.):

- Gesellschaftliche Veränderungen sowie ansteigende Komplexität und Unsicherheit haben die *„Zunahme des Beratungsbedürfnisses"* in der Sozialpädagogik, speziell in der Jugendhilfe, bewirkt.
- Beratung ist ein „Erziehungsstil", der vor allem dem „Erziehungsbedürfnis der heranwachsenden Generation entgegenkommt". Sie findet *überall* in der Sozialpädagogik statt. „Die institutionalisierte Beratungstätigkeit ist also nur ein Sonderfall eines allgemeinen pädagogischen Phänomens" (S. 26f.).
- Sozialpädagogische Beratung ist jedoch *mehr als nur ein Alltagsgespräch* mit Beratungscharakter. „Beratung geschieht nicht als unmittelbare Antwort auf eine Frage". Denn die Frage ist nur der „Ausgangspunkt für einen Vorgang, in dem der Berater von vornherein versucht, einen größeren als den zunächst in der Frage formulierten Zusammenhang von Sachverhalten in den Beratungsprozeß hineinzuziehen". Deswegen ist „eine Beratung nicht nur eine Auskunft" (S. 30f.), sondern mehr.
- Die Sozialpädagogik sollte diese *Alltagsorientierung* von Beratung stärker beachten und sie nicht ausschließlich hochspezialisierten Beratungsstellen überlassen, die von vielen Ratsuchenden aufgrund unterschiedlicher *Hemmschwellen* oftmals nicht aufgesucht werden können. Auch durch ihren geringen Spezialisierungsgrad kann die Beratung „kritische Aufklärung sein" (S. 32).
- Schon damals wurde das besondere Beziehungsverhältnis zwischen Berater und Ratsuchenden angesprochen: „Der Berater empfängt seine ‚pädagogische' Legitimation einzig und allein vom Ratsuchenden. Er ist ausschließlich zu dem befugt, was dieser ihm einräumt" (S. 35). In diesem Falle haben wir es mit einer *freiwilligen Klientenschaft* zu tun (Lüssi 1992, S. 101).
- Charakteristisch für die sozialpädagogische Beratung ist allerdings auch, daß dort Beratungsvorgänge immer zusammen und häufig konkurrierend mit anderen Tätigkeiten vorkommen. Etwa Kontrollieren, Überwachen, Verwalten usw. Beratung ist dann gepaart mit *Kontrolle*: beispielsweise im Allgemeinen Sozialen Dienst, der Jugendgerichtshilfe oder Bewährungshilfe, wo auch gesetzliche Vorgaben zu beachten sind. Beraterinnen und Berater müssen sich hierbei dieser Gratwanderung und der damit verbundenen ethischen Probleme bewußt sein. Wenn die Beratung mit diesen anderen Tätigkeiten vermischt wird, also behördliche oder gerichtliche Anordnungen zur Grundlage hat, sprechen wir von einer *Pflichtklientenschaft* (Lüssi 1992, S. 101).
- Sozialpädagogische Beratung findet sogar mit Betroffenen statt, die sich zwangsweise in *totalen Institutionen*, etwa dem Gefängnis oder der Psychiatrie, aufhalten und sich vielleicht gar nicht als „Ratsuchende" verstehen. Sozialpädagogen müssen dort Aufnahme-, Entlassungs- oder Vermittlungsgespräche führen. Diese Gespräche werden den Betroffenen von den Institutionen regelrecht aufgezwungen. Es ist schwer zu glauben, daß eine derartige *Zwangsberatung* auch einen hilfreichen Beratungscharakter haben kann. Auch die später dargestellte Schwangerschaftskonfliktberatung gehört in diese Kategorie. Denn hier ist die Beratung gesetzlich vorgeschrieben.

Aus diesen Erörterungen wird deutlich, daß das *Spektrum von Einsatzmöglichkeiten* sozialpädagogischer Beratung wesentlich breiter ist als in hochspezialisierten Beratungsstellen oder im klinischen Zusammenhang. Was ist eigentlich das „Pädagogische" an der sozialpädagogischen Beratung? Die beiden folgenden Hinweise zeigen, daß wir es bei der Beratung auch mit einem seltenen „Lehr-Lern-Prozeß" zu tun haben: In pädagogischer Hinsicht ist die Beratung ein komplizierter und wohl einmaliger Vorgang. Denken, Fühlen und Handeln werden verlangt. „Diese drei Ebenen gehören zusammen. Sie werden dummerweise augenblicklich noch von verschiedenen Wissenschaftsdisziplinen verwaltet, innerhalb von verschiedenen Studienfächern gelehrt und gelernt und an verschiedenen gesellschaftlichen Lernorten geübt" (C.W. Müller 1982, S. 16). Wer Beratung praktizieren möchte, muß diese komplexe, fächerübergreifende Integrationsleistung einüben. Wenn die Ratsuchenden „ihre Verhaltensmuster, Wahrnehmungen, Gefühle, Gedanken, Einstellungen verändern, haben sie etwas gelernt". Deswegen ist aus erziehungswissenschaftlicher Sicht der grundlegende Beratungsprozeß ein „Lernprozeß; wer berät, der lehrt" (Huber 1990, S. 56). Aber dieser Prozeß ist auch *umkehrbar* – und das unterstreicht seine Einmaligkeit. Erfahrene Berater werden bestätigen, daß sie in professioneller Hinsicht das meiste von den Ratsuchenden und nicht aus Weiterbildungsveranstaltungen und Büchern gelernt haben.

Zusammenfassend können wir festhalten: Sozialpädagogische Beratung ist eine spezielle Dienstleistung für Einzelpersonen, Familien und Institutionen, um diesen zur eigenständigen Lösung von Problemen im psychosozialen und/oder materiellen Bereich zu verhelfen. Sozialpädagogische Beratung kommt in allen Feldern des Sozial- und Gesundheitswesens vor. Sie hat sehr unterschiedliche Schwerpunkte und Institutionalisierungsgrade. Da die sozialpädagogische Beratung nicht über eine eigenständige Methodik verfügt, benutzt sie in pragmatischer Weise Erkenntnisse und Verfahren aus der Psychologie, Psychotherapie, den Sozial-, Verwaltungs- und Rechtswissenschaften.

Abgrenzungsfragen

Aus den vorgenannten Zahlen über die Verbreitung psychischer Nöte in unserer Gesellschaft geht zweierlei hervor:

- Psychosoziales Leid ist weitaus häufiger verbreitet, als man denkt.
- Deswegen können aus unverbindlichen Gesprächen auch schnell Beratungssituationen entstehen, die dann in eine therapeutische Situation „umkippen".

Seit einigen Jahren haben wir es mit einer *Therapeutisierung der Gesellschaft* zu tun. Psychotherapeutische Begriffe werden in den Medien, im Alltag und auch in der zwischenmenschlichen Auseinandersetzung benutzt. Die Suche nach Sinnhaftigkeit im Leben und neuen Lösungsmustern begünstigt diese Verhaltensweisen. Seit den 70er Jahren kam es in Deutschland zu einer gewaltigen Verbreitung psychologischen und psychotherapeutischen Wissens. Es entwickelte sich ein regelrechter „Psychoboom". Davon ist die sozialpädagogische Beratung auch nicht unbeeinflußt geblieben. Einerseits muß sie neue Erkenntnisse benachbarter Felder berücksichtigen; andererseits darf sie die breiter angelegten Beratungsaufgaben der Sozialpädagogik nicht mit der eher in die Tiefe der Lebensgeschichte gehende Psychotherapie verwechseln. Glücklicherweise sind die meisten Situationen in der sozialpädagogischen Beratung so gestaltet, daß diese schon ein dauerhaftes Verharren in psychotherapieähnlichen Gesprächssituationen unmöglich machen. Wenn die Übergänge zwischen Beratung und Psychotherapie fließender Natur sind, wie kann man dann die *Grenze* zwischen sozialpädagogischer und klinischer Beratung genauer bestimmen? Folgende Merkmale tragen zu dieser notwendigen Unterscheidung bei:

- *Institutionell*: Sozialpädagogische Beratung findet eher in sozialpädagogisc͏ͅ Einrichtungen statt und weniger in der psychotherapeutischen Praxis. Als fun͏ͅ tionale Beratung (Kindergarten, Jugendhaus, Jugendamt) oder als institutionale Beratungsmöglichkeit (Erziehungsberatung, Jugendberatung, Drogenberatung, Schwangerschaftskonfliktberatung, Schuldnerberatung, Ausländerberatung u.a.). Freiwilligkeit ist ein Wesensmerkmal der sozialpädagogischen Beratungsarbeit. Für die Möglichkeiten einer klinischen Beratung sind teilweise kompliziertere Zugangsbarrieren zu überwinden. Wenn man sich nicht mit hoher Motivation als „Selbstmelder" um einen Therapieplatz bemüht, kommt man meistens über Ärzte oder Beratungsstellen. Um die Finanzierung der Kosten durch die Krankenkassen zu erhalten, müssen ärztliche Gutacher zwischengeschaltet werden.
- *Dauer*: Sozialpädagogische Beratung ist zeitlich eher kürzer und weniger häufig („niedrigfrequent") als die klinische Beratung, die unter Umständen über mehrere Jahre geht. Wie wir im vorliegenden Beispiel gesehen haben, reicht oftmals ein einziges Gespräch im Kindergarten, dem Jugendhaus, beim Jugendamt oder bei einem freien Träger aus, um etwas zu bewegen (als funktionale Beratung). Häufig wird danach an spezialisierte sozialpädagogische Beratungsstellen weiterverwiesen, wo die Beratungstreffen in der Regel häufiger stattfinden.
- *Schwerpunkt*: Im Gegensatz zur klinischen Beratung stehen die inneren, seelischen Prozesse der Ratsuchenden bei der sozialpädagogischen Beratung nicht so sehr im Mittelpunkt. Um es etwas verkürzt auf den Begriff zu bringen: Klinische Beratung geht eher in die *Tiefe* (auch Vergangenheit) der Persönlichkeit. Psychische Probleme und Beziehungsfragen stehen im Vordergrund. Sozialpädagogische Beratung richtet sich mehr an die *Breite* (auch Gegenwart und Zukunft) des Menschen.
- *Reale Hilfen*: Neben den Beziehungsfragen spielen konkrete Hilfemöglichkeiten eine viel stärkere Rolle als in der klinischen Beratung. Damit nähert sich die sozialpädagogische Beratung dem „Case-Management" („Unterstützungsmanagement"). Hierbei haben Sozialpädagogen die Aufgabe, die Vielfalt methodischer und organisatorischer Möglichkeiten mit den und für die Ratsuchenden zu planen und zu vermitteln. Dazu gehören auch soziale Netzwerke und andere Dienste der Sozialen Arbeit. Sozialpädagogische Beratung kann beispielsweise ein derartiges „Case-Management" bzw. „Unterstützungsmanagement" vorbereiten oder begleiten (Wendt 1991).
- *Gesprächstechnik*: Beratung in der Sozialpädagogik ist nicht an *einer* psychotherapeutischen Richtung orientiert. Sie nutzt vielmehr *alle* Möglichkeiten vorhandener Ansätze, die miteinander vereinbar und erfolgversprechend sind. Deswegen ist sozialpädagogische Beratung auch nicht ohne weiteres gleichzusetzen mit einer der „klassischen Methoden" der Sozialarbeit: Einzelhilfe. (C.W. Müller 1982, 1988; Neuffer 1990). Die Ratsuchenden sollen ihre Lebensprobleme selber erkennen und benennen können und nicht von den Beratern gesagt bekommen („Deutungen"). Unter Deutungen werden hier allgemein zusammengefaßte Ursachenerklärungen der Beraterinnen und Berater des Verhaltens und der Hintergründe der Ratsuchenden verstanden, die diesen selber noch nicht bewußt oder sogar unangenehm sind[3]. Sozialpädagogen verhalten sich nicht so zurückhaltend („abstinent") wie klinische Berater. Dadurch vermeiden sie, daß die Ratsuchenden etwas in sie „hineinsehen" („Übertragungen") , was zwar ein Thema aus der Vergangenheit der Ratsuchenden sein kann, aber nicht in die aktuelle Situation ge-

...its leiden Ratsuchende unter ihrer Situation, andererseits klammern ..., weil sie ungewisse Veränderungen auch ängstigen („Widerstand"). ...gische Beraterinnen und Berater wissen um diese Furcht vor Verän... ...offnung auf sie. Sie versuchen die Ratsuchenden nicht mit ihrem ...ndlichen, aber eigentlich unsinnigen Widerstand zu konfrontieren. ... oder ignorieren ihn einfach. Diese flexiblere Umgangsweise mit ...tung, Übertragung und Widerstand, den typischen Gesprächstechniken jeder aufdeckenden klinischen Beratung, macht ein zentrales Unterscheidungsmerkmal zur klinischen Beratungsweise aus.

- *Grundeinstellung*: Daraus ergibt sich, daß Ratsuchende für die Sozialpädagogen keine „Klienten" oder gar „Patienten" sind wie in der Psychotherapie. Demzufolge werden auch nicht psychotherapeutische oder psychiatrische Krankheitsbilder („Diagnosen") zu Rate gezogen oder gar derartige Begriffe benutzt. Auch ist eine übermäßige Beschäftigung nur mit den Problemen („Defizitorientierung") zu vermeiden, weil diese dann festgeschrieben werden („Klientifizierung"). Die Ratsuchenden haben bis jetzt ihr Leben ohne fremde Hilfe gemeistert. Diese Fähigkeiten gilt es zu verstärken und nicht erst einmal in Frage zu stellen.

- *Ziele*: Wie schon angesprochen, liegen die Ziele der sozialpädagogischen Beratung eher in der Breite der Lebensbewältigung und weniger in der Selbstreflexion. Welche Ziele formulieren die Betroffenen für sich? Sind diese realistisch? Wo existieren Ansatzpunkte? Welche Kompetenzen sollen vermittelt werden? Wo befinden sich Hilfsquellen („Ressourcen")? Wie kann man die globalen Ziele in viele realisierbare kleine Teilschritte aufgliedern?

- *Vernetzungsaspekt*: Um die anderen Ressourcen im Interesse der Ratsuchenden wirksam nutzen zu können, haben die sozialpädagogischen Beraterinnen und Berater auch Kontakte zu anderen Hilfestellen, koordinieren die Hilfeangebote bzw. begleiten die Ratsuchenden im Sinne des „Unterstützungsmanagements" sogar dorthin. Das tun klinische Berater in der Regel seltener.

- *Ethik*: Die Arbeit mit Deutung, Übertragung und Widerstand gehört in den Bereich der anerkannten Techniken klinischer Beratung. Wenn man diese in der Sozialpädagogik verwendet, erhöht sich zumindest zeitweise die Abhängigkeit der Ratsuchenden von den Beraterinnen und Beratern. Dadurch können die Probleme („Symptome") wie auch Verstrickungen mit den Fachkräften zunehmen. Ein derartiges Beratungsverhalten steht im Widerspruch zum sozialpädagogischen Auftrag, den Kompetenzen der Sozialpädagogen und ihren institutionellen Möglichkeiten. Ethik als allgemein anerkanntes und wünschenswertes Verhalten erfordert, daß die Ratsuchenden jederzeit den Prozeßverlauf der Beratung mitbestimmen können. Die Abhängigkeit von den Helfern sollte nicht erhöht, sondern verringert werden. Sozialpädagogische Ethik wacht über mögliche Grenzverletzungen der Beraterinnen und Berater.

- *Rollenverständnis*: Die sozialpädagogischen Fachkräfte sind keine Spezialisten wie die klinischen Berater. Sie sind zwar *auch* Beziehungshelfer. Aber in erster Linie verfügen sie im Vergleich zu den klinischen Beratern über den Vorteil, daß sie mehr als das reine helfende Gespräch anzubieten haben. Sie sind auch einfacher zu erreichen, besitzen breitere Informationen und Kontakte zu den Hilfemöglichkeiten weiterer sozialer Dienste. Trotz dieser Unterschiede zwischen der klinischen und der sozialpädagogischen Beratung existieren jedoch auch Gemeinsamkeiten. In formaler Hinsicht haben sozialpädagogische und klinische Beratung Ähnlichkeiten: Es handelt sich um eine besondere Rollenbeziehung (vgl.

Frommann u.a. 1976): Der eine Gesprächspartner spricht von einer professionellen Rolle aus mit dem anderen. Dieser möchte aus dem Gespräch für sich einen immateriellen Nutzen ziehen. Schon diese Form eines berufsbezogenen Gesprächs ist für viele Ratsuchende neu und unbekannt.

- *Fließende Grenzen* zwischen klinischer und sozialpädagogischer Beratung hinsichtlich der Tiefendimension: Trotz der schon mehrfach angesprochenen schwerpunktmäßigen Unterschiede zwischen klinischer und sozialpädagogischer Beratung („mehr Tiefe" bzw. „mehr Breite") gibt es einen Bereich, wo diese Grenzen nicht immer klar sein können und deswegen im Beratungsprozeß möglicherweise ineinander übergehen. Wenn man in der sozialpädagogischen Beratung immer wieder an denselben Punkt einer „verfestigten Lebensproblematik" kommt, hat man es mit einem Bereich zu tun, den Psychotherapeuten als seelische Beeinträchtigung oder psychische Erkrankung bezeichnen. Hier intensiver weiterzumachen würde heißen, die Grenze zur Psychotherapie zu überschreiten. Daraus wird deutlich, daß es eine ideale Grenzziehung zwischen Beratung und Psychotherapie nicht geben kann. Auch im „normalen Gespräch" unter Freunden (Alltagsberatung) gerät man zuweilen in psychotherapeutische Tiefen. Sozialpädagogische Beraterinnen und Berater müssen ihre Grenzen kennen und gegebenenfalls an andere Helfer oder Institutionen weiterverweisen können. (Auf dieses Problem der „Grenzziehung" werden wir in den beiden nächsten Kapiteln noch öfters zurückkommen).

Lesehinweise

Hornstein, W. u.a. (Hrsg.): Beratung in der Erziehung, 2 Bde., Frankfurt a.M. 1977.
Diese überarbeitete Fassung der Texte des bekannten gleichnamigen „Funkkollegs" gehört aufgrund der Vielfalt der unterschiedlichen Richtungen von Beratung und Psychotherapie immer noch zur Standardliteratur. Neben einer breiten und praxisorientierten Darstellung unterschiedlicher Ansätze werden auch Anwendungsfelder von Beratung (Familie, Kindergarten, Schule) vorgestellt. Leider im Buchhandel vergriffen.

Junker, H.: Das Beratungsgespräch, München 1978.
Ein psychoanalytisch geprägter Ansatz zur Beratung mit vielen Praxisbeispielen und Bezügen zur Sozialen Arbeit. Leider ebenfalls im Buchhandel vergriffen und trotzdem noch aktuell.

Neue Praxis Sonderheft 1978: Sozialarbeit/Sozialpädagogik und Therapie, Neuwied/Darmstadt 1978.
Eine ebenfalls vergriffene Schrift, die sich aber grundsätzlich zu den Gemeinsamkeiten und Unterschieden von klinischer und sozialpädagogischer Beratung äußert. Alle Beiträge sind aus dem Blickwinkel der Sozialen Arbeit geschrieben.

Seibert, U.: Soziale Arbeit als Beratung, Weinheim 1978.
Dieses Buch ist die seltene Ausnahme eines ebenso pragmatischen und schulenübergreifend wie auch engagiert geschriebenen Buches über Beratung als Teil der Sozialen Arbeit/Sozialpädagogik. Leider beim Verlag vergriffen. Immer noch lesenswert.

Rechtien, W.: Beratung im Alltag. Psychologische Konzepte des nichtprofessionell beratenden Gesprächs, Paderborn 1988.
Eine für die Laien gut geschriebene Einführung in alltägliche Beratungssituationen. Vorwiegend psychologisch orientiert. Enthält eine Kassette mit Anleitungen für Übungen zur Beratung.

Wendt, W. R.: Unterstützung fallweise. Case Management in der Sozialarbeit, Freiburg 1991.
Diese Schrift enthält Texte aus dem deutschen und englischem Sprachraum zu vernetzten Formen der praktischen Sozialarbeit. Sie möchte die herkömmliche, einseitig tiefenpsychologische Sichtweise der Einzelhilfe (Casework) ablösen.

Literatur

Bäumer, Gertrud: Wesen und Aufbau der öffentlichen Erziehungsfürsorge, in: Nohl, H./Pallat, L. (Hrsg.): Handbuch der Pädagogik, Bd. V: Sozialpädagogik, Langensalza 1929.

Frommann, A. u.a.: Sozialpädagogische Beratung, Zeitschrift für Pädagogik 5/1976.

Frommann, A.: Sozialarbeit, Beratung, Therapie, Neue Praxis Sonderheft 1978: Sozialarbeit/Sozialpädagogik und Therapie, Neuwied/Darmstadt 1978.

Geißler, K./Hege, M.: Konzepte sozialpädagogischen Handelns, Weinheim/Basel 1988.

Giesecke, H.: Pädagogik als Beruf, Weinheim/München 1987.

Hölzel, S.: Erziehungsberatung, München 1981.

Huber, G.L.: Beratung als Lehren und Lernen, in: Brunner, E.J./Schönig, W. (Hrsg.): Theorie und Praxis von Beratung, Freiburg 1990.

Lüssi, P.: Systemische Sozialarbeit, Bern 1992.

Meyer, A.E. u.a.: Forschungsgutachten zu Fragen eines Psychotherapeutengesetzes (im Auftrage des Bundesministeriums für Jugend, Frauen, Familie und Gesundheit), Hamburg 1991.

Mollenhauer, K.: Das pädagogische Phänomen „Beratung", in: Mollenhauer, K./Müller, C.W.: Führung und Beratung in pädagogischer Sicht, Heidelberg 1965.

Müller, B.: Sozialpädagogisches Können, Freiburg 1993.

Müller, C.W.: Wie Helfen zum Beruf wurde, 2 Bde., Weinheim/Basel 1982, 1988.

Müller, C.W.: Zur Geschichte des Instituts für Sozialpädagogik an der Technischen Universität Berlin, in: Müller, C.W./Ripp, W. (Hrsg.): Tropfen auf heißem Stein. 25 Jahre Institut für Sozialpädagogik der TU Berlin, Weinheim/Basel 1992.

Müller, C.W.: JugendAmt, Weinheim/München 1993.

Nestmann, F.: Die alltäglichen Helfer, Berlin/New York 1988.

Neuffer, M.: Die Kunst des Helfens, Weinheim/Basel 1990.

Thiersch, H.: Zum Verhältnis von Sozialarbeit und Therapie, Neue Praxis Sonderheft 1978: Sozialarbeit/Sozialpädagogik und Therapie, Neuwied/Darmstadt 1978.

Wendt, W.R.: Unterstützung fallweise: Case Management in der Sozialarbeit, Freiburg 1991.

3

Welches Wissen benötigen wir für die sozialpädagogische Beratung?

Zum Thema Beratung existieren eine Vielzahl hochspezialisierter Theorien, die meistens aus dem psychologischen und psychotherapeutischen Bereich stammen.[1] Um das nötige Grundwissen für die Beratung darzustellen, haben wir verschiedene Möglichkeiten:

- Eine umfassende Diskussion *mehrerer* wichtiger Ansätze. Das führt zu einem Theorienvergleich, und die praxisbezogene sozialpädagogische Fragestellung wird in den Hintergrund gedrängt.
- Die Betonung einer *einzigen* Beratungstheorie. Das jedoch vernachlässigt andere Entwürfe und die komplexe Vielfalt sozialpädagogischer Aufgaben. Auch würde ein derartiges Vorgehen zu Unrecht an die Tradition des „klassischen Expertenmodells" (B. Müller 1993, S. 13) anknüpfen und so tun, als ob es eine einzige „richtige" Methode für die Soziale Arbeit gäbe.
- Deswegen haben wir uns entschieden, eine weitgehend *theoriefreie* Beschreibung des Beratungswissens in seiner Brauchbarkeit für die sozialpädagogische Praxis zu entwickeln. Denn im Gegensatz zur Alltagsberatung können professionelle Beratungspersonen bei ihrer Arbeit auf wissenschaftlich begründete Erkenntnisse der Beratungswissenschaft zurückgreifen.

Wie schon angedeutet, bezeichnen wir diesen Gebrauch unterschiedlicher Ansätze als „pragmatischen Eklektizismus". Dabei werden aus verschiedenen theoretischen Richtungen Teile für das Beratungswissen herausgesucht, die für die Soziale Arbeit nützlich sein können. Denn es ist kein „theoretisch geschlossenes System bekannt, das alle wichtigen und typischen Kommunikationsphänomene der Praxis beschreiben und erklären würde" (v. Thun 1990, Bd. 2, S. 60).

Nach einigem Zögern und ohne ihren Ehemann zu informieren, meldet sich Frau Hauser bei der Beratungsstelle eines kirchlichen Trägers an. Zwei Wochen später findet das erste Gespräch statt. Mehrfach hat sie vorher alles, was sie fragen, sagen, aber auch, was sie nicht ansprechen möchte, gedanklich gut durchgespielt. Nachdem sie etwas über ihr Leben, die aktuelle Situation und die vielen Sorgen mitgeteilt hatte, hält sie inne und erwartet nun von der Sozialpädagogin, die ihr gegenübersitzt, konkrete Hinweise, was sie tun sollte. Gerade das macht diese aber nicht.

Frau Hauser: „Was können Sie mir denn jetzt raten, was soll ich tun?"

Sozialpädagogin: „Ich glaube, dazu ist es jetzt noch zu früh. Ich spüre in Ihren Worten sehr viel Verzweiflung und Traurigkeit und vermute, daß Sie in letzter Zeit viel durchgemacht haben. Ich bin sehr froh, daß Sie heute hierherkommen konnten."

Die Beraterin spricht Frau Hauser gerade auf das an, was diese vermeiden wollte. Verzweiflung und Traurigkeit. Genau das hat seit Jahren niemand mehr getan, und das hat sie sich insgeheim gewünscht; sich einfach nur einmal richtig „ausheulen" können. Davor hat sie sich aber auch sehr gefürchtet. Anfangs kämpft Frau Hauser mit den Tränen. Dann weint sie, und als sie sich wieder gefaßt hat, stellt sie mit Erstaunen fest, daß die Sozialpädagogin sich nicht, wie befürchtet und wie sie es früher oft erlebt hatte, von ihr abwendet. Obwohl danach nicht mehr viele Worte gefallen sind, fühlt sie sich plötzlich sehr verstanden und gut aufgehoben.

Was in diesem kurzen Gespräch alles passiert ist, kann mit Worten nur schwer ausgedrückt werden. Wir werden weiter unten in diesem Buch sehen, daß es sich hinsichtlich der Gesprächstechnik um eine „emotionale Tiefung" (S. 75) gehandelt hat.

Gute Beraterinnen und Berater müssen zumindest dreierlei leisten:

- Es ist nicht nur wichtig, das aufzunehmen, *was* die Ratsuchenden sagen; also die „Inhaltsebene" des Gesprächs.
- Zumindest ebenso wichtig ist es zu registrieren, *wie* sie das tun, also die „Beziehungsebene", etwa die nichtsprachlichen Signale, des Gesprächs zur Kenntnis zu nehmen (Watzlawick u.a. 1969).
- Die Fachkräfte sollten sich gleichzeitig auch gefühlsmäßig in die Ratsuchenden hineinversetzen und zumindest zeitweise dabei z.B. deren Verzweiflung und Traurigkeit so verspüren, *als ob* es die eigene wäre.

Die „Basisvariablen" der Beratungsbeziehung

Während des Gesprächs wird darüber reflektiert und das so „Gefühlte" dann in angemessener Weise der ratsuchenden Person mitgeteilt. Dieser Vorgang ist vermutlich das wichtigste Element einer gelungenen Beratungsbeziehung. Die Fachleute nennen es die *Einfühlung* oder *Empathie*. Diese Form des Einfühlens erfordert einerseits, daß man sich zeitweise an die Stelle des anderen versetzen kann („Identifizieren"). Gleichzeitig und danach ist aber auch ein inneres Abgrenzen notwendig. Deswegen ist Einfühlung nicht dasselbe wie Sympathie oder kritiklose Übereinstimmung. Die Einfühlung gelingt eher, wenn die Beratungspersonen auf ihre eigenen Gefühle, die durch die Äußerungen der Ratsuchenden hervorgerufen werden, achten. Dabei dürfen sie jedoch nicht die eigenen Einstellungen und Gefühle aus ihrer Lebensgeschichte mit den Gefühlen und inneren Bildern, welche durch die Äußerungen der Ratsuchenden bei ihnen hervorgerufen worden sind, verwechseln. Diese Unterscheidung ist vielleicht der schwierigste Bereich der Beratungsarbeit überhaupt. Diese erlernbare Fähigkeit, die durch die Ratsuchenden geweckten Gefühle von den schon vorhandenen eigenen Erfahrungen und Empfindungen zu trennen, ist sehr wichtig. Denn sie ermöglicht es – um im Beispiel zu bleiben – den Beraterinnen und Beratern zu erkennen, wer denn nun wirklich traurig, ängstlich oder aggressiv ist. (Auf dieses Thema werden wir später unter dem Stichwort „Gegenübertragung" noch zurückkommen.) Vor allem die gelungene „Widerspiegelung" von mitgeteilten Gefühlen an die Ratsuchenden stellt den Schwerpunkt der Einfühlung dar.

Ein zweites Grundelement gehört zur gelungenen Beratungsbeziehungen: *menschliche Wärme* oder *Akzeptanz*. Damit ist eine bedingungslose positive Wertschätzung der ratsuchenden Person aufgrund der Einmaligkeit dieses Menschen gemeint. Das gilt unabhängig davon, wer dieser Mensch ist, wie er seine Lebensverhältnisse gestaltet und was er konkret getan hat. Ratsuchende werden mit allen ihren Schwierigkeiten grundsätzlich so genommen, wie sie sich darstellen, ohne Bewertungen. Akzeptanz heißt jedoch nicht, daß die Fachkräfte sich an Meinungen oder gar von ihnen selber nicht geteilte Verhaltensweisen der Ratsuchenden anpassen sollten.

Nehmen wir einmal ein Beratungsgespräch in einem Gefängnis mit jemandem, der eine Frau vergewaltigt oder ein Kind mißhandelt hat. Hier werden Beratungspersonen immer wieder von den Häftlingen gefragt, ob sie nun „schlecht" über sie denken. Grundfalsch wäre es, die Unwahrheit zu sagen und so zu tun, als ob diese Taten für das eigene Denken und Empfinden keine Rollen spielten. Akzeptanz bezieht sich in solchen Fällen immer auf Lebensgeschichte, Persönlichkeitsprobleme und Nöte, die zu solchen Taten geführt haben. Die Tat selber kann die Beratungspersonen erschrekken, ängstigen oder zu anderen Gefühlen und Gedanken verleiten. Danach befragt, sollten sie sagen, was sie denken und fühlen.

Dieses Beispiel berührt auch schon das dritte Grundelement einer erfolgreichen Beratungsbeziehung, die *Echtheit* oder *Authentizität*. Sozialpädagogen und Sozialpädagoginnen sind nicht perfekt. Sie stehen nicht über den Dingen, sondern haben ihre eigene Geschichte und Wertvorstellungen. Sie sollten keine professionelle Rolle spielen, sondern echt sein und trotzdem berufsmäßige Verantwortung für ihr Handeln übernehmen. Die Tatsache, daß sie Fragen auch ehrlich beantworten, darf jedoch nicht dazu führen, daß man sich nun lange über die Meinung des Beraters unterhält oder in abgehobene Grundsatzdiskussionen verstricken läßt. Denn dann würden die Fachkräfte ihren Auftrag verfehlen und sich von den Ratsuchenden befragen lassen. Dagegen meint Echtheit, daß die Beraterinnen und Berater den Mut haben, Dinge so zu sagen, wie sie selber sie sehen, hören und fühlen. Aber auch so, daß die Ratsuchenden damit etwas Positives anfangen können. Damit schaffen sie eine offene und vertrauenswürdige Kommunikationssituation und vermeiden es, selber zu geheimnisvollen und undurchsichtigen Beziehungtechnikern zu werden. Echtheit oder Authentizität meint auch die Übereinstimmung folgender Bereiche der Persönlichkeit:

- *inneres Erleben*: was man innerlich wirklich fühlt.
- *Bewußtsein*: was man davon bewußtseinsmäßig aufnimmt.
- *Kommunikation*: was davon in angemessener Weise mitgeteilt wird.

Einfühlung, menschliche Wärme und Echtheit sind die drei wichtigsten Elemente (oder „Basisvariablen") einer gelingenden Beratungsbeziehung und hängen eng miteinander zusammen.[2] Sie stammen von *C. Rogers*, dem Begründer der nichtdirektiven Gesprächsführung oder wissenschaftlichen Gesprächspsychotherapie. Sie sind keine Techniken oder praktischen Fertigkeiten, die man einfach so erlernen kann. Vielmehr stellen sie gleichermaßen das Ergebnis von Lebenserfahrung, der Aufarbeitung eigener Probleme sowie der Weiterbildung in Beratung und Psychotherapie dar.

Konkretheit und Gegenwartsbezug

Als Frau Hauser sich wieder gefaßt hat, versucht die Beraterin sie etwas vom aktuellen Druck zu entlasten. Frau Hauser spricht zum wiederholten Male davon, daß „ihr alles zuviel sei und daß sie das alles nicht mehr schaffe". An diesem Punkt fragt die Beraterin genau nach.

Beraterin: „Was meinen Sie mit alles?"

Frau Hauser: „Das mit Claudia, dem Jürgen und meinem Mann, die ganze Situation."

Beraterin: „Das kann ich so noch nicht verstehen. Können wir uns zuerst dem zuwenden, was sie davon am meisten belastet. Claudia, Jürgen, Ihr Mann oder die gesamte Situation …"

Frau Hauser: „Ich glaube, das mit meinem Mann."

Hier haben wir es mit einem weiteren Grundelement helfender Beziehung zu tun, der *Konkretheit*. Hilfebedürftige Personen neigen dazu, alles „in einen Topf zu werfen" oder nur „schwarzweiß" zu denken. Beraterinnen und Berater haben dann die Aufgabe, den Ratsuchenden zu helfen, diese vielen Äußerungen, Gedanken, Bilder, Gefühle besser zu sortieren, konkreter zu beschreiben und in der jeweiligen Bedeutung zu ordnen. Wenn ein Mensch Probleme hat, so vergleicht er den gegenwärtigen Zustand mit einem besseren in der Vergangenheit und/oder er spricht die Hoffnung aus, daß in der Zukunft sich alles zum Guten wenden wird. Viele Menschen in akuten Problemsituationen vermeiden vor allem eines: die *Unmittelbarkeit* oder den *Gegenwartsbezug*. In ihrer Phantasie leben sie nämlich heimlich in der Vergangenheit und/oder in der Zukunft, nicht im „Hier und Jetzt".

Ein anderes Beispiel:

Ehefrau: „Früher ging es mir viel besser in dieser Hinsicht."

Ehemann: „Ich hoffe, daß es im nächsten Jahr nicht so schwierig sein wird."

Beide vermeiden die Auseinandersetzung mit der Gegenwart.

Dabei besteht unsere Wirklichkeit jedoch in einer milliardenfachen Abfolge von gegenwärtigen Augenblicken. Trotzdem beschäftigt sich unsere Gedankenwelt vorwiegend mit Vergangenheit und Zukunft. Damit vermeiden es viele Menschen, die Dinge so zu sehen, wie sie *jetzt* sind, und realisierbare „kleine Schritte" ins Auge zu fassen. Beraterinnen und Berater haben dann behutsam auf die Gegenwart, das gegenwärtige Denken und Fühlen, hinzuführen.

Ratsuchender: „Man müßte sich einmal darum kümmern."

Berater: „Wer sollte das tun?"

Ratsuchender: „Jeder sollte sich dafür verantwortlich fühlen."

Berater: „Jeder ist niemand. Was wollen Sie?"

Umgang mit Projektionen und Übertragungen

In der sozialpädagogischen Beratung haben wir es häufig mit Menschen zu tun, welche die Ursachen von Problemen und Fehlverhalten nicht bei sich, sondern bei den anderen suchen. Hierbei gilt das vieltausendjährige biblische Sprichwort, wonach man eher den „Splitter im Auge des anderen als den Balken im eigenen" sieht. Die menschliche Psyche ist wohl so beschaffen, daß wir für eigene Unzulänglichkeiten eher andere heranziehen, als uns selber zu hinterfragen:

Ratsuchende: „Ich hatte keine Zeit zu kommen, ich muß einen Umzug vorbereiten."

Beraterin: „Wie kommt das?"

Ratsuchende: „Die jungen Nachbarn in der Wohnung über mir sind zu laut; ich kann kaum schlafen."

Beraterin: „Was für ein Lärm?"

Ratsuchende: „Ich kriege keine Nacht ein Auge zu. Auch tagsüber ist es unmöglich. Na, ich meine, sie treiben es jetzt sogar tagsüber, also im Bett."

Beraterin: „Ehrlich gesagt, ich verstehe nicht, weshalb Sie das so stören kann. Jetzt fällt mir ein, daß Sie sich vor einiger Zeit darüber beklagt haben, daß sie keinen Partner mehr haben und die Intimität vermissen."

Hierbei handelt es sich um *Projektionen*. Das bei sich selber nicht wahrgenommene Erstrebenswerte oder Ablehnenswerte wird, sprichwörtlich wie der Lichtstrahl eines Projektors, in andere Menschen hineingesehen. Projektionen haben also immer mit zwei Personen zu tun. Derjenigen, die etwas *nicht* bei sich wahrhaben möchte, und einer zweiten Person, dem „Projektionsopfer", dem etwas angelastet wird.

Projektionen können auch Teil eines komplexen Interaktionsgefüges sein, bei welchem noch eine dritte Person im Hintergrund beteiligt ist.

Eine junge, 23jährige schwangere Frau besucht zum ersten Male einen Müttervorbereitungskurs in einer Familienbildungsstätte. Als sie die ältere Kursleiterin sieht, erinnert sie diese vom Aussehen her sehr stark an eine frühere Bekannte ihrer Mutter. Diese spontane Erinnerung weckt auch frühere Gefühle und Bilder. Nachdem die Kursleiterin alle begrüßt und mit der Informationsveranstaltung begonnen hat, geht diese Erinnerung wieder schnell zurück.

Elternabende in der Schule sind für Herrn Meyer eine unangenehme Angelegenheit. Ohne daß er sich dessen bewußt ist, erinnern sie ihn an seine Schulzeit. Damals hatte er vor allem unter autoritären Lehrern sehr gelitten. Der neue Klassenlehrer seines Sohnes heißt ausgerechnet auch Schmidt, ebenso wie einer der unbeliebten Lehrer seiner Schulzeit. Schon bei den Begriffen „Lehrer" und „Schule" hat Herr Meyer Anflüge von körperlichem Unwohlsein. Als Herr Meyer den neuen Klassenlehrer seines Sohnes zum ersten Male sieht und hört, verschwinden diese Befürchtungen. Herr Schmidt begrüßte alle Eltern mit Handschlag, ist jung und freundlich und wirkt keinesfalls wie der „Paukertyp" seiner Schulzeit.

Die 17jährige Corinna lebt seit einigen Monaten auf Anordnung des Jugendamtes im Erziehungsheim. Sie hat fürchterliche Erfahrungen mit ihrem Vater machen müssen. Der schlug und mißhandelte sie über Monate. Vor allem Männern gegenüber, die ihrem Vater alters- und wesensmäßig gleichen, entwickelt sie immer noch Hemmungen und Angstgefühle.

Alle drei Beispiele lassen sich allgemein mit dem Begriff *Übertragung* umschreiben. Dieser Terminus stammt von *S. Freud*, dem Begründer der Psychoanalyse. Wie bei den Projektionen handelt es sich dabei zuerst einmal um ein ganz normales menschliches Interaktionsproblem. Unsere Wahrnehmungen, Erinnerungen, Erwartungen und Gefühle sind geprägt von der Vergangenheit. Wir bringen deswegen frühere Erfahrungen und Kommunikationsmuster in aktuelle Beziehungen ein, ohne das zu merken.

Im Gegensatz zur Projektion ist allerdings noch eine dritte Person aus der Vergangenheit beteiligt. In den drei letzten Beispielen hatten wir es mit drei typischen Erscheinungsweisen von Übertragungsprozessen zu tun:

- *Spontane Übertragungen* entstehen aufgrund äußerer Merkmale eines Menschen; sie lösen sich oft von selber auf, wenn man merkt, daß diese Person doch nicht die „Projektionsfigur" früherer Erfahrungen ist. Das war bei der jüngeren Frau in der Familienbildungsstätte der Fall.
- *Typologische Übertragungen* kommen durch allgemein bekannte Rollenerwartungen zustande. Beispielsweise: „Arzt/Patient" oder „Lehrer/Schüler". Herr Meyer hatte in Erwartung des Elternabends schon Gefühle des Unwohlseins, weil er einen unangenehmen „Lehrertyp" befürchtete. Der neue Lehrer Schmidt war jedoch ganz anders. Spontane und typologische Übertragungsformen sind bewußtseinsnah und können teilweise erkannt und korrigiert werden, ohne daß man es selber so richtig merkt.
- *Notorische Übertragungen* sind lebensgeschichtlich festgelegt; sie gehören zu den tieferen Schichten unserer Psyche. Sicherlich haben die lang anhaltenden und schrecklichen Erfahrungen Corinnas mit ihrem Vater zur Entstehung einer verfestigten Angst vor vielen Männern geführt.

Auch in der Sozialpädagogik kann es vorkommen, daß Ratsuchende die Fachkräfte häufig in einer verzerrten Form erleben und damit frühere Muster und Konflikte wiederherstellen.

In der Altenhilfe ist folgender Sachverhalt bekannt: Jüngere Helferinnen und Helfer sehen in den Bewohnern von Alteneinrichtungen auch Teile ihrer Eltern oder Großeltern und fühlen sich zu einigen dieser Menschen besonders hingezogen bzw. gehen anderen aus dem Weg. Umgekehrt können die Älteren in diesen Jüngeren Merkmale ihrer Kinder oder gar Enkel erleben; sich dann entsprechend fühlen und verhalten. Hierbei haben wir es mit den oben beschriebenen Möglichkeiten der Übertragung zu tun.

Schwieriger wird es jedoch, wenn die älteren Menschen sich gefühlsmäßig und geistig auf der Stufe von Kindern befinden. So absurd es klingen mag, diese können dann in den wesentlich jüngeren Betreuungspersonen ihre längst verstorbenen Eltern „sehen" und auch so ansprechen. Diese Form der umgekehrten Übertragung kommt beispielsweise bei an der Alzheimer-Krankheit leidenden Menschen vor. Wenn die jüngeren Helfer nicht darüber informiert sind und keine Unterstützung (etwa durch Supervision) erhalten, kann das zu regelrechten beruflichen Krisen führen.

Wir müssen noch einmal an den Anfang dieses Kapitels zurückkehren. Dort hatten wir festgestellt, daß die Einfühlung zu den wichtigsten Merkmalen einer gelungenen Beratungsbeziehung gehört. Da wir jetzt die verschiedenen Möglichkeiten von Übertragungsprozessen kennengelernt haben, können wir nun noch einen Schritt weiter gehen. Kehren wir zum ersten Beispiel zurück:

Hierzu müssen wir uns die Situation vergegenwärtigen, bevor Frau Hauser von der Beraterin auf ihre Verzweiflung und Traurigkeit angesprochen wurde. Die Sozialpädagogin wußte, daß sie selber weder an diesem Morgen noch grundsätzlich verzweifelt oder traurig war. Als dann allerdings im Gespräch bei ihr diese Gefühle aufkamen, konnte sie sich sicher sein, daß es nicht ihre eigenen Gefühle waren, daß sie also nicht etwas in die Frau Hauser hineinprojizierte. Die Beraterin wußte plötzlich: Diese in ihr aufkommenden Gefühle von Verzweiflung und Traurigkeit sind ihre eigenen emotionalen Reaktionen auf das, was in der Beratungssituation von Frau Hauser gesagt und vor allem aber auch nicht gesagt worden war. Dieses von Frau Hauser in ihr hervorgerufene Gefühl nimmt die Sozialpädagogin als einen Hinweis darauf, daß die Frau Hauser durch ihren Redefluß eigentlich von ihrer inneren Verzweiflung und Traurig-

keit ablenken möchte. Genau darauf spricht sie die Ratsuchende an. Und genau diese Äußerung bringt eine Wendung des Gesprächs.

Viele Laien denken, daß Beraterinnen und Berater sich gefühlsmäßig nicht von den Ratsuchenden „berühren" lassen dürfen. Das vorliegende Beispiel sollte zeigen, daß genau das Gegenteil der Fall sein muß. Die eigenen Gefühle der Fachkräfte gehören sozusagen zum „Handwerkszeug" der Beratung. Die Art, wie die Ratsuchenden die Gefühle der Beratungspersonen beeinflussen, ist Erkenntnisinstrument und methodische Hilfe gleichermaßen. Die Fachleute nennen das die Arbeit mit der *Gegenübertragung.*

Widerstand und Ambivalenz

Der 17jährige Jürgen hat schon viele Sozialpädagogen in der Jugendberufshilfe und Berufsberater vom Arbeitsamt regelrecht „verschlissen". Seit Monaten macht er vor allem seinen Eltern zuliebe dort die „Runde". Für eine Beratung bringt er aus Gründen, die wir nicht kennen, noch nicht die richtige Motivation mit. Möglicherweise verhält er sich seinen Eltern und der Umwelt gegenüber „negativistisch" und lehnt alles ab, was von dort kommt. Im Beratungsprozeß nennt man das Widerstand.

Widerstand meint ein „Widerstehen" bzw. „Sichsträuben" von Menschen gegen die Einflüsse anderer. Das Widerstandskonzept in seiner klassischen Form entspringt, wie die Übertragungs- und Gegenübertragungsansätze, der Psychoanalyse (Thomä/Kächele 1989). Hier wurden die Widerstände selber zur Quelle wichtiger Informationen über die Lebensgeschichte und die Verarbeitung von Konflikten durch die Ratsuchenden gemacht.

Jürgen: „Ich möchte ja schon gerne eine Ausbildungsstelle haben, aber irgendwie kommt mir immer was dazwischen."

Jürgen weiß eigentlich gar nicht so recht, weshalb ihm immer „was dazwischenkommt"; was also auch die Ursache seines Widerstandes ist. In anderen Fällen wissen die Menschen genau, weshalb sie etwas tun oder unterlassen, obwohl sie „eigentlich" lieber das Gegenteil tun möchten und sollten. Sie können es jedoch nicht. Wir sehen, Widerstände lassen sich nicht so einfach durch bessere Argumente, Appelle an die Vernunft oder gar Drohungen beseitigen. Sie haben tiefere Ursachen. Deswegen können die Alltagsgespräche bei Widerständen nicht weiterhelfen. Im Falle von Jürgen wäre die Beziehung zu den Eltern genauer zu hinterfragen. Wie ist der Einfluß seiner Freunde auf ihn? Hat er eventuell Angst, in einer beruflichen Weiterbildung zu versagen? Welches sind eigentlich seine Lebensziele? Als erstes ist es wichtig, die Widerstände zu erkennen, zu benennen und vielleicht als „Schutzfunktionen" anzuerkennen. Später im Beratungsprozeß kann man sich dann näher mit ihnen befassen. Widerstände hängen oft mit ambivalenten, also widersprüchlichen Gefühlseinstellungen zusammen:

Eine Ratsuchende äußert schon seit längerem den Wunsch, sich von ihrem Partner, der sie immer wieder mißhandelt, zu trennen. Von ihrer Vernunft her weiß sie, daß ein weiteres Zusammenleben mit ihm ihr noch mehr Schaden zufügt. Trotzdem hat sie einen Widerstand, den Trennungsschritt zu vollziehen. Sie weiß von ihrer Unfähigkeit zur Trennung und wundert sich darüber. So „kennt" sie sich gar nicht. Aufgabe der Beratung wäre es, gemeinsam zu untersuchen, welche Ängste (eventuell Schuldgefühle?) und Bindungen vorhanden sind, die aus rationaler Sicht erwünschte Trennung zu vollziehen, bzw. herauszufinden, was die Trennungsabsicht behindert.

Mit dem letzten Beispiel ist schon ein weiterer wichtiger Begriff der Beratungsarbeit angesprochen worden. Der Terminus *Gefühlsambivalenz* weist darauf hin, daß viele unserer Gefühle anderen Menschen gegenüber alles andere als eindeutig sind. Vereinfacht gesagt: Wir können eine und dieselbe Person (und uns selber auch) zur gleichen Zeit lieben und hassen. Die Ursache unserer gefühlsmäßigen Ambivalenz („Doppelwertigkeit") scheint in letzter Hinsicht mit der Natur des Menschen und seinem Instinktmangel zusammenzuhängen. Wie diese Ambivalenz der Gefühle sich jedoch im konkreten Fall entwickelt, ob ein Mensch seine widerstrebenden inneren Tendenzen gut ausbalancieren kann oder eher zwischen den Extrempositionen hin- und herpendelt, hängt auch ab von Erziehung, Lebensgestaltung, Lebenserfahrung und neuen Erkenntnissen in der Beratung. Möglicherweise spielte das auch im Falle von Frau Hauser im Verhältnis ihrer Tochter gegenüber eine Rolle:

> *Frau Hauser: „Wenn ich gewußt hätte, wie schwer es ist, Kinder zu haben …"*
> *Beraterin: „Dann?"*
> *Frau Hauser: (schweigt)*
> *Beraterin: (benutzt bewußt eine Übertreibung): „Bei den vielen Sorgen, die sie derzeit haben, denke ich mir, daß Sie sich manchmal abends vorstellen, die Claudia an die Wand zu klatschen."*
> *Mutter: (lacht erleichtert; erschrickt und wird dann wieder ernst)*
> *Beraterin: „Es ist ganz normal für eine überlastete Mutter, manchmal so was zu denken. Daß Sie diese Vorstellungen haben, heißt noch lange nicht, daß sie das auch tun. Dazu lieben Sie Ihre Kinder viel zu sehr. Und trotzdem dürfen Sie auch diese Gedanken haben."*
> *Mutter: (atmet erleichtert auf)*

In der sozialpädagogischen Beratung ist es schon ein großer Erfolg, wenn die Ratsuchenden durch eigenständige Auseinandersetzung mit ihren Gefühlen („Selbstexploration") erkennen, daß ihre Ambivalenzen eigentlich auch etwas „Normales" sind. Also daß man diese Gefühle nicht unterdrücken muß, sondern in angemessener Weise zum Gegenstand von Klärungen und Auseinandersetzungen machen kann. Damit entschärfen sich die Extremvorstellungen der Ambivalenzen; ebenso die damit verbundenen Ängste wie auch die Versuche, diesen verwirrenden inneren Zustand den anderen verheimlichen zu müssen.

Autonomie als Ziel

Autonomie ist ein wichtiges Ziel der sozialpädagogischen Beratung. Abgesehen von wirtschaftlichen und gesundheitlichen Einschränkungen, ist es möglich, durch Erfahrungen in der Beratung den Grad eigener Autonomie und Mündigkeit zu erhöhen. Denn viele Menschen haben ihr Leben so organisiert, daß sie sich selber unter den Formen, wie sie denken, fühlen und handeln, viel Leid zufügen. Das geschieht meistens unbeabsichtigt und unbewußt. Die Möglichkeiten, wie man sich das Leben erschweren kann, sind so vielfältig, daß wir uns auf einige Andeutungen beschränken müssen:

● Man kann die eigenen Ziele, privat wie beruflich, zu hoch stecken. Folglich wird man ständig leiden und neu hoffen, weil die Wirklichkeit den Wünschen gegenüber unzulänglich ist.

- Umgekehrt kann man sich im Leben aus Furcht vor Mißerfolgen „kleiner machen, als man ist", und vieles, was erreichbar wäre, überhaupt nicht anstreben.
- Wahrscheinlich haben diese beiden Verhaltensweisen die gleiche Ursache: Es fehlt die flexible „Mitte" des Lebens.
- Manche Menschen schaden sich in der Art und Weise, wie sie bestimmte Gefühle erleben und verarbeiten. Sie denken, sie dürften diese Gefühle nicht haben.
- Vielen Menschen mangelt es an der Fähigkeit, sich von außen, also den Mitmenschen, beeinflussen zu lassen. Sie sind unflexibel, starr und ziehen sich zu sehr in sich selber zurück.
- Andere wiederum lassen sich fast nur von außen beeinflussen. Ohne daß ihnen das so recht bewußt ist, wird ihr Denken und Verhalten vorwiegend von den vermuteten Meinungen der Mitmenschen bestimmt.

„Es sind nicht die Ereignisse, die das Unglück hervorrufen, es sind die Reaktionen der Individuen auf diese Ereignisse, die als ‚Produzenten' des Elends genannt werden müssen. Die Reaktion dieser Individuen hängt auf entscheidende Weise ab von der Art, wie diese Individuen sich selbst und die Ereignisse einschätzen" (Murgatroyd 1994, S. 107).

Lesehinweise

Geißler, K. H./Hege, M.: Konzepte sozialpädagogischen Handelns, Weinheim/Basel 1995 (7. Auflage).
Seit vielen Jahren ein Bestseller in der sozialpädagogischen Fachliteratur. Es werden unterschiedliche Verfahren aus der Einzel- und Gruppenarbeit auch auf dem Hintergrund ihrer Bedeutung zur Sozialen Arbeit nacheinander abgehandelt, jedoch nicht integriert.

Murgatroyd, S.: Beratung als Hilfe. Eine Einführung für helfende Berufe, Weinheim/Basel 1994.
Sprachlich gut verständliche und mit vielen Beispielen untermauerte Einführung in die Beratungsarbeit. Inhaltlich orientiert sich das Werk nicht an einer bestimmten Richtung oder Methodik, sondern am „pragmatischen Eklektizismus".

Rahm, D.: Gestaltberatung, Paderborn 1990.
Ein sehr gut geschriebenes Buch über alle Aspekte der Beratungsarbeit. Es gelingt der Autorin, ohne große wissenschaftliche Ableitungen mehrere Methoden pragmatisch zu verbinden.

Rahm, D./Otte, H. u.a.: Einführung in die Integrative Therapie, Paderborn 1993.
Dieses umfangreiche Werk wird sich wahrscheinlich zum Standardwerk für die schulenübergreifende Beratungs- und Therapiearbeit entwickeln. Für Anfänger aufgrund des Umfangs und der vielfältigen wissenschaftlichen Bezüge nur bedingt geeignet.

Weinberger, S.: Klientenzentrierte Gesprächsführung. Eine Lern- und Praxisanleitung für helfende Berufe, Weinheim/Basel 1994 (6. Auflage).
Praxisorientierte Einführung in die klientenzentrierte Gesprächsführung (nondirektive Gesprächsführung). Gut geeignet als Vertiefung des hier vorgestellten Ansatzes. Mit Übungen und Beispielen aus der Sozialen Arbeit.

Literatur

Beckmann, D.: Übertragungsforschung, in: Pongratz, L.J. (Hrsg.): Handbuch der Psychologie, Bd. 8, Klinische Psychologie, 2. Halbband, Göttingen 1978.

Bommert, H./Plessen, U.: Psychologische Erziehungsberatung, Stuttgart 1978.

Brunner, E.J./Schönig, W. (Hrsg.): Theorie und Praxis von Beratung, Freiburg 1990.

Grawe, K./Donati, R. u.a.: Psychotherapie im Wandel. Von der Konfession zur Profession, Göttingen 1993.

Junker, H: Das Beratungsgespräch, München 1978.

Kähler, H.D.: Erstgespräche in der sozialen Einzelhilfe, Freiburg 1991.

Koch, S. (Hrsg.): Carl R. Rogers. Eine Theorie der Psychotherapie, der Persönlichkeit und der zwischenmenschlichen Beziehungen, Köln 1993.

Lorenzer, A.: Sprachzerstörung und Rekonstruktion, Frankfurt a.M. 1970.

Müller, B.: Sozialpädagogisches Können, Freiburg 1993.

Petermann, F. (Hrsg.): Psychotherapieforschung, Weinheim/Basel 1977.

Racker, H.: Übertragung und Gegenübertragung, München/Basel 1978.

Schulz v. Thun, F.: Miteinander Reden, 2 Bde., Reinbek 1990.

Thomä, H./Kächele, H.: Lehrbuch der psychoanalytischen Therapie, 2 Bde., Berlin/Heidelberg 1989.

Tscheulin, D.: Wirkfaktoren psychotherapeutischer Intervention, Göttingen 1992.

Watzlawick, P. u.a.: Menschliche Kommunikation, Bern/Stuttgart 1969.

Wendt, W.R. (Hrsg.): Unterstützung fallweise. Case Management in der Sozialarbeit, Freiburg 1991.

Yalom, I.D.: Gruppenpsychotherapie, München 1974.

4

Was ist beim Beratungsprozeß zu beachten?

Wirkungsvolle Hilfe durch Beratung setzt zumindest dreierlei voraus:

- Die Fachkräfte müssen in der Lage sein, eine vertrauensvolle *Beziehung* zu den Ratsuchenden aufzubauen. Denn die Beratungswissenschaft hat nachgewiesen, daß unabhängig von der verwendeten Methode die Qualität der Beratungsbeziehung zwischen Berater und Ratsuchendem der wichtigste Hilfefaktor ist.
- Es muß ein Einverständnis über gemeinsam realisierbare *Ziele* im Rahmen der vorgegebenen Arbeitsmöglichkeiten hergestellt werden.
- Die Beraterinnen und Berater übernehmen die Verantwortung für den *Prozeß*, nicht aber für die Problemlösungen. Hierfür sind die Ratsuchenden selbst verantwortlich.

Geschichtlich gesehen kannte man lange Zeit nur die *Einpersonenberatung* (dyadische Beratung): Ein Berater versucht einem ratsuchenden Menschen durch das Gespräch zu helfen. Später kam dann die *Mehrpersonenberatung*, beispielsweise von Paaren, Familien oder Gruppen, hinzu. Ein weiteres Unterscheidungsmerkmal bezüglich der Beratung besteht darin, ob es sich um eine *Beratung erster Ordnung* oder um eine *Beratung zweiter Ordnung* handelt. In den meisten Fällen haben wir es mit Beratungen erster Ordnung zu tun. Das heißt, daß Ratsuchende gleichzeitig Betroffene oder „Klienten", also „Endverbraucher", des Beratungsprozesses sind. Wir kennen allerdings auch Beratungen zweiter Ordnung. Hierbei sind Ratsuchende nicht direkt Gegenstand der Beratung, sondern nur indirekt. Sozialpädagogische Berater werden von einer anderen Fachkraft dahin gehend unterstützt, wie sie mit den Ratsuchenden im Prozeß der Beratung erster Ordnung besser arbeiten können. Dieses für den Laien möglicherweise etwas umständlich erscheinende Beratungsarrangement heißt *Supervision* und hat in allen helfenden Berufen seit Jahrzehnten eine erfolgreiche Tradition (Belardi 1992, 1996).

Rahmenfragen klären

Die Beratungssituation unterscheidet sich deutlich vom Alltag. Hier kommen Dinge zur Sprache, die man sonst vielleicht nicht sagt. Das gesamte Geschehen kann von großen Erwartungen und Ängsten geprägt sein. Deswegen bedarf es eines entsprechenden Schutzraumes, der allen Beteiligten Sicherheit gewährleistet. Für erfolgreiche Beratungsarbeit ist es deshalb unbedingt notwendig, von Anfang an den richtigen Rahmen zu finden, diesen den Beteiligten zu erklären und über dessen Einhaltung zu wachen. Veränderungen dieses Rahmens („Settings") sind nur nach genauer Untersuchung der Hintergründe und des Einverständnisses aller Beteiligten zuzulassen.

Zu Ende des ersten Gesprächs von Frau Hauser in der Beratungsstelle deutet die Beraterin an, daß es künftig besser wäre, wenn Herr Hauser zu den nächsten Terminen kommen könnte. Abends spricht Frau Hauser mit ihrem Mann darüber. Nach längerem Gespräch gelingt es ihr, ihn davon zu überzeugen, bei nächsten Mal mitzukommen. Sie erinnert sich auch noch daran, daß sie vorher die Beraterin anrufen sollte, um ihr die anstehenden Veränderungen, also vor allem die künftige Beteiligung ihres Gatten, mitzuteilen. Man einigt sich, daß bis auf weiteres das Ehepaar ohne die Kinder kommt. Als Herr Hauser damit einverstanden ist, hat sich die Einzelberatung in eine Paarberatung verändert.

Ein anderes Beispiel: Die 17jährige Renate erscheint ohne das Wissen ihrer Eltern mehrfach in der Drogenberatung. Als sie ihren Eltern davon erzählt, kommen diese beim nächsten Termin ohne Voranmeldung einfach mit. Sie sind der Auffassung, ihre Tochter habe sich negativ über die Familie geäußert, und wollen sich rechtfertigen. Dem Berater fällt ein, daß er mit Renate beim ersten Treffen nicht klar darüber gesprochen hat, daß nur Renate seine „Klientin" ist. Er weiß nun nicht, wie er sich angesichts der Eltern verhalten soll, zumal Renate selber die Anwesenheit ihrer Eltern nicht behagt. Themen, die vorher zu zweit besprochen wurden, können jetzt nicht fortgesetzt werden. Im Vordergrund stehen jetzt Rechtfertigungsversuche und Vorwürfe der Eltern an die Tochter.

Veränderungen des Arrangements von Beratungssituationen dürfen deswegen nicht so einfach vorgenommen werden. Im ersten Beispiel wurden die Rahmenveränderungen von allen akzeptiert. Im zweiten Beispiel war das nicht der Fall und das hat dann auch entsprechende „Störungen" bewirkt. Derartige Rahmenverletzungen stellen oft massive Eingriffe in die Beratungssituation dar und führen dann später zu Mißverständnissen, Unklarheiten oder gar Abbrüchen. Allgemein gilt der Grundsatz: *Die Klärung von Rahmenkonflikten hat Vorrang.* Nur dann, wenn diese Fragen besprochen und möglicherweise bereinigt sind, kann die eigentliche Beratungsarbeit fortgesetzt werden. Deswegen ist im Erstgespräch das „Setting" der Beratung genau zu erläutern. Wenn noch jemand hinzukommen soll, ist es bessser, daß das möglichst früh geschieht. Denn je später Partner oder Angehörige zur Beratung hinzustoßen, desto schwieriger. Diese könnten beispielsweise den Eindruck haben, daß schon etwas „gegen sie gelaufen" ist, daß ihnen Informationen fehlen oder gar, daß die Beratungsperson zu sehr für die zuerst anwesende Person Partei ergriffen hat. Zu den Rahmenbedingungen von Beratung gehört auch eine Art Kontrakt oder Arbeitsabsprache.

Arbeitsabsprachen vereinbaren

Ratsuchende kommen oft „zu spät". Die Probleme haben sich dann so angehäuft, daß sie nun mit hohem Problemdruck eine Beratung beginnen möchten. Um Enttäuschungen und Mißerfolge zu vermeiden, ist eine Arbeitsabsprache notwendig. Hierzu ist die Klärung folgender Fragen wichtig:

- Gehört die ratsuchende Person mit ihrem Anliegen überhaupt hierher, oder kann eine Beratungstelle bzw. andere Institution möglicherweise effektiver helfen?

- Realistische Zielformulierung: Was soll erreicht werden? Welche Teilziele und kleinen Schritte sind möglich?
- Vertraulichkeit der Gespräche.
- Anzahl der Sitzungen: Je nach Notwendigkeit, Motivation und Möglichkeiten der Einrichtung ist es sinnvoll, die Anzahl der Stunden erst einmal zu begrenzen.
- Dauer der Sitzungen und feste Terminabsprachen bzw. zeitgerechte Terminverlegungen.
- Erreichbarkeit bei Abwesenheit des Beraters bzw. der Beraterin.

Beratungskontext beachten

Im „Sleep In", einer Einrichtung für obdachlose Jugendliche, verwickelt eine Praktikantin die jugendlichen Besucher immer wieder in Gespräche über deren Familienhintergründe und persönliche Probleme, auch wenn diese das gar nicht möchten.

Ein neu angestellter Jugendgerichtshelfer lädt die Jugendlichen, über die er bei anstehenden Jugendgerichtsverfahren einen Bericht anfertigen soll, schriftlich in sein Büro ein. Immer wieder wundert er sich dann, daß kein „Beratungsgespräch" zustande kommt.

Unter Beratungskontext sind alle möglichen Einflußfaktoren bezüglich der Beratung zu verstehen, die sich zwar außerhalb der unmittelbaren Beratungssituation befinden aber trotzdem wirksam sein können. Beide Beispiele verdeutlichen, daß eine schnelle und erfolgversprechende Beratung hier kaum möglich ist. Es ist noch keine persönliche Beziehung entstanden, und den Jugendlichen fehlt es an Motivation. Allerdings haben sich Praktikantin und Jugendgerichtshelfer auch ungeschickt verhalten. Vor allem aber ist der Kontext, in welchem beide tätig sind, schlecht geeignet, eine effektive Beratungsarbeit entstehen zu lassen. Die Jugendlichen im „Sleep In" suchen in erster Linie eine Übernachtungsmöglichkeit und wollen sich nicht ein Gespräch aufzwingen lassen. Der Jugendgerichtshelfer erscheint den Jugendlichen, auch wenn er das nicht wahrhaben will, als Vertreter der Justiz. So müssen nicht nur bei der Jugendgerichtshilfe, sondern auch in der Bewährungshilfe, der Schwangerschaftskonfliktberatung und in vielen „geschlossenen" Einrichtungen (Gefängnis, Psychiatrie, Heime) auch gesetzlich vorgegebene Kontroll- und Ermittlungsaufgaben erfüllt werden. Das wissen natürlich auch die Betroffenen. Daraus resultieren dann ihre verständlichen Vorbehalte gegenüber Gesprächen in diesem Kontext. Beratungsmöglichkeiten hängen also nicht nur vom „guten Willen" der Beteiligten, sondern auch von vielen Faktoren im Umfeld selber ab.

Unterschiedliche Lebenswelten berücksichtigen

Häufig kommen die Fachkräfte und Ratsuchenden aus zwei verschiedenen Welten. Um sozialpädagogische Beratung auszuüben, muß man einen höheren Schulabschluß und ein akademisches Studium nachweisen. Selbst wenn die Beraterinnen und Berater herkunftsmäßig auch aus den sozial benachteiligten Schichten kommen, so sind sie durch langjährige Ausbildung aufgestiegen; durch Glück und Leistung in ein anderes Milieu gelangt. Hier dominieren Sachorientierung, Verbalisierungsfähigkeiten, aber auch andere Lebens- und Wertvorstellungen.

Ein Ratsuchender kommt nach drei Wochen Wartezeit in die Beratungsstelle. Wich-

tiger als die Probleme, die ihn dahin geführt haben, ist ihm jetzt die Befürchtung, keinen guten ersten Eindruck zu hinterlassen. Gerade hat er das Beratungszimmer zum ersten Mal betreten.

Ratsuchender denkt: „Hoffentlich bin ich richtig gekleidet. Nicht so traurig gucken, sonst denkt der, ich bin ein hoffnungsloser Fall. Erst hinsetzen, wenn er dich dazu auffordert, sonst denkt er, ich bin unhöflich, und nimmt mich nicht."

Berater denkt: „Oh Gott – so sieht der also aus. Der war am Telefon schon so ängstlich und unterwürfig. Wie der sich in Schale geschmissen hat. Warum grinst der denn so? Steht da wie ein Ölgötze."

Berater sagt: „Guten Tag, ich freue mich, daß Sie gekommen sind. Bitte nehmen Sie doch Platz."

Aber auch wenn Sozialpädagogen und Ratsuchende ähnlichen Lebenswelten entstammen, so sind die Voraussetzungen, unter denen sich beide treffen, doch sehr unterschiedlich. Erstere werden dafür bezahlt, anderen zu helfen. Demgegenüber müssen die Betroffenen unter vielen inneren Schwierigkeiten zur Beratung finden. Die Fachkraft kann ohne diese eine ratsuchende Person leben. Ihr Einkommen oder ihre persönliche Wohlbefindlichkeit muß darunter nicht leiden. Umgekehrt werden Ratsuchende vielleicht ohne diese Hilfe noch schwerer zurechtkommen. Weiterhin müssen sie ihre Lebensprobleme darstellen; für die Beratungspersonen gilt das nicht. Mit anderen Worten: Für den einen geht es um eine Berufstätigkeit; für den anderen bedeutet der Gang zur Beratungsstelle auch das Eingeständnis, daß man alleine nicht mehr weitergekommen ist. Hinsichtlich der Verwendung sprachlicher Muster ergeben sich ebenfalls Unterschiede. Ratsuchende wie Beraterinnen und Berater verwenden die Sprache ihres Bezugssystems. Die Fachkräfte sollten die „Klientensprache" verstehen lernen. Das bedeutet nicht, daß sie deshalb genauso sprechen oder in Dialekt verfallen müssen. Vielmehr haben sie sich sprachlich auf die Ratsuchenden einzustellen, so verstehbar zu sprechen, daß diese weiterhin so spontan wie möglich bleiben können und sich nicht am Sprachverhalten der Sozialpädagogen orientieren. Ferner sollten Beraterinnen und Berater wissen, daß die nonverbale Sprache *(Körpersprache)* für die Ausdruckswelt der Ratsuchenden wichtiger sein kann als für die eigene. Das bedeutet, daß Ratsuchende zumindest nicht behindert werden sollten, sich verbal und körpersprachlich möglichst so auszudrücken, wie sie es gewohnt sind. Eine weitere Barriere zwischen Beratern und Ratsuchenden ist schon im obigen Beispiel angesprochen worden: unterschiedlichen *Wertorientierungen*. Es kann sein, daß die Ratsuchenden stärker an Dingen und Themen interessiert sind, die einen hohen materiellen Wert (z.B. Konsumgüter) haben und innerhalb der eigenen Bezugsgruppe mehr Sicherheit und Ansehen (sozialen Status) verleihen. Demgegenüber können Beraterinnen und Berater eher „postmaterialistisch", auf innere Werte und die Bedeutung von Wissen und Bildung, dafür weniger auf Äußerlichkeiten und Förmlichkeiten, sozialisiert sein. Wenn das der Fall ist, so müssen Berater aufpassen, daß sie die Ratsuchenden nicht bewußt oder unbewußt mit eigenen Wertmaßstäben messen und behandeln. Diese unterschiedlichen Welten zwischen Berater und Betroffenen sind auch die Ursache, weshalb viele Angehörige sozial benachteiligter Schichten und ethnischer Minderheiten (hier kommt noch das Sprach- und Kulturproblem hinzu) den Beratungsangeboten gegenüber zurückhaltend sind.

Eine hervorragende Darstellung von Gründen, weshalb Angehörige aus sozial benachteiligten Schichten Zugangsbarrieren zur institutionalen Beratung haben, liefert ein Autorenteam:

1. Familie und Erziehung als nichtöffentliche Lebensbereiche:
Unterschichtfamilien entscheiden sich gegen Beratung, weil sie Familie und Erziehung als private Bereiche definieren. Beratung erleben sie somit als einen nicht gewünschten/unzulässigen Eingriff in ihre familiale Autonomie.
Herr S.: Was in der Familie passiert, was da los ist, das bleibt in der Familie, das hat man nicht an die Öffentlichkeit oder irgendwo hinauszutragen.

2. Familie als Leistungsbereich:
Unterschichtfamilien entscheiden sich gegen Beratung, weil sie Familie als Leistungsbereich begreifen. Das Aufsuchen von Beratung käme somit dem Eingeständnis, in einem der wichtigsten Leistungsbereiche versagt zu haben, gleich.
Herr K.: Ich hab' also für meine Familie bis jetzt immer gesorgt. Vielleicht ist man blöde, daß man diese Sozialdienste nicht in Anspruch nimmt. Aber ich bin nicht gern in der Schuld eines anderen.

3. Individualität und Emotionalität als Grundlage der Erziehung:
Unterschichtfamilien entscheiden sich gegen Beratung, weil sie Erziehung als etwas grundsätzlich (strukturell) Individuelles erleben. Beratung kann dieser Individualität in keinem Fall gerecht werden.
Frau S.: Wenn man selbst das Kind dann so wenig kennt, daß man nicht mehr weiterweiß, wie soll das erst ein Fremder rausfinden, der das Kind nicht kennt?

4. Man fühlt sich in der Erziehung als kompetent – die eigenen Bewältigungsressourcen reichen aus:
Unterschichtfamilien entscheiden sich gegen Beratung, weil sie sich selbst ausreichende Bewältigungsressourcen (-kompetenz) zuschreiben. Beratung kann nicht über ein „Mehr" an solchen Ressourcen verfügen.
Frau S.: Aber die alltäglichen Erziehungsfragen, also ich finde, das ist reine Gefühlssache, wie man das macht. Entweder man hat es, oder man hat's nicht.

5. Das Netzwerk als möglicher Helfer:
Unterschichtfamilien entscheiden sich gegen Beratung, weil sie ihr Netzwerk als ausreichende Hilfe bewerten. Beratung definieren sie als einen Helfer, der auch nicht über „bessere" Ratschläge verfügt.
Frau S.: Das geht doch mit normalen Familien, mit denen man verkehrt, da brauche ich doch keine Erziehungsberatung.

6. Alltagsprobleme sind keine Probleme:
Unterschichtfamilien entscheiden sich gegen Beratung, weil sie einen Problembegriff verwenden, der Alltagsprobleme ausklammert. Beratung ist, wenn überhaupt, erst ab einem bestimmten „Schweregrad" auch bei „zerrütteten Familienverhältnissen" eine sinnvolle und notwendige Hilfe.
Frau S.: Ich will nicht sagen, daß bei uns heile Welt ist. Wir machen bestimmt auch Fehler. Bloß, ich möchte nicht sagen. Gerade wo solche Sachen eben vorkommen, das ist doch überwiegend bei zerrütteten Familienverhältnissen, und die sind …
Herr K.: … bei uns nicht drin.

7. Beratung wird mit sozialem Abstieg verbunden:
Unterschichtfamilien entscheiden sich gegen Beratung, weil sie ein Bild von Beratung haben, das mit sozialem Abstieg verknüpft ist.
Herr K.: Wir haben also mit Sozialdiensten noch nie etwas zu tun gehabt. Ich habe also für meine Familie bis jetzt immer gesorgt. Vielleicht ist man blöde, daß man diese Sozialdienste nicht in Anspruch nimmt. Ich gehe auch nicht gern zum Betteln und ziehe meine Kinder auch nicht bewußt schlecht an, bloß daß ich ein paar Klamotten für sie kriege.

8. Distanz zum Berater (1) – Der nichtkompetente Experte:
Unterschichtfamilien entscheiden sich gegen Beratung, weil sie ein Bild von Beratung haben, in dem der Berater nicht als ein ausreichend kompetenter Experte gesehen wird.

Frau H.: Wenn wir jetzt ein Problem haben, angenommen, wir gehen zum Berater und sagen: „Wir haben Schwierigkeiten mit den Kindern." Sie beraten uns und haben aber selber keine. Sie wissen jetzt bloß, was in dem Buch drinsteht, was man tun könnte, was vielleicht richtig wäre ...

Frau S.: Nach Lehrbuch halt;

Frau H.: Nach Lehrbuch. Da kann man das nur ausprobieren an den Kindern. Funktioniert es, oder funktioniert es nicht. Aus den Kindern Versuchskaninchen machen.

9. Distanz zum Berater (2) – Der praxisferne Akademiker:
Unterschichtfamilien entscheiden sich gegen Beratung, weil sie eine Distanz zum Akademiker „Berater" spüren, das schränkt ein Verstehen ihrer Lebenswelt ein.

Herr K.: Dann kommt es aber auf das Milieu an: Wenn so ein Berater, der meintwegen Doktor oder Professor ist, in einem ganz anderen Milieu aufwächst, dem seine Kinder werden wahrscheinlich ganz anders sein wie unsere Kinder.

10. Distanz zum Berater (3) – Der Problemvorgesetzte:
Unterschichtfamilien entscheiden sich gegen Beratung, weil sie in der Interaktion mit dem Berater nicht die ihrer Ansicht nach notwendige gleichberechtigte Auseinandersetzung erwarten.

Herr K.: Ich mein', wir haben ja schon Gespräche gehabt, wo Sie vielleicht wunderbar herausgehört haben, daß ich, wenn ich merk', es ist einer da, der studiert hat, allergisch reagier': Des hat mit meinem Chef zu tun, weil, der tragt die Nas'n schon ein bisserl hoch.

Hier haben wir es wahrscheinlich mit einer typologischen Übertragung zu tun. Das herauszufinden und abzubauen wäre Aufgabe eines intensiven Beratungsgesprächs.

11. Die (zu hohen) Kosten der Beratung:
Unterschichtfamilien entscheiden sich gegen Beratung, weil sie vermuten, daß Beratung auch von ihnen Änderungen verlangen muß. Das heißt, daß Beratung neben zeitlichen auch psychische Kosten beinhaltet. Diese Kosten sind wiederum mit Ängsten und Widerständen verbunden und werden (verglichen mit dem zu erwartenden Erfolg) als zu hoch angesehen.

Frau S.: Wir können aus unserer Haut nicht heraus. Das bringt doch nichts.

Herr S.: Außerdem viel zu teuer.

(Leicht verändert nach: Gmür u.a. 1984, S. 143–156)

Beratungskompetenz entwickeln

In alltäglichen Gesprächssituationen, wie auch bei der Beratung durch Laien, sind Kompetenzfragen nicht so wichtig. Entweder man kann – etwa aufgrund von Lebenserfahrung und Sensibilität – helfen, oder man findet keinen Anklang. Anders stellt sich dieser Gesichtspunkt in der professionellen Beratung dar. Berufsmäßiger Berater wird man durch formalisierte Abschlüsse, etwa der Fach- und Hochschulen. Zusätzlich sollte eine Beratungskompetenz erworben werden, die man meistens bei freien Weiterbildungseinrichtungen oder Psychotherapieverbänden erlernen kann. Die grundständige Ausbildung für Sozialpädagogen oder Angehörige aus dem Bereich der Kranken- und Altenpflege hat eine *generalistische* Orientierung. Das bedeutet, daß die relativ kurze Ausbildungszeit auf möglichst viele und sich ständig verändernde Arbeitsfelder vorbereiten soll. Heutzutage findet die Ausbildung für die helfenden Berufe oft in großen, anonymen Einrichtungen statt. Das erschwert Persönlichkeitsbildung und Praxisbezug. Gerade diese beiden Gesichtspunkte sind jedoch für die beraterische Kompetenz sehr wichtig. Für die Beratungstätigkeit werden deshalb selten Berufsanfänger genommen. Da häufig mehrjährige Berufserfahrung und Zusatzqualifikationen erforderlich sind, stellt die

Tätigkeit in einer Beratungsstelle für Sozialpädagogen häufig schon einen beruflichen Aufstieg dar. Für manche war das auch die Chance, den oftmals unbefriedigenden früheren Arbeitsbedingungen durch den Wechsel in eine höher bewertete Einrichtung zu entkommen. Denn im Beratungsbereich hat man regelmäßige Arbeitszeiten und ein für die Soziale Arbeit außergewöhnlich hohes Maß an fachspezifischer Autonomie. Noch ein weiterer Gesichtspunkt prägt die sozialpädagogische Beratungskompetenz. Die schon erwähnten beraterischen Zusatzqualifikationen sind durch ihre Herkunft (Theorien, Methoden und Fachbegriffe) meistens psychotherapeutisch dominiert. Teilweise sind diese Weiterbildungsmaßnahmen identisch mit den psychotherapeutischen Angeboten für die Psychologen, die ihrerseits später in den Beratungsstellen Vorgesetzte der Sozialpädagogen sein können. Die Tatsache, daß dann für gleiche Weiterbildungsqualifikationen und gleiche Berufstätigkeit die Sozialpädagoginnen und Sozialpädagogen um einige tausend Mark schlechter bezahlt werden, kann eine negative Auswirkung auf das „Betriebsklima" haben. Alle diese Faktoren:

- unzulängliche grundständige Ausbildung
- geringeres Ansehen der Sozialpädagogik sowie
- höhere Bewertung von Psychologie und Psychotherapie

haben die *Psychotherapeutisierung* der sozialpädagogischen Beratungsarbeit gefördert. Teilweise geht das so weit, das es zu einer „Klientenauslese" durch therapeutische Qualifizierung der Beraterinnen und Berater kommt. Die zusätzlich gewonnenen Kompetenzen im psychotherapeutischen Bereich stellen sich als Spezialisierung dar. Sie fördern aber auch die „selektive" Wahrnehmung und Handlungsweise der Sozialpädagogen unter verschiedenen Gesichtspunkten:

- Die Auswahl der Ratsuchenden erfolgt unter der Fragestellung: „Bei welchen Personen, welchen Problemen kann ich meine Qualifikation am wirksamsten einsetzen, und wo ist das nicht möglich?"
- So wird die „Eignung der Klienten für bestimmte Interventionsstrategien" nun zum „Auswahlkriterium". Das bedeutet, die Methode wird dann im Extremfall den Ratsuchenden vorgezogen.
- Da die meisten Therapiemethoden sehr stark sprach- und mittelschichtorientiert sind, findet auf diese Weise eine „Selektion" von Klienten unter dem Gesichtspunkt von Weiterbildungsmethoden statt. Beratungsbedürftig und beratungsfähig ist, wer sich im Rahmen der Therapiemethode behandeln läßt (Grözinger 1991, S. 8f.).

Wir sehen: Im Gegensatz zur nicht professionalisierten Alltagsberatung oder Laienberatung haben wir es dann mit dem anderen Extrem zu tun. Zuviel Ausbildung und eine zu starke Spezialisierung kann für die Ratsuchenden auch Nachteile haben. Denn die eher psychotherapeutisch orientierten Fachkräfte haben dann die breite Palette der sozialpädagogischen Möglichkeiten verlassen und sind zu Psychotherapeuten geworden. Kompetenzfragen hängen dann auch mit Konzeptfragen zusammen. Leider hilft ein derartiger psychotherapeutischer Schwerpunkt den Ratsuchenden oft nicht viel weiter. Denn diese benötigen umfassende sozialpädagogische Hilfen, die sich im Sinne von „Unterstützungs-Management" (Wendt 1991) auch auf Hilfestellungen durch „Vermitteln", „Organisieren" oder „Betreuen" beziehen. Der

Sozialpädagoge als Berater sollte sich als ein auf Beratungsfragen „spezialisierter Generalist" (Kähler 1991, S. 45) verstehen. Sozialpädagogische Kompetenz hängt also auch mit der Konzeption zusammen.

Allgemeine Ziele der Beratung bedenken

Von Murgatroyd (1994, S. 82f.) stammen folgende allgemeine Ziele für die Beratung, die wir hier etwas gekürzt und sprachlich abgewandelt haben:

1. Ziele für die Art und Weise, wie Menschen sich sehen:
- Wiederherstellung eines Gefühls des Selbstwertes.
- Unterbindung der Selbstabwertung des Gesprächspartners und Unterstützung einer positiven Selbstsicht.
- Negative Verteidigungsstrategien in positive Handlungsstrategien umformen.

2. Ziele im Hinblick auf die Art und Weise, wie Menschen die Welt erfahren:
- Unterstützung und Objektivität im Nachdenken über die Situation.
- Die Ratsuchenden müssen die Verantwortung für ihren eigenen Anteil an dem Problem erkennen und übernehmen.
- Verstärken des Gefühls der Kontrolle der Situation, in der sie sich befinden.
- Ermutigung von Wunschdenken und Unterstützung von Rationalität.
- Aufzeigen angemessener Bewältigungsstrategien.
- Hilfe bei der Verringerung von Erfahrungen und Gefühlen der Abhängigkeit.

3. Ziele im Hinblick auf die Art und Weise, die eigene emotionale Welt zu sehen:
- Hilfe bei einer möglichst realistischen Sicht der eigenen emotionalen Erfahrungen.
- Wir müssen nicht so oft projizieren.
- Unsere Angst soll sich verringern.
- Positive Gefühle sollen zunehmen.

4. Ziele im Hinblick auf die Art und Weise, in der Menschen denken:
- Unterstützung zweckgerichteten Denkens.
- Die Bewältigung von Krisensituationen kann man in kleine Schritte aufteilen.
- Dabei Teilziele formulieren und sie angehen.
- Die Selbstreflexion, also die Fähigkeit, sich selber kritisch zu sehen, muß gesteigert werden.

5. Ziele für den körperlichen Zustand:
- Körperliche Grundbedürfnisse (Nahrung, Kleidung, Wohnung, Gesundheit, Schlaf) müssen sichergestellt werden;
- hierzu bedarf es einer wirtschaftlichen und sozialen Absicherung, eventuell durch flankierende Maßnahmen der Sozialarbeit.

Es gibt kein Idealkonzept

In der Alltagsberatung geht man nicht von *einer* Theorie oder Methodik aus, sondern eher vom „gesunden Menschenverstand". Demgegenüber legen die Fachleute Wert darauf, daß ihre Arbeitsweise wissenschaftlich und methodisch begründbar ist. Wie schon erwähnt, finden wir im Feld der Sozialpädagogik eine Menge von Ansätzen, die eigentlich aus der klinischen Beratung stammen. So konzentrieren sich die *humanistisch orientierten Verfahren* auf die Gefühle der Ratsuchenden und ermutigen sie, diese frei auszudrücken. Hierbei werden oft auch nonverbale Möglichkeiten (Körperarbeit, Musik, Gestaltung) genutzt. Die aus der *Tiefenpsychologie* stammenden Ansätze möchten die Ratsuchenden darin unterstützen, sich ihrer unbewußten Phantasien und Konflikte bewußt zu werden, um mehr Erkenntnis und Autonomie zu erreichen. Verfahren aus der *Lernpsychologie* beschäftigen sich eher damit, den Ratsuchenden zu helfen, neue, angemessene Möglichkeiten des Denkens und Verhaltens für sich herauszufinden und einzuüben. In jedem Fall haben wir es mit Konzepten zu tun, die schon existierten, bevor der jeweilige Ratsuchende die Beratungsstelle betreten hat. In den Beispielen aus dem „Sleep In" und von der Jugendgerichtshilfe haben wir gesehen, was passieren kann, wenn sich noch unerfahrene Fachkräfte zu dogmatisch an ein Verfahren oder ihre eigenen Wunschvorstellungen klammern und darüber die Situation des Gegenübers vergessen. Es besteht dann die Gefahr, daß das Konzept oder eigene Ziele eine Vorrangstellung gegenüber den jeweiligen Problemen der Ratsuchenden erhalten. Die Fülle unterschiedlicher Probleme und Hilfemöglichkeiten in der sozialpädagogischen Beratung erlauben jedoch keine ausschließliche Orientierung an einer Konzeption. Sozialpädagogische Beraterinnen und Berater müssen vielmehr das Wichtigste aus verschiedenen Konzepten kennen und auf die jeweiligen Bedürfnisse der Ratsuchenden anwenden können. Die sozialpädagogische Beratungsqualifikation sollte deswegen sein:

- *methodenübergreifend* und *integrativ* – statt auf *eine* Methodik bezogen.
- eher breiter, also *generalistisch*, auf die Alltagsbewältigung bezogen – statt tiefer und damit *spezialistisch* hinsichtlich einer psychotherapeutischen Richtung.

Auch der in der Fachwelt bekannte Streit, ob *direktive* (lenkende) oder *nichtdirektive* (nichtlenkende) Konzepte besser für die Soziale Arbeit sind, ist eine Scheinauseinandersetzung. In der Sozialpädagogik können beide Vorgehensweisen mit dem selben „Klienten" zu unterschiedlichen Zeiten sinnvoll sein. Ein Konzept (oder besser noch mehrere), Methoden und Arbeitsstil müssen zu den Ratsuchenden „passen". Mit anderen Worten: Die „Kunst" effektiver Beratung besteht gerade darin, daß die Beraterinnen und Berater ihre vielfältigen Fähigkeiten so nutzen können, daß sie sich in das Gefühls-, Denk- und Verhaltenssystem der Ratsuchenden hineinversetzen können. Dabei sehen wir, daß die sozialpädagogische Beratung eigentlich schwerer ist als die klinische. Sie verfügt nicht über eine spezialisierte Arbeitsmethodik, hat es seltener mit hochmotivierten Ratsuchenden zu tun und kann die wirtschaftlichen wie auch sozialen Probleme der Ratsuchenden nicht so einfach unberücksichtigt lasssen. In der sozialpädagogischen Beratung stellt sich das eher komplexer dar: Die Betroffenen sind häufig nicht so leicht zu motivieren, sie haben nicht nur psychische, sondern auch soziale und wirtschaftliche Probleme. Sie befinden sich in unterschiedlichen Einrichtungen, teilweise unter Druck und manchmal sogar durch Zwang. Für diese Vielfalt von Beratungsaufgaben kann es kein Konzept geben.

In der amerikanischen Psychotherapieforschung spricht man von „YAVIS"- und „HOUND"-Klienten:

Y von Young
A von Attractive
V von Verbal
I von Intelligent
S von Succesfull

Die „Yavis"-Klienten sind also jung, attraktiv, sprachgewandt, intelligent und beruflich erfolgreich. Sie kommen häufig als Selbstmelder in die freie Praxis der Berater bzw. Psychotherapeuten oder in die Erziehungsberatungsstelle. Der Gegentyp sind die „Hound"-Klienten.

H von Home-backed
O von Old
U von Unattractive
N von Non-verbal
D von Dull

Diese sind hausbacken, alt, unattraktiv, können sich nicht gut verbal ausdrücken und wirken dumpf. Sie dürften einen Großteil der Ratsuchenden in den niedrigschwelligen sozialpädagogischen Beratungsstellen und anderen Bereichen der Sozialen Arbeit ausmachen.

Szenisches Verstehen

Wenn es kein ideales Konzept gibt, wie kann man sich trotzdem über Beratung verständigen und die Erfahrungen anderer nutzen?

Schon in der Antike wurden wichtige Lebensthemen in Theaterstücken auf der Bühne vorgestellt. Viele dieser Szenen haben bei den Zuschauern typische Stimmungen und Atmosphären geweckt. Dieser wohl für alle Kulturen geltende und viele tausend Jahre alte Symbolgehalt derartiger Darstellungen gilt auch für Psychotherapie, Beratung und alltägliche Situationen. Spricht man doch nicht ohne Grund von „Ehedramen", jemand hatte einen „Auftritt" und „spielte" seine Rolle gut. Wir alle kennen derartige Szenen: die Mutter, die in der Küche zum wiederholten Male in nörgelnder Weise über die Schulprobleme des Kindes klagt, der erwachsene Mann, der beim Stichwort „Lehrer" oder „Schule" körperliches Unbehagen verspürt. Schon bei diesen Andeutungen tauchen in uns Stimmungen auf. Wir sehen und fühlen plötzlich etwas, was gar nicht gesagt wurde und sich trotzdem in den Vordergrund drängt. Es „riecht" nach Küche oder Klassenraum und Kreide. In uns tut sich plötzlich eine Atmosphäre auf.

Unsere auf Vernunft und Freundlichkeit bedachte Erziehung bringt uns jedoch oft dazu, Dinge, die eigentlich nicht gesagt worden sind und die trotzdem in uns auftauchen, in den Hintergrund zu drängen, nicht ernst zu nehmen. Das ist vor allem bei Alltagsgesprächen der Fall. Andererseits lehrt uns die Beratungswissenschaft, daß genau das, was als „unangenehm" auftaucht oder als „tabu" gilt, also z.B. diese Atmosphären, gerade wichtig ist. Das hier beschriebene Gesprächsverständnis gilt nicht nur für die Anfangssituation, sondern für den gesamten Beratungsprozeß; es enthält didaktische, methodische und diagnostische Prinzipien.

Am Anfang einer Beratung erhält die Fachkraft eher Informationen über Vordergründiges. Irgendwann kommt im Berater ein „hohes Evidenzgefühl" (im Sinne eines *Aha-Erlebnisses*) auf. Wenn er die Ebene der logischen Rationalität – zeitweise – verläßt, kann er unmittelbar an der Situation der Klientin teilhaben. Diese „Psycho-Logik", die wir zum Verständnis der Klientin benötigen, „erschöpft sich nicht in der Erschließung logischer Zusammenhänge, sondern kommt erst im szenischen Verstehen zum Tragen" (Argelander 1970, S. 61). Denn keine der Informationen wurde „zufällig" gegeben. Jede einzelne Information, wie auch das Verhalten im Gespräch selber, ist Bestandteil eines noch weitgehend unbekannten „Hintergrundes", also einer strukturellen Verfestigung durch die vorangegangenen Erfahrungen und deren oft problematischer Verarbeitung selber. Das szenische Verstehen geht also aus von der Vielfalt vordergründiger Eindrücke, die sich dann zu einem vorläufigen hintergründigen, strukturellen und ganzheitlichen Verstehen verdichten. Folgende Fragen helfen den Beraterinnen und Beratern, die Vielfalt der Eindrücke für sich zu klären:

- *Was* wurde berichtet?
- *Wie* wurde das berichtet?
- *Was* fehlt in den Darstellungen und gehörte aber eigentlich dazu?
- *Welche* Wahrnehmungen und Vermutungen (Hypothesen) habe ich jetzt?
- *Welche* Bedeutung haben diese Informationen für die Kenntnis des Lebenszusammenhangs und die Zielsetzung?

Körpersprache beachten

Unsere vernunftmäßig orientierte Erziehung hat uns auch gelehrt, daß wir vor allem die sprachlichen Elemente von Gesprächen zu beachten haben. Das mag für die Alltagsgespräche genügen. In der professionellen Beratung müssen wir jedoch eine ganze Palette von Wahrnehmungen in uns aufnehmen. Vor allem die Körpersprache wird immer wieder vernachlässigt:

Da haben Ratsuchende einen „Kloß im Hals".
Jemand sitzt mit verdrehten Beinen vor uns, oder die Füße wippen unablässig. Ansonsten bemüht sich das Gegenüber darum, die Kontrolle über sich zu bewahren.
Einem anderen schlägt das „Herz bis zum Halse", oder „das Blut steigt in den Kopf". Zuweilen „dreht sich einem der Magen um", die „Stimme bleibt weg", oder „die Beine versagen ihren Dienst".

Oft sagt unser Körper mehr über uns als die Sprache. Nicht *was*, sondern *wie* wir etwas sagen und welche körpersprachlichen Symbole wir benutzen, kann aufschlußreicher sein als der reine Gesprächsinhalt. Beraterinnen und Berater müssen diese körpersprachlichen Signale wahrnehmen und zu passender Zeit behutsam in den Prozeß zurückgeben. Eine unangebrachte und überschnelle Deutung von Körpersignalen darf jedoch nicht erfolgen. Dann kann der Eindruck entstehen, man werde zu sehr beobachtet. Infolgedessen erhöht sich dann das Schutzverhalten der Ratsuchenden; sie machen „dicht".

Beziehungsmöglichkeiten unterscheiden

Es wurde schon mehrfach darauf hingewiesen, daß das wichtigste Instrument in der Beratungsarbeit die Beziehung zwischen den Fachkräften und den Ratsuchenden ist. Auch wenn beide höchst unterschiedliche Rollen eingenommen haben, so sollte diese Beziehung doch so gestaltet sein, daß sie eine Gleichheit der Rechte ermöglicht; auch und gerade, weil die Beteiligten ungleich sind. Der unter Sozialpädagogen häufig benutzte Begriff von der „partnerschaftlichen Beziehung" ist in dieser Hinsicht nicht präzise genug und deswegen zum Schlagwort geworden.

In der Fachliteratur unterscheidet man die folgenden *fünf Formen der Kommunikation* zwischen Menschen:

1. *Konfluenz*: Dies ist die zeitweilige Auflösung zwischenmenschlicher Grenzen; „die Tendenz, in der Welt oder in einem anderen Menschen aufzugehen. Konfluenz kann angenehm, lustvoll oder unangenehm und angstbesetzt sein.

„Positive Konfluenz erleben wir zum Beispiel in dem ‚ozeanischen Gefühl', in der Welt aufzugehen (S. Freud), oder z.B. beim Orgasmus; negative Konfluenz in dem psychotischen Gefühl, von fremden Mächten oder inneren unkontrollierbaren Impulsen ohne Gegenwehr beherrscht zu werden" (Rahm u.a. 1993, S. 165). Entwicklungsgeschichtlich knüpft die Konfluenz an die frühe Mutter-Kind-Einheit an. Konfluenz auf Dauer, etwa als Lebenshaltung, beispielsweise die ständige Sucht nach Stoffen (Alkohol, Drogen), intensiven esoterischen oder Psychoerfahrungen, kann schädlich sein. Zeitweilige Konfluenz im Beratungsprozeß ist dann hilfreich, wenn dadurch beispielsweise notwendige Erfahrungen von Geborgenheit und Nähe gemacht werden können.

2. *Kontakt*: „Unter Kontakt im engeren Sinne verstehen wir: füreinander aufmerksam sein, verbal oder nonverbal miteinander im Dialog sein. Kontakt ist eine funktionale Verbindung, weniger intensiv als Begegnung, weniger anhaltend als Beziehung oder Bindung. Kontakt vollzieht sich immer in der Gegenwart und beinhaltet Unmittelbarkeit und Nähe" (ebd., S. 167).

Für viele Ratsuchende ist das Erlernen einer feinfühligen Regelung von Nähe und Distanz während der Beratung eine wichtige Erfahrung: Man kann jemanden nahe und verbunden sein, ohne sich ganz in ihm verlieren zu müssen. Man kann sich von jemanden zeitweilig distanzieren, ohne ihn ganz zu verlieren.

3. *Begegnung*: Hierunter versteht man relativ kurze, aber intensive und menschlich bedeutsame Kontakte. Beide Kontaktpartner verstehen sich im Moment ihrer Begegnung nahezu vollständig, sie erleben sich als gleichwertig, aber nicht gleichartig.

Auch kurze Begegnungen dieser Art (etwa im Alltag oder der berufsmäßigen Beratung) können Sicherheit geben und deshalb lebenslang prägend sein. Andererseits genügen Begegnungen, etwa in einer „Offenen Tür", in einer Elterngruppe oder in einem Wochenend-Workshop über „Selbsterfahrung", nicht, um tiefer gehende emotionale Probleme zu verändern. Hier fehlt das Element der Bindung und Beziehung.

4. *Beziehung*: „Beziehungen sind dauerhafte Kontakte, die in ihrer Dichte und Intensität variieren. Beziehungen können nur aufrechterhalten werden bzw. sich nur positiv entwickeln, wenn

- die Fähigkeit zur Abgrenzung und Berührung,
- die Fähigkeit zur Konfliktprägnanz und Kompromißbildung,
- die Fähigkeit zu wechselseitiger Einfühlung und
- ein gemeinsamer Realitätsbezug gegeben sind" (ebd., S. 170).

Beziehungen ohne intensive Begegnungen bleiben oberflächlich, beispielsweise viele berufliche Kontakte. Viele Probleme im späteren Leben haben auch mit fehlgelaufenen frühen Beziehungsmustern zu tun: Wenn in der frühen Kindheit Abgrenzung nicht erlernt werden konnte, kommt es zu Konfluenz und Entwicklungshemmungen.

5. *Bindung*: „Bindung bedeutet eine Steigerung von Beziehung im Sinne von Nähe und Dauer. Bindung enthält in stärkerem Maße ein ethisches Element: eine Entscheidung und Festlegung für den anderen. In der Bindungsfähigkeit ist eine neue Qualität von Beziehung erreicht, was tiefe Kenntnis des anderen und Fürsorge füreinander betrifft. Als Prototyp hierfür gilt die frühe Eltern-Kind-Beziehung" (ebd., S. 173).

Bindung ist das reifeste Muster menschlicher Beziehungen. Wir kennen die Bindung zwischen Lebenspartnern, guten Freunden und natürlich zwischen Eltern und Kindern. Inwiefern die frühe Eltern-Kind-Beziehung das prägende Muster für *alle* späteren Beziehungen bildet, ist wissenschaftlich umstritten und kann hier nicht weiter geklärt werden. Das wichtigste Muster für die Beratung ist die Beziehung. Sie sollte so gestaltet sein, daß nach Abschluß der Beratung keine Bindung (Abhängigkeit vom Berater) bestehenbleibt.

Wozu Anamnese und Diagnostik?

Der Begriff *Anamnese* („Wiedererinnern") wird vor allem im medizinischen Bereich verwendet und bezieht sich auf alle Informationen über die Vorgeschichte der Krankheit des Patienten und seiner Familie. Im Feld der Beratung verstehen wir unter Anamnese eine Sammlung von Daten über die Lebensgeschichte, den Familienhintergrund und kritische Lebensereignisse, die über den jeweiligen Beratungsanlaß hinausgehen.

Der Begründer der Individualpsychologie *Adler* war einer der ersten, der auf die Bedeutung der Geschwisterkonstellation für Persönlichkeitsentwicklung, Partnerwahl und Lebensweg aufmerksam gemacht hat: Das Erstgeborene ist anfangs das einzige Kind. Durch die Geburt weiterer Geschwister erfolgt eine „Entthronung"; aus dem einzigen wird das älteste Kind. Bei drei Kindern befindet sich das mittlere in einer *Sandwichposition* zwischen *oben* und *unten*. Das jüngste Kind nimmt in jedem Falle eine Sonderrolle ein. Es bleibt immer das kleinste und jüngste; hat es in mancherlei Hinsicht aber leichter: Die Größeren haben die Eltern auf die Elternschaft vorbereitet und ihm viel weitergeben können. Bei diesen knappen Erwägungen sind natürlich noch Geschlecht, Altersabstand und die *Qualität der Beziehungen* zwischen Eltern und Kindern zu bedenken. Hierzu haben die verschiedenen familientherapeutischen Richtungen viele interessante und weiterführende Beiträge geliefert.

Sozialpädagogen sollten wissen: Der erste Eindruck kann täuschen. Schon bei der Anamnese können Fehler unterlaufen, wenn man nicht richtig hinsehen und hinhören kann oder gar die eigene Geschichte bei den Betroffenen entdeckt. Wir sollten uns immer unseres „Nichtwissens" über den Hintergrund eines fremden Menschen bewußt sein. Die Beachtung der folgenden fünf Arbeitsregeln kann weiterhelfen. Sozialpädagogische Anamnese heißt:

1. „Einen Fall wie einen unbekannten Menschen kennenzulernen".
2. „Den eigenen Zugang zum Fall besser kennenzulernen".
3. „Sich eine Reihe von Fragen zu stellen".

4. „Unterschiedliche Sichtweisen und Ebenen des Falles nebeneinander zu stellen".
5. „Anamnese ist nie vollständig. Sie muß es auch nicht sein. Sie beginnt immer wieder von neuem" (B. Müller 1993, S. 83ff.).

Diagnose heißt Erkennen, Benennen, Zuordnen und Erklären von Problemen. Im Gegensatz zum Alltag können die Fachleute die Verhaltensweisen von Ratsuchenden nicht so einfach ohne eigene Überlegungen (Selbstreflexion) auf sich wirken lassen. Was wir nicht tun sollten: Es ist unangebracht, wenn Sozialpädagogen die Betroffenen, wie in der klinischen Beratung oder Psychiatrie, in vorgegebene Typen von Krankheitsbildern einordnen („kategoriale Diagnostik"). Wie sollten sozialpädagogische Beraterinnen und Berater vorgehen? Auch für ihre Arbeit ist eine Zustandsbeschreibung wichtig. Denn nur so können Defizite herausgefunden und Ziele formuliert werden, nur so kann man nach einer gewissen Zeit feststellen, *ob* und *was* sich geändert hat. Im Idealfall werden Diagnosen im Sinne vorläufiger Zustandsbeschreibungen zusammen mit den Ratsuchenden erarbeitet. Die Berater müssen fähig sein, diese Zustandsbilder als Momentaufnahmen zu sehen, die sich verändern können und sollten („prozessuale Diagnostik"). Im Gegensatz zur klinischen Beratung geht die sozialpädagogische Diagnostik weniger in die Tiefe der Persönlichkeit und ist statt dessen breiter gefaßt. Sie bezieht den gesamten sozialen Hintergrund mit ein. Hierzu gehören die *fünf Säulen der Identität*:

- *Leiblichkeit*: Wie steht es um Gesundheit, Krankheit, Körperlichkeit, das Selbstbild des Menschen?
- *Soziales Netzwerk*: Wie gut, verläßlich, stabil und erreichbar sind die sozialen Kontakte? Wo und wie kann zu weiteren sozialen Kontakten verholfen werden?
- *Arbeit und Leistung*: Wie leistungsfähig fühlen sich die Betroffenen? Wie steht es um die Sicherheit des Arbeitsplatzes, und welche Befriedigung verschaffen Arbeit und Leistung für das Leben?
- *Materielle Sicherheiten*: Ist das Einkommen angemessen und gesichert? Wie sind die Zukunftsperspektiven?
- *Wertebereich*: Welches waren die Lebensziele, und was ist bis zum gegenwärtigen Zeitpunkt daraus geworden? Wie steht es um die „Sinnfrage" im Leben überhaupt? (Rahm u.a. 1993, S. 156, 464ff.).

Am Beispiel der Frau Hauser haben wir gesehen, daß zumindest drei dieser fünf Identitätsbereiche problematisch waren. In den Bereichen „Arbeit und Leistung" sowie „materielle Sicherheiten" befinden sich sie und ihr Ehemann in einer Krise. Ihr „soziales Netzwerk" konnte bei den Erziehungsfragen keine Hilfestellung leisten.

Wie kann man sich einer Klärung dieser und weiterer Zusammenhänge in methodischer Hinsicht annähern, ohne auf vorgegebene Kategorien zurückgreifen zu müssen?

Folgende *acht Arbeitsregeln* können weiterhelfen. Sozialpädagogische Diagnose soll klären:

1. „Was für welche Beteiligten in einer Fallsituation das Problem ist".
2. „Was für mich selbst in einer Fallgeschichte das Problem ist".
3. „Welche Mandate zum Handeln auffordern" (haben die Ratsuchenden direkt einen Auftrag zur Hilfe erteilt, oder handelt es sich um einen gesetzlichen Auftrag?).
4. „Wer über welche Mittel zur Lösung eines Problems verfügt" (wo sind die Ressourcen?).

5. „Mögliche Mittel zur Lösung eines Falles auf unerwünschte Nebeneffekte hin zu prüfen".
6. „Ob es Vordringlicheres gibt als die Lösung des Problems", etwa wenn es sich beim vorgegebenen Problem um ein „Scheinproblem" handelt.
7. Klärung von Zuständigkeiten.
8. Welche Schritte und Ziele aus eigener Initiative und welche nur durch andere erreicht werden können (B. Müller 1993, S. 94ff.).

Die Beraterin von Frau Hauser hat aufgrund ihrer Erfahrung sehr schnell den Verdacht, daß es nicht nur um das „Sorgenkind" Claudia gehen könnte. Nachdem sie im ersten Gespräch mit Frau Hauser anamnestische Informationen über die Familie erhalten hat, gelingt es ihr durch „emotionale Tiefung" bei Frau Hauser die mühsam verdeckte Traurigkeit und Verzweiflung aufkommen zu lassen. Ohne psychotherapeutische Krankheitsbilder zu bemühen, formuliert die Beraterin als vorläufige Diagnose für sich: Es handelt sich in erster Linie um ein „Familienproblem". Dabei fehlt dann die Sichtweise des Ehemannes. Da beide Eltern die Hauptverantwortlichen für das Geschehen in der Familie sind, möchte sie künftig nur mit beiden Eltern (und eventuell später mit den Kindern) durch eine Veränderung des Rahmens in der Form der Paar- oder Familienberatung weiterarbeiten.

Anamnese und Diagnose gehen oftmals ineinander über und beziehen Gesichtspunkte ein, die wir weiter oben schon unter den Stichworten „Szenisches Verstehen", „Körpersprache" und „Beziehungsmöglichkeiten" kennengelernt haben.

Bevor die Beratung beginnt

Vor allem in der institutionalen Beratung sollten zu Beginn folgende Fragen geklärt werden:

- Kommen die Ratsuchenden *freiwillig?* Haben sie sich selber oder hat jemand anders sie angemeldet?
- *Wie* war die telefonische oder persönliche Anmeldung zustande gekommen?
- *Wer* hat die Beratungsstelle genannt oder empfohlen?
- *Weshalb* kommt der Betroffene *eigentlich?*

Mit Absicht haben wir das Wort *eigentlich* hervorgehoben. Diese Betonung soll darauf hinweisen, daß viele Ratsuchende mehr oder minder bewußt eine andere Schwierigkeit nennen als das *eigentliche* Problem.

Das ist auch bei Frau Hauser der Fall. Zwar wurde Claudia als „Problemkind" präsentiert, dahinter standen jedoch auch (vermutete) andere Schwierigkeiten in der Familie. Deswegen spricht man in der Fachsprache auch vom „Präsentierproblem"; Claudia hatte die Rolle des „Problemträgers" übernehmen müssen.

In vielen Beratungsstellen werden die im Sekretariat angekommenen Neuanmeldungen bei den Teamgesprächen genau besprochen. Dabei sollte man Auffälligkeiten (Verzweiflung, Druck, Drohungen, Unterwürfigkeit) festhalten. Denn schon im Telefonat können sich mögliche Übertragungs- und Gegenübertragungsmuster herausbilden und Auffälligkeiten oder falsche Erwartungen deutlich werden, die es zu beachten gilt. Wie schon erwähnt, ist es wichtig, mit den Gesprächspartnern am Anfang zu klären, welchen Rahmen (Ort, Zeit, Dauer, Ziel) ein Gespräch hat. Bei einer eher zwanglosen Unterhaltung im Jugendhaus ist das sicherlich weniger be-

deutsam als im Gespräch mit einer Mitarbeiterin der Sozialpädagogischen Familienhilfe (SPFH), in der Haftanstalt oder beim Hausbesuch vom Allgemeinen Sozialdienst (ASD). Sozialpädagoginnen und Sozialpädagogen sollten Erwartungen und
Ziele erfragen; aber auch ihre eigenen Möglichkeiten und Grenzen benennen. Es ist
ebenso darauf einzugehen, ob und in welcher Form abwesende Dritte (Eltern, Schule, Jugendamt, Gefängnisleitung, Jugendgerichtshilfe u.v.a.) von dem Gespräch oder
gar den Inhalten etwas erfahren könnten oder müssen. Zum Gesprächsrahmen gehören auch Klärungen in bezug auf Raum, Zeit und weitere Hilfsmittel. Das alles
ist für das Erstgespräch zu bedenken.

Das Erstgespräch

Allgemeines Ziel der ersten Gespräche in der institutionalen sozialpädagogischen
Beratung ist nicht „die Behebung vorhandener Probleme", sondern eine „gemeinsame Klärung der Frage, *ob* und *wie* eine Zusammenarbeit mit *welchen* Zielen und
Wegen zur Behebung der vorhandenen Probleme entwickelt werden kann". So pa-
radox es klingt: Sozialpädagogen sollten in dieser Anfangsphase die Wünsche nach
vorschnellen Lösungen eher abwehren, weil sie dabei auch in eine „Expertenfalle"
geraten können. „Alle Versuche, Klienten schnell Hilfe zuteil werden zu lassen,
ohne die gemeinsame Grundlage der Zusammenarbeit abgeklärt zu haben, laufen
Gefahr, vorhandene Probleme eher zu vertiefen" (Kähler 1991, S. 50) oder Erwartungen zu wecken, die durch die Beratung alleine nicht zu erfüllen sind. Um so
wichtiger ist ein sorgfältig durchgeführtes Erstgespräch. Argelander unterscheidet
in seinem grundlegenden Buch über „Das Erstinterview in der Psychotherapie"
(1970) drei Gruppen von Ratsuchenden:

1. Diejenigen, die *vorgeschickt* oder *vorgeschoben* wurden, weil Eltern, Ehepartner
   oder andere Personen offensichtlich an der Beratung mehr interessiert sind als
   die Betroffenen selber. Im Erstgespräch muß man sie dann sozusagen von ihren
   „Auftraggebern" abkoppeln und sie aus ihrer passiven Rolle befreien (S. 28f.).
   Aus systemischer und familiendynamischer Sicht ist zu überlegen, ob man es bei
   diesen „Problemträgern" überhaupt mit „echten" Ratsuchenden zu tun hat oder
   nur mit dem „Delegierten", „Kundschafter" oder „Sündenbock" eines gestörten
   Familiensystems. Hier muß dann genauer untersucht werden, wer denn der *eigentliche* Klient ist.
2. Als zweiten Typus nennt Argelander die *anspruchsvollen* Ratsuchenden. Ihrem
   „hohen Anspruch widerspricht ein mangelhafter persönlicher Einsatz". Sie kommen zu spät oder erscheinen gar nicht. „Die Diskrepanz zwischen Anspruchsver-
   halten und persönlichen Möglichkeiten ist das Kriterium für diesen Typus". Auf
   die Beraterin bzw. den Berater wirken diese Menschen „unsympathisch", sie haben „schillernde" Probleme, aber kein wirkliches Problembewußtsein (S. 30f.).
3. Etwa gleich häufig kommt die Gruppe der *anspruchslosen* und *unergiebigen*
   Ratsuchenden vor. Diese wirken auf die Berater „langweilig". Sie erzählen nur
   von ihren Symptomen und trennen diese von ihrem übrigen Leben ab („Isolation").
4. Knapp die Hälfte der Erstgespräche werden mit den sogenannten *aufgeklärten*
   Ratsuchenden geführt. Diese sind hoch motiviert, haben einiges Wissen über ihr
   Problem. Doch genau dieses Wissen und ihre Intellektualität stehen ihnen im

Wege. Denn sie verfügen nur über ein „verkümmertes und schwer zugängliches Gefühlsleben" (S. 33) und sperren sich deswegen gegen emotionale Tiefung.

Im Erstgespräch sind vor allem zwei Aufgaben zu bewältigen:

- Anamnese und eine vorläufige Diagnose sowie der
- Aufbau einer Beratungsbeziehung.

Deswegen wird das Erstgespräch inhaltlich so strukturiert, daß die Berater in etwa der Hälfte der zur Verfügung stehenden Zeit den Grund des Anliegens erfragen und zusätzlich biographische und soziale Daten (Alter, Familie, Beruf, soziales Umfeld usw.) wie auch die Vorgeschichte des Problems *(Anamnese)* untersuchen.

Die andere Hälfte der Zeit kann zur Vertiefung und zum genaueren Erörtern der Problematik benutzt werden *(Probeberatung)*. Dieser Teil dient auch dazu herauszufinden, wie weit die Ratsuchenden flexibel sind und Problembewußtsein haben; ob Ratsuchende und Beratungsperson „zusammenpassen". Hierbei entwickelt sich schon die „Beratungsbeziehung". Wann welcher Teil des Gesprächs stattfindet, ist zweitrangig und sollte dem situativen Zusammenhang überlassen bleiben. Dieser als *Probeberatung* bezeichnete Teil des Erstgesprächs ist von großer Bedeutung. Beraterinnen und Berater müssen wissen, daß die Ratsuchenden in nahezu *allem*, was sie dabei tun oder unterlassen, ihre grundsätzliche Problematik entfalten und schon Übertragungsbeziehungen herstellen. Beratungspersonen dürfen sich nicht zu sehr auf die „rationale Seite" der Gesprächssituation versteifen. Sie müssen die Ebene des „logischen Verstehens" vernachlässigen und sich auf ihre Fähigkeiten im „psychologischen" und „szenischen Verstehen" einlassen (vgl. Lorenzer 1970, S. 138). Ferner sollten die Fachkräfte bedenken, daß es Ratsuchende gibt, die nach diesem ersten Gespräch – aus unterschiedlichen Gründen – nicht mehr wiederkommen können. Verunsichernde oder gar kränkende Äußerungen sind deswegen unbedingt zu vermeiden. Die „Kunst" des Erstgesprächs besteht darin, daß

- Berater und Ratsuchende sich und die mögliche Arbeitsbeziehung *kennenlernen*;
- beide eine Ahnung davon gewinnen können, daß ihre Zusammenarbeit *nutzbringend* ist und
- daß für beide diese *eine* Begegnung aber auch die einzige bleiben könnte, ohne daß es zu negativen Gefühlen hinsichtlich dieses Gespräches kommt.

Vorsicht vor der „Expertenfalle"

Ein junger Sozialarbeiter eines ambulanten Dienstes sitzt einem etwa 50jährigen Mann gegenüber, der nach einer mehrmonatigen Behandlung in einer Alkoholikerklinik entlassen und an seine Beratungsstelle weiterverwiesen wurde. Der Fünfzigjährige ist wohnungslos, hat keine Arbeit und verfügt auch nicht über ein soziales Netz von Verwandten oder Freunden, das ihn vorerst aufnehmen könnte. Schließlich spricht der Mann länger von der Gruppentherapie in der Klinik; von dem, was er dort über sich, seine Kindheit und Familie erfahren hat. Er idealisiert den Gruppentherapeuten und wünscht sich, in der Beratung ebenfalls Verständnis und eine ähnliche emotionale Wärme zu finden. Dabei verwendet er auch therapeutische Begriffe, teilweise solche, die der Sozialarbeiter gar nicht kennt. Dieser fühlt sich dadurch angespornt und eher in einer klinischen Rolle gefordert. Der Sozialarbeiter läuft regelrecht in eine „Expertenfalle" und übersieht, daß betreutes Wohnen und eine berufliche Tätigkeit die vorrangig zu lösenden Aufgaben sind.

Viele Menschen, die in die sozialpädagogische Beratung kommen, haben Erwartungen, die mit den dort vorhandenen Möglichkeiten nicht so schnell oder auch überhaupt nicht zu verwirklichen sind. Ihre Erfahrungen mit Helfern sind oftmals vom „Arztmodell" geprägt. Vereinfacht gesagt, glauben sie, daß es genügt, einer kompetenten Fachperson die eigenen Probleme aufzuzählen. Teilweise geht das sogar so weit, daß vorrangige Probleme genannt werden, die objektiv gesehen nicht so wichtig sind. Die Beraterinnen und Berater werden dann in die Pflicht genommen; sie sollen sie für die Ratsuchenden „lösen". In der medizinischen Behandlung geht das dann in der Regel über die Einnahme von Medikamenten. (Inzwischen wissen wir jedoch, daß viele medizinische Patienten auch durch ihre ungesunde Lebensweise mit zu ihrer Erkrankung beitragen. Meistens kann die bloße Einnahme von Medikamenten die Symptome kurzfristig lindern, aber langfristig verschlimmern sich die Leiden oftmals oder führen gar zur Medikamentenabhängigkeit.) Auch in der sozialpädagogischen Beratung haben wir es oft mit solchen Erwartungen zu tun. Wenn die Beraterinnen und Berater für die vielfältigen Probleme dann keine passenden „Rezepte" haben, meinen die Betroffenen, daß ihnen gar nicht richtig geholfen wird. Die Berater sollten ihnen doch sagen, was zu tun sei. Ratsuchende in der sozialpädagogischen Beratung sind deswegen behutsam von dieser Erwartungsstruktur weg- und an ihre Eigenverantwortlichkeit hinzuführen. Es erweist sich als sinnvoll, in den ersten Treffen zu klären, was in existentieller Hinsicht vorrangig ist, was überhaupt verändert werden kann und wie das im Rahmen der Möglichkeiten geht. Dabei müssen auch bewältigbare Zwischenschritte diskutiert werden. Ferner sollte man gemeinsam einen realistischen Zeitrahmen und die Anzahl der Gespräche festlegen. Aus diesen Erwartungen von Ratsuchenden ergibt sich auch die Notwendigkeit, den nächsten Gesichtspunkt zu klären.

Verantwortung übernehmen

Wenn Beraterinnen und Berater diese „Expertenfalle" nicht bemerken, kann die Beratung negative Folgen haben. Z.B. wenn der Schwerpunkt der Gespräche beim Lebenshintergrund des Ratsuchenden bleibt und dringend realisierbare Hilfen für die Gegenwart vernachlässigt werden. Die Beratung wird dann ineffektiv. Der Berater kann nicht das in der Vergangenheit des Betroffenen liegende Problem lösen; er kann ihm auch keine Wohnung, Arbeit oder zwischenmenschlichen Beziehungen verschaffen. Diese Sichtweise nennt man in der Beratungswissenschaft: *Der Klient besitzt das Problem.* Nur die Ratsuchenden haben die Verantwortung für ihr vergangenes, gegenwärtiges und zukünftiges Leben. Die Fachkräfte haben jedoch die Verantwortung für den Beratungsprozeß. Zu diesem Beratungsprozeß gehört vor allem die Aufgabe, die Fähigkeiten der Ratsuchenden zu eigenständiger Problemlösung zu fördern. Auch am Punkt der Verantwortlichkeit können wir die Unterschiede zwischen der Alltagsberatung, der sozialpädagogischen Beratung und der klinischen Beratung (Psychotherapie) verdeutlichen. In der *Alltagsberatung* hat jeder der Beteiligten nur die Verantwortlichkeit für sich und sein Verhalten. Wenn man als Ratgeber etwas „Falsches" sagt, mag das die Beziehung stören, aber es hat keine beruflichen, ethischen oder gar rechtlichen Konsequenzen. Oft geht es auch nur um mehr oder minder wohlgemeinte „Rat-Schläge". In vielen Kneipengesprächen endet die Alltagsberatung in kritikloser Parteinahme für den Ratsuchenden und einer Verurteilung abwesender Dritter.

In der *sozialpädagogischen Beratung* haben die Fachkräfte die Verantwortung für den Prozeß, nicht für die Lebensprobleme der Betroffenen. Sie beziehen auch nicht voreilig Stellung für oder gegen jemanden. Zu den wesentlichen Inhalten dieses Beratungsprozesses gehört jedoch, daß die Beraterinnen und Berater die lebensnotwendigen Probleme der Ratsuchenden erkennen und in fachlicher Form in den Vordergrund der gemeinsamen Gespräche bringen müssen. Was die Ratsuchenden damit anfangen, liegt im Bereich ihrer Verantwortung. Damit entlasten sich die Sozialpädagogen auch von der ungeheueren Verantwortung für Menschen, die ihr Leben oftmals nicht mehr selber regulieren können, weil ihre Probleme erdrückend sind. Genau an diesem Punkt befindet sich auch die Grenze zur *klinischen Beratung* beim niedergelassenen Psychotherapeuten (Diplompsychologe oder Arzt). Hier stehen seelische Probleme im Vordergrund. Auch deswegen spricht man in diesem Arbeitszusammenhang von „Klienten" oder „Patienten". Aus diesem Grunde müssen die Fachkräfte hierbei eventuell mehr Verantwortung übernehmen. Vor allem wenn die Betroffenen nicht mehr in der Lage sind, ihr Leben eigenständig zu meistern, sich selber oder andere gefährden. Bei Selbst- oder Fremdgefährdung ist gemäß den gesetzlichen Bestimmungen sogar die Einweisung in eine psychiatrische Einrichtung erforderlich.

Diese Darstellung könnte den Anschein erwecken, daß mit der Schwere der Probleme die Qualifikationen und Möglichkeiten der Hilfeeinrichtungen zunehmen. Leider ist das Gegenteil der Fall. Viele psychisch, sozial und wirtschaftlich benachteiligte Menschen sind eher in sozialpädagogischen und/oder psychiatrischen Einrichtungen zu finden als in der klinischen Beratung. Das hat einerseits mit den schon erwähnten Zugangsbarrieren zu tun, andererseits aber auch damit, daß in unserer Gesellschaft den Schwachen weniger geholfen wird. Die sozialpädagogische Beratung sollte sich im begrenzten Rahmen ihrer Möglichkeiten auf das beschränken, was sie wirklich zu leisten vermag. Besser als die Psychologen und Ärzte weiß sie um die anderen Hilfemöglichkeiten. Hier und im gelungenen Gesprächsverlauf liegen die Hauptaufgaben.

Wer paßt zu wem?

Man kann sich fragen, ob der im letzten Beispiel genannte junge Sozialberater wirklich der „richtige" Helfer für den wesentlich älteren, wohnsitzlosen Alkoholiker war.

Die auf S. 49 erwähnte 17jährige Corinna soll im Erziehungsheim eine psychotherapeutische Hilfe erhalten. Da Corinna von ihrem Vater mißbraucht wurde, überlegt die pädagogische Leitung des Heimes, ob hierfür ein Mann oder eine Frau besser geeignet sein könnte.

Eine 28jährige Mitarbeiterin des ASD besucht eine türkische Familie. Der etwa 50jährige Vater spricht mit ihr; Ehefrau und Kinder bleiben im Hintergrund. Nach dem Gespräch hat die Sozialarbeiterin den Eindruck, beim Familienvater nichts erreicht zu haben.

In diesen Beispielen sind die drei wichtigsten Gesichtspunkte für die „richtige Passung" von Beratungspersonen und Ratsuchenden genannt:

- Alter
- Geschlecht und
- Kultur (Banning 1995).

Vor allem die Ratsuchenden machen sich vor dem Gang zur Beratung Gedanken über die Berater:

„Hoffentlich ist sie nicht viel jünger als ich."
„Wenn der zu alt ist, wird er mein Verhalten nicht gut finden."
„Ich gehe nur zu einer Frau/nur zu einem Mann. Die Probleme, die ich habe, wird ein Mann/eine Frau nicht verstehen können."
„Vielleicht versteht der Berater uns Türken (Italiener, Rußlanddeutsche usw.) überhaupt nicht so richtig!"

Sobald die Fachkräfte den Eindruck haben, daß derartige Fragen eine Rolle spielen, sollten diese Themen noch im ersten Gespräch angesprochen werden. Häufig kommt es auch vor, daß die Betroffenen schon feste Vorstellungen von der Fachkraft im Sinne von Übertragungen haben:

„Ich hatte Sie mir viel väterlicher/mütterlicher, strenger/freundlicher vorgestellt."

Auch hierbei ist ein klärendes Gespräch notwendig. Grundsätzlich gilt jedoch, daß es von vornherein keine „ideale Passung" gibt; auch wenn die Ratsuchenden feste Vorstellungen davon haben und Enttäuschung äußern. Die „ideale Passung" stellt sich nämlich erst *im* Prozeß her. Dabei kommt den Beraterinnen und Beratern die eine zentrale Aufgabe zu, diese „Passung" durch Einfühlung, Wärme, Offenheit und klares Ansprechen auch der für sie *selber* unangenehmen Dinge zu fördern. Oftmals wissen die Ratsuchenden am Ende eines Beratungsprozesses nichts mehr von ihren anfänglichen Idealvorstellungen oder Befürchtungen hinsichtlich der Beraterin bzw. des Beraters. Diese den Fachleuten sehr verständlichen Ängste sind dann mit der Entwicklung einer Arbeitsbeziehung längst in Vergessenheit geraten.

Sozialpädagogen und Sozialpädagoginnen sollten sich während ihrer und nach ihren ersten Gespräche fragen:

- Zeigt der Klient das Gefühl, daß er Hilfe von einer Person des gleichen Geschlechtes wünscht?
- Was können Sie dem Klienten sagen, um ihm zu helfen, Vertrauen bei Ihnen zu haben?
- Was müssen Sie tun, um das Vertrauen des Klienten zu erhalten?
- Wie lange, denken Sie, wird die helfende Beziehung dauern?
- Welche Erwartungen haben Sie während der Sitzung an Ihre Gesprächspartner?
- Gibt es spezielle Vorbereitungen, die Sie von Ihren Klienten erwarten?
- Was ist Ihr Arbeitsstil, und wie wird er von Ihren Gesprächspartnern wahrgenommen?
- Welche ethischen Prinzipien möchten Sie zu Beginn der helfenden Beziehung ansprechen – beispielsweise in bezug auf die Vertraulichkeit des Gesprächsinhaltes?
- Welches Recht haben Ihre Gesprächspartner während der Zeit der Sitzung?

(Nach: Murgatroyd 1994, S. 67f.)

Emotionale Tiefung in der Beratung

Vor allem in der institutionalen Beratung führt die Beschäftigung mit den eigenen Problemen viele Betroffene zu unbewältigten Teilen der eigenen Lebensgeschichte. Das kann unter Umständen viele Emotionen wecken.

Nachdem ihr langjähriger Ehepartner sie verlassen hatte und die Ehe gescheitert war, kommt die Frau in die Beratung. Viele Stunden geht es darum zu verstehen, weshalb sie gerade diesen Mann als Partner genommen hatte, weshalb sie so lange bei ihm blieb, obwohl er sie oft schlecht behandelte und betrog. Anfangs vermied sie ängstlich emotionale Reaktionen und sperrte sich dagegen, daß sie selber einen Anteil am Geschehen haben konnte. Hatte sie ihm doch immer wieder sein Verhalten ihr gegenüber nachgesehen. Deswegen blieb ihr lange unklar, warum sie trotz allem immer noch so sehr unter der Trennung litt. Später kam es, immer wenn sie an Geschehnisse ihrer Partnerschaft dachte, zu starken Gefühlsausbrüchen, wie Weinen, Ängsten, aber auch Wut. Einmal erinnerte sie mit Hilfe der Beraterin nicht nur viele frühere Szenen, sondern es wurde ihr auch deutlich, daß es wohl schon immer eine Lebensvorstellung von ihr gewesen sein mußte, sich Männern unterzuordnen, egal was geschehen war. Ihr fielen nun die vielen vergeblichen Versuche ein, in der Ehe Partnerschaft und Anerkennung zu erlangen. Neben dem Weinen wurde ihr übel; sie erbrach sich und war völlig erschöpft. In den Wochen danach folgten Phasen von Trauer und erneuerter Besprechung dieser Szenen. Danach kam es zu einer bewußtseinsmäßigen Neuorientierung; auch im Umgang mit anderen Männern. Sie wußte nun, daß es nicht gut ist, sich alles gefallen zu lassen.

Dieses Beispiel zeigt, daß bei längeren Beratungsprozessen oftmals gefühlsmäßige Tiefen erreicht werden. Die Beratungsforschung hat nachgewiesen, daß positive Veränderungen weniger durch vernunftmäßige Einsicht oder gar „Ratschläge", sondern vor allem durch dieses gefühlsmäßige Wiedererleben und die spätere rationale Reflexion darüber zustande kommen. Während dieser Prozesse kann man sich dann teilweise auch sehr kindlich fühlen („Regression"). In den meisten klinischen Beratungsansätzen wird diese Regression durch die Beratungstechnik mehr oder minder bewußt angesteuert. Hierbei wie auch in der sozialpädagogischen Beratung erreichen die Betroffenen dann unterschiedliche Ebenen der *emotionalen Tiefung*. Diese können wir einteilen in:

- Ebene der *Reflexion*: Hier sprechen die Betroffenen relativ sachlich und rational; sie verhalten sich kontrolliert und sind gefaßt. Hierunter fallen viele Szenen im Alltag, am Arbeitsplatz oder Gespräche mit Bekannten.
- Ebene der *Affekte und Vorstellungen*: Fragen wie „Was fühlen Sie jetzt?" oder „Wie geht es ihnen damit?" lassen Gefühle hochkommen. (Im Erstgespräch mit Frau Hauser ist das der Fall gewesen.) Der aktuelle Realitätsbezug lockert sich. Auf dieser Gesprächsebene bleiben die meisten Alltagsberatungen stehen. Bei einer tiefer gehenden Beschäftigung mit dem Thema kommen die Betroffenen in die
- Ebene der *emotionalen Involvierung*: Sie fühlen sich nicht nur *wie* in der früheren Szene und Rolle, sondern sie *sind* darin. Starke Gefühlsausbrüche können vorkommen: Weinen, Angst, Wut und Haß. Manchmal wird in derartigen Situationen dann auch die
- Ebene der *autonomen Körperreaktionen* erreicht: Die Ratsuchenden haben dann fast nur noch intensive Gefühle; sie haben die Kontrolle und Fassung „verloren". Erbrechen, Schüttelfrost, hemmungsloses Weinen u.a. tiefe Reaktionen können vorkommen (Rahm u.a. 1993, S. 377f.).

Sozialpädagogische Beratung bewegt sich in der Regel in den ersten drei Ebenen. Die Beratungsforschung hat gezeigt, daß regressive Prozesse (Ebene 3 und 4), wenn sie richtig gesteuert sind und im Idealfall am Ende einer Sitzung wieder auf die rationalen Ebenen führen (Ebene 1 und 2), die höchste Wirksamkeit haben. Ein künstliches Verstärken der Tiefung („Pushen") oder gar ein „Automatismus" ist methodisch falsch und unethisch. Die Betroffenen sollten Themen, Tempo, Richtung und Tiefe selber bestimmen. Gefahren ergeben sich aber auch, wenn die Ratsuchenden immer wieder von sich aus diese regressiven Phasen ansteuern und sich gar außerhalb der Beratungsstunden kindlicher verhalten als vorher, übermäßige Ängste entwickeln oder gar Wahnvorstellungen äußern. In derartigen Fällen sollte vor allem in Team- und Supervisionsgesprächen überlegt werden, wie man diesem regressiven Verhalten entgegenwirken kann. Möglicherweise muß ärztliche Hilfe in Anspruch genommen werden. Denn dann bewegt man sich eindeutig im Bereich der klinischen Beratung (Psychotherapie). Oft übersteigen einseitig regressive Beratungsprozesse auch die Kompetenzen und institutionellen Möglichkeiten der sozialpädagogischen Beraterinnen und Berater. Die sozialpädagogische Beratung kann auch dann effektiv sein und im realen Lebensbereich (Familie, Arbeit, Wohnen, Hilfsquellen) etwas bewirken, wenn sie sich „nur" auf der ersten und zweiten Ebene bewegt.

Schutzverhalten respektieren

Im Beratungsgespräch fällt der Frau, die sich von ihrem Partner trennen möchte, plötzlich ein, was dieser ihr alles noch an Leid zugefügt hat. Sie wundert sich, wie sie das alles „vergessen" konnte.

Ein Jugendlicher, der häufig von seinem Vater verprügelt wurde, findet auf einmal eine Reihe von Entschuldigungen für dessen Verhalten.

In diesen Beispielen haben wir es mit einer Auswahl der vielen Schutzmaßnahmen seelisch und körperlich verletzter Menschen zu tun. Derartiges Schutzverhalten ist als unbewußter Versuch, über Kränkungen und schwierige Lebenssituationen hinwegzukommen, zu verstehen. In gewisser Weise gehört das auch zum „normalen" Leben und ist damit in seiner gesunden Form, beispielsweise im „Vergessen" schmerzhafter Erfahrungen, lebensnotwendig. In unserer Alltagssprache haben viele dieser Schutzmaßnahmen inzwischen ihren festen Platz. Wir sprechen von *Verdrängung* oder *Verleugnung* unangenehmer Erinnerungen oder Gefühle. Oftmals möchten wir ein Unrecht *ungeschehen machen*; wir *identifizieren* uns mit einer mächtigen Person und *wenden* den Ärger anstatt auf diese gegen uns selber. Auch der schon erwähnte Rückzug auf kindliche Verhaltensmuster („Regression") gehört in den Bereich dieser Schutzmaßnahmen. Ziel der sozialpädagogischen Beratungsarbeit ist es, dieses abgespaltene Schutzverhalten wieder in das Selbst zu integrieren. Nicht das „Warum", sondern das „Wie" und „Was" stehen im Vordergrund:

● Was tun Sie jetzt?
● Was möchten Sie?
● Was fühlen Sie?
● Was vermeiden Sie?
● Was erwarten Sie?

sind deshalb zentrale Fragen im Beratungsprozeß. Vor allem in der Anfangsphase darf man die Ratsuchenden nicht in unangemessener Weise mit ihrem Schutzverhalten konfrontieren. Statt dessen sollte das Schutzverhalten (vorerst) respektiert werden. Nach Möglichkeit wird gemeinsam untersucht, weshalb dieses Verhalten eventuell sogar lebensnotwendig war und zum Bestandteil der Persönlichkeit wurde – und warum es jetzt eigentlich nicht mehr notwendig ist. Mit anderen Worten: Es wird *mit* dem Schutzverhalten und *nicht dagegen* gearbeitet.

Manipulationen der Ratsuchenden

Das Schutzverhalten kann so sehr unbewußt und verfestigt sein, daß es in ein manipulatives Kommunikationsverhalten einmündet. Von den Fachkräften wird dann eine *Übersetzungsleistung* erwartet.[1] Sie müssen jenseits dessen, was gesagt wird, den eigentlichen und mit Worten aber nicht ausgedrückten Gehalt der Äußerungen für sich interpretieren.

Ein Ratsuchender spricht längere Zeit negativ über seine (abwesende) Partnerin. Möglicherweise ist das ein Appell an die ihm gegenübersitzende Beraterin: „Stellen Sie sich auf meine Seite, geben Sie mir recht."

Andere erzählen immer wieder von früheren, mißglückten Beratungsversuchen und betonen dabei, wie „schlecht" die Helfer gearbeitet haben. Sie setzen damit die Berater unter Druck, „besser" zu sein. Dieses Manipulationsspiel könnte dann heißen: „Beratung ist zwecklos; beweisen Sie mir das Gegenteil."

Ähnliche Spiele lauten: „Mir kann doch keiner helfen", „Alle sind gegen mich", „Ich habe keine Verantwortung für das, was geschehen ist", „Die anderen sind schuld".

Die Fachkräfte müssen diese Manipulationsfallen erkennen, ohne in sie hineinzugeraten, auch wenn sie persönlich gekränkt werden. Manipulationsfallen sind als Teil des Schutzverhaltens zu verstehen und ebenso zu behandeln.

Nachdem die junge Frau immer wieder über die schlechte Behandlung durch den Partner klagt, versucht die Beraterin, ohne die Hintergründe genauer zu kennen, sie zu einer Trennung zu überreden. Aber dann findet die Frau viele Argumente dafür, doch beim Partner zu bleiben. Erst jetzt merkt die Beraterin, daß sie die Ambivalenz dieser Frau nicht bedacht und zuviel Verantwortung übernommen hatte.

Auch Helfer „manipulieren"

In einem späteren Gespräch lenkt die Beraterin das Thema in andere Bahnen: Welche Erwartungen hat die Ratsuchende an Lebenspartner überhaupt? Welches sind ihre früheren Erfahrungen mit anderen Männern, und wie wünscht sie sich die Beziehung zu einem Mann, was müßte sie in ihrem Verhalten ändern?

Als die Sozialpädagogin zur Trennung geraten hatte, war dies eine methodisch ungeschickte Manipulation im eigentlichen Sinne des Wortes. Die Betroffene wird zu einer Entscheidung gedrängt, zu der sie aus bisher unbekannten Gründen noch nicht in der Lage ist. Wenn die junge Frau dem Folge leisten würde, hätte die Beraterin hierfür auch einen Teil der Verantwortung zu übernehmen. Nachdem die Beraterin das „Spiel" durchschaut hatte, nahm sie eine methodisch zulässige Manipulation vor. Sie übt keinen Druck aus und versucht nicht Einfluß auf eine Lebensentscheidung zu nehmen. Sie manipuliert lediglich die Themen des Beratungsgespräches, indem sie Einfluß auf den Prozeß nimmt und andere Schwerpunkte setzt. Ein derartiges Verhalten gehört zu den Aufgaben der Fachkräfte. Wir sollten deswegen weniger von „Manipulation", sondern von thematischer Beeinflussung oder anderer Schwerpunktsetzung sprechen. Eine andere Form positiver Manipulation der Berater kann man „Reduktion von Komplexität" nennen. Es geht darum, aus einer Fülle angebotener und scheinbar unlösbarer Probleme zuerst ein zentrales Thema herauszufinden, um die Ratsuchenden an deren Klärung arbeiten zu lassen. Wichtig ist es dabei, daß die Ratsuchenden selber das vorrangige Thema auswählen, also dafür die Verantwortung übernehmen. Die Manipulation des Beraters besteht lediglich darin, zur Entscheidung, was zuerst besprochen wird, gedrängt zu haben.

Ratsuchender: Ich habe so viele Probleme, ich glaube nicht, daß die Gespräche etwas helfen können.
Berater: Welche denn zum Beispiel?
Ratsuchender: Schwierigkeiten mit den Kollegen am Arbeitsplatz. Ich habe Schulden und verdiene zuwenig. Meine Eltern wollen, daß ich mir eine eigene Wohnung suche, und meine Freundin hat sich in jemand anderen verliebt.
Berater: Suchen Sie sich bitte das Thema aus, das Ihnen jetzt am wichtigsten ist.

Auch der Versuch, ein Problem anders zu sehen und positiv umzudeuten („Reframing") gehört in diesen Zusammenhang:

Die Ehefrau, die seit Jahren über ihren alkoholisierten Ehemann klagt, leidet nicht nur unter ihm, sondern hat auch viele positive Aspekte aus dieser langjährigen Beziehung gewinnen können: Durch ihre Schuldvorwürfe hat sie eine Machtposition inne. Vielleicht lebt sie als „Co-Abhängige" eine Opferrolle aus, oder sie erfährt von anderen Menschen dadurch viel Zuwendung für ihr „Schicksal", mit diesem Mann verheiratet zu sein. In methodischer Hinsicht heißt Umdeutung dann, das (scheinbar) Positive an dieser Beziehung zu untersuchen.

Welches ist der Anteil der Ehefrau am Verhalten des Mannes? Wie kann ihr das selber klarwerden?

Im Idealfall sollten die Fachkräfte natürlich anders manipuieren als die in ihre Beziehungsprobleme verstrickten Betroffenen. Sie manipulieren nicht die Einstellungen der Ratsuchenden, sondern den Prozeßablauf, um Selbstreflexion und neue Erkenntnisse zu fördern.

Umgang mit Übertragung, Idealisierung und Entwertung

Ratsuchender: „Mein Freund hat mir Ihren Namen genannt. Sie sollen ihm ganz toll geholfen haben. Ich bin schon bei vielen anderen Stellen gewesen; die haben mich nicht verstanden."

Hier haben wir es mit einer einfachen Form der Idealisierung zu tun. Wird sie so isoliert geäußert, sollte man zu Beginn einer Beratung nicht näher darauf eingehen; sie darf aber auch nicht einfach vergessen werden. Möglicherweise mündet sie in eine konstruktive Beratungsbeziehung. Die Fachleute nennen das *positive Übertragung*. Damit ist gemeint, daß der Sozialpädagoge als „gute/r" Vater/Mutter/Lehrer/Autorität usw. gesehen wird. Normale positive Übertragungen sollten noch nicht am Anfang eines Beratungsprozesses hinterfragt und aufgearbeitet werden. Denn für die Anfangszeit bilden sie die notwendige Voraussetzung einer tragfähigen Beziehung. Sie zeigen, daß die Beraterin bzw. der Berater mit optimistischen Vorstellungen bedacht wird, und sind damit ein Motor für den Erfolg. Wenn später eine vertrauensvolle Beziehung entstanden ist, können positive Übertragungen besprochen werden. Übermäßige und realitätsunangemessene Idealisierungen können jedoch eine „Expertenfalle" sein. Die Ratsuchenden verlegen dabei nämlich alle Hoffnungen auf die Fachkraft, ohne zu sehen, daß deren Möglichkeiten begrenzt sind. Sie vermeiden es gleichzeitig, sich ihres Eigenanteils und ihrer notwendigen Anstrengungen bewußt zu werden. Läßt man derartige Idealisierungen über längere Zeit ohne Korrektur, so kann dies bei Enttäuschung in Kritik und Entwertung des Beraters umschlagen und zum Abbruch führen.

Der gleiche Ratsuchende wie oben, einige Monate später:
„Ich bin zu Ihnen gekommen, weil mein Freund Sie mir empfohlen hat und weil ich nach den vielen Versuchen nur noch zum besten Berater wollte. Doch inzwischen glaube ich, daß Sie einer der schlechtesten Berater sind."

Dieses sicherlich verkürzte Beispiel hat hier lediglich die Aufgabe zu zeigen, wie schnell eine nicht geklärte Idealisierung in Entwertung umschlagen kann. Idealisierung und Entwertung stellen zwei große Gefahren für die Beratungsarbeit dar. Sie sind wie zwei Seiten einer Medaille. In beiden Fällen wird die andere Person unrealistisch gesehen und mit zuviel Macht und Verantwortlichkeit bedacht; auch um eigenen Anstrengungen und Veränderungsprozessen aus dem Wege zu gehen. Schließlich können im Beratungsprozeß auch noch *negative Übertragungen* vorkommen. Das ist dann der Fall, wenn der Berater als bedrohlich erlebt wird, ohne jedoch in besonderer Weise dazu beigetragen zu haben. Meistens „verwechselt" der Ratsuchende dann den Berater mit einer anderen Person oder Erfahrung aus der Vergangenheit. In diesen Fällen sind negative Übertragungen möglichst sofort anzusprechen und über einen Personen- und Erfahrungsvergleich aufzuklären („aufzulösen"). Im Gegensatz zur klinischen Beratung wird die Übertragung in der Sozialpädagogik nicht durch zurückhaltendes („abstinentes") Verhalten der Fachkräfte künstlich verstärkt. Beraterinnen und Berater müssen allerdings während ihrer Weiterbildung diese Prozesse auch an sich selber erlebt haben und wissen, welche Idealisierungen, Entwertungen und Übertragungen sie etwa aufgrund ihres Alters, Geschlechts, Aussehens oder Verhaltens auf sich ziehen können bzw. wie es ihnen umgekehrt mit unterschiedlichen Ratsuchenden geht. Das spricht für die Notwendigkeit der Selbsterfahrung in der Weiterbildung.

Was nutzt die Kenntnis der Gegenübertragung?

Bisher haben wir zwei Varianten der Übertragung kennengelernt:

- die Übertragung früherer Personenerfahrungen, Gefühle, Muster und Szenen der Ratsuchenden *auf* die Berater
- sowie den umgekehrten Fall der Übertragung von Beratern auf die Ratsuchenden. Der letzte Vorgang ist ein schwerwiegender „Kunstfehler" und sollte mit Hilfe von Teamgesprächen und in der Supervision geklärt werden. Beraterinnen und Berater dürfen *nicht* ihre Muster in die Ratsuchenden „hineinsehen".

Es gibt jedoch noch eine *dritte* sehr wichtige und schon öfters angedeutete Gruppe von Übertragungen. Wie wir schon mehrfach beschrieben haben, bleiben die Helfer in gefühlsmäßiger Hinsicht von dem, was sie mit den Betroffenen erleben, nicht unbeeinflußt. Im Gegenteil, sie sollen ja mitfühlen, ohne sich mitreißen zu lassen. In den letzten Jahrzehnten ist man in der Beratungsforschung zu der wichtigen Erkenntnis gekommen, daß gerade in diesen gefühlsmäßigen Reaktionen der Berater auf die Äußerungen der Betroffenen ein großes Maß an Wissen und Handlungsmöglichkeiten verborgen liegt. In der Fachliteratur nennt man diese Erkenntnismöglichkeit die *Gegenübertragung.*

Im Gespräch mit einem Ratsuchenden, der sehr hoffnungslos und niedergeschlagen wirkt und davon spricht, daß „alles doch keinen Sinn" mehr habe, kommen auch bei der Beraterin Gefühle von Angst und Hoffnungslosigkeit auf. Sie sieht plötzlich eine Szene, in welcher sich der Ratsuchende umbringt. Im Sinne eines aktiven, von den eigenen Gegenübertragungsgefühlen bestimmten Handelns könnte die Beraterin nun dieses „innere Bild" zu folgender Intervention verwenden: „Haben Sie auch daran gedacht, sich das Leben zu nehmen?"

Diese inneren Bilder und Phantasien, welche sich bei den Fachkräften durch den Beratungsprozeß selber entwickeln, sind *keine Störfaktoren.* Vielmehr sind sie willkommen; sie helfen vor allem in diagnostischer Hinsicht weiter und können in reflektierter Form in den Dialog zurückgegeben werden. Inzwischen ist die sogenannte „Arbeit mit der Gegenübertragung" für viele Beraterinnen und Berater ein wesentliches diagnostisches und methodisches Hilfsinstrument geworden. Mit Hilfe ihres Einfühlungsvermögens und der in der Selbsterfahrung erlangten Fähigkeit, sich innerlich von anderen Menschen besser unterscheiden zu können, sind sie in der Lage, sich sprichwörtlich „aufzuspalten". Sie sprechen mit den Ratsuchenden und lassen gleichzeitig deren Gefühle auf sich selber wirken. Dabei achten sie wie ein Resonanzboden auf die Veränderung ihrer Gefühle. Diese Veränderungen müssen sie für sich bewußtseinsmäßig wahrnehmen und werden sie, falls es sinnvoll erscheint, in sprachlich angemessener Weise an die Ratsuchenden zurückgeben. Genau das ist im obigen Beispiel passiert. Die Fachleute sprechen deswegen von einer *Ich-Spaltung:*

Der Berater stellt einen Teil seines Selbst, insbesondere seiner affektiven Wahrnehmungsfähigkeiten, dem Klienten frei „zur Verfügung". Er läßt also die Wut oder die Hilflosigkeit des Klienten so an sich herankommen, daß er sie selbst spürt. In der Fachsprache: Der Berater läßt zu, daß sich die affektive Problematik des Klienten auf ihn „überträgt". Diese Wahrnehmung wird jetzt jedoch im Berater kritisch reflektiert, d.h., er nimmt eine kognitive Distanzierung vor. Der Berater spricht sozusagen zu seinem anderen Ich-Teil: Ich bin jetzt voller Spannung und Ärger. Das hat mit dem Klienten zu tun. Ich werde jetzt mit ihm sprechen, wie dieser Ärger zu erklären und zu verstehen ist. Der geniale Wert dieses Verfahrens besteht darin, daß man unmittelbar mit der „psychischen Realität" des Klienten umgeht. Man stellt sich nicht vor, welche Affekte der Klient haben könnte (wobei man sich sehr irren kann), sondern verwendet direkt das eigene Erlebnis (vgl. Junker 1971, S. 32f.).

Strukturierungshilfen für den Gesprächsverlauf

Wir befinden uns jetzt thematisch in der Mitte unserer idealtypischen Darstellung des Beratungsprozesses. Worum geht es in den Beratungen nach dem Erstgespräch? Wie kann man die Vielfalt der Themen in prägnanter Form zusammenfassen? Der

Verlauf einer sozialpädagogischen Beratung orientiert sich „an der Bearbeitung dessen,

- was *ist* (Diagnose, Wahrnehmen, Erkennen),
- was *war* (Erinnern, Wiedererleben, Bearbeiten) und
- *was sein soll* (Zielbildung, Neuorientierung) (Rahm u.a. 1993, S. 327).

Im folgenden einige Hinweise, worauf Fachkräfte bei der Erarbeitung von Themen achten sollten:

Führung: Je nach Notwendigkeit können sie das Gespräch eher frei laufen lassen oder stärker ordnen und strukturieren. Um herauszufinden, worum es eigentlich geht, wird man das Gespräch anfangs freier laufen lassen („frei flottierendes Gespräch“).

Hypothesen: Nach einiger Zeit bilden sich beim Berater Vermutungen („Hypothesen“) über mögliche Zusammenhänge, Hintergründe oder Lösungen. Vordergründiges wird zu Hintergründigem. Diese Vermutungen wird er für sich selbstkritisch mit einem Fragezeichen versehen.

Rückversicherung: Er kann seine Vermutungen nun in angemessener Form dem Ratsuchenden mitteilen. Über Fragen, Gedanken oder Deutungsangebote.

Thematische Einigung: Hierbei stimmen Ratsuchender und Berater in einer aktuellen Situation in einem Sachverhalt überein. Das kann auch nichtsprachlich geschehen oder durch bloßes mitfühlendes Dabeisein; etwa wenn der Ratsuchende nicht sprechen kann, weil er voller Trauer ist.

Selbstexploration: Der Ratsuchende beschäftigt sich mit sich selber, seinen Gefühlen, seiner Vergangenheit, Gegenwart und Zukunft in einer Weise, wie er es bisher noch nicht getan hat. Alleine das verändert seine Gefühlswelt, Einsicht und Handlungsfähigkeit. In dieser Situation spricht der Berater wenig, er ist aber innerlich „dicht“ bei den Ratsuchenden.

Ängste: Wenn für den Ratsuchenden problematische Inhalte oder unangenehme Gefühle aufkommen, machen sich Ängste breit. Ängste zeigen sich durch Schutzverhalten. Sie „stören“ den Prozeß und zeigen aber gleichzeitig, wo die tieferen Probleme liegen. Die Angst kann man überwinden, indem man über sie spricht. Dafür muß der Berater sorgen.

Heuristisches Findeverfahren: So nennt man eine Vorgehensweise, „deren Regeln zwar nicht mit Sicherheit zu den erwünschten Lösungen für ein Problem führen, die aber dazu beitragen, den Lösungsweg allmählich zu erschließen und Teillösungen zu finden“. Man will damit der Neigung entgegenwirken, „in gewohnten Bahnen zu denken und zu handeln“.

Zu den wichtigsten Heurismen dieser Art zählen:

„a) Die Umstrukturierung des Verhältnisses der Teile zum Ganzen,
 b) die Erweiterung des Suchraumes durch Analogien,
 c) der Wechsel der Suchrichtung und
 d) die Variation des Auflösungsgrades“
(Heiner 1994, S. 115).

Zumindest die ersten drei Möglichkeiten haben im Gespräch der Beraterin mit Frau Hauser eine Rolle gespielt. Die Beraterin blickte schon relativ früh auf die gesamte Familie, während Frau Hauser noch über ihre Tochter sprach. Durch die Analogie einer „methodischen Übertreibung“ gelang es ihr, Frau Hauser von der Ambivalenz der Tochter gegenüber zu entlasten. Schließlich „suchte" und fand sie die Hintergrundprobleme in der Familie und nicht dort, wo die Betroffene sie ihr angeboten hatte.

Roter Faden: Aufgabe des Beraters ist es, den „roten Faden" nicht zu verlieren. Das kann vorkommen, wenn die Ratsuchenden mehrere oder widersprüchliche Themen anbieten. Beispielsweise wenn sie ambivalent sind, Schutzverhalten zeigen oder sich vor einer ihnen inzwischen offensichtlich gewordenen neuen Erkenntnis scheuen. In derartigen Situationen erweist sich die Fage nach dem „roten Faden" als Strukturierungshilfe.

Darf man „Fehler" machen?

Diese Überschrift ist nicht ganz korrekt. Eigentlich gibt es in der Beratungsarbeit für Anfänger keine „Fehler" im klassischen Sinne. Im Gegenteil: Nur durch eigene Fehler, Ängste und Schwierigkeiten kann man das Beraten auf der Grundlage der eigenen Persönlichkeit richtig erlernen. Ebensowenig kennt man objektive Kriterien für „richtig" oder „falsch", sondern nur angemessenes Verhalten. Was beim einen Ratsuchenden weiterhilft, kann beim anderen stören.

Als typische „Beratungsfehler" können wir festhalten:

- Mangelhafte Rahmenabklärung: *Die Jugendliche bringt ihre Eltern mit in die Drogenberatung.*
- Mißachtung des Beratungskontextes: *Die Praktikantin und der Jugendgerichtshelfer wollen ein tiefer gehendes Beratungsgespräch führen, obwohl reale Aufgaben anstehen.*
- Voreilige Festlegung: *Berater glauben schon frühzeitig zu wissen, worum es geht. Sie überprüfen ihre Vermutungen nicht mehr und verfolgen den falschen „roten Faden".*
- Bewertungen: *Äußerungen und Lebenseinstellungen der Ratsuchenden werden zu sehr durch die „eigene Brille" gesehen. In letzter Konsequenz findet das Beratungsgespräch dann eigentlich für den Berater – und nicht für den Ratsuchenden – statt.*
- Unkenntnis von Übertragungsprozessen: *Die Fachkräfte „verwechseln" die Ratsuchenden mit Menschen aus ihrer Vergangenheit oder können nicht erkennen, daß der Vorgang in der umgekehrten Richtung stattfindet.*
- Verletzung des Schutzverhaltens: *Die Folge ist, daß die Ratsuchenden sprichwörtlich „zumachen". Einziger Ausweg: darüber sprechen („Metakommunikation"). Sich nicht entschuldigen oder gar anbiedern, sondern die eigenen Motive und Denkmuster darlegen, um damit wieder zu einer beziehungsmäßigen Übereinstimmung zu gelangen.*
- Naives lineares Denken: *Berater denken in „Wenn-Dann-Kategorien", etwa wenn Claudia eine pädagogische Unterstützung und Frau Hauser eine Arbeit hätte, dann … Auf diese Weise übersehen die Berater tiefer gehende zirkuläre Systemzusammenhänge der gesamten Familie.*
- Expertenfalle: *Der aus einer Suchtklinik entlassene Alkoholiker versucht dem jungen Sozialarbeiter seine Vorstellungen einer psychotherapeutisch orientierten Beratung aufzuzwingen. Dieser merkt das nicht, und schon ist er in einer Rechtfertigungsposition.*
- Machtkämpfe austragen: *Es geht nicht darum, daß die Fachkräfte ihre Meinung durchsetzen. Falls es zu derartigen Machtkämpfen kommt, hilft nur die „Metakom-*

munikation", also das „Darübersprechen" und aus der Auseinandersetzung „aussteigen".

● Unkenntnis der Beziehungsdynamik: *Eine Beraterin möchte die Ratsuchende zur Trennung vom Partner überreden, ohne Beziehung und Bindung zu diesem genauer zu kennen.*

Handlungsfehler in der Beratung können auch zu Krisen führen. Häufiger allerdings sind Krisen durch die Bedrohung des Beziehungssystems oder des Selbstwertgefühls verursacht.

Krisen in der Beratung

Krisen sind Labilisierungen von psychosozialen Systemen einzelner und/oder Bezugsgruppen. Als solche sind sie auch lebensnotwendige Prozesse und notwendige Grundlagen für einen Neuanfang. Deswegen unterscheidet man zwischen entwicklungsbedingten Krisen, die in jedem Leben zu bewältigen sind, und gesellschaftlich oder schicksalshaft bedingten Krisen, wie Arbeitslosigkeit oder Krieg. Als typische Krisenzeiten (und teilweise auch „kritische Lebensereignisse") kennen wir Geburt, Laufenlernen, Beginn der Schulzeit, Pubertät, Ausbildungs- und Arbeitsbeginn, Bildung von Paarbeziehungen, Familiengründung, Krisen im Lebensalter („Midlife-crisis") oder solche, die durch grundsätzliche Umorientierungen in Beruf, Lebensform und Lebenssinn, Beginn des Rentenalters, Erkrankung oder Tod zustande gekommen sind. Viele Krisen sind „multidimensional", d.h., sie treten in Mischformen auf, wie „Pubertät plus keine Lehrstelle" oder „Mutterschaft plus Erschöpfung plus Verlust bisheriger kollegialer Kontakte plus Mangel an gesellschaftlichen Entlastungsmöglichkeiten" (Rahm u.a. 1993, S. 517f.). Ein krisenhaftes Geschehen wird durch innere und/oder äußere Ereignisse ausgelöst. Ein „Engegefühl" entsteht. Herkömmliches Schutzverhalten funktioniert nicht mehr. Wenn der Krisenverlauf nicht im positiven Sinne (Neuorganisation) gelingt, kann es zum Verlust bisheriger Fähigkeiten der Lebensbewältigung kommen. Auch in der nichtinstitutionalen Beratung erscheinen manche Ratsuchende schon in einer Krisensituation. Um so wichtiger ist es zu wissen, welche *Warnsignale* man in der sozialpädagogischen Beratung hinsichtlich dieser Krisen beachten sollte.

Eher „objektive Krisenzeichen" sind:

● *Psychosomatische Erkrankungen* ohne medizinischen Befund: Magen-Darm-Beschwerden, Migräne, Kopfschmerzen, Schlafstörungen, Erschöpfungszustände. Auch die in den letzten Jahren zunehmenden „Eßstörungen" (Anorexie, Bulimie) gehören dazu.

● *Psychotische Symptome*: übermäßige Beschäftigung mit Menschen, Dingen und Situationen, das Gefühl, „verfolgt" zu werden oder die Menschheit „retten" zu müssen, Stimmen zu „hören" usw.

● *Suizidgedanken*: etwa in Form von Ankündigungen, Drohungen, Träumen.

● *Suchttendenzen*: vermehrter und überdurchschnittlicher Konsum von Alkohol, Zigaretten, Medikamenten oder Drogen.

● *Strukturverlust im Alltag*: Die Betroffenen können alltägliche Aufgaben nicht mehr bewältigen: aufstehen, anziehen, essen, einkaufen, Wohnung in Ordnung halten, Arbeit, Terminabsprachen. Kommt vor allem bei alleinlebenden älteren Menschen vor.

Schwieriger wird es für die Sozialpädagogen bei den eher „subjektiven Krisenzeichen":

- *Kontakt- und Beziehungsveränderungen*: beispielsweise das „Aus-dem-Kontakt-Gehen" oder Kontaktabbrüche.
- *Extreme Gefühle*: Stärker als sonst bewegen sich die Betroffenen gefühlsmäßig im Extrembereich (oder in verschiedenen Extrembereichen); beispielsweise Angst, Panik, Aggression, Depression, Hoffnungslosigkeit, aber auch ein übermäßiges und unrealistisches Hochgefühl kann vorkommen. Hinzu kommt noch, daß diese Menschen dann für gefühlsmäßige Zuwendungen ihrer Umwelt nur noch schwer zugänglich sind.
- *Agieren* ist ein ernstzunehmendes Krisensymptom: Innerseelische Spannungen werden nicht mehr in der bisher üblichen Weise mitgeteilt, sondern durch realitätsunangemessene Äußerungen oder Verhaltensweisen ausgedrückt: Haß, übermäßige aggressive Beschäftigung mit anderen Menschen; sich in eine völlig irreale Idee verrannt zu haben usw.
- *Verengter Blickwinkel*: Die Betroffenen können weniger „klar" sehen und denken als sonst. Ihre Gedanken kreisen um ein Thema oder sind so sehr auf viele Themen verteilt, daß Übersicht und Struktur verlorengegangen sind. Selbstvertrauen und Selbstwertgefühle haben nachgelassen.
- *Weitere Warnsignale*, die von den Betroffenen geäußert werden können, die aber auch *in* den Beraterinnen und Beratern spürbar sind (*Gegenübertragungsgefühle*), können sein: Unerreichbarkeit, Spaltung, Erstarrung, Enge, Angst, Resignation, Hoffnungslosigkeit, Erschöpfung.

Vor allem Veränderungen in der Beziehung zu anderen Menschen haben den Charakter von Warnsignalen (Rahm u.a. 1993, S. 521ff.). Bei den eher „objektiven Krisenzeichen" sollte – in Übereinstimmung mit den Ratsuchenden – ärztliche Hilfe hinzugezogen werden; auch um sich rechtlich abzusichern.[2]

Wie man sich in einer Krisensituation verhalten sollte:

- *Gefühle ausdrücken* lassen und dann *rationale Sichtweisen* fördern. Die aufkommenden tiefen Gefühle sollten eher in der Beratungssituation (und nicht so sehr außerhalb) zum Ausdruck kommen. Anschließend sind rationale Sichtweisen zu fördern; etwa wie man von anderen wirklich gesehen wird („Förderung des Realitätsprinzips").
- *Kontakt und Beziehung* sind zu „halten". Vertieft werden kann das durch: „emotionalen Beistand": Zuhören, Trösten, Erklärungen, Aushalten, Telefon- oder Briefkontakt. Auch „magische Objekte", etwa symbolische Geschenke oder Leihgaben, können dazu dienen, die Zeit zwischen den Beratungsterminen zu überbrücken.
- *Innere Distanzierung*: Man kann mit Hilfe verschiedener Techniken die Ratsuchenden aus der Fixierung an die Krisensituation „herausholen": Rollentausch: Sie sollen ihre Partner „spielen"; „Zeitmaschine": Sie sollen sich in der Vergangenheit und Zukunft sehen. Man kann die Allmacht der subjektiv erlebten Krisensituation verringern, indem man sie gemeinsam untersucht und in Teilschritte aufgliedert.
- *Ressourcen:* Über welche Hilfsmittel (Freunde, Freizeit, Interessen usw.) verfügen die Betroffenen direkt, im Umfeld und für den Notfall? Wie und wann können diese Ressourcen genutzt werden?

(Murgatroyd 1994, S. 78ff.; Rahm u.a. 1993, S. 525ff.).

Beratungsende

In der institutionalen Beratung ist je nach Dauer und Intensität der Beziehung entsprechend früh auf den Beratungsabschluß vorzubereiten. Wenn die Anzahl der Beratungsstunden von der Institution vorgegeben ist, so sollten die Beraterinnen und Berater immer wieder verdeutlichen, *wo* man *jetzt* steht, in der wievielten Stunde man sich befindet, wieviel Zeit noch bleibt, um aktiv zur Strukturierung und zur Klärung anstehender Fragen beizutragen.

Welche Themen sind noch wichtig? Was sollten wir noch bis zur letzten Stunde besprechen?

Ist die Anzahl der Beratungsstunden anfänglich nicht festgelegt, so ist das nachzuholen. Vor allem wenn die Ratsuchenden positive Veränderungen erfahren haben und die Warteliste voll ist, *muß* auf das Beratungsende vorbereitet werden. Manche Betroffene möchten eigentlich unbegrenzt Beratung haben. Das hat auch mit den schon angesprochenen unrealistischen Erwartungen zu tun. Das nahe Ende der Beratungzeit kann dann zu regressiven Rückfällen führen. Längst verschwundene Symptome kehren plötzlich wieder. Es ist, als ob die Betroffenen sagen möchten, „wir sind noch nicht soweit". Erinnerungen an frühere Trennungssituationen tauchen auf. Wenn die letzten Stunden rechtzeitig vorbereitet wurden, bleibt noch Zeit, auch die „Trennungskrise" zu besprechen. Diese letzten Stunden sind auch eine gute Gelegenheit, eine Art Bilanz zu ziehen. Was ist noch nicht besprochen worden? Eine Vergrößerung der Stundenabstände und die Absprache, in einem halben Jahr, etwa zu den Weihnachts- oder Sommerferien aufzuhören, verhilft zur Strukturierung. Die letzten Beratungsstunden sind zu nutzen für: Bilanz der Zusammenarbeit, die Gestaltung der letzten Stunden und Überlegungen für die „Zeit danach".

Einiges über Paar- und Familienberatung

Die Familienberatung wird für die Soziale Arbeit immer wichtiger. Schon in den zwanziger Jahren kannte man in der deutschen Sozialarbeit Ansätze, die Wechselbeziehung zwischen Persönlichkeit, sozialer Notlage, Umwelt und Familiensystem zu berücksichtigen (Salomon 1926). Es war vor allem der Nationalsozialismus, der diese Zusammenhänge für mehrere Jahrzehnte unterbrochen hatte. Ein Meilenstein zur Entwicklung der Familientherapie in Deutschland sind die schon genannten Bücher von H.E. Richter. Ebenso die Arbeiten von H. Stierlin und P. Watzlawick. In den 70er Jahren kam dann noch die amerikanische Familientherapie nach Deutschland. Schon 1976 erschien die erste deutschsprachige Fachzeitschrift „Familiendynamik". Parallel dazu begann ein Boom von Paarberatungsansätzen.[3] Die klare Unterscheidung von Familienberatung und Familientherapie ist noch schwerer zu definieren als diejenige zwischen Einzelberatung und Einzelpsychotherapie.[4] Die Familienberatung (im folgenden gleichgesetzt mit Familientherapie) geht davon aus, daß viele psychosoziale Probleme ihren Ursprung im Beziehungsgefüge der betroffenen Person haben. Aus diesem Grunde folgen die verschiedenen familientherapeutischen Richtungen nicht den eindimensionalen Ursache-Wirkungszusammenhängen der Psychotherapie von Einzelpersonen. Sie suchen vielmehr nach Beziehungsstrukturen *zwischen* den einzelnen Familienmitgliedern und deren Folgen auf das gesamte *System* („zirkuläre Vorgänge").

Beispiel eines einfachen „zirkulären" Vorganges

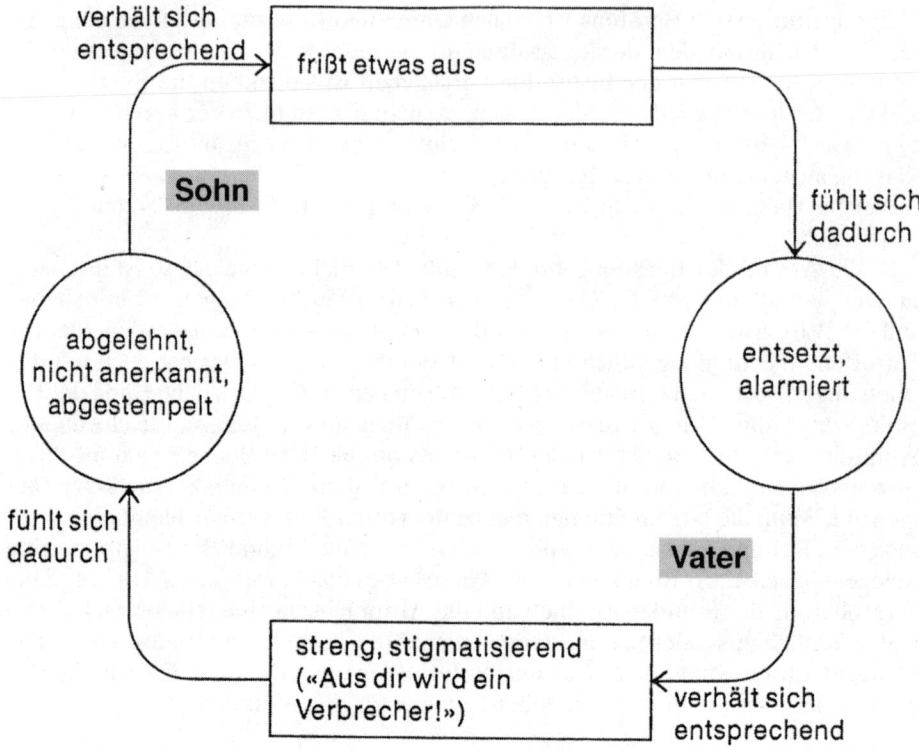

(Aus: F. Schulz v. Thurn: „Miteinander reden", Bd. 2., Reinbek 1990, S. 36 und 37)

Nach der Meinung von Fachleuten haben Konzepte der Familienberatung zu einem völlig neuem Denkmodell („Paradigma") in der Beratungswissenschaft geführt. Diese komplizierten Wissenschaftsansätze können hier nicht im einzelnen erläutert werden. Die Familie selber wird gleichermaßen als ein *System* – und als *Klient* – verstanden, deren Mitglieder über vielfältige Beziehungen miteinander verbunden sind. Konsequenterweise wird der angemeldete Ratsuchende deshalb nur als *Symptomträger* oder *identifizierter Patient* bezeichnet, weil er/sie möglicherweise ein *Opfer* oder *Ausdruck* innerfamiliärer Spannungen ist. Es werden neben diesem „Präsentierproblem" möglicherweise noch andere Familienmitglieder oder alle als „beratungsbedürftig" vermutet.

Eine sehr strenge Familie kann ihr Gleichgewicht („Homöostase") oft nur über die Bildung von psychischen Auffälligkeiten („Symptomen") eines einzelnen Familienmitglieds aufrechterhalten. Deswegen fragen Familienberater bei jedem Symptom, welche Bedeutung dieses für das familiäre Gleichgewicht hat. Beispiel: Ein Kind unterbricht mit seinem Verhalten jegliches Gespräch der Eltern. Dazu läßt sich die Vermutung („Hypothese") ableiten, daß es mit dieser Aktion dafür sorgt, daß der elterliche Konflikt nicht offensichtlich wird. (Dahinter steht möglicherweise: „Wenn die Eltern sich streiten, bricht unsere Familie auseinander." Oder: „Wir wollen uns nicht auseinandersetzen, deswegen gestatten wir es dem Kind, uns zu stören.") (Vgl. v. Schlippe 1984, S. 25.)

Die *optimale Situation* des Familiensystems ist dann gegeben, wenn die Rollen und Bedürfnisse aller Familienmitglieder klar sind und dieses System auf Veränderungen flexibel reagieren kann. Systemisch betrachtet kann man die verschiedenen Subsysteme von Familien auch folgendermaßen darstellen:

- Elternsystem
- Erwachsenensystem
- Kindersystem
- Eltern-Kind(er)-System
- männliches System
- weibliches System

Schon das Zusammenleben mit einem Großelternteil erweitert die Möglichkeiten der Subsysteme um ein Vielfaches. Der Austausch von Bedürfnissen und ihre Befriedigung, die Klarheit von Rollenansprüchen können meistens nicht vollständig erfüllt werden.

Folgende Begriffe aus der Familienberatung sind wichtig:

- *Loyalität*: Wieweit fühlt man sich gemeinsamen Regeln, Aufgaben und der Fürsorge den anderen Familienmitgliedern gegenüber verpflichtet?
- *Gerechtigkeit*: Die Beschäftigung mit diesem Begriff innerhalb von Familienbeziehungen führt zur Frage von
- *Schuld- und Verdienstkonten*: Wer ist wem was *schuldig*? Wie sieht diese Frage *generationsübergreifend* aus? Wo und weshalb *büßen* Kinder für die Eltern?
- *Parentifizierung* (parents = Eltern) ist ein häufig vorkommendes „Beziehungsungleichgewicht"; Kinder werden aufgrund der unbewältigten Konflikte von Erwachsenen in Eltern- oder gar Großelternrollen gedrängt, vor allem mittels der *Übertragung*, um die Eltern zu entlasten.
- *Generationengrenze* meint das Ausmaß, wieweit das elterliche Subsystem von dem der Kinder, aber auch vom Großelternsubsystem abgegrenzt ist.
- *Triangulation* (Dreiecksbeziehung) ist ein Prozeß, in dem ein Kind eine wichtige Funktion für Spannungen in einem anderen Subsystem, meist dem elterlichen, einnimmt.
- *Metakommunikation* nennt man die Kommunikation über die Kommunikation. Mit Kommunikation ist die verbale wie auch die nonverbale Kommunikation (z.B. Körpersprache) gemeint. Mit Hilfe der Metakommunikation „steigt" man aus dem aktuellen Gespräch aus, um beispielsweise Mißverständnisse zu klären oder Gefühle zu äußern.
- *Dreigenerationenperspektive* heißt, daß man das Geschehen in der Familie über mehrere Generationen hinweg untersuchen und auch behandeln kann (v. Schlippe 1984; Buchholz 1983).

Erfahrene Sozialpädagoginnen und Sozialpädagogen, die mit Heim- und Pflegekindern zu tun haben, bestätigen immer wieder, daß die ihnen anvertrauten Kinder und Jugendlichen zum Teil Opfer extrem vernachlässigender Familienverhältnisse sind. Dort hat man es immer wieder mit emotional gebundenen, delegierten (beauftragten) und/oder ausgestoßenen jungen Menschen zu tun. Die Eltern selber sind aufgrund ihrer früheren Erziehungsdefizite noch unreif und haben Mühe, ihr eigenes Leben zu bewältigen. Defizite aus der Großelterngeneration ziehen sich nun über mehrere Generationen hin.

Jede Richtung der Familientherapie hat die Aufgabe, zuerst einmal *Struktur* und *Inhalt* eines völlig fremden Familiensystems zu erfassen. Als erstes ist der Symptomträger zu identifizieren und zu entlasten. Es gilt sein scheinbar individuelles Problem als Beziehungsproblem des Systems Familie *umzudeuten*. Dabei muß jedoch beachtet werden, daß das Gleichgewicht („Homöostase") der Familie nicht in anderer Weise gefährdet wird.

Nachdem Frau Hauser zusammen mit ihrem Ehemann schon fünfmal in der Paarberatung war, ziehen sie gemeinsam mit der Beraterin eine Bilanz dieser vorerst auf fünf Sitzungen geplanten Beratung. Folgendes wird deutlich:

- *Die anfängliche Befürchtung von Herrn Hauser, daß er von der Beraterin kritisiert oder gar abgelehnt werden würde, war schon zu Ende des ersten Treffens nicht mehr vorhanden.*
- *Auch die Kinder sind seit der dritten Sitzung kaum noch ein Thema. Das Ehepaar beschäftigt sich immer mehr mit sich selber. Mit den Vorstellungen von Partnerschaft und Familie und neuerdings auch mit den Prägungen durch die jeweiligen Herkunftsfamilien.*
- *Frau Hauser hat ein gering entwickeltes Selbstbewußtsein. Sie kann nicht fordern. Auch ihre Eltern spielen immer noch eine zu große Rolle für sie und machen ihr sogar Vorschriften, wie sie ihre Kinder erziehen sollte.*
- *Demgegenüber hat Herr Hauser Schwierigkeiten, familiäre Spannungen zu ertragen oder gar darüber zu reden. Sobald es Unklarheiten und Probleme gab, verließ er das Haus. Wenn er danach wieder zurückkam, sah er, daß seine Frau „völlig fertig" war. Statt mit ihr darüber zu sprechen, zog er sich zurück und bekam Schuldgefühle.*

In dieser fünften Sitzung „sprechen" beide erstmals über diesen unglücklichen („zirkulären") Kommunikationsablauf. Sie sagen sich auch, was sie gefühlt und übereinander gedacht, aber nicht ausgesprochen haben. Sie merken auf einmal, wie sie sich das Zusammenleben durch diese „Sprachlosigkeit" immer mehr erschwert haben. Es fällt ihnen auf, daß sie beide eigentlich das gleiche wollen: sich besser zu verstehen, mehr zu achten und die anstehenden Probleme zu lösen. Nun werden konkrete Ziele deutlich: in der Situation zu sagen, was man denkt, fühlt und möchte. Gemeinsam die Regeln im Umgang mit den Kindern zu vereinbaren und auf deren Einhaltung zu achten. Die Beraterin soll diese Versuche noch begleiten. Deswegen werden bis zum Ende des Jahres monatliche Sitzungen vereinbart.

Bei der Familienbehandlung wird man nach den Orientierungen der Berater, der Motivation der Familie und anderen Gegebenheiten unterschiedliche Schwerpunkte setzen. Manche Berater beenden die Behandlung schon nach fünf bis zehn Sitzungen, wenn das Symptom verschwunden ist. Andere stehen der Familie über mehrere Jahre hinweg wöchentlich einmal zur Verfügung.

Familiensysteme unterliegen nicht nur dem historischen, sondern auch dem kulturellen und politischen Wandel. Bei einer Weiterbildung in Familienberatung für deutsche und Schweizer Sozialpädagogen sollten die Teilnehmer ihre Eltern, Großeltern und Urgroßeltern ähnlich wie im Stammbaum aufzeichnen („Genogramm"). Hinsichtlich der „Mehrgenerationenperspektive" wurde in nahezu jeder deutschen Familie der Ausfall der Männer aus der Kriegsgeneration deutlich. Die meisten Großväter oder Väter waren sechs Jahre im Zweiten Weltkrieg gewesen; mehrere schon davor im Mi-

litärdienst und danach in Kriegsgefangenschaft. Einige sind im Krieg zu Tode gekommen oder schwer verletzt worden. Die Abwesenheit der Väter bezifferte sich teilweise auf über zehn Jahre. Trennungen und Scheidungen waren die Folge. Mütter mußten die Familie alleine „durchbringen". Söhne wurden früh zu „Ersatzvätern" („Parentifizierung"). Als dann plötzlich das „Familienoberhaupt" nach vielen Jahren heimkehrte, fand es eine ihm unbekannte Familie vor; manchmal auch Kinder, die nicht von ihm gezeugt worden waren. Das Familiensystem mußte sich abermals verändern – oder scheiterte. Elterngeneration und Kinder waren vielfach und kompliziert miteinander verstrickt. So haben die früh in „Vaterposition" geratenen parentifizierten und dann nach Rückkehr des wirklichen Vaters „entthronten" Söhne ihre Erfahrungen, wie auch immer, an ihre Kinder weitergegeben. Diese wirken auch heute noch nach.

Bei diesen Schilderungen hatten die Teilnehmer aus der Schweiz nur staunend zugehört. In deren Genogrammen waren die Väter nur eines natürlichen Todes gestorben. Personenausfälle durch Kriege sind in der Schweiz seit Jahrhunderten unbekannt.

Lesehinweise

Argelander, H.: Das Erstinterview in der Psychotherapie, Darmstadt 1970.
Dieses kleine Büchlein hat sich im Verlaufe des letzten Vierteljahrhunderts zur klassischen Einführungslektüre für Erstgespräche entwickelt. In theoretischer Hinsicht orientiert sich der Verfasser am psychoanalytischen Ansatz. Trotzdem ist das Buch auch für Laien gut verständlich.

DMS III: Weltgesundheitsorganisation: Internationale Klassifikation psychischer Störungen. Hrsg. von Dilling, H./Mombour, W. u.a., Bern/Göttingen 1993.
Auch wenn sozialpädagogische Berater nicht in erster Linie psychotherapeutisch oder psychiatrisch tätig sind, kann dieses international anerkannte Klassifikationssystem hilfreich sein. Es ist gut gegliedert und stichwortartig aufgebaut.

Matakas, F.: Sprünge in der Seele. Psychische Erkrankungen und was man dagegen tun kann. Ein Handbuch, Reinbek, 1989.
Gut lesbares und speziell für Laien geschriebenes Buch über psychische Krankheiten und den Umgang damit. Weiterhin: Gesundheitsdienste, Behandlungsmethoden, viele Tips sowie Literaturhinweise.

v. Schlippe, A.: Familientherapie im Überblick: Basiskonzepte, Formen, Anwendungsmöglichkeiten, Paderborn 1992 (10. Auflage).
Auf knapp 120 Seiten leistet der Autor eine Gesamtdarstellung der wichtigsten Richtungen und Möglichkeiten von Familienberatung bzw. Familientherapie. Dort viele weiterführende Literaturhinweise. Bestens als Einstieg in die Thematik geeignet.

Schulz v. Thun, F.: Miteinander reden, 2 Bde., Reinbek 1990.
Diese beiden Taschenbücher sind in über 300.000 Exemplaren verkauft worden. Sie enthalten eine gut geschriebene und reichlich bebilderte Einführung in alle möglichen Formen der menschlichen Kommunikation und ihrer Schwierigkeiten. Die Bücher sind für die Praxis geschrieben und orientieren sich am „pragmatischen Eklektizismus"; sie sind auch gut für Lerngruppen geeignet.

Schmidbauer, W.: Der neue Psychotherapieführer, München 1994.
Gut geschriebenes Handbuch über die wichtigsten psychotherapeutischen Methoden, einschließlich des Zugangs, des Zeitaufwandes und der möglichen Kostenerstattung. Leider werden die psychoanalytischen Verfahren im Vergleich zu den humanistischen Ansätzen überbetont.

Westhoff, K./Kluck, M.-L.: Psychologische Gutachten schreiben und beurteilen, Berlin/Heidelberg 1994 (2. Auflage).
Ein auch für Nichtpsychologen verständlich geschriebenes Buch über alles, was mit der Begutachtung und Bewertung von Menschen zu tun hat: Ausgangsfragen, Erklärungsmöglichkeiten, Bewertung von Informationsquellen, Fehler und Verzerrungen. Viele Beispiele und Checklisten zur Gutachtenerstellung.

Zundel, E./Zundel, R.: Leitfiguren der Psychotherapie. Leben und Werk, München 1987 (auch als Taschenbuch: München 1992).
Ein besonderes Buch zur Einführung in psychotherapeutische Schulen: Zwölf Vertreterinnen und Vertreter der wichtigsten zeitgenössischen Richtungen anerkannter Verfahren in Beratung und Psychotherapie werden über ihr Leben und Werk befragt. Das Buch ging aus einer vielbeachteten Serie in der Wochenzeitschrift „Die Zeit" hervor.

Literatur

Argelander, H.: Das Erstinterview in der Psychotherapie, Darmstadt 1970.

Banning, H.: Bessere Kommunikation mit Migranten. Ein Lehr- und Trainingsbuch, Weinheim 1995.

Belardi, N.: Supervision: Von der Praxisberatung zur Organisationsentwicklung, Paderborn 1992.

Belardi, N.: Supervision. Eine Einführung für soziale Berufe, Freiburg 1996 (2. Auflage: 1998).

Buchholz, Michael, B.: Ein Glossar familientherapeutischer Begriffe, in: Schneider, K. (Hrsg.): Familientherapie in der Sicht psychotherapeutischer Schulen, Paderborn 1983.

Burnham, J.B.: Systemische Familienberatung. Eine Lern- und Praxisanleitung für soziale Berufe, Weinheim/Basel 1995.

Gmür, W./Buchholz, W. u.a.: Zu den Zugangsproblemen von Unterschichtfamilien. Der Beratungszugang als Entscheidungsprozeß, in: Zygowski, H. (Hrsg.): Erziehungsberatung in der Krise (DGVT), Tübingen 1984.

Grözinger, H.: Sozialarbeit und therapeutische Zusatzqualifikationen. Klientenauslese durch therapeutische Qualifizierung der Beraterinnen und Berater, Blätter der Wohlfahrtspflege 1/1991.

Heiner, M.: Reflexion und Evaluation methodischen Handelns in der Sozialen Arbeit. Basisregeln, Arbeitshilfen und Fallbeispiele, in: Heiner, M./Meinhold, M. u.a. (Hrsg.): Methodisches Handeln in der Sozialen Arbeit, Freiburg 1994.

Junker, H.: Entwurf einer „Beraterpersönlichkeit", in: Junker, H./Struck, G.: Familienberatung. Sozialtherapeutische Aufgaben und Probleme, Kevelaer 1971.

Kähler, H.: Erstgespräche in der Sozialarbeit, Freiburg 1991.

Lorenzer, A.: Sprachzerstörung und Rekonstruktion, Frankfurt a.M. 1970.

Müller, B.: Sozialpädagogisches Können, Freiburg 1993.

Murgatroyd, S.: Beratung als Hilfe, Weinheim/Basel 1994.

Rahm, D./Otte, H. u.a.: Einführung in die Integrative Therapie, Paderborn 1993.

Richter, H.E.: Eltern, Kind und Neurose, Reinbek 1970ff.

Richter, H.E.: Patient Familie, Reinbek 1970ff.

Salomon, A.: Soziale Diagnose, Berlin 1926.

Satir, V.: Familienbehandlung, Freiburg 1973.

v. Schlippe, A.: Familientherapie, Paderborn 1984.

Schulz v. Thun, F.: Miteinander reden, 2 Bde., Reinbek 1990.

Stierlin, H.: Von der Psychoanalyse zur Familientherapie, Stuttgart 1975.

Truax, C.B./Carkhuff, R.R.: Toward effective Counseling and Psychotherapy, Chicago 1967.

Watzlawick, P. u.a.: Menschliche Kommunikation, Bern 1969.

Wendt, W.R. (Hrsg.): Unterstützung fallweise Case-Management in der Sozialarbeit, Freiburg 1991.

II

Arbeitsfelder
sozialpädagogischer Beratung

Bisher haben wir vor allem die Anlässe, Grundlagen, Prozesse sowie Einzelfragen der *funktionalen Beratung* behandelt, die in *allen* erzieherischen und sozialpädagogischen Feldern stattfinden. Gleichzeitig gelten diese Inhalte, wie auch manche der genannten Beispiele, für viele Aspekte der *institutionalen* Beratung. Wegen dieser doppelten Zielsetzung mußten spezielle Fragen von Zielgruppen und Beratungsinstitutionen vernachlässigt werden. Im folgenden Teil des Buches verfahren wir eher umgekehrt. Wir verlassen die prozeßorientierte Sichtweise und wenden uns verschiedenen Beratungsfeldern zu. Dabei können wir das nötige Grundwissen aus dem ersten Teil des Buches voraussetzen. An erster Stelle findet sich ein Beitrag über die geschichtlich älteste Form der institutionalen Beratung, die *Erziehungsberatung*. Da diese aus Sichtweise vieler Ratsuchender oftmals noch die erwähnten „Hemmschwellen" und „Zugangsbarrieren" hat, hat sich in den letzten Jahren als Ergänzung das Konzept der „gemeinwesenorientierten Familienberatung" entwickelt. Diese ist wesentlich niedriger institutionalisiert und hat ihren Ort im Wohnumfeld der Betroffenen. Allen Bewohnern eines Stadtteiles sollen Lebens- und Bewältigungshilfen angeboten werden, und das nicht nur im abgeschirmten Bereich eines Beratungszimmers. Dabei werden Überschneidungen zur Gemeinwesenarbeit aus der Tradition der Sozialarbeit deutlich. Dieser Ansatz wird auch in den „Plattenbausiedlungen" der neuen Bundesländer an Bedeutung gewinnen. Denn in diesen Satelittenstädten lebt mindestens ein Fünftel der Bevölkerung der ehemaligen DDR. Auch der dann folgende Beitrag hat eine ähnliche „Querschnittfunktion" von Beratung zum Gegenstand. Die *Ausländerberatung* entstand durch Migrationsfolgen. Am Beispiel der Beratung für türkische Mitbürger wird deutlich, daß diese sich nicht nur auf Erziehungsfragen bezieht. Der gesamte Lebenszusammenhang in einer fremden Kultur ist gemeint. Nicht nur Familie, Schule, sondern auch Probleme, die sich aus Randständigkeit, Armut und Verschuldung ergeben. Die nächsten Beiträge sind dann zielgruppenspezifischer. Bei der *Schuldnerberatung* stehen sowohl wirtschaftliche Schwierigkeiten wie auch der psychosoziale und familiäre Umgang mit diesen Problemen im Vordergrund. Beide Seiten hängen oft miteinander zusammen. Der Beitrag über *Drogenberatung* beschäftigt sich mit der speziellen Zielgruppe zumeist jüngerer Menschen. Hier ist in den letzten zwei Jahrzehnten ein neues Arbeitsfeld sozialpädagogischer Beratung entstanden. Ebenfalls hoch spezialisiert und auf einen Problembereich bezogen ist die *Schwangerschaftskonfliktberatung*. Sie hat in den letzten Jahren die Veränderungen verschiedener gesetzlicher Rahmenbedingungen zu spüren bekommen. Als letztes zielgruppenspezifisches Thema beschäftigen wir uns mit einem relativ neuen Arbeitsfeld, der *Beratung bei sexuellem Mißbrauch*.

1

Entwicklung institutionalisierter Beratung

Zunächst ein kurzer Blick in die ungefähr einhundertjährige Geschichte des Beratungswesens im deutschen Kulturraum. Als ein Pionier der Erziehungsberatung gilt der Leipziger „Ziehkinderarzt" und Begründer des Pflegekinderwesens Taube (1883), der die Pflegemütter unehelicher Kinder mit einer speziellen Hilfe unterstützte, aus welcher dann 1907 eine *Mütterberatungsstelle* entstand (Scherpner 1966, S. 170). Schon in den Anfängen institutionaler Beratung ist die Zusammenarbeit verschiedener Berufsgruppen und vor allem der Einfluß der sozialpädagogischen Reformbewegung erkennbar. Diese Entwicklung begann vor etwas mehr als einhundert Jahren. Neben der Jugendfürsorge, der Sonder- und Heilpädagogik sowie der Medizin haben die empirische Entwicklungspsychologie und die aufkommenden tiefenpsychologischen Richtungen die Erziehungsberatung geprägt. Im Jahre 1903 gründete Cimbal eine heilpädagogische Beratungsstelle in Hamburg; und drei Jahre später folgte Fürstenheims „medico-pädagogische Poliklinik für Kinderforschung, Erziehungsberatung und ärztlich erziehliche Behandlung" in Berlin. Schon 1911 wurde in Dresden die erste deutsche Eheberatungsstelle eröffnet. In Wien entstand im Jahre 1920 die Erziehungsberatungsstelle im Zusammenhang mit Vorträgen Adlers. Kurz danach eröffnete der Nervenarzt und Individualpsychologe Seif im Jahre 1922 die erste Münchner Erziehungsberatungsstelle. Er folgte damit dem Vorbild von Adler in Wien. Etwa zur gleichen Zeit startete der Freud-Schüler Aichhorn mit dem Aufbau einer Erziehungsberatung für die vierzehn Bezirksjugendämter der Stadt Wien.

Das „Reichsjugendwohlfahrtsgesetz" (RJWG) von 1923 förderte nicht nur die Entwicklung der Sozialen Arbeit, sondern schuf die gesetzlichen Grundlagen für die Errichtung von Jugendämtern in Städten über 10.000 Einwohnern, welche als „Kann-Bestimmung" die „Beratung in Angelegenheiten der Jugendlichen" ermöglichte. Allerdings war das RJWG eher ein Durchführungsgesetz, das zwar allgemeine Aufgaben und Kompetenzen benannte, jedoch keine konkreten Verpflichtungen vorschrieb. Im Jahre 1928 existierten schon 42 Erziehungsberatungsstellen; diese befanden sich vor allem in den Großstädten Deutschlands. In Berlin entstanden Sexualberatungsstellen für Arbeiterfamilien, die von Ärzten und Fürsorgern betrieben wurden, welche der sozialistischen Bewegung verbunden waren (v. Soden 1988).

In den USA gründete man schon 1909 eine heilpädagogische Einrichtung. Diese nannte sich seit den 30er Jahren *Child Guidance Clinic* und hat nach 1945 (im Zuge des amerikanischen Einflusses auf die deutsche Soziale Arbeit) die Nachkriegsentwicklung unserer Erziehungsberatung mitbeeinflußt.

In der Zeit des Nationalsozialismus kam der weitere Ausbau der deutschen Erziehungsberatung zum Stillstand. Die Tatsache, daß Familien der Beratung und Unterstützung von außen bedürfen, paßte nicht in das Menschenbild der nationalsozialistischen Herrscher. Die freien, vor allem tiefenpsychologisch und sozialpädagogisch orientierten Beratungsstellen wurden geschlossen, behindert, umfunktioniert und der Kontrolle der „Nationalsozialistischen Volkswohlfahrt" (NSV) unterstellt. Demgegenüber hat man psychiatrisch arbeitende und den Kliniken angebundene Beratungsstellen gefördert. Die in der sozialpägogischen Reformbewegung und den tiefenpsychologischen Forschungen seit der Jahrhundertwende mühevoll erarbeitete Einsicht, daß psychosoziale Probleme durch Umweltbedingungen entstanden sind, hat man in der Nazi-Diktatur massiv unterdrückt und ins Gegenteil verkehrt: Der Rassismus und die Lehre von den Erbanlagen, welche das soziale Schicksal und die gesellschaftliche Wertigkeit eines Menschen bestimmten, wurden zum staatlich propagierten „völkischen Erziehungsziel" (vgl. z.B. Kersten 1941).

Nach der bedingungslosen Kapitulation im Mai 1945 war die soziale Situation Deutschlands durch vielfältige extreme Notlagen geprägt. Zerstörte Städte und Wohnungen, Ernährungsmangel, zerrüttete Familien und soziale Entwurzelungen, Arbeitslosigkeit. Millionenfache Todesopfer, persönliche und kollektive Schuld führten auch zu Ausfällen in den Erziehungsleistungen der Familien und einem enormen Bedarf an Hilfe und Beratung von außen. Zu diesen Opfern kamen noch die geistigen Probleme. Millionen von Menschen fühlten sich um ihre Anstrengungen und Ideale betrogen. Alle Ziele der nationalsozialistischen Zeit waren nun falsch. Neue Wertvorstellungen standen kaum zur Verfügung. Der wirtschaftliche Aufschwung und die Orientierung an materiellen Werten seit den 50er Jahren schien dafür zu entschädigen und ersetzte weitgehend eine „Aufarbeitung der Vergangen-

(Aus: Gerlinde Hollweg: 40 Bewegte Jahre. Die Geschichte des Paritätischen Wohlfahrtsverbandes Landesverband Berlin. Berlin 1990, S. 56)

heit" (Adorno). Viele Einflüsse der Reformbewegung nach 1968 haben auch die sozialpädagogische Beratung geprägt. Seitdem sind neue Denkweisen und Theorien hinzugekommen, vor allem aber das Beratungswesen wurde stark ausgebaut. Der „Beratungsführer" von 1987 zählt für alle möglichen Zielgruppen des damaligen Bundesgebietes insgesamt 6.000 Beratungsstellen auf. Die „Bundeskonferenz für Erziehungsberatung" (BuKo) benennt für das Jahr 1993 in den alten Bundesländern über 974 und für Berlin und die neuen Bundesländer 284 Beratungsstellen, einschließlich der Nebenstellen. Seit etwa zwei Jahrzehnten haben wir es mit einer Neuorientierung im Beratungsbereich zu tun. Diese kam auch durch die Folgerungen zustande, die aus den negativen Ergebnissen der „Psychiatrie-Enquete" (Deutscher Bundestag 1975), der bisher einzigen umfassenden Bestandsaufnahme psychiatrischer Versorgung in den alten Bundesländern, gezogen wurden. Auch die Gemeindepsychologie (vgl. Keupp 1987), die Forderungen der „Deutschen Gesellschaft für Verhaltenstherapie" sowie Erkenntnisse, die durch den Einfluß der Familientherapie bzw. Systemischen Therapie zustande kamen, haben die Reform des institutionalen Beratungswesens geprägt. Die Nachteile der institutionalen Beratungsstellen, vor allem für sozial schwache Klientengruppen, werden seit den 70er Jahren in der Fachwelt diskutiert. Dabei ist interessant, daß teilweise wieder auf Traditionen der Sozialpädagogik zurückgegriffen wird. Durch die Veränderungen im Ausbildungsbereich und das Aufkommen neuer psychologischer Verfahren sind viele herkömmliche Methoden und Arbeitsformen der Sozialen Arbeit verlorengegangen. Eine stärkere Verknüpfung von institutionaler Beratung und zugangsorientierten Arbeitsweisen, wie sie in der Gemeinwesenarbeit praktiziert werden, ist notwendig.

2

Erziehungsberatung

Die *Erziehungsberatung* ist die historisch erste und wichtigste institutionale Beratungsmöglichkeit in Deutschland. Nach dem Zweiten Weltkrieg wurde die Anzahl von Beratungsstellen kontinuierlich ausgebaut:

Gründungsjahr von Erziehungsberatungsstellen (ohne Nebenstellen)

Jahr	Anzahl der Neugründungen
bis 1949	18
1950-54	17
1955-59	30
1960-64	43
1965-69	66
1970-74	136
1975-79	150
1980-84	43
ab 1985	10

(Bundeskonferenz für Erziehungsberatung 1990, S. 15)

Jetzt wurden die deutschen Einrichtungen von der amerikanischen Tradition mitbeeinflußt. Hapke, der auch daran beteiligt war, die Supervision in Deutschland bekannt zu machen, berichtete schon 1951 über die Erziehungsberatung (Child Guidance) in den USA. Um 1950 konnten mit finanzieller Unterstützung der USA zehn deutsche Beratungsstellen ihre Arbeit aufnehmen (Busemann 1950). Man orientierte sich am amerikanischen Modell der *Child Guidance Clinic*, also der interdisziplinären Zusammenarbeit von Psychiater, Psychologe und Fürsorger (heute: Sozialarbeiter). Kinder und Jugendliche wurden sozialpädagogisch-psychotherapeutisch beraten, die Beziehungspersonen in „Elternschulen" über pädagogische Fragen informiert und Sozialarbeiter zu Kinder- und Jugendlichen-Psychotherapeuten (früher: „Psychagogen") weitergebildet. Diese amerikanischen Einflüsse waren auch von den Vorstellungen getragen, durch Reformen im Sozial- und Erziehungswesen eine Umerziehung (Reeducation) vom Faschismus zur Demokratie zu bewirken. Auch wenn uns diese Vorstellungen aus heutiger Sicht naiv vorkommen, so bereicherten sie die deutsche Tradition der Erziehungsberatung. Sie machten mit einem interdisziplinären, ganzheitlichen Arbeitseinsatz unter Mitwirkung der Beziehungspersonen bekannt und versuchten die Erziehungsberatung mit Selbstverständnis und Methoden der Sozialen Arbeit zu verknüpfen (Bäuerle 1971).

Dachorganisationen und Begrifflichkeiten

Im Jahre 1962 kam es durch den Zusammenschluß mehrerer Landesverbände zur Gründung der *Bundeskonferenz für Erziehungsberatung, Gesellschaft für Beratung und Therapie von Kindern, Jugendlichen und Eltern e.V.* mit Sitz in Fürth. Die Aufgaben dieser Fachorganisation sind u.a.:

- Erfahrungsaustausch
- Fort- und Weiterbildung
- Fachtagungen
- Interessenvertretung
- wissenschaftliche Dokumentation und
- Öffentlichkeitsarbeit.

Weiterhin existieren noch andere Dachverbände, die auch über den enger definierten Bereich der Erziehungsberatung hinaus tätig sind: *Katholische Bundesarbeitsgemeinschaft für Beratung e.V.* Darin sind alleine aus dem Bereich der allgemeinen Erziehungsberatung 278 und dem Sektor der *Eheberatung* 308 Einrichtungen organisiert. Hierzu gehören noch 59 Beratungsstellen der *Telefonseelsorge.* Die im Jahre 1959 gegründete Evangelische Dachorganisation heißt heute *Evangelische Konferenz für Familien- und Lebensberatung e.V.* Weiterhin nennt der „Beratungsführer" noch eine Fülle von weltanschaulich gebundenen und freien Trägerorganisationen im Beratungssektor.

Die *Bundeskonferenz* bemüht sich um eine Vereinheitlichung des Oberbegriffs und empfiehlt die Verwendung der Bezeichnung: *Erziehungsberatungsstelle* oder *Erziehungs- und Familienberatungsstelle,* um eine klare Abgrenzung zu den knapp 5.000 Beratungsstellen für andere Problemlagen zu erreichen. Ungefähr ein Drittel führt die Bezeichnung „Beratungsstelle für Kinder, Jugendliche und Eltern" (bzw. Familien); jeweils ein Viertel der Einrichtungen nennen sich „Erziehungsberatungsstelle" oder „Psychologische Beratungsstelle". Gerade der letzte Begriff ist mißverständlich. Denn die Tätigkeit der Beratungsstellen geht weit über die psychologische Arbeit hinaus. Etwa ein Drittel der Einrichtungen sind *Integrierte Beratungsstellen* und nehmen auch Aufgaben im Bereich der Ehe- und Lebensberatung, Schwangerschaftskonfliktberatung, Sexualberatung, Ausländerberatung und Suchtberatung wahr.

Rechtlicher Rahmen

Schon im Reichsjugendwohlfahrtsgesetz von 1923 hatten die Jugendämter die Möglichkeit, im Bereich der „Beratung in Angelegenheiten der Jugendlichen" aktiv zu werden und Beratungsstellen einzurichten. Die Novellierung des Gesetzes als Jugendwohlfahrtsgesetz (JWG) im Jahre 1953 verpflichtete die Jugendämter, die Einrichtung von Beratungsstellen anzuregen oder zu fördern. Im Zuge des *Subsidiaritätsprinzips* haben die freien vor den öffentlichen Trägern ein Vorrecht bei der Gründung neuer Institutionen. Nur wenn sich kein freier Träger für die Errichtung einer Beratungsstelle findet, muß das Jugendamt selber eine schaffen. Ein „Beratungsgesetz" auf Bundes- oder Länderebene existierte nicht. Im Jahre 1955 begann Nordrhein-Westfalen als erstes Bundesland mit „Richtlinien" für Beratungsstellen, welche auch Regelungen über staatliche Anerkennung und finanzielle Unterstützung enthielten. 1973 verabschiedeten die zuständigen Fachminister der Bundesländer „Grundsätze für die einheitliche Gestaltung der Richtlinien der Länder für die Förderung von Erziehungsberatungsstellen".

Schwerpunktmäßig werden *drei Aufgaben* der Beratungsstellen genannt:

1. Klärung von Verhaltensauffälligkeiten, Erziehungsschwierigkeiten und Entwicklungsstörungen.
2. Hilfsmaßnahmen für Kinder, Jugendliche und Erwachsene, wie Beratung und Therapie.
3. Vorbeugung: „Die Erziehungsberatungsstelle soll im Rahmen ihrer Möglichkeiten ihre Kenntnisse und Erfahrungen auch anderen Institutionen zur Verfügung stellen und vor allem den Eltern zugänglich machen" (vgl. Presting 1987, S. 18).

In einigen Bundesländern wurden die Richtlinien in den folgenden Jahren noch dahin gehend modifiziert, daß beispielsweise bei geringfügiger personeller Aufstockung Aufgabenbereiche der Ehe-, Sucht- und Schwangerschaftskonfliktberatung mit übernommen werden können. Es handelt sich dann um *Integrierte Beratungsstellen*.

Das neue *Kinder- und Jugendhilfegesetz (KJHG)* von 1991, welches das JWG abgelöst hat, verknüpft die Erziehungsberatung stärker mit der Jugendhilfe. Gleichzeitig wird in § 36 das „Zusammenwirken mehrerer Fachkräfte" gefordert. Grundsätzlich ist die Beratung nach dem KJHG funktional und institutional; sie stellt eine Pflichtaufgabe dar. Das *funktionale* Verständnis von Beratung findet sich mehrfach im KJHG unter dem Abschnitt „Hilfen zur Erziehung", die von Mitarbeitern des Jugendamtes (z.B. ASD) oder in Absprache von Sozialpädagogen bei den freien Trägern geleistet werden können.

§ 29: Soziale Gruppenarbeit.
§ 30: Erziehungsbeistandschaft, Betreuungshelfer.
§ 31: Sozialpädagogische Familienhilfe.
§ 32: Erziehung in der Tagesgruppe.
§ 33: Vollzeitpflege.
§ 34: Heimerziehung, sonstige betreute Wohnform.
§ 35: Intensive sozialpädagogische Einzelbetreuung.

Darüber hinaus wird die *institutionale* Beratung als „Erziehungsberatung" vor allem im § 28 des KJHG präzisiert:

Erziehungsberatungsstellen und andere Beratungsdienste und -einrichtungen sollen Kinder, Jugendliche, Eltern und andere Erziehungsberechtigte bei der Klärung und Bewältigung individueller und familienbezogener Probleme und der zugrundeliegenden Faktoren, bei der Lösung von Erziehungsfragen sowie bei Trennung und Scheidung unterstützen. Dabei sollen Fachkräfte verschiedener Fachrichtungen zusammenwirken, die mit unterschiedlichen methodischen Ansätzen vertraut sind.

Der § 28 schreibt also nicht eine besondere Organisationsform, Methodik oder Trägerschaft der Erziehungsberatung vor; das ist Sache der kommunalen Entscheidungsträger (Jugendhilfeausschuß). Allerdings muß sich die Erziehungsberatung künftig verstärkt in die Jugendhilfeplanung einbringen (Hundsalz 1995).

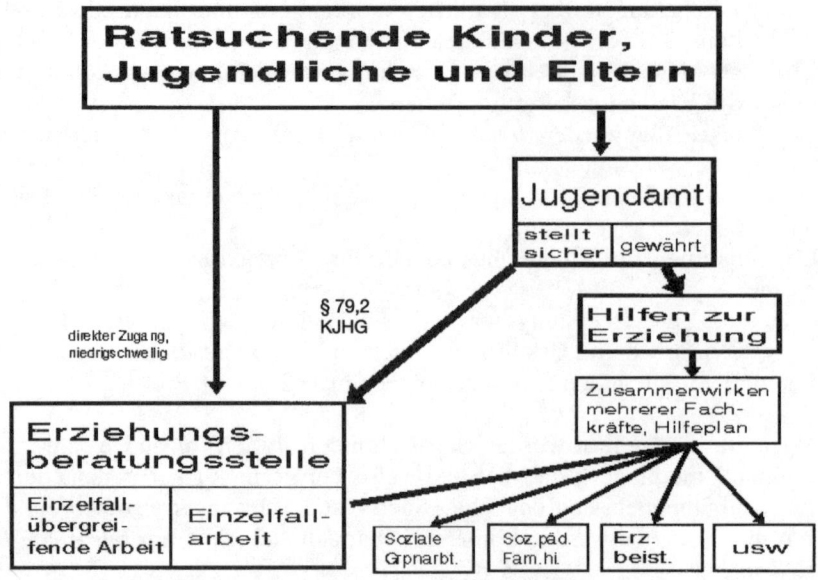

(Aus: Cremer/Hundsalz [Hrsg.]: Jahrbuch für Erziehungsberatung, Bd. 1, Weinheim/München 1994, S. 101)

Ärzte und Psychologen

Die Beteiligung verschiedener Berufsgruppen (Multiprofessionalität, Interdisziplinarität) in einer Erziehungsberatungsstelle ist aus sozialpädagogischer Sicht gleichermaßen vorteilhaft und problematisch. Sie bietet die Vorzüge fächerübergreifender (interdisziplinärer) Zusammenarbeit zum Wohle der Betroffenen. Auf der anderen Seite können die unterschiedlichen beruflichen Hintergründe der Fachkräfte in diesen Beratungsstellen jedoch auch zu Kommunikationsproblemen in den Teams oder zur Dominanz einer Sichtweise führen. Diese Problematik kann anhand der zahlenmäßigen Veränderungen in personeller Besetzung und fachlicher Orientierung von Beratungsstellen aufgezeigt werden.

In den 50er Jahren waren die Ärzte, Psychologen und Sozialarbeiter (Fürsorger) mit jeweils etwa 20 bis 30 Prozent annähernd gleichmäßig in den Beratungsstellen vertreten. Das medizinische Vorbild als Organisationsmodell der Erziehungsberatung dominierte in dieser Zeit (vgl. Cremer/Brusten 1976). Das war auch dann der Fall, wenn die Ärzte nur nebenberuflich in den Beratungsstellen tätig waren. Die Verhaltensauffälligkeiten von Kindern und Jugendlichen wurden, vereinfacht gesagt, eher als körperlich-psychiatrische Störungen betrachtet. Entsprechend wichtig waren die an der traditionellen Psychiatrie orientierten Diagnosen und Therapiemöglichkeiten. Demgegenüber kam die Prävention (Vorbeugung) an zweiter Stelle. Die vorherrschende medizinische Sichtweise brachte es auch mit sich, daß andere an den Beratungsstellen beteiligte Berufe der ärztlichen Sichtweise untergeordnet wurden. Eine stärkere sozialpädagogische und psychologische Orientierung, wie sie beispielsweise Bornemann (1963) in den frühen 60er Jahren vertreten hatte, blieb damals eine Minderheitenposition. In den folgenden Jahren kam es zu einem Rückgang des Ärzteanteils, was mit den besseren Verdienstmöglichkeiten in der freien Praxis begründet wird.

Vor allem in rollenmäßiger Hinsicht haben die Psychologen die Nachfolge der Ärzte angetreten. Während in den Jahren vor 1933 die Psychologen so gut wie überhaupt nicht in den Beratungsstellen vertreten waren, bildeten sie schon 1987 mit etwa knapp 50% die größte Berufsgruppe unter den 2.400 Fachkräften in den Beratungsstellen. Begünstigt worden ist diese Tendenz zur *Psychologisierung* der Beratungsstellen auch durch die Bestimmungen in den „Grundsätzen für die einheitliche Gestaltung der Richtlinien der Länder für die Förderung von Erziehungsberatungsstellen" (1973). Als personelle Mindestausstattung werden drei Fachkräfte genannt, die den folgenden Berufsgruppen angehören sollten:

- Psychologe oder Arzt
- Sozialarbeiter und/oder Sozialpädagoge
- Heilpädagoge und/oder Kinder- und Jugendlichen-Psychotherapeut.

Faktisch befindet sich die Leitung der meisten Beratungsstellen (vor allem im Westen) inzwischen bei den Diplompsychologen. In methodischer Hinsicht wurde in dieser Zeit die ehemals vorherrschende tiefenpsychologische Sichtweise ergänzt oder abgelöst durch testpsychologische und verhaltenstherapeutische Praktiken. Zeitweise bestand die Haupttätigkeit der Beratungsstellen in breitangelegten und zeitaufwendigen diagnostischen und gutachterlichen Untersuchungen; während die eigentliche Beratungsarbeit, in zeitlicher Hinsicht gesehen, einen verhältnismäßig geringen Raum einnahm (Lückert 1964, S. 255f.). Diese Überbetonung der Diagnostik diente auch der Rechtfertigung der psychologischen Bezugssysteme und förderte die berufliche Entwicklung der wissenschaftlichen Psychologie (Professionalisierung): „Die Diagnosestellung ist offenbar abhängig von der ‚Schule', aus welcher der jeweilige Diagnosesteller kommt". So neigen tiefenpsychologisch orientierte Fachkräfte eher dazu, in verstärktem Umfang „Neurosen" zu diagnostizieren (Brandt 1967, S. 33). Im Gegensatz zur psychologisch dominierten Expansionszeit der Beratungsstellen in den 70er Jahren hat die Diagnostik heute einen geringeren Stellenwert. Man weiß, daß eine gute Diagnostik alleine nicht weiterhilft. Gegenwärtig ist die Diagnostik „fast völlig aus dem Bild der Beratungsarbeit verschwunden" (Kurz-Adam 1993, S. 34).

Der Bedeutungsanstieg der Psychologie für die Beratung wurde auch begünstigt durch die seit zwei Jahrzehnten stärker aufkommenden neuen Psychotherapierichtungen (Gesprächstherapie, Verhaltenstherapie, Gestalttherapie, Familientherapie u.a.). Auch das hatte Folgen für den Umgang mit den Ratsuchenden und die Sichtweise der vorgetragenen Probleme.

Sozialpädagogische Fachkräfte

Vor allem die der Sozialen Arbeit verbundenen Berufe, *Sozialarbeiter, Sozialpädagogen* und *Diplompädagogen*, haben durch die Diplompsychologen eine Deklassierung erfahren. Zahlenmäßig gesehen bilden die Angehörigen der Sozialberufe nach der Zählung der *Bundeskonferenz* von 1987 mit etwa 870 Fachkräften zwar die zweitgrößte Gruppe nach den Diplompsychologen. Aber ihre Bedeutung ist in mehrfacher Hinsicht geringer zu veranschlagen. Sozialarbeiter und Sozialpädagogen verfügen über eine kürzere Hochschulausbildung, werden deswegen schlecher bezahlt und sind seltener in Leitungsfunktionen. Von 631 Beratungsstellen des Jahres 1987 wurden 564 von Diplompsychologen, 19 von Ärzten und nur 12 von Sozialarbeitern/Sozialpädagogen geführt. Selbst wenn die Sozialpädagogen über die gleiche Zusatzausbildung in Beratung oder Psychotherapie verfügen wie die Diplompsychologen, fehlt ihnen doch deren monopolisiertes Wissen über Diagnostik, Tests und Anfertigung von Gutachten. Es ist nicht selten, daß die in Beratungsstellen tätigen Sozialarbeiter/Sozialpädagogen in Bereiche abgedrängt werden, welche die Psychologen ungern verrichten: Kontakte zu Eltern, Schulen, Behörden, Heimen, Hausbesuche oder gemeinwesenorientierte Beratung (vgl. unten, S. 118). Sozialpädagogen gelten oft als Fachkräfte für die Lebensumstände und sozialen Belange der Ratsuchenden; sie haben den Ärzten und Diplompsychologen zuzuarbeiten. In einem älteren Standardwerk, dem „Leitfaden der Erziehungsberatung", heißt es über den Sozialarbeiter: „Er trägt zur Stellung der Diagnose bei, indem er die Ergebnisse seiner sozialen Untersuchung oder seiner Gespräche mit den Eltern des Kindes mitteilt; ebenso kann er an der Behandlung *teilhaben*, sei es an der des Kindes oder, was im allgemeinen der Fall ist, an der Behandlung der Familie und ihrer Umgebung" (Buckle/Lebovici 1960, S. 46). Teilweise wird auch noch zwischen psychotherapeutischer (Diplompsychologen) und sozialpädagogischer (Sozialpädagogen/Sozialarbeiter) Beratungstätigkeit in den Institutionen unterschieden (Buer 1984a, S. 26ff.). Diese Nachrangigkeit mag auch ein Grund dafür sein, daß viele Angehörige der Sozialberufe sich noch im psychotherapeutischen Sektor qualifizieren und über Weiterbildung versuchen, dort stärker einzudringen. Die Arbeit in einer Beratungsstelle stellt für viele Sozialpädagoginnen und Sozialpädagogen eine berufliche Verbesserung dar. Dabei darf man jedoch nicht die Relationen aus dem Auge verlieren. Von den ungefähr 150.000 ausgebildeten Fachhochschul- und Universitätsabsolventen im Sozialwesen (Rauschenbach 1991, S. 42) sind nur etwa knapp 1.000 an den Erziehungsberatungsstellen tätig. Berücksichtigt man weiterhin die vielen Tausend Beratungsstellen mit anderer Aufgabenstellung, so kann man davon ausgehen, daß maximal zehn Prozent der Hochschulabsolventen des Sozialwesens in der institutionalen Beratung beschäftigt sind. Von den anderen in den Beratungseinrichtungen aktiven Berufsgruppen sind noch zu nennen die

- *Kinder- und Jugendlichen-Psychotherapeuten*: Die ursprüngliche Berufsbezeichnung „Psychagoge", eine Wortschöpfung aus den beiden Begriffen Psychotherapeut und Pädagoge, sollte nicht mehr benutzt werden, da sie mißverständlich ist. Diese Kinder- und Jugendlichen-Psychotherapeuten stehen mehr in der Tradition der psychoanalytischen Kinder- und Jugendlichentherapie von Anna Freud, Melanie Klein, Hans Zulliger oder August Aichhorn als in der Pädagogik. Nach der Zählung von 1987 sind etwa 106 Personen dieser Berufsgruppe hauptberuflich in den Erziehungsberatungsstellen tätig. In der Vergangenheit waren diese Fachkräfte stärker in den Beratungsstellen vertreten. Durch die Möglichkeit der Kassenabrechnung bevorzugen heute viele die freien Praxistätigkeit.
- Die Gruppe der *Heilpädagogen* ist etwa gleich groß. Diese nehmen in den Beratungsstellen spezielle heil- und sonderpädagogische Aufgaben war.
- *Sonstige Fachkräfte* sind Erzieher, Lehrer, Musiktherapeuten u.v.a. mit einer Gesamtzahl von 135. Diese Gruppe ist in den Erziehungsberatungsstellen der neuen Bundesländer wesentlich stärker vertreten, da es dort bis 1989 kaum Sozialpädagogen gab.

Anzahl der Fachkräfte in den Beratungsstellen

Berufsgruppe	Anzahl der Vollzeit-beschäftigten
Diplompsychologen	1.223
Ärzte	29
Kinder- und Jugendlichen-Psychotherapeuten	106
Sozialarbeiter/Sozialpäd. (auch mit heilpäd. Zusatzausbildung)	770
Heilpädagogen	111
Diplompädagogen	99
Sonstige Fachkräfte	135
Gesamtzahl der Fachkräfte	2.473
Mitarbeiter im Schreib- und Bürodienst	471

(Bundeskonferenz für Erziehungsberatung 1990, S. 20)

Versorgungsprobleme

Im Jahre 1993 wurden in Deutschland knapp 220.000 Erziehungsberatungen abge-schlossen. Trotzdem mangelt es noch an Beratungsmöglichkeiten. Denn bezogen auf die im Jahre 1956 von der *Weltgesundheitsorganisation (WHO)* geforderte Richtzahl von einer Erziehungsberatungsstelle auf etwa 50.000 Einwohner bzw. einer Fach-kraft auf 10.000 Einwohner, fehlen in den Altbundesländern noch über 550 Erzie-hungs- und Familienberatungsstellen. Legt man diesen Maßstab auch an die neuen Bundesländer an, so mangelt es dort an etwa 300 Beratungsstellen (Informationen der Bundeskonferenz für Erziehungsberatung, 1–2/1991, S. 16). Bezogen auf die rea-le Versorgungsquote der alten Bundesländer, fehlen dort jedoch nur etwa 60 Ein-richtungen. Statt der erforderlichen 822 Mitarbeiterstellen konnte Menne in einer Untersuchung lediglich 384 Beschäftigte in den Beratungsstellen nachweisen (1994, S. 232). Durch den erst langsam sich vollziehenden Ausbau der Beratung in den neuen Bundesländern dürfte es statistisch gesehen zu einer erheblichen Verschlech-terung in der deutschen Erziehungsberatung kommen. Die Versorgungslage im Be-reich der institutionalen Erziehungsberatung ist nämlich jetzt schon regional sehr unterschiedlich:

Verteilung der Erziehungsberatungsstellen auf die Einwohnerzahl der Altbundesländer

Länder	Gesamtzahl der Haupt- u. Nebenstellen	Wohnbevölkerung in 1.000, Stand 31.12.1987	Einw. pro EB	Einw. pro Fachkraft
Baden-Württemberg	127	9.330	73.468	18.241
Bayern	137	10.949	79.924	24.198
Berlin	2	2.028	69.955	13.346
Bremen	9	658	73.211	20.273
Hamburg	22	1.594	72.463	26.793
Hessen	62	5.524	89.106	19.182
Niedersachsen	95	7.163	75.406	19.205
Nordrhein-Westfalen	219	16.744	76.456	16.819
Rheinland-Pfalz	42	3.634	86.530	21.964
Saarland	13	1.054	81.084	24.513
Schleswig-Holstein	44	2.555	58.075	18.858
Bundesrepublik	799	61.238	76.643	19.077

(Bundeskonferenz für Erziehungsberatung 1990, S. 5)

Presting hat 1987 das statistische Verhältnis von Wohnbevölkerung pro Mitarbeiter in unterschiedlichen Gemeindegrößen einer Analyse unterzogen. Als Ergebnis kann man festhalten: Je kleiner und abgelegener die Gemeinde, desto schlechter die personelle Versorgung mit Beratungsstellen (1987, S. 46ff.). Doch mehr als diese Stadt-Land-Unterschiede erweist sich nach einer empirischen Untersuchung die soziale Herkunft der Ratsuchenden als Hauptfaktor für den Besuch bzw. Nichtbesuch einer Beratungsstelle (Kurz-Adam 1993).

Eine Untersuchung der „Bundeskonferenz für Erziehungsberatung" über die „Inanspruchnahme von Erziehungsberatungsstellen" aus dem Jahre 1986 zeigt, daß der Prozentsatz der Ratsuchenden von 1980 bis 1984 zwischen 3,1% und 5,8% angestiegen ist. Das Personal ist jedoch nur um 2% aufgestockt worden. Das bedeutet: „Beratungsstellen werden stärker in Anspruch genommen, die Belastung durch fallbezogene Tätigkeiten des einzelnen Mitarbeiters nimmt jährlich zu" („Bundeskonferenz", Umfrage U 01, 1986, S. 4).

Situation der Erziehungsberatung in den neuen Bundesländern

Aufgrund der anderen Rolle von Erziehungsberatung in der DDR sind in den neuen Bundesländern Ausbau und personelle Situation der Beratungsstellen noch unbefriedigend (Wölfel 1995). Über ein Viertel der Mitarbeiterinnen und Mitarbeiter befinden sich in ungesicherten Arbeitsverhältnissen und/oder kommen aus anderen Berufen. Vielerorts existieren noch Hemmschwellen und regionale Unterversorgungen. Auf der Basis von 180 ostdeutschen Beratungsstellen wurden zum 30.6. 1992 folgende Prozentzahlen über die Herkunftsberufe der Fachkräfte zusammengestellt:

Psychologen/Pädagogen	38,5%
Lehrer	20,3%
Sozialarbeiter/Sozialpädagogen	18,8%
Heimerzieher	1,8%
Ärzte	1,8%
Theologen	2,9%
Kindergärtnerinnen	3,6%
Ehe- und Familienberater	1,0%
sonstige Berufe	7,0%

(Menne 1994, S. 234)

Diese Daten verdeutlichen, daß der Anteil der Psychologen geringer ist als im Westen. Gerade ein Drittel des Personals verfügt über eine Zusatzausbildung. An der Spitze der genannten Zusatzausbildungen stehen Gesprächspsychotherapie (26%), Familientherapie (16%) und mit 12% die Verhaltenstherapie (Menne 1994, S. 235). Diese Schwerpunkte unterscheiden sich kaum von der Situation in den alten Bundesländern (Presting 1987, S. 43).

Trägerschaft von Beratungsstellen

Der Anteil der öffentlichen Träger (Städte, Gemeinden, Landkreise) hat sich in den letzten drei Jahrzehnten immer mehr verringert; während die kirchlichen Träger von Beratungsstellen zugenommen haben. In den beiden klassischen empirischen Untersuchungen zur Erziehungsberatung betrug der Anteil der kommunalen Träger 55% (Koblank 1967) bzw. 47% (Tuchelt-Gallwitz 1970) .

Verteilung der Beratungsstellen auf Träger

	1962	1985	1987
Öffentliche Träger	55%	40%	39%
Katholische Träger	14%	28%	29%
Evangelische Träger	8%	17%	19%
Sonstige konfess. Träger	1%	5%	3%
Nichtkonfess. Träger	10%	10%	10%
Universitäten/sonstige	12%	–	–

(Koblank 1967; Presting 1987; Bundeskonferenz 1987.
Zahlen leicht korrigiert, da unterschiedliche Bezugsgrößen)

Institutionalisierte Erziehungsberatung ist eine Domäne der kirchlichen Einrichtungen geworden. Der Anteil der konfessionellen Träger hat sich bei den alten Bundesländern zwischen 1967 und 1987 von 23% auf 51% erhöht. Die neuen Bundesländer haben derzeit einen höheren Anteil von Einrichtungen in öffentlicher Trägerschaft (50–60 Prozent), weil den freien Trägern noch Finanzmittel fehlen. Bei den freien Trägern im Osten dominieren Einrichtungen der evangelischen Kirche und der Arbeiterwohlfahrt (Menne 1994, S. 229f.). Die politisch Verantwortlichen in den Kommunen haben diese Entwicklung mit Berufung auf das *Subsidiaritätsprinzip* und wegen der Kostenersparnis gefördert. Denn die freien Träger müssen zusätzlich zum Finanzierungsanteil der öffentlichen Hand einen Eigenbeitrag erbringen. Dafür haben kirchliche wie auch andere weltanschaulich orientierte freie Träger das Recht, von ihren Mitarbeitern eine dienstliche und private *Lebensführung* zu verlangen, welche der Grundorientierung des Trägers entspricht. Wenn beispielsweise Mitarbeiter eines katholischen Trägers ihre Kinder nicht taufen lassen oder sich nach einer Scheidung wieder verheiraten, so ist das ein Kündigungsgrund. In der Fachöffentlichkeit sind immer wieder Fälle bekanntgeworden, nach denen Beschäftigten von katholischen Sozial- und Gesundheitseinrichtungen nach ihrer zweiten Heirat gekündigt wurde. Diese mußten dann die Beratungen abbrechen und die Ratsuchenden verlassen. Unter diesen Umständen ist es fraglich, ob die Berater wirklich „frei" sein können. Diese Besonderheit im Arbeitsrecht gilt aber auch für Mitarbeiter der Arbeiterwohlfahrt. Diese dürfen nicht Mitglied einer rechtsradikalen Partei werden. Vor allem jedoch bei kirchlich gebundenen Beratungsstellen kommen Einflußnahmen auf die Beschäftigten vor (Bösel 1981, S. 61ff.). Problematisch wird das, wenn etwa in ländlichen Gebieten eine integrierte Beratungsstelle faktisch eine „Monopolsituation" innehat und in Scheidungsfällen oder Fragen der Schwangerschaftskonfliktberatung tätig wird bei Betroffenen, die ihrerseits religiös nicht gebunden sind.

Zugangsbarrieren: Die *Komm-Struktur*

Das folgende Beispiel verdeutlicht ein zentrales Problem vieler traditionell geführter Beratungsstellen.

Warum kommen so wenige Besucher in die Beratungsstelle?
In einem Stadtteil, in dem eine überdurchschnittlich hohe Anzahl von Sozialhilfeempfängern, Ausländern und alleinerziehende Müttern leben, wurde die neue Beratungsstelle eines freien Trägers eröffnet. Die drei Fachkräfte haben Wochen vorher in den Schulen, Kindergärten, Kirchengemeinden, bei der schulpsychologischen Beratungsstelle, der Zweigstelle des Jugendamtes und anderen Einrichtungen über die neue Beratungsmöglichkeit informiert. Es kommen jedoch sehr wenige Anmeldungen. Rückfragen bei diesen Institutionen hatten ergeben, daß diese sehr wohl mögliche Ratsuchende über die neue Beratungsstelle informiert hatten. Aber die Resonanz war sehr gering. Als das Fachpersonal nun mehrere Informationsabende in Kindergärten, Schulen und Kirchengemeinden startet, melden sich vorwiegend diejenigen Eltern zu Wort, von denen man den Eindruck hat, daß sie sich ganz gut zu helfen wissen und selber in der Lage sind, im Bedarfsfall Hilfsquellen für sich zu finden. Die Angehörigen der Beratungsstelle fragen sich nun, wie sie auch an potientielle, sozial stärker benachteiligte Betroffene „herankommen".

Viele Beratungsstellen sind an einer derartigen *Komm-Struktur* orientiert. Die Ratsuchenden müssen sich persönlich oder telefonisch anmelden. Sie erhalten dann meistens nach einer Wartezeit einen Termin. Das überfordert vor allem Menschen aus den sozial benachteiligten Schichten. Bekanntheitsgrad sowie Lage und Erreichbarkeit der Beratungstelle werden zu einem ersten „Selektionsfilter" und können die *Schwellenangst* bzw. *Zugangsbarrieren* der Betroffenen steigern oder gar zum Abbruch der Bemühungen führen. Diese Probleme der *Komm-Struktur* stellen sich vor allem bei kleineren Beratungsstellen im ländlichen Raum: In Verbindung mit den Problemen dieser *Komm-Struktur* hat man viele Jahre lang auch die *Mittelschichtorientierung* der Beratungsstellen diskutiert.[1] Weiter oben haben wir im Abschnitt über den „Beratungskontext" (S. 59) schon die *Schwellenangst* von Angehörigen aus den sozial benachteiligten Schichten kennengelernt.

Schon im Jahre 1973 hat ein Fachmann darauf hingewiesen, daß nur knapp 20% der Besucher der evangelischen Beratungsstellen aus der „Arbeiterschicht" kommen (Koschorke 1973, S. 129). Auch eine neue empirische Untersuchung zeigt, daß sozial benachteiligte Familien seltener in der Erziehungsberatung vertreten sind, als es ihrem Durchschnitt in der Gesamtbevölkerung entspricht (Kurz-Adam 1993).

Im folgenden wollen wir zwei unterschiedliche Beratungsstellen hinsichtlich der Arbeitsweise und Organisationsform näher beschreiben.[2]

Im ersten Beispiel handelt es sich um die **Städtische Erziehungsberatungsstelle** *einer deutschen Großstadt. Der Stellenplan dieser dem Jugendamt angeschlossenen Einrichtung sieht 60 Planstellen vor, davon 20 für Diplompsychologen und 18 für Sozialarbeiter/Sozialpädagogen. Diese relativ gute personelle Ausstattung ermöglicht es, daß in acht Stadtteilen jeweils eigenständig arbeitende Fachteams mit durchschnittlich fünf bis sechs Fachkräften in Zweigstellen tätig sein können. Zusätzlich befindet sich in der Zentrale noch ein Beratungsdienst für ausländische Familien mit Fachkräften aus den Herkunftsländern (vgl. unten, S. 131). Im Jahre 1990 war es zu über 3.000 Anmeldungen gekommen; davon gelten etwa 40% als „Selbstanmelder". Dabei wurden ungefähr ein Viertel aus dem Bereich der Jugendhilfe und ein Sechstel von den*

Schulen an die Beratungsstelle vermittelt. Etwas mehr als die Hälfte der Betroffenen waren im Alter zwischen 6 und 14 Jahren. Ein relativ hoher Prozentsatz davon (44%) lebten nur bei einem Elternteil, in Ersatzfamilien oder in einem Heim. Die folgenden Zahlen verdeutlichen, daß die Beratungsstelle oftmals auch eine Auffang- und Vermittlungsfunktion hat. In 55% der Kontakte des Jahres 1990 fanden maximal fünf Beratungstermine statt. Nur bei 8% kam es zu bis maximal 50 Beratungsterminen. Etwa 20% der Klienten wurden, meistens nach wenigen Beratungsstunden, an andere Institutionen weitervermittelt.

Stadtverwaltung und Jugendamt fördern mehrere zielgruppenorientierte Beratungsprojekte von freien Trägern, („Gemeinwesenorientierte Beratung", vgl. unten, S. 118), um die „Komm-Struktur" zu überwinden. Bemerkenswert ist jedoch, daß gerade die meisten Sozialarbeiter/Sozialpädagogen dieser Beratungsstelle sich an der „klassischen Beraterrolle" orientieren und Außenkontakte zu anderen Dienststellen oder Hausbesuche bei den Betroffenen möglichst meiden. Auch die Zusammenarbeit mit dem Allgemeinen Sozialen Dienst (ASD) des Jugendamtes, dem Psychosozialen Dienst des Gesundheitsamtes, dem Schulpsychologischen Dienst sowie anderen Institutionen wird als „problematisch" beurteilt. Notwendige schnelle und informelle Kontakte auf der unteren Ebene kommen selten zustande. Jährlicher Informationsaustausch muß von den Vorgesetzten angeregt werden und ist dann sehr formalisiert. Als Ursache für diese Isolation wichtiger städtischer Dienste voneinander vemutet man Rivalitäten und Prioritätsstreitigkeiten zwischen den Mitarbeitern und Einrichtungen. Wöchentlich findet in jeder Zweigstelle eine Teambesprechung statt. Gegenstand dieser oft mehrstündigen Sitzungen ist die „Fallarbeit", also Informationen über Anmeldungen, Fallverteilung, Besprechung von Beratungsverläufen im Sinne „kollegialer Supervision" (vgl. S. 204), Reflexion von Konzepten und Methoden, Informationsweitergabe. Einmal im Monat tagt in der Zentralstelle eine „Zweigstellenkonferenz", an der alle Zweigstellenleiter teilnehmen.

Diese große und bürokratisierte städtische Beratungsstelle ist stark eingebunden in die sozialen Dienstleistungsaufgaben des Jugendamtes. Sie ist in der Stadt bekannt und versteht sich vor allem als Anlauf- und Vermittlungsstelle. Durch die zentrale Steuerung, wissenschaftliche Begleitforschung und interne Statistik wird sehr darauf geachtet, daß die Beratungsarbeit sich in einem zeitlich begrenzten und überschaubaren Rahmen bewegt. Geringe Wartezeiten, schnelle Durchführungsdauer (zwischen fünf und zehn Sitzungen), Zentrierung auf aktuelle Probleme und Einbeziehung des sozialen Umfeldes kennzeichnen diesen Ansatz.

Notwendige längerfristige und intensivere Beratungen werden mit Hilfe der Mitarbeiter an ambulante oder stationäre Psychotherapie oder heilpädagogische Einrichtungen verwiesen.

Das ist *eine* Möglichkeit, das Beratungsangebot des Jugendamtes in einer Millionenstadt zu organisieren. Daneben existieren in dieser Kommune noch mehrere Dutzend allgemeine und spezialisierte Beratungsstellen vieler freier Träger.

Demgegenüber sieht es in der **Evangelischen Beratungsstelle für Paar-, Familien- und Lebensfragen** *einer Mittelstadt teilweise anders aus. Da neben dieser Einrichtung dort noch eine städtische Erziehungsberatungsstelle vorhanden ist, haben sich die Mitarbeiter in Übereinstimmung mit dem Träger eher auf erwachsene Klientel und längerfristige Hilfeprozesse, die oftmals in Therapien übergehen, spezialisiert. Auch weist diese Institution noch einige Besonderheiten auf, die sie von stärker bürokratisierten* *städtischen Einrichtungen unterscheidet. Die Beratungsstelle wird von einer Diplom-sozialarbeiterin geleitet; eine weitere Sozialarbeiterin und ein Sozialarbeiter sind hauptberuflich beschäftigt. Ferner sind eine Diplompädagogin und ein Diplompsy-chologe teilzeitbeschäftigt. Im Gegensatz zu einer städtischen Beratungsstelle, deren Personalpolitik eher nach formalisierten Richtlinien vonstatten gehen muß und die deswegen in den Teams Berater unterschiedlicher methodischer Orientierungen hat, sind alle Beschäftigten dieser kirchlichen Einrichtung sozialarbeiterisch und famili-entherapeutisch ausgerichtet. Das ist deswegen der Fall, weil das Personal bei der Ein-stellung neuer Mitarbeiter ein zentrales Mitspracherecht hat. Es gibt eine wöchentliche Teambesprechung und eine monatliche „Fallsupervision", die ein organisationsfrem-der Supervisor leitet.*

Im Gegensatz zur Beratungsstelle der Großstadt zeigt die Statistik die Ausrichtung an längerfristigen, intensiveren Beratungsprozessen. Im Jahre 1992 nahmen 255 Per-sonen (1990: 130) die Beratungsstelle in Anspruch. Diese verteilten sich auf 43 Einzel-personen, 13 Familien, 16 Paare und 78 Erstgespräche. Dabei waren 62% der Klienten zwischen 20 und 40 Jahre alt, über 75% waren weiblich, und knapp die Hälfte dieser Betreuungen nahm mehr als 20 Termine in Anspruch. Bei diesen Einzelberatungen ist die Quote der „Selbstmelder" mit 54% wesentlich höher als in der großstädischen Beratungsstelle. Weiterhin wurde über 100 Personen in Form von Paar- oder Famili-enberatung geholfen. Auch hierbei sind die durchschnittlichen Beratungszeiten höher als bei der großstädtischen Beratungsstelle. Etwa ein Drittel der Ratsuchenden wurden vom Arzt oder einer Klinik vermittelt. Bei den Familienberatungen fanden die meisten Vermittlungen durch das Jugendamt statt. Die Abbruchquote dieser Beratungseinrich-tung liegt unter 10 Prozent; etwa 15% der Besucher wurden an andere Stellen (Klinik, Ärzte, Psychotherapie) vermittelt.

Bei den Einzelberatungen liegen folgende Problembereiche vor:

Sucht/Co-Abhängigkeit	19%
Sexueller Mißbrauch	12%
Angstzustände	7%
Frühe Störungen	25%
Loslösung aus der Herkunftsfamilie	16%
Lebenskrise	21%

Die meisten Beratungen wurden planmäßig beendet. Daneben leistet das Beratungs-team auf Wunsch des Trägers auch Informations- und Betreuungsarbeit in evangeli-schen Kindergärten, Kirchengemeinden und bei Laienhelfergruppen. Mit dem Aufbau einer Therapiegruppe, einer Gesprächsgruppe für Frauen, von Informationsveranstal-tungen über „Gewalt und sexuellen Mißbrauch" und Trennungsberatung/Vermittlung (Mediation) beginnt man gerade. Im Haushaltsjahr 1990 wurde die Beratungsstelle bis auf einen städtischen Zuschuß von DM 40.000 ausschließlich vom Kirchenkreis finanziert.

Beide Beispiele zeigen, wie verschieden man aufgrund von institutioneller Einbin-dung, Organisationsformen, Personalstruktur, Konzeption und Selbstverständnis der Mitarbeiter die Erziehungs- und Familienberatung gestalten kann.

Sozialdaten

Die institutionale Beratung findet nicht im luftleeren Raume statt. Die im ersten Teil unseres Buches dargelegten Veränderungsprozesse in den Familien, Verankerung der Beratungsstelle im Stadtteil wie auch der Grad der Zugangsbarrieren spielen eine beträchtliche Rolle. Wie schon erwähnt, wirken von der telefonischen Anmeldung, dem Erstkontakt, Beginn des Beratungsprozesses bis zum Abschluß der Beratung viele soziale Selektionsmechanismen mit. Sehr auffällig ist die *ungleiche Verteilung* von *Jungen* und *Mädchen* als angemeldete „Symptomträger" der Beratungsstellen. Dieses Verhältnis von etwa zwei Dritteln männlichen und einem Drittel weiblichen Betroffenen im Kindes- oder Jugendalter ist seit über drei Jahrzehnten etwa gleichgeblieben. Eine breitangelegte Untersuchung der *Bundeskonferenz* aus dem Jahre 1984 ergab die Verteilung von 61,7 zu 38,3 Prozent zwischen dem männlichen und weiblichen Geschlecht („Bundeskonferenz für Erziehungsberatung", U 01, 1986, S. 6). Bekanntlich befinden sich im Jugendstrafvollzug auch nahezu ausschließlich männliche Jugendliche. Welches sind die Ursachen dafür? Sind Mädchen etwa „von Natur aus" weniger mit Entwicklungsproblemen belastet als die Jungen? Eine Erklärung für den übermäßig hohen Anteil an Jungen in den Beratungsstellen liegt im traditionellen Rollenverständnis begründet. Die Eltern, vor allem die Väter, reagieren bei Erziehungsproblemen und schulischen Leistungsmängeln von Jungen früher und intensiver als bei Mädchen. Die psychosoziale Gesundheit von Mädchen wird also geringer wertgeschätzt. Hierbei handelt es sich jedoch nur um einen Ursachenfaktor, der aus der Diskriminierung von Mädchen und Frauen in unserer Gesellschaft hinlänglich bekannt ist. Unbekannt war jedoch lange Zeit, daß die Benachteiligung von Mädchen auch in den Beratungsstellen selber eine Fortsetzung findet. „Im Verlaufe der Erziehungsberatung erfahren die Mädchen dieselben Benachteiligungen wie bereits in den Familien in Form von weniger Zuwendung und Engagement: Ihre Therapien dauern wesentlich kürzer, werden eher abgebrochen" (Langenmayr 1980, S. 103).

Die Mehrheit der angemeldeten Kinder und Jugendlichen befindet sich im Alter von zwischen sechs und 14 Jahren. Dies entspricht auch anderen Untersuchungen (Hölzel 1981, S. 26) und liegt vor allem in der Sorge der Eltern um die schulische Leistungsfähigkeit ihrer Kinder begründet. Tuchelt-Gallwitz fand eine nahezu gleichmäßige Verteilung in der Gesamtbevölkerung und bei Ratsuchenden der Beratungsstellen bezüglich der Merkmale *Vollständigkeit* bzw. *Unvollständigkeit* der Familien (1970, S. 163). Natürlich ist anzunehmen, daß der Verlust eines Elternteils durch Trennung, Scheidung oder Tod zu erheblichen seelischen Problemen und Entwicklungsstörungen bei den Kindern führen kann. Das bedeutet jedoch nicht, daß deswegen überproportional Kinder aus unvollständigen Familien bei den Beratungseinrichtungen vorgestellt werden. Auf den Verlust einer Beziehungsperson folgt keineswegs automatisch die Anmeldung bei der Beratungsstelle. Demgegenüber scheint der Faktor *Unehelichkeit* eher dazu zu führen, daß diese Kinder oder Jugendlichen häufiger einer Beratungsstelle zugeführt werden. Zum Zeitpunkt der Untersuchung von Tuchelt-Gallwitz (1970, S. 167) betrug der Anteil der unehelich Geborenen in der Bevölkerung etwa 7%. Demgegenüber waren etwa 11% der Besucher der Beratungsstellen unehelich. Möglicherweise hat hierbei auch eine stärkere Betreuung oder Zuweisung durch das Jugendamt eine Vermittlerrolle gespielt. Die Bedeutung von *Geschwisterzahl* und *Stellung in der Geschwisterreihe* für den Lebensgang und eventuell notwendige Beratungsbedürftigkeit haben wir schon mehrfach betont. Dieses Merkmal wird in der Fachliteratur unterschiedlich bewertet. Man vermutet, daß Einzelkinder eher verwöhnt und sozial isoliert sind, was zu Verhaltensauffälligkeiten führen kann. Es existieren widersprüchliche Ansichten darüber, ob die *Einzelkindsituation* als solche eine Ursache zur Anmeldung in den Beratungsstellen darstellt oder nicht. Smid/Armbruster kamen zu dem Schluß, daß Einzelkinder weitaus seltener in den Erziehungsberatungsstellen vertreten sind, „als es nach der Statistik zu erwarten wäre. Dagegen sind Kinder mit Geschwistern im Vergleich zur Bundesstatistik überrepräsentiert" (1980, S. 104). Vor allem von seiten des familienpolitischen Konservatismus wurde immer wieder auf die *Berufstätigkeit der Mütter* als angebliche Ursache für Probleme in der Erziehung verwiesen. Andere Untersuchungen betonen, daß „der Berufstätigkeit der Mütter in Verbindung mit den Klienten der Erziehungsberatungsstellen keine besondere Bedeutung zukomme" (Smid/Armbruster 1980; Tuchelt-Gallwitz 1980).

Motivation und Meldeanlaß

Viele Beratungsstellen erwarten, daß die Betroffenen bereit und in der Lage sind, selber zu kommen *(Komm-Struktur)*. Somit werden ein gewisser Leidensdruck, Motivation und Aufwand vorausgesetzt. Auch wenn alle Ratsuchenden *freiwillig* kommen müssen, so ist es doch für die *Motivationsklärung* wichtig zu erfahren, ob sie wirklich auf Eigeninitiative als *Selbstmelder* oder auf *Empfehlung* oder *Überweisung* einer anderen Institution erschienen sind. Die schon oben erwähnte Frage, *warum* und eventuell durch *wen* kommen die Ratsuchenden *eigentlich*, muß geklärt werden. Die Angaben hierzu variieren je nach Untersuchung zwischen

Selbstmelder	25–50%
Jugend- oder Sozialamt	15–36%
Schule	13–20%
Arzt/Gesundheitsamt	8–12%
Kindergarten	5%
Gericht	1%

Interessant ist, daß es sich bei etwa 80 Prozent der erwachsenen Selbstmelder um die Ehefrau handelt (Gerlicher u.a. 1977, S. 99), was ein bezeichnendes Licht auf das familiäre Problembewußtsein der Männer wirft. Bereits im Jahre 1975 schätzte man, daß „bei 20 bis 25% aller Schulkinder Auffälligkeiten im Verhalten festzustellen sind, die in irgendeiner Form der Klärung bedürfen" (Deutscher Bundestag 1975, S. 12). Von diesen kommen selbst bei einer guten großstädtischen Versorgung nur etwa 2% wirklich in die Beratungsstellen. In absoluten Zahlen waren das schon im Jahre 1984 etwa 250.000 Kinder und Jugendliche (Presting 1986, S. 9). Diese Zahlen sind ein Anlaß zum Umdenken. Wenn die Betroffenen zu selten kommen, so müssen die Berater zu ihnen hingehen, also die *Komm-Struktur* in eine *Geh-Struktur* verwandeln.

Bei der Frage nach den *Meldeanlässen* ist zu bedenken, daß das, was Eltern über die Probleme ihrer Kinder angeben, natürlich auch durch ihre emotionale Verstrikkung „gefärbt" ist. Oftmals neigen Eltern aus Gründen der eigenen psychischen Entlastung dazu, sich von den Schwierigkeiten des Kindes zu distanzieren oder aber alle „Schuld" auf sich zu nehmen. Beide Einstellungen sind gleichermaßen unrealistisch und helfen kaum weiter. Denn es geht um die Stärkung des Veränderungswillens. Unter Berücksichtigung unseres familientherapeutischen Wissens haben die Schwierigkeiten des Kindes auch immer etwas mit den Problemen der gesamten Familie zu tun. Wie schon erwähnt, spricht man in den Beratungsstellen deswegen davon, daß das vorgestellte Kind nur ein *Symptomträger* innerfamiliärer Spannungen ist. Welches sind nun die dargelegten Probleme und Verhaltensauffälligkeiten („Symptome") dieser Kinder? In den meisten Untersuchungen werden in dieser Reihenfolge (Mehrfachnennungen) genannt:

Emotionale Probleme (Ängste o.a.)	57,7%
Störendes Sozialverhalten	34,0%
Lern- und Leistungsprobleme (Schule)	41,7%
Körperl. Bereich (Schlaf- oder Eßstörungen u.a.)	17,7%
Sprachstörungen	13,0%
Hyperaktivität	7,7%

Wie schon angedeutet, haben diese Auffälligkeiten bei den Kindern meistens etwas mit den familiären und sozialen Verhältnissen zu tun. Daß ein großer Anteil der Auffälligkeiten jedoch im schulischen Leistungsbereich auftritt, zeigt, wie dringend sich die Schulen an sozialpädagogischen Gesichtspunkten orientieren sollten. Während der letzten Jahre wurde in vielen Publikationen über die langen *Wartezeiten* zwischen der Erstanmeldung und dem Beginn der Beratung geklagt. Gegenwärtig scheinen sich die Wartezeiten zumeist auf bis zu vier Wochen verkürzt zu haben (Kurz-Adam 1993, S. 35). Deswegen ist es wichtig, sich innerhalb einer Beratungsstelle angesichts knapper Beratungsplätze über die Prioritäten im klaren zu sein.

Die weiter oben beschriebene großstädtische Beratungsstelle kommt dadurch, daß die Beratungshäufigkeit sehr kurz gehalten wird, fast ohne Wartezeiten aus. Demgegenüber hat die evangelische Beratungsstelle aufgrund ihrer langen Behandlungszeiten und der regionalen Unterversorgung auch extrem lange Wartezeiten von über einem halben Jahr. Wartezeiten hängen also oft mit konzeptionellen Überlegungen zusammen.

Wer sich bei einer Beratungsstelle anmeldet, hat schon einen längeren Leidensweg hinter sich. Bei den Beratungsstellen sollten Zeitreserven für beides, die schnelle und eventuell kürzere Beratung ohne Wartezeiten sowie die längerfristige, intensive Beratung möglich sein, die eine Wartefrist voraussetzt.

Die Anfangssituation in der Beratung

Auszüge aus dem Protokollbuch der evangelischen Beratungsstelle über alle Erstgespräche eines Monats:

48jährige Frau will nach gewalttätigen Auseinandersetzungen mit ihrem Mann ihre Ehe neu überdenken.

Stieffamilie mit zwei Kindern sucht Beratung wegen der Aggressivität und Diebstähle des 14jährigen Sohnes.

Frau, Ende 50, stellt sich Fragen nach dem Sinn ihres Lebens. Sie ist sich bewußt über ihre Erfahrungen mit sexuellem Mißbrauch.

Frau, 30 Jahre alt, verheiratet mit einem Spieler, zwei kleine Kinder, hat Probleme mit den Kindern.

Familie mit drei Kindern sucht Familientherapie wegen häufiger aggressiver Konflikte mit dem 13jährigen Sohn.

18jährige Frau ist medikamentenabhängig. Sie wird an die Jugend- und Drogenberatung verwiesen.

Älteres Paar (suchtkranker Mann, inhaftierte Frau) wollen Paarberatung. Wegen der aktuen Krise erfolgt ein vorgezogener Beratungsbeginn.

40jähriger depressiver Mann mit schwersten negativen Kindheitserlebnissen ist nach der Trennung von seiner Familie in eine Krise geraten.

35jährige Frau mit psychosomatischen Beschwerden meldet sich an.

Eine Familie ist durch wiederholte schwere Erkrankung eines Mitgliedes in eine Krise gekommen. Vorgezogener Behandlungsbeginn.

Anfrage einer Frau, welche die Beziehung mit ihrem anderwärtig noch verheirateten Freund klären möchte. Die Beratung wird seitens des Teams abgelehnt, weil das Paar mit den Rahmenbedingungen der Beratungsstelle nicht einverstanden ist.

Frau, 30 Jahre alt, sucht Gesprächsmöglichkeiten über ihr schwerstbehindertes Kind. Nach dem Erstgespräch wird sie an eine Selbsthilfegruppe verwiesen.

Eine Frau, Ende 20, möchte Beratung wegen der Verhaltensauffälligkeiten des ältesten Kindes nach ihrer Scheidung.

Ein Mann, Alkoholiker, benötigt Hilfe. Er wird an die Suchtberatung empfohlen.

Eine etwa 50jährige Frau wird nach einem Erstgespräch in ärztliche Behandlung überwiesen.

Sobald ein Termin frei ist, lädt man Eltern und Kinder zu einem *Erstgespräch* ein. Ziel ist es, wichtige Informationen über den *Symptomträger* und dessen Angehörige zu erhalten. In der Regel wird ein kurzer Personalfragebogen ausgefüllt, der Vorgeschichte und allgemeine Daten aus der Familie erfragt. Je nach der fachlichen Orientierung können die Mitarbeiter der Beratungsstelle nun das Erstgespräch nach unterschiedlichen Schwerpunkten gestalten. Wie ein derartiges Gespräch ablaufen kann und was dabei zu beachten ist, haben wir weiter oben schon dargestellt (S. 70).

Die folgenden Fragen helfen den Beraterinnen und Beratern möglicherweise weiter:

- Wie sieht die Störung aus?
- Wodurch ist diese Problematik entstanden?
- Welchem Zweck dient die Störung?
- Was hält die Störung aufrecht; wer hat welchen Nutzen davon?
- Welche Entscheidungsmöglichkeiten haben die Klienten?
- Welche Handlungsmöglichkeiten hat der Berater?
- Wie steht es um die mögliche Entwicklung und Besserung des Problems (*Prognose*)?

Es kann auch vorkommen, daß von der Beratungsstelle Gutachten für Schule, Jugendamt oder Jugend- bzw. Familiengericht anzufertigen sind. Dann handelt es sich für die Fachkräfte um eine besonders heikle Angelegenheit. Sie befinden sich dann in dem bei den Sozialarbeitern hinlänglich bekannten Rollenkonflikt von „Helfer" und „Kontrolleur". In jedem Fall sollten sie den Betroffenen Sinn und Zweck des Gutachtens erklären. Es ist auch zu prüfen, ob nicht eventuell eine außenstehende Fachkraft das Gutachten anfertigt. Auch an eine Schweigepflichtentbindung ist zu denken (vgl. unten, S. 113f.).

Beratungsdauer

Die *Dauer* von Beratungen wird mit der Häufigkeit („Frequenz") der Sitzungen pro Woche oder Monat definiert und kann, wie in Beispielen der beiden Beratungsstellen gezeigt wurde, sehr unterschiedlich sein: vom monatlichen Treffen bis zu maximal 40 Sitzungen pro Jahr. Im letzten Falle haben wir es dann eher mit einem psychotherapeutischen Prozeß zu tun. Hierbei wird deutlich, daß gerade in Einrichtungen der Erziehungsberatung die Grenzen zwischen sozialpädagogischer und klinischer Beratung fließender Natur sein können. Auf der Grundlage einer empirischen Untersuchung hat Brandt festgestellt, daß, je länger die Beratung dauert, man um so eher von einem Erfolg der Behandlung ausgehen kann (1967, S. 71). Langfristige und häufige („hochfrequente") Beratungs- oder besser Therapieprozesse sind jedoch nicht für jedermann geeignet. Auch ist zu prüfen, ob die knappen Kapazitäten einer Beratungsstelle nicht besser für eine möglichst breitgestreute und kürzere Betreuungsarbeit sinnvoller einzusetzen wären. Von Hölzel (1981, S. 25) stammt folgende Zusammenstellung der Beratungsfrequenz:

- Etwa 25% der ratsuchenden Familien nehmen nur ein bis zwei Termine wahr;
- ungefähr 50% kommen zu sieben bis zwölf Gesprächen;
- weitere 25% nehmen eine längerfristige Beratung/Therapie in Anspruch.

Auch hinsichtlich der nach § 80 KJHG geforderten Jugendhilfeplanung müssen sich viele Beratungsstellen bezüglich ihrer Konzeption, maximalen Stundenzahlen und Wartelisten neu orientieren (Hundsalz 1995).

Aktenführung in der Beratung

„Die Bundeskonferenz für Erziehungsberatung empfiehlt, in der Dokumentation der Beratung diejenigen Einzelangaben aufzuzeichnen, die notwendig sind, um

- den Beratungsverlauf für den Berater selbst übersichtlich festzuhalten;
- den Verlauf für einen etwaigen Vertreter, der – mit Einwilligung des Klienten – die Beratung bei Krankheit, Urlaub oder Ausscheiden des Beraters übernehmen muß, nachvollziehbar zu machen;
- Rechenschaft über Art und Umfang der Tätigkeit sowie der dafür wesentlichen Feststellungen ablegen zu können".

In dieser Dokumentation sollten festgehalten werden: formelle Personendaten der Klienten; Anregungen zur Beratung (Schule, Jugendamt, Arzt u.a.), Anlaß der Beratung, Auffälligkeiten, Störungen, Beratungskontrakt, Beratungsverlauf, Richtung der Intervention, eventuell ein Hilfeplan nach § 36 KJHG und eine möglicherweise vorhandene *Schweigepflichtentbindung* gegenüber Dritten. Demgegenüber sind die persönlichen Notizen der Beraterinnen und Berater von dieser Dokumentation getrennt aufzubewahren. Denn diese enthalten sehr persönliche und intime Informationen wie auch eigene Schwierigkeiten der Fachkräfte *(Gegenübertragung)*. Diese sollten Gegenstand der Supervision sein. Nach Abschluß der Beratungsarbeit sind diese persönlichen Notizen zu vernichten. Bezüglich der Datenlöschung gilt, daß Akten nur so lange aufbewahrt werden dürfen, wie dies für die Erledigung der Aufgaben erforderlich ist (§ 66 KJHG in Verbindung mit § 84 SGB X). Deswegen empfiehlt die „Bundeskonferenz für Erziehungsberatung" den Erziehungsberatungsstellen, nach Abschluß einer Beratung die Beratungsdokumentation zu vernichten (Bundeskonferenz 1/1993, S. 2f.).

Zusammenfassung

Ein wesentliches Merkmal des Beratungswesens in Deutschland ist die *ungleiche regionale Verteilung* von Beratungsstellen. *Wissensdefizite* müssen abgebaut werden. Um eine Beratungsstelle in Anspruch zu nehmen, muß man überhaupt darüber informiert sein, daß es diese kostenfreie Möglichkeit gibt und unter welchen Bedingungen man sie nutzen kann. Damit hängt auch der folgende Gesichtspunkt zusammen: *Kompetenzdefizit:* Nicht nur die Erreichbarkeit der Beratungsstelle und das Wissen um diese kostenfreien Möglichkeiten sind entscheidend, sondern es sind auch eine Reihe sozialer Fähigkeiten notwendig, um die Hilfe wirklich in Anspruch zu nehmen. Um die *Schwellenangst* zu überwinden, muß man in der Lage sein zu telefonieren, das eigene Anliegen als „dringend" vorzutragen, sich einen Termin geben zu lassen und eventuell Wochen später, auch wenn das Problem sich dann gemildert haben könnte, zu diesem Zeitpunkt zu erscheinen. Dem steht häufig noch die *Institutionsdistanz* im Wege: Beratungsstellen sind fremd und werden häufig mit dem Träger (Behörde, Kirche) identifiziert. Vielleicht hat man mit Behörden schlechte Erfahrungen gemacht oder befürchtet von einer kirchlichen Beratungsstelle eine unerwünschte Beeinflussung. Es ist angesprochen worden, welche *Vorbehalte* und *Vorurteile* über den vermuteten Gesprächsablauf mit den Fachkräften eine Rolle spielen. In den Beispielen wurde deutlich, daß Ratsuchende auf ihre Berater negative Erfahrungen mit Vorgesetzten, Lehrern oder anderen Personen *übertragen* können. Kommt es dann zu einem Beratungsgespräch, so kann es sein, daß unterschiedliche *Ziel- und Wertvorstellungen* eine Rolle spielen: Der Berater hat aufgrund seiner Ausbildung eher die Wertvorstellung einer individuellen Selbstverwirklichung und Entfaltungsmöglichkeit für den Ratsuchenden entwickelt. Er sieht die Ursachen der Probleme mehr in dem anwesenden Ratsuchenden als in dessen abwesendem Bezugsfeld. Dieser ist aber ein Teil seines psychologischen, sozialen und ökonomischen Bezugssystems. Er möchte die störenden Probleme verlieren, ohne die positiven Bindungen zum Bezugsfeld aufzugeben. Die Beratung vollzieht sich im wesentlichen auf der *verbalen Ebene*. In diesem sprachlichem Bereich ist der Berater in der Regel sicherer als der Ratsuchende. Dieser bemüht sich möglicherweise sogar, von seiner Mundart in die Hochsprache zu wechseln. In der normalen Lebenswelt hat seine verbale Kommunikation eine andere Bedeutung als im Arbeitsraum des Beraters. Sprachliche Mitteilungen sind dort eher direkter; Körpersprache hat einen anderen Stellenwert. Von Ausnahmen abgesehen, begünstigen die meisten *Beratungsmethoden* die verbale Verständigung. Selbst wenn der Berater sich nicht so sehr mit persönlichen Stellungnahmen zurückhält, so werden viele Ratsuchende doch das wechselseitige spontane Gespräch, das sie aus ihrem Alltag kennen, vermissen. Der Berater erscheint ihnen *undurchschaubar* und *fremd*. Gerade weil der Berater einem anderen sozialen Milieu entstammt als der Ratsuchende und einem privilegiertem Beruf angehört, ist seine *Durchschaubarkeit* und *Berechenbarkeit* für den Ratsuchenden so wichtig (vgl. Koschorke 1973, 1975).

Eventuell erwarten die Betroffenen vom Berater auch einen *Rat* im buchstäblichen Sinne; sie möchten vom drängenden Problem, dem störenden Symptom möglichst schnell befreit werden oder erhoffen sich im Berater gar einen Bündnisgenossen gegen ein anderes Familienmitglied. Wenn der Berater darauf nicht eingeht, sondern nach Hintergründen fragt, können Ratsuchende enttäuscht sein.

Viele Beratungsstellen haben noch die traditionelle „Komm-Struktur"; die Fachkräfte verlassen zu selten die Einrichtung.

Lesehinweise

Bundeskonferenz für Erziehungsberatung e. V. (Hrsg.): Informationsdienst für Erziehungsberatungsstellen.
Bestellanschrift: Bundeskonferenz für Erziehungsberatung, Amalienstrasse 6, 90763 Fürth.

Brem-Gräsler, L. (Hrsg.): Handbuch der Beratung für helfende Berufe. 3 Bde., München 1993.
Es handelt sich um ein breitangelegtes, dreibändiges Standardwerk der Beratung. Es werden viele Aspekte der Beratung aus pädagogischer, psychologischer und medizinischer Sichtweise angesprochen. Weiterhin sind Theorieansätze und Arbeitsfelder der Beratung, Gemeinsamkeiten und Unterschiede zwischen Beratung und Therapierichtungen ebenfalls Gegenstand dieses voluminösen Werkes.

Cremer, H./Hundsalz, A./Menne, K. (Hrsg.): Jahrbuch für Erziehungsberatung, Bd. 1, Weinheim/Basel 1994.
Eine Veröffentlichung der „Bundeskonferenz für Erziehungsberatung" mit Beiträgen aus der Praxis, den Bezügen zum KJHG, Aufsätzen zur Trennungsberatung, der Erziehungsberatung in den neuen Bundesländern sowie empirischer Forschung.

Deutsche Arbeitsgemeinschaft für Jugend- und Eheberatung e. V. (Hrsg.): Beratungsführer, 2 Bde., Bonn 1994.
Im Auftrag des Bundesministeriums für Familie und Senioren. Beide Bände enthalten umfangreiches Material über die Beratungsstellen in Deutschland, ihre Leistungen, ihre Träger sowie Anschriften. Weiterhin: Beratungsangebote nach Zielgruppen, Selbstdarstellung der Trägerverbände, Anschriften aller Beratungsstellen in Deutschland. Unentbehrlich für alle Fachleute. Kostenlos beim Bundesministerium erhältlich.

Hundsalz, A.: Die Erziehungsberatung. Weinheim/München 1995.
Dieses Buch enthält Informationen über Grundlagen, Organisation, Konzepte und Methoden der Erziehungsberatung in Deutschland. Es bezieht sich auch in besonderer Weise auf die rechtliche Absicherung der Erziehungsberatung durch das KJHG.

Kurz-Adam, M./Post, I. (Hrsg.): Erziehungsberatung und Wandel der Familie, Opladen 1995.
Verschiedene Beiträge über die Folgen des Wandels in den Familien für die Praxis der Erziehungsberatung: historisch, konzeptionell, Bezüge zum KJHG, Situation in den neuen Bundesländern.

Menne, K./Alter, K. (Hrsg.): Familie in der Krise. Sozialer Wandel, Familie und Erziehungsberatung, Weinheim/München 1988.
Eine Veröffentlichung der „Bundeskonferenz für Erziehungsberatung", die sich aus der Sicht verschiedener Autoren mit den Folgen des sozialen Wandels für Familien und den veränderten Aufgaben für die Beratungsstellen beschäftigt.

Presting, G. (Hrsg.): Erziehungs- und Familienberatung. Untersuchungen zu Entwicklung, Inanspruchnahme und Perspektiven, Weinheim/München 1991.
Diese Veröffentlichung der „Bundeskonferenz für Erziehungsberatung" richtet sich in erster Linie an Fachleute. Sie enthält wichtige Beiträge zu Geschichte, dem Personal, empirischen Untersuchungen, der Familienberatung sowie der Problematik von Erfolgsmessungen.

Literatur

Argelander, H.: Das Erstinterview in der Psychotherapie, Darmstadt 1970.
Blandow, J./Faltermeier, J.: Erziehungshilfen in der Bundesrepublik Deutschland (Eigenverlag des Deutschen Vereins für öffentliche und private Fürsorge), Frankfurt a.M. 1989.
Bäuerle, W.: Theorie der Elternbildung, Weinheim/Basel 1971.
Bösel, M.: Psychologische Beratungsstellen in Baden-Württemberg, Weinheim/Basel 1981.
Bornemann, E.: Erziehungsberatung, München 1981.
Brandt, G.A.: Probleme und Erfolge in der Erziehungsberatung, Weinheim/Basel 1967.
Buckle, D./Lebovici, S.: Leitfaden der Erziehungsberatung, Göttingen 1960.
Buer, F.: Die Geschichte der Erziehungsberatung als Geschichte ihrer Professionalisierung, in: Zygowski, H. (Hrsg.): Erziehungsberatung in der Krise, Tübingen 1984a.
Buer, F.: Zur Funktion und Organisationsstruktur von Erziehungsberatung, in: Zygowski, H. (Hrsg.): Erziehungsberatung in der Krise, Tübingen 1984b.
Bundeskonferenz für Erziehungsberatung (Hrsg.): Bedingungen und Einflußmöglichkeiten institutioneller Erziehungsberatung. Arbeitsgemeinschaft im Zentrum für interdisziplinäre Forschung, Bielefeld 1985, 1986.
Bundeskonferenz für Erziehungsberatung (Hrsg.): Inanspruchnahme von Erziehungsberatungsstellen. Erhebungsergebnisse der Jahre 1980–1985, Fürth 1986.
Bundeskonferenz für Erziehungsberatung (Hrsg.): Umfrage U 01, Fürth 1986.
Bundeskonferenz für Erziehungsberatung (Hrsg.): Ausgewählte Auszählungsergebnisse von Erziehungs- und Familienberatungsstellen in der Bundesrepublik Deutschland und Berlin-West (Stand: 31.12.1987), Fürth 1990.
Bundeskonferenz für Erziehungsberatung (Hrsg.): Informationen für Erziehungsberatungsstellen 1/1993.
Busemann, A.: Zehn Zentren der Erziehungshilfe nach Art der Child Guidance Clinic, Unsere Jugend 1950, S. 274ff.
Bruder-Bezzel, A.: Die Geschichte der Individualpsychologie, Frankfurt a.M. 1991.
Cremer, M./Brusten, M: Erziehungsberatung nach dem medizinischen Modell?, Neue Praxis Nr. 1/1976.
Cremer, H./Hundsalz, A./Menne, K. (Hrsg.): Jahrbuch für Erziehungsberatung, Bd. 1, Weinheim/München 1994.
Deutscher Bundestag (Hrsg.): Bericht über die Lage der Psychiatrie in der Bundesrepublik Deutschland („Psychiatrie-Enquete"), Bonn 1975.
Erziehungsberatung in den neuen Ländern. Ergebnisse einer Erhebung, in: Bundeskonferenz für Erziehungsberatung (Hrsg.): Informationen für Erziehungsberatungsstellen 2 u. 3/1993.
Geib, N./Rosarius, A./Trabant, D.: Auf Spurensuche … Zur Geschichte der Erziehungsberatung, in: Cremer, H./Hundsalz, A./Menne, K. (Hrsg.): Jahrbuch für Erziehungsberatung, Bd. 1, Weinheim/München 1994.
Gerlicher, K. (Hrsg.): Prävention, Göttingen 1980.
Gerlicher, K. u.a.: Familientherapie in der Erziehungsberatung, Weinheim/Basel 1977.
Gmür, W./Buchholz, W. u.a.: Zu den Zugangsproblemen von Unterschichtfamilien. Der Beratungszugang als Entscheidungsprozeß, in: Zygowski, H. (Hrsg.): Erziehungsberatung in der Krise, Tübingen 1984.
Grözinger, H.: Sozialarbeit und therapeutische Zusatzqualifikationen. Klientenauslese durch therapeutische Qualifizierung der Beraterinnen und Berater, Blätter der Wohlfahrtspflege 1/1991.
Hapke, E.: Child Guidance in den USA, Unsere Jugend Nr. 10–11/1951.
Hölzel, S.: Erziehungsberatung, München 1981.
Hundsalz, A.: Aufgaben der Erziehungsberatung bei der Jugendhilfeplanung, Jugendhilfe 1/1995.
Keupp, H.: Psychologische Praxis im gesellschaftlichen Umbruch, Bonn 1987.
Kersten, O.: Praxis der Erziehungsberatung, Stuttgart 1941.
Koblank, E.: Die Erziehungsberatungsstelle, Neuwied 1967.
Koschorke, M.: Unterschicht und Beratung, Wege zum Menschen 25/1973.
Koschorke, M.: Zur Praxis der Beratung mit Unterschichtfamilien, Wege zum Menschen 27/1975.

116

Kurz-Adam, M.: Erziehungsberatung im familialen Wandel (Deutsches Jugendinstitut/Katholische Bundesarbeitsgemeinschaft), München/Freiburg 1993.

Kurz-Adam, M.: Stadt-Land-Unterschiede in der Erziehungsberatung?, Diskurs 1/1993.

Kurz-Adam, M.: Professionalität und Alltag in der Erziehungsberatung, Opladen 1997.

Kurz-Adam, M./Post, I. (Hrsg.): Erziehungsberatung und Wandel der Familie, Opladen 1995.

Langenmayr, A.: Die Diskriminierung von Mädchen in Erziehungsberatungsstellen, Frankfurt a.M. 1980.

Lückert, H.-R. (Hrsg.): Handbuch der Erziehungsberatung, 2 Bde., München/Basel 1964.

Menne, K.: Erziehungsberatung in den neuen Ländern, in: Cremer, H./Hundsalz, A./Menne, K. (Hrsg.): Jahrbuch für Erziehungsberatung, Bd. 1, Weinheim/München 1994 (auch in: Jugendhilfe 1/1994).

Menne, K.: Erziehungsberatung und Kinder- und Jugendhilfestationen, Jugendhilfe 3/1994.

Müller, C. W.: JugendAmt, Weinheim/Basel 1994.

Presting, G.: Erziehungs- und Familienberatungsstellen in der Bundesrepublik Deutschland, in: Bundeskonferenz für Erziehungsberatung (Hrsg.): Bedingungen, Einfluß und Möglichkeiten institutioneller Erziehungs- und Familienberatung. Zweite Arbeitsgemeinschaft im Zentrum für interdisziplinäre Forschung, Bielefeld 1986.

Presting, G.: Erziehungs- und Familienberatungsstellen in der Bundesrepublik Deutschland: Entwicklung, Inanspruchnahme und Tätigkeiten – Erhebungen zur gegenwärtigen Lage, in: Presting, G./Sielert, U./Westphal, R. (Hrsg.): Erziehungskonflikte und Beratung, München 1987.

Presting, G.: Ärzte in Teams von Erziehungsberatungsstellen, in: Presting, G. (Hrsg.): Erziehungs- und Familienberatung (Bundeskonferenz für Erziehungsberatung), Weinheim/München 1991.

Rauschenbach, T.: Soziale Berufe wieder im Aufwind?, Sozialmagazin 12/1991.

Scherpner, H.: Geschichte der Jugendfürsorge, Göttingen 1966.

v. Soden, C.: Die Sexualberatungsstellen in der Weimarer Republik 1919–1933, Berlin 1988.

Smid, H./Armbruster, E.: Institutionelle Erziehungsberatung, Weinheim/Basel 1980.

Specht, F./Spittler, H.D. (Hrsg.): Basistexte und Materialien zur Erziehungs- und Familienberatung, Göttingen 1984.

Tuchelt-Gallwitz, A.: Organisation und Arbeitsweise der Erziehungsberatungsstellen, Weinheim 1970.

Vennen, D.: Behandlungsergebnisse und Wirkfaktoren von Eheberatung, Göttingen 1992.

Wölfel, I.: Das DDR-Erbe in der Erziehungsberatung in den neuen Bundesländern, in: Kurz-Adam, M./Post, I. (Hrsg.): Erziehungsberatung und Wandel der Familie, Opladen 1995.

3

Gemeinwesenorientierte Familienberatung

Fritz Rolf Sonnen

Der Weg in die Beratungsstelle

Der Weg von der Straßenbahnhaltestelle bis zur Beratungsstelle beträgt ungefähr 1.000 Meter und führt quer durch das Wohngebiet, in dem die Menschen leben, die überwiegend die Familienberatung aufsuchen. Die Zeit, welche die Berater für diesen Weg benötigen, wenn sie morgens kommen oder abends auf dem Nachhauseweg sind, ist sehr unterschiedlich. Von irgendeinem Bewohner werden sie fast immer angesprochen. Sie lassen sich ansprechen, sie nehmen sich Zeit für dieses Gespräch. Manchmal bleibt es beim „Guten Morgen" und beim „Wie gehts"; manchmal folgt dann ein Dialog mit viel Inhalt: beispielsweise die Versicherung, zum nächsten Beratungstermin auch „wirklich" zu kommen. Eine Entschuldigung dafür, daß man die letzten beiden Terminabsprachen nicht einhalten konnte. Vielleicht auch die Mitteilung über ein wichtiges Ereignis in der Familie: Die Lehrerin des Sohnes Richi meint, das Kind könne mehr leisten, wenn … Oder: Die Information über einen „Skandal", der Vermieter fordert den Abriß der Hausbegrünung. Möglicherweise eine Bitte um „Einmischung" im Haus, da es in letzter Zeit immer wieder zu Streit zwischen einigen Mietparteien gekommen sei. Vielleicht die Befürchtung, daß die 16jährige Tochter schwanger sein könne, und was sie jetzt machen solle. Oder: die Anfrage, wann trifft sich die Mieterinitiative das nächstemal oder … oder …

Es kann natürlich auch sein, daß die Berater den Eindruck haben, Frau W. oder Herr W. wollten ihnen wohl nicht begegnen und sind deswegen „frühzeitig" auf die andere Straßenseite gewechselt. Die Berater sind also oft schon auf der Straße unvermittelt mit den Themen des jeweiligen Arbeitstages konfrontiert.

Die Menschen im Umfeld der *Familienberatung*

Das Einzugsgebiet der *Familienberatung* liegt im Norden von Köln-Mülheim und wird umgangssprachlich das „Hacketäuer Gebiet" genannt. Hier wohnen ca. 14.000 Menschen.

Der Begriff „Hacketäuer" steht für viele Inhalte: „Hacketäuer" ist nicht nur der Name einer Kaserne und der daran vorbei laufenden Straße, sondern steht als Begriff mit „schillerndem" Inhalt für das ganze Viertel im Mülheimer Norden.[1] „Hacke tau!" war der Schlachtruf des Infanterieregiments Nr. 16 (3. Westfälisches), Freiherr-von-Sparr, des Regiments der Hacketäuer, die „erfolgreich" z.B. 1870/71 gegen Frankreich und bei der Niederschlagung des Boxeraufstandes in China gekämpft haben. Seit 1894 wird er meist mit der im Mülheimer Norden in einem ehemaligen Sumpfgebiet errichteten Kaserne in Verbindung gebracht. Der Begriff steht auch dafür, daß am Ende des Ersten Weltkrieges nur 200 Hacketäuer überlebten – gefallen waren 4.202 Soldaten. Seit 1927 steht er für „Familienquartiere des Wohlfahrtsamtes", „das Haus der 580 Kinder". Während des Zweiten Weltkrieges mußten Zwangsarbeiter von hier aus in die umliegenden Fabriken marschieren. Zu Beginn der 60er Jahre ist die „Hacketäuer Kaserne" der größte soziale Brennpunkt in der Bundesrepublik Deutschland. In den Folgejahren steht „Hacketäuer" für ein spezielles Sanierungsprojekt mit dem damals bundesweit bekannten „Dreistufenplan": Ehemals Obdachlose sollten sich in drei Stufen „bewähren" und innerhalb des Viertels in eine bessere Wohnung aufsteigen können. Voraussetzung dafür war der Abriß der alten Kasernenbauten. Sie wurden durch Wohnhäuser nach einem abgestuften Wohnungsbauprogramm ersetzt:

- Ein Übergangshaus/Sozialhaus (Eigentümer: Stadt Köln) mit variablen Größen der Unterkunftseinheiten (1967: 18 Wohneinheiten), für Kohleöfen vorgesehen, eigenes WC, Gemeinschaftsduschen im Keller.
- Wohnungen in acht „Kinderreichenhäusern" (Eigentümer: Stadt Köln), 9 oder 12 Parteien pro Haus, 3 Wohnungen pro Etage, 49–74 qm, für Kohleöfen vorgesehen, eigenes WC und Bad, ohne Balkon.
- 375 Wohnungen im „Sozialen Wohnungsbau" (Eigentümer: ein von der Stadt kontrolliertes Wohnungsbau-Unternehmen), davon:
- 255 Wohnungen in 20 Häusern, 9/12/15 Parteien pro Haus, 3 Wohnungen pro Etage, 65–90 qm, für Kohleöfen vorgesehen, eigenes WC und Bad, Balkon, Lastenaufzug im Treppenhaus.
- 120 Wohnungen in 5 Hochhäusern mit je 24 Mietparteien, 54–94 qm, Zentralheizung, eigenes WC und Bad, Balkon, Personenaufzug.
- 16 Appartements in dem sogenannten Personalhaus (Eigentümer: Wohnungsbauunternehmen), 35 und 36 qm, Zentralheizung, eigenes Bad und WC, Balkon.

In den 70er Jahren wurden durch Ratsbeschluß die bis dahin gültigen Nutzungsverträge durch Mietverträge ersetzt (gilt nicht für das Sozialhaus) und die städtischen Häuser in das Eigentum des Wohnungsbauunternehmens überführt. Seitdem ist die Hacketäuer-Siedlung kein „sozialer Brennpunkt" mehr. Daß mit diesem Federstrich nicht auch gleichzeitig alle sozialen Probleme des Viertels gelöst sind, macht 1983 eine Jugendamtsuntersuchung deutlich. Die Siedlung wird als ein Wohnquartier ausgewiesen, in dem „diejenigen Faktoren, die die Lebensbedingungen ihrer Bewohner und insbesondere die Sozialisationsbedingungen von Kindern und Jugendlichen negativ bestimmen, kumulativ auftreten".[2]
Der Rat der Stadt Köln hat daher der Siedlung den Status eines „sozialen Schwerpunktes" verliehen. Aufgrund dessen können städtische Fördermittel für die Soziale Arbeit und für besonderen Aufwand des Wohnungsbauunternehmens (im Rahmen von Gewährleistungsverträgen) zur Verfügung gestellt werden. In den 480 Wohnungen der Siedlung wohnen heute ungefähr 1.800 Menschen (darunter noch eine hohe Zahl ehemaliger Kasernenbewohner). Nach langen Sanierungsauseinandersetzungen in den 80er Jahren sind jetzt alle Wohnhäuser (ausgenommen das ehemalige Sozialhaus) mit einer wärmedämmenden Außenhaut, Zentralheizung, Doppelfenstern sowie in Bad und Küche mit elektrischen Durchlauferhitzern ausgestattet worden. Es ist erklärtes Ziel der Wohnungspolitik der Stadt Köln, den Wohnraum im „Hacketäuer" preisgünstig zu halten.

(Hinweise zu dieser Phase der Siedlungsgeschichte dieses Stadtteils findet man auch im Buch: „ObDach" von Norbert Preußer, 1993, S. 82ff.)

Die zweite Prägung dieses Stadtviertels geschah in der Zeit der Industrieansiedlung in der ehemaligen selbständigen Stadt Mülheim am Rhein. Die Hacketäuer-Kaserne liegt am Rande eines Wohnviertels für Arbeiter der benachbarten, seit 1880 im Rahmen der Industrialisierung neu gegründeten, großen Industriebetriebe. Mehr als 1/3 der Bewohner in der Wohnsiedlung Hacketäuer muß von der Sozialhilfe leben. Hierzu zählen auch viele Haushalte der zahlreichen alleinerziehenden Frauen und Männer. Eine weitere große Gruppe bezieht Arbeitslosenhilfe (Langzeitarbeitslose; die durchschnittliche Dauer liegt im Arbeitsamtsbereich Mülheim mit ca. 17 Monaten weit über dem Bundesdurchschnitt von ca. 6 Monaten). Ein anderer Teil lebt von einer (meist niedrigen) Rente; hierunter befinden sich viele Frührentner. Neben der ansteigenden Zahl an erwachsenen Arbeitslosen sind auch die Jugendlichen stark von den fehlenden Ausbildungs- und Arbeitsmöglichkeiten betroffen. Diese Situation rührt einmal von der Strukturschwäche des Arbeitsmarktes in Mülheim her. Aufgrund von Betriebsschließungen und Rationalisierungen wächst hier entgegen dem allgemeinen Trend auch die Zahl der arbeitslosen Facharbeiter. Zum zweiten beträgt der Anteil an Arbeitslosen ohne abgeschlossene Berufsausbildung immerhin 70% (Bundesdurchschnitt: 50%).[3] Hierin liegt ein Hinweis auf das generell niedrige Bildungsniveau im Einzugsgebiet und die damit verbundene Chancenungleichheit. Wenn auch die Anzahl an Familien mit fünf und mehr Kindern in den letzten Jahren gesunken ist, so ist der Kinderreichtum dieses Viertels immer noch überdurchschnittlich.

Die nicht nur finanzielle Not einer großen Zahl der Bewohner läßt sich dann auch an häufig wiederkehrenden Beratungsthemen festmachen:

- *Mietrückstand*: Gefahr des Wohnungsverlustes.
- *Überschuldung*: Kontosperrung – Pfändung – Gefahr des Verlustes des Arbeitsplatzes.
- *Abhängigkeit* von staatlichen Leistungen: Das bedeutet:
  sich gegenüber den Behörden als „gläsernes Objekt" fühlen;
  sich innerhalb der Gesellschaft als Benachteiligte erleben;
- *Schwierigkeiten* mit irgendeiner Institution zu haben (Sozialamt, Vermieter, Arbeitsamt, Wohnungsamt, Jugendamt, Arbeitgeber, Schule und nicht zuletzt mit Versand- bzw. Warenhäusern und Kreditgebern); und schließlich das
- *Scheitern* der eigenen Bemühungen befürchten zu müssen.

In diesem Buch wurde schon mehrfach erwähnt, daß die psychosoziale Versorgung der sozial benachteiligten Bevölkerung und ihr Zugang zu den Beratungsstellen bei uns immer noch unterentwickelt ist. Wie muß eine Beratungstelle beschaffen sein, und welches Kozept benötigen die Fachkräfte, um ihre Hilfen gerade für diese Gruppe wirkungsvoll anbieten zu können?

Die *Familienberatung*

Die *Familienberatung* wird nach den Richtlinien des Landes Nordrhein-Westfalen als „Beratungsstelle für Familien-, Erziehungs-, Ehe- und Lebensfragen" gefördert. Der Träger ist die „Christliche Sozialhilfe Köln e.V.", ein ökumenischer Verein, der

Mitte der 60er Jahre vom Amt für Diakonie des Evangelischen Stadtkirchenverbandes Köln und dem Caritasverband für die Stadt Köln in Absprache mit der Stadt Köln und nach Zusage städtischer Finanzmittel gegründet wurde. Bei einem Vergleich mit der obenerwähnten großstädtischen Beratungsstelle wird der größere Freiheitsspielraum und auch das starke Engagement der Fachkräfte dieses freien Trägers deutlich. Gegenwärtig unterhält „die Christliche", wie die „CSH" von den Bewohnern oft genannt wird, im Norden von Köln-Mülheim weitere sechs soziale Einrichtungen: vier Kindertagesstätten, einen Kinder- und Jugendclub und eine Familienbildungsstätte. Zusammen mit dem kinderärztlichen und frauenärztlichen Dienst der Stadt Köln ist die Beratungsstelle (räumlich sehr beengt) in drei Wohnungen (49 qm, 64 qm und 64 qm) mitten in der Wohnsiedlung „Hacketäuer" untergebracht. Bei der Möblierung und sonstigen Ausstattung der *Familienberatung* wurde ein besonderes Augenmerk darauf gelegt, nicht neue Barrieren zu schaffen und jeglichen Behördencharakter zu vermeiden.

Das Mitarbeiterteam der Familienberatung ist multiprofessionell zusammengesetzt. Hier arbeiten zwei hauptamtliche Sekretärinnen, drei Diplomsozialarbeiterinnen (mit Zusatzausbildungen für Gruppenpädagogik, Schuldnerberatung, Eheberatung und Familientherapie), ein Heilpädagoge mit einer familientherapeutischen Zusatzausbildung und als Leiter ein Diplompsychologe (klinischer Psychologe). Unterstützt wird das Team noch durch einige Honorarkräfte, darunter ein Kinderarzt und ein Rechtsanwalt.

Beratungsalltag und Konzept

Der Name der Beratungsstelle *Familienberatung* steht für einen ganzheitlichen, integrativen Arbeitsansatz. Er umfaßt neben der Familien-, Erziehungs-, Ehe- und Lebensberatung als weitere Arbeitsschwerpunkte Sozial- und Schuldnerberatung sowie Gruppen- und Gemeinwesenarbeit. Die letztgenannten Bereiche gelten sowohl als ergänzende Maßnahmen und Angebote zur therapeutischen und beraterischen Arbeit (sozialtherapeutische Interventionsstrategien, aktionale Beratung bzw. Therapie) wie auch als eigenständige Arbeitsfelder. In der engen Verbindung und den sich ergebenden Ergänzungen aller genannten Beratungsbereiche zeigt sich die spezifische Ausprägung des Beratungsangebotes der Familienberatung.

Eine ganzheitliche Betrachtung der Wirklichkeit ist die Grundlage jeglicher Arbeit in der Familienberatung. Beeinflußt werden diese Überlegungen einmal durch ein christlich geprägtes Bild vom Menschen: Der Mensch immer „mehr" als das, was man gerade von ihm sieht oder weiß oder man jemals von ihm sehen bzw. wissen wird. Alle Menschen sollten gleicherweise in ihrer Begrenzung so verstanden werden, daß sie ohne Ansehen der Person eine unendliche Wertschätzung genießen.

Die Ratsuchenden repräsentieren immer *mehr* als das Problem, das sie zur Zeit bedrückt, bzw. die Frage, die sie aktuell in der Beratungsstelle vortragen. Sie sind nur aufgrund ihrer ganzen Geschichte, mit ihrer Familie und in ihrer Umwelt (z.B. Hausgemeinschaft, Wohnumfeld, Arbeitskolleginnen usw.) zu verstehen. Dies gilt auch dann, wenn eine Besucherin der Familienberatung „nur" eine Hilfestellung bei einem Kurantrag wünscht. Oft genug ist dieser Weg zunächst ein Test der Mitarbeiterinnen und Mitarbeiter für das nächste Problem. Unteilbarkeit des Ratsuchenden heißt Unteilbarkeit der Probleme, die in der Beratungsstelle vorgetragen werden.

Frau O. kommt heute wegen ihres noch mit acht Jahren einnässenden Sohnes. Mor-

gen benötigt sie Unterstützung, weil sie ihren Sozialhilfebescheid nicht versteht. Über-
morgen möchte sie ein Mahnschreiben des Vermieters besprechen. Frau O. braucht
nicht zu befürchten, sich auf drei verschiedene Beraterinnen einstellen zu müssen. Ent-
sprechend dem Konzept einer ganzheitlichen Beratung, existieren die verschiedenen
fachlichen Zuständigkeiten nur innerhalb des Teams, nicht jedoch den Ratsuchenden
gegenüber. Jedes Teammitglied trägt in dem ihm zugeordneten Fachbereich die fach-
liche Verantwortung für die Arbeit aller anderen Teammitglieder in dem jeweiligen
Bereich. Die eine für den Ratsuchenden „zuständige" Beraterin wird so in die Lage
versetzt, die komplexen Bedingungsgefüge zu klären und zu erarbeiten, ob und was
z.B. den drei vorgetragenen Problemen gemeinsam sein könnte.

Einer ganzheitlichen Diagnose (Alltagsbegegnungen, Gespräche, Interviews, Anamnesen, Beobachten; seltener testdiagnostische Verfahren) folgt dann auch eine ganzheitliche Beratungsstrategie, die wiederum auf den Alltag bezogen ist.

H.E. Richter nennt solche Vorgehensweisen *sozialtherapeutische Interventions-strategien.* In der Familienberatung wird von Formen aktionaler Beratung bzw. The-rapie gesprochen. Über eine gemeinsame Aktion von Beratern und Ratsuchenden, werden Einsichten erreicht oder auch wieder Mut zum eigenen Tun vermittelt. Dazu kann auch ein gemeinsamer Gang zum Sozialamt gehören, um ein Anliegen zu re-geln, oder, im Rahmen einer Kindertherapie, ein Vogelhaus zu bauen oder schwim-men zu gehen. Immer die ganze Familie einzubeziehen, zumindest rein „denke-risch". Dazu gehören oft auch Großeltern, Tanten, Onkel, vielleicht auch mal die Nachbarn; das hat sich als eines der erfolgreichen Arbeitsprinzipien herausgestellt. Es gilt nicht nur unter dem Aspekt, daß dem vorgeschobenen Betroffenen (in der Fachsprache: „Problemträger" oder „identifizierter Patient") allein nicht geholfen werden kann, sondern auch, weil in diesem Wohnumfeld der „Clan" und die Nach-barschaft noch sehr viel mehr Einfluß auf familiäre Abläufe haben als anderswo. Auch erwarten die Eltern erst einmal für sich selbst Unterstützung, ehe die Berate-rin oder der Berater etwas für das Kind tun darf.

Beratungs- und Therapieangebote für sozial Benachteiligte werden nur dann an-genommen, wenn man den Fachkräften trauen kann, so daß sich mit der Zeit eine tragfähige Beziehung aufbaut. Erst auf dieser Grundlage können sich die Betroffe-nen entscheiden, zur Familienberatung zu gehen, um dort *auch* über ihre (seelischen) Probleme zu reden. Am Anfang steht also der „Beratertest". Für die Annahme psy-chologisch orientierter Hilfe in der Siedlung wie im Umfeld ist diese Herangehens-weise ein bedeutsamer Prüfstein:

Wie soll der denn von Erziehungsfragen eine Ahnung haben, wenn er schon bei
Wohnungsfragen nix weiß?

Die Bewohner sind oft nur dann bereit, die Beratungsstelle aufzusuchen oder/und einen im Verlauf eines Beratungsprozesses erarbeiteten Weg zu beschreiten, wenn sie sich sicher fühlen, als Individuum im Alltag mit all den kleinen und großen Sorgen (auch ein verstopfter Abfluß kann Thema werden) angenommen zu sein.

Alltagsbezogenheit, Quartierbezogenheit und *Ganzheitlichkeit* sind die wichtigsten Merkmale dieses gemeinwesenorientierten Ansatzes. Alle Faktoren bedingen sich gegenseitig. Diese Form der Beratungsarbeit bringt es mit sich, daß das Tun der Berater, wie die anfänglich zitierten Straßengespräche gezeigt haben, sehr viel kon-kreter auf einem täglichen Prüfstand der Bewohner des Viertels steht, als es bei Einrichtungen mit der „Komm-Struktur" der Fall ist. Bei fehlender Konkretheit, wenn der Alltagsbezug nicht hergestellt werden kann, wird der Beratungsprozeß häufig abgebrochen. Die Fachkräfte müssen sich bewußt sein, daß fast alles, was in solchen Prozessen geschieht, Auswirkungen auf das Leben im Viertel hat. Diese Realität aus dem Beratungsalltag zu verbannen hieße unweigerlich, die Familienberatung aus dem Blickfeld des Viertels auszublenden.

Die *Sozial- und Schuldnerberatung* ist häufig Teil einer therapeutischen Arbeit, wenn z.B. im Rahmen einer Lebensberatung auch Schulden oder andere finanzielle und soziale Probleme deutlich werden. Ebenso wenn es gilt, zunächst ein Wohnungsproblem zu lösen, ehe es sinnvoll erscheint, in eine Erziehungsberatung einzusteigen. Schulden können aber auch statt „nur Randbegleitung" anderer seelischer Störungen selbst ein Ausdruck (oder Symptom) seelischen Leidens sein. Es reicht dann auch nicht, eine Schuldenregulierung anzubieten, sondern Schuldnerberatung einschließlich therapeutischer Hilfe ist angesagt. Weiterhin können Schulden oder auch andere finanzielle Probleme ihrerseits zu Auslösern für eine Vielzahl psychischer Probleme werden (vgl. unten, Schuldnerberatung, S. 141).

Für die Akzeptanz einer gemeinwesenorientierten Beratungsstelle ist es wichtig, daß sich auch schrankenlose Anknüpfungspunkte ergeben, um einfach mal vorbeigehen zu können. Etwa wenn man „nur" einmal das Telefon der Beratungsstelle benutzen möchte, um die Tochter anzurufen.

Dieses Konzept gemeinwesenorientierter Beratung hat *drei* voneinander nicht trennbare Dimensionen:

1. die Zusammenarbeit mit Kolleginnen und Kollegen in Fachgremien,
2. politische Aktivitäten der Berater im Gemeinwesen und
3. die Unterstützung der Betroffenen selber, für die eigene Sache im Gemeinwesen aktiv zu werden.

Dieses Verständnis von Gemeinwesenarbeit trifft sich mit H.E. Richters Begriff der *Sozialtherapie*: „Eine eigentlich sozialtherapeutische Perspektive führt (...) dazu, Einzelne, Paare, Familien innerhalb ihrer komplexen sozialen Beziehungen zu verstehen und zu unterstützen. Sozialtherapie achtet darauf, wie Menschen wohnen und arbeiten, wie sie mit Nachbarn und Behörden umgehen. Sozialtherapie will nicht nur Menschen helfen, sich gegen äußere Entfremdung und Überforderung besser zu schützen oder durchzusetzen, sondern obendrein präventiv auf soziale Bedingungen selbst einwirken".[4]

So werden die Bewohner ermutigt, selbst für ihre sozialen, kulturellen und kommunalpolitischen Belange einzutreten. Derartige Aktivitäten können sein:

- Der Kampf der Frauen in der Siedlung für ein Weiterbestehen der kostenlosen frauenärztlichen Untersuchung und Beratung (mit Pillenausgabe).
- Das Engagement deutscher und türkischer Mieter für eine grundlegende Sanierung ihrer Wohnungen in Laubenganghäusern.
- Die Bemühungen der Spielplatzinitiative für den seit zwei Jahren zugesagten Bau eines Spielplatzes für die älteren Kinder.
- Unterstützung der „Aktionsgemeinschaft Kinder in Mülheim", die über Spendenmittel Finanzen für die Durchführung von Ferienmaßnahmen für die Mülheimer Kinder beschaffen möchte.

Bei solchen Aktivitäten kommt es zu einem „Sich-gegenseitig-Mut-Machen", werden persönliche Ängste überwunden, andere Formen des „Miteinanderredens" und des „Miteinanderumgehens" erprobt. Es kommt zu neuen Erfahrungen, das Zutrauen in eigene, vielleicht bisher nicht geweckte Fähigkeiten wird gestärkt, politisches Handeln und auch das Durchstehen langwieriger Prozesse können erlernt werden. Oft kann man dabei auch Erfolge feiern.

Für Ratsuchende der Familienberatung ist dieses Arbeitskonzept noch in weiterer Hinsicht von großer Bedeutung. Dieser Ansatz kann dazu beitragen, die jeweiligen individuellen und gesellschaftlichen Anteile an seelischem Leiden genauer herauszuarbeiten, und hilft so, die persönliche von der gesellschaftlichen Verantwortung abzugrenzen. Die Gruppen- und Gemeinwesenarbeit eröffnet dann die Möglichkeit, aus der „Enge" der Beratung oder Therapie herauszutreten und auch auf größere Strukturen (Quartier, Gemeinwesen) Einfluß zu nehmen, Veränderungen mitzugestalten. In der Begleitung dieser Aktivitäten durch einen Mitarbeiter oder eine Mitarbeiterin der Familienberatung eröffnen sich für Menschen, die sich gleichzeitig noch in einem Beratungsprozeß befinden, Möglichkeiten, das, was „drinnen" (im Beratungsprozeß) gelernt worden ist, „draußen" in der Alltagsrealität, falls notwendig noch unter dem Auge der Berater umzusetzen.

Für den Beratungsalltag, quer durch alle Arbeitsfelder, ist von Bedeutung, daß ein großer Arbeitsanteil außerhalb der Einrichtung geleistet wird. Die Beraterinnen und Berater gehen zu den bzw. begleiten die Bewohner. Auch therapeutische Schritte sind im Rahmen von Hausbesuchen oder bei Kontaktaufnahme in anderer vertrauter Umgebung (wie etwa der Kindertagesstätte) ausdrücklich möglich. Oft nehmen Fachkräfte und Betroffene auf informelle Weise miteinander Kontakt auf, z.B. auf der Straße, beim Einkaufen, vielleicht auch mal in der Wirtschaft an der Ecke. Also überall dort, wo man sich trifft, können Beziehungen angeknüpft oder weiter gefestigt werden. Auch ein „Miteinanderfeiern", etwa im Rahmen eines Stadtteilfestes, ist wichtig und gehört dazu. Außer den schon genannten besonderen Kennzeichen der Beratungsarbeit, welche die Familienberatung mitten in das Geschehen des Viertels einbinden, sind noch folgende besondere Kriterien zu nennen:

- Hoher Anteil an *Kriseninterventionen*: Die Familienberatung als „soziale, pädagogische und psychologische Feuerwehr". Wenn es in der Familie „brennt", geht man einfach schnell mal ins Nachbarhaus zur Beratungsstelle.
- Tägliche *offene Sprechstunden*: Jeder kann unangemeldet kommen, eine Tasse Kaffee trinken oder einfach mal hereinschauen.
- Denn zur Beratungsstelle ist es nur ein Weg der *kleinen Schritte*: Die Berater sind fußläufig zu erreichen, oft auch außerhalb der Arbeitszeiten; jeder kennt sie.
- *Geringe Trennung* zwischen „Beratung" und „Nichtberatung": Im Gegensatz zu Beratungsstellen mit der „Komm-Struktur" kann man gar nicht genau sagen, wann die Beratung eigentlich angefangen hat. War es der erste Besuch im Büro oder schon das Gespräch auf dem Spielplatz vorher?
- Vor allem in der *Anfangsphase* der Arbeit benötigen Berater eine fast unendliche Geduld. Sie müssen warten können, genau hinschauen, um sich bei jedem Schritt darüber im klaren zu sein, wo die Ratsuchende steht, wo sie „abgeholt" werden will/muß.
- Der meßbare *Beratungserfolg* wird dadurch schwieriger. Wie soll man diesen für die Geldgeber dokumentieren? Denn die wichtigste Frage ist meist nicht die nach dem Leiden, sondern nach dem „Können" der Ratsuchenden. „Immer-wieder-neu-Ansetzen", auch „Hinterhergehen" sind oft von den Beratern geforderte Wege, ehe es den Ratsuchenden möglich wird, regelmäßig zu den vereinbarten

Beratungsterminen zu kommen bzw. einen begonnenen Beratungsprozeß auch zu Ende zu führen.

So benötigt z.B. Herr F. fast ein halbes Jahr, bis er „Herrn Dings" zum ersten Mal mit seinem Namen anspricht. Die Namensnennung bedeutet einen dieser so wichtigen kleinen Schritte: Herr F. hat zu seinem Berater eine neue Beziehung aufgenommen, weitere gemeinsame Schritte im Beratungsprozeß können jetzt folgen.

- *Sozialpädagogische Gruppenarbeit:* Neben Formen der Gruppenarbeit, die innerhalb der Räume der Familienberatung stattfinden, existieren „durchmischte" Gruppen: Hausversammlungen, auf denen Konflikte der Hausgemeinschaft miteinander geregelt werden können; eine Fußballgruppe (in Kooperation mit der Jugendarbeit) und die Männergruppe in Zusammenarbeit mit der Familienbildungsstätte der „CSH".

- Die *Kindergruppe:* Jedes Kind kann in der Fußballgruppe mittrainieren und mitspielen. Hier haben die Kinder, die im Rahmen einer Erziehungsberatungs-Anmeldung vorgestellt werden und nicht sofort behandelt werden müssen oder können, die Möglichkeit, sich im „wirklichen" Leben zu verhalten: Umgang mit Regeln, Einhalten von Absprachen, soziale Kontakte aufnehmen und sie erhalten, sich in eine Gruppe eingeben und abgrenzen lernen, Durchhalten üben, Mißgeschicke ertragen und Erfolge erleben.

- Im *Alltag* der Familienberatung ergeben sich immer wieder Möglichkeiten, Gruppen aus dem „wirklichen" Leben zu begleiten. Oft kommen Ratsuchende „nur" deshalb in die Beratungsstelle, um sich ein wenig Mut abzuholen, und finden sich dann ganz gut alleine zurecht: beispielsweise die Frauen, die das Café „Em Eck" organisieren, oder die Männer, die der Siedlung als „Vorgartenaktivler" ein neues, freundlicheres, grünes Gesicht gegeben haben.

Vernetzung der Familienberatung

Eine der Voraussetzungen für eine erfolgreiche gemeinwesenorientierte Beratung ist ihre *Vernetzung* mit anderen Institutionen. Was ist damit gemeint?

Mehrere Frauen und Männer klagen immer wieder über die in der Siedlung fehlenden Spielmöglichkeiten für Kinder. Im Team der Beratungsstelle fällt der Beschluß, dieses Thema aufzugreifen und zu prüfen, ob im Rahmen der Gemeinwesenarbeit eine Lösung des Problems gefunden werden kann. Eine Beraterin übernimmt innerhalb des Teams die Federführung für dieses Projekt. Die anderen Kolleginnen und Kollegen werden sie, soweit nötig, in der Arbeit unterstützen. In der Siedlung bildet sich eine Spielplatzinitiative, die sich um die Umgestaltung eines Brachgeländes zu einem Spielplatz für bis zwölfjährige Kinder bemüht. Die Gruppe will nicht nur, daß irgendwer diesen Platz plant und baut, sondern sie möchte selber Ideen einbringen und mit fachmännischer Hilfe umsetzen. Damit die engagierten Bewohner breite Unterstützung aus dem Stadtteil erhalten und die Öffentlichkeit auf das Problem der fehlenden Spielmöglichkeiten aufmerksam wird, soll der Beginn dieser Aktion mit einem Spielefest starten. Dieses wird von den Mitarbeiterinnen in der Spielplatzinitiative weitgehend selbständig vorbereitet und mit vielen Ideen (wie z.B. das „Strandbad" im Sandkasten, Musikcafé, Straßenspiele) gestaltet. Dabei werden sie auch von den umliegenden Kindertagesstätten, Jugendeinrichtungen und der zuständigen Abteilung im Jugendamt, die einen Spielecontainer zur Verfügung stellt, unterstützt. Die politischen Parteien schicken zum Fest sogar Abgeordnete, und die Zeitungen berichten darüber: Das Projekt lebt!

Die Vernetzung der Beratungsstelle gewährleistet zugleich die Vernetzung der Initiative, was vor allem dann wichtig wird, wenn es „hakt" – und es „hakt" fast immer, wenn es um Geld geht. Aber auch, wenn die Bürgerinnen und Bürger es anders wollen als das Amt. Bei ihren Aktivitäten lernen die Bewohner die soziale Infrastruktur in ihrem Umfeld kennen. Die Männer der Spielplatzinitiative suchen Spielplätze der umliegenden Stadtteile und Gemeinden auf (wieder mal selbst zu spielen macht ihnen riesigen Spaß) und lassen die gewonnenen Erfahrungen in ihre Planungen einfließen. Die Frauen bringen in Erfahrung, daß sie bauhandwerkliche Unterstützung über ein städtisches Projekt zur Förderung arbeitsloser Jugendlicher erhalten können. Für alle eröffnen sich neue Handlungsmöglichkeiten.

Das Engagement der Bewohner, die z.B. in der Mietergruppe tätig sind, führt auch zu zusätzlichen *Vernetzungen* der Familienberatung und eröffnet neue Bereiche: Zusammenarbeit mit anderen Mietergruppen und Selbsthilfeprojekten zum Thema Mietermitbestimmung.

Grenzen gemeinwesenorientierter Beratung

Durch die Verankerung im Stadtviertel sowie die Gemeinwesenorientierung haben viele kurzfristige und punktuelle Beratungsgespräche den Charakter einer *funktionalen Beratung*. Etwa das Treffen auf dem Spielplatz oder beim Kaffeeplausch. Damit leistet die gemeinwesenorientierte Beratung die in der Sozialen Arbeit bekannte und schon diskutierte *Querschnittfunktion* durch alle möglichen Lebensfragen hindurch. Zeitlich danach kann es aber auch (als Fortsetzung oder parallel dazu) zu Beratungsvorgängen kommen, die denjenigen in der *hochschwelligen institutionalen Beratung* entsprechen. Auch in der Hacketäuer-Siedlung können die Gespräche sehr „tief" gehen. Gleichzeitig verfügt das Fachpersonal über das breite Instrumentarium von Informations- und Hilfemöglichkeiten aus der Sozialen Arbeit. Wir haben es also mit dem seltenen Fall zu tun, daß funktionale und institutionale Beratung praktisch und faktisch zusammenfallen. Ein derartig anspruchsvolles Konzept gelingt nur, wenn die Fachkräfte sowohl gute Sozialarbeiter und auch gute Berater sind. Diese ganzheitliche Orientierung hat aber auch gerade deswegen ihre speziellen Schwierigkeiten und Probleme. Um dieses Konzept in den Beratungsalltag umsetzen zu können, ist es wichtig, auch seine *Grenzen* zu benennen. Als ein nicht zu unterschätzender Faktor erweist sich das „Nähe-Distanz-Problem":

Im Rahmen einer Familientherapie mit einer fünfköpfigen Familie ist das Alkoholproblem des Vaters ein Thema. Es wird in seiner vielschichtigen Bedeutung für jedes Familienmitglied beleuchtet. Eine Erkenntnis ist neu: Neben der Verantwortlichkeit des Vaters für seinen starken Alkoholkonsum tragen auch andere Familienmitglieder dazu bei. Denn die Trunksucht des Vaters stellt für die gesamte Familie auch eine willkommene Problemlösungsstrategie dar (Co-Alkoholismus). In der nächsten Stunde soll darüber weitergearbeitet werden. Nach dieser Sitzung verläßt die Familie die Familienberatung und wird auf dem Platz vor der Beratungsstelle von einer Männergruppe in Empfang genommen und nach ihrem Kontakt zu uns befragt. Der Vater erhält von seinen „Kumpeln" als erstes eine Flasche Bier ...

Die soziale Kontrolle, der alle Besucherinnen und Besucher der Familienberatung unterliegen, hat um so eher „abhaltende" Wirkung, je mehr das Beratungsproblem gesellschaftlich (bezogen auf die unmittelbare Nachbarschaft) sanktioniert wird und/oder als Tabu gilt. Beispielsweise im Falle eines sexuellen Mißbrauchs ist therapeutische Arbeit mit einem Täter, der aus dem unmittelbaren Umfeld stammt, jedenfalls in der ersten Phase *nicht* in den Räumen der Familienberatung möglich. Das Betreten der Beratungsstelle könnte von den Menschen im Umfeld, die „gerüchteweise etwas läuten gehört haben", als Tateingeständnis gewertet werden. Das Bekenntnis zur Tat steht aber durchweg am Ende einer längeren ersten Beratungsphase und nicht an deren Anfang. Über die Vernetzung der Beratungsstelle im Viertel besteht in solchen Fällen die Möglichkeit, die Beratung in anderen Beratungsräumen, z.B. der evangelischen Gemeinde, durchzuführen.

Die Kontaktaufnahme zu einer Beraterin, die in aller Öffentlichkeit stattfindet, kann andererseits auch ein Schutz gegenüber den Nachbarn sein. Diese haben ja sowieso jeden im Auge, der mit einer Beraterin spricht oder die Beratungsstelle aufsucht. Je weniger eindeutig für Beobachter ersichtlich ist, warum jemand in das Haus geht, in dem sich die Beratungsräume befinden, desto geringer entwickelt sind die Vorbehalte bei den Betroffenen. Insofern sind sowohl der ganzheitliche Arbeitsansatz (es kann eben „alles" Thema eines Gespräches mit der Beraterin sein) als auch die Unterbringung der *Familienberatung* in einem Wohnhaus wie letztlich auch die Verbindung der Beratungsstelle zum Kinder- und Frauenärztlichen Dienst der Stadt Köln für den ersten Schritt in die Beratungsräume förderlich. Gegenüber den Ratsuchenden wird immer wieder deutlich gemacht, daß das Wissen der Berater vor unbefugten Zugriffen gesichert ist. In der Betonung der Bedeutung des Datenschutzes und der Schweigepflicht (vgl. unten, S. 201) der Berater machen die Ratsuchenden die wichtige Erfahrung, daß sie gegenüber Behörden oder auch Nachbarn nicht nur „gläserne Objekte" sind. Daß selbst der Besuch eines Familienmitgliedes (sofern 14 Jahre und älter) in der Familienberatung gegenüber den anderen Mitgliedern der Familie und erst recht Außenstehenden gegenüber eine Tatsache ist, welche der Schweigepflicht unterliegt. Beispielsweise wird auf die Frage an der Türe: „Ist der ‚Soundso' da?" nicht einfach mit „Ja" oder „Nein" geantwortet, und dies erzeugt manchmal ungläubiges Staunen. Denn damit wird das „Dorfprinzip", wonach jeder von jedem „alles" weiß, durchbrochen. Die verwaltungstechnischen Regelungen zu Beginn einer Beratung erhalten in diesem Zusammenhang eine tiefere als nur formale Bedeutung: Ohne schriftliche Einverständniserklärung, beispielsweise für eine psychologische Untersuchung, die Rücksprache mit einer Ärztin oder eventuell der Lehrerin, können und wollen die Mitarbeiterinnen und Mitarbeiter der Beratungsstelle nicht tätig werden. Dieses „Nähe-Distanz-Problem" erhält durch die unterschiedlichen Möglichkeiten von Begegnung innerhalb und außerhalb der Familienberatung eine weitere Dimension:

Mit Frau P. hat am Nachmittag ein Gespräch stattgefunden, in dem, ausgehend von ihrem Verhältnis zum gewalttätigen Vater, über ihre heutigen Beziehungsmöglichkeiten zu Männern nachgedacht worden ist. Der Berater erkennt den Widerstand der Klientin gegen seine Interventionen und spürt deutlich, daß sie Muster ihres Vaters in ihn projiziert („Übertragung"). Bei der am selben Abend stattfindenden Sitzung der „Siedlungsinitiative", an welcher beide teilnehmen, kann das natürlich Auswirkungen haben. In dieser Situation ist es die vorrangige Aufgabe des Beraters, der Betroffenen

die Sicherheit zu vermitteln, daß es seinerseits nicht zu einer Vermischung der Ebenen
– Versammlung und Beratungsgespräch – kommt.

Gerade Fachkräfte in der gemeinwesenorientierten Beratung müssen aufgrund der häufig unklaren Grenzen zwischen Beratung und Alltagssituation genau um die tiefenpsychologischen Prozesse wissen, um ihre Ratsuchenden vor einer Grenzüberschreitung zu schützen. Schließlich zeigt sich das „Nähe-Distanz-Problem" auch in einem übertragenen Sinn: als besonderes Beziehungsproblem zwischen Ratsuchenden und Beraterinnen.

Um die Beraterin besser „handhaben" zu können, versucht Herr M. sie zu duzen.
Zum gegebenen Zeitpunkt muß das eventuell dahinter liegende Problem (z.B. das
Erleben eigener Machtlosigkeit und der daraus erwachsende ungeklärte Wunsch, über
das „Du" auf eine gleiche Stufe „aufzusteigen") sicher angesprochen werden. Direkte
(vorläufige) Reaktion der Beraterin kann nur sein, ihrerseits Herrn M. weiter mit „Sie"
anzusprechen.

In einem anderen Fall wird deutlich, daß das häufige auf der Straße Angesprochenwerden bzw. die Einladung zum Hausbesuch, bei dem dann immer wieder die Nachbarin „stört", gerade die notwendige Problemauseinandersetzung verhindert.

Der familiäre oder nachbarschaftliche Umgang von Bewohnern und Mitarbeitern der Familienberatung, ein Element, das sich aus dem quartierbezogenen Arbeitsansatz ergibt, erweist sich für die Beratungsarbeit sowohl als Chance wie auch als nicht zu unterschätzende Gefahr.

Einerseits ist es immer wieder notwendig, auch von seiten der Berater Formen für Nähe zu schaffen, weil nur so eine tragfähige und Vertrauen schaffende Beziehung zwischen den Bewohnern und den Mitarbeitern der Beratungsstelle wachsen kann. Andererseits sind für die Berater mit solchen Arbeitsformen auch immer große Gefahren des „Allzutiefhineingezogen-Werdens", des „Verstricktwerdens" verbunden. Es liegt in der fachlichen Verantwortung der Fachkräfte, daß sie im Beratungsprozeß nicht nur „Leidensgenossen" bzw. „Leidensgenossinnen" der Ratsuchenden sein können, sondern sich auch als Außenstehende mit dem jeweiligen Problembereich befassen müssen. Diese Gratwanderung zwischen „Mitschwingen", „Anteilnehmen" an den Alltagsproblemen des Stadtviertels, sich für Unterprivilegierte engagieren auf der einen Seite und der im Beratungsgeschehen geforderten beraterischen „Neutralität" und „Distanz" auf der anderen Seite ist oft schwer auszubalancieren. Die Tatsache, daß die Berater von „außen" kommen und darin nicht nur Hindernisse, sondern auch die Möglichkeit zum Perspektivwechsel sehen, macht eine intensive fachliche Kontrolle jeglicher beraterischer Arbeit notwendig. Wöchentliche Teamgespräche, Supervision, Fachkontakte zu anderen Beratungsstellen, Teilnahme an Fortbildungsveranstaltungen helfen den Beratern, sich immer wieder die notwendige Distanz zur Arbeit zu verschaffen, und bieten Anregungen für neue Arbeitsansätze. Fachkräfte und Institution tragen gemeinsam dafür die Verantwortung, daß die Mitarbeiter ihr „psychisches" Konto nicht dauernd überziehen. Es ist wichtig, daß Berater sich immer wieder vor Augen halten, daß sie den Ratsuchenden gerade dann am meisten gerecht werden, wenn sie selber einen ausgeglichenen psychischen Haushalt haben, Energiequellen und „Zapfstellen" außerhalb der Arbeit haben. Soziale Arbeit, die sich im hier beschriebenen Rahmen bewegt, ist keine Einbahnstraße. In der Zusammenarbeit mit den Menschen im Stadtteil erfahren auch die Berater eine Erweiterung ihrer Handlungskompetenz. Das ganzheitliche, gemeinwesenorientierte Beratungskonzept stellt auch die politische Dimension der

Arbeit der Fachkräfte ins Blickfeld. Sie arbeiten an einer Nahtstelle zwischen Individuum, Familie und Gesellschaft. Diese ist zugleich Nahtstelle zwischen einer „Randgruppe" und der „Normalgesellschaft". Beratungsarbeit hat schlechthin eine Funktion als „Seismograph" für gesellschaftliche Veränderungen. Diese Funktion erhält bei der Arbeit mit Unterprivilegierten noch eine besondere Bedeutung. Es reicht nicht, nur zu registrieren, sondern die Mitarbeiter der Familienberatung sehen als eine ihrer wichtigen Aufgaben an, ihre Fachkompetenz, das in den Beratungen Gehörte (bei voller Wahrung des besonders streng zu handhabenden Schweigepflichtgebotes) in die sozialpolitische Diskussion im Viertel und auf anderen Ebenen einzubringen. Dieses politische Handeln der Berater ist nicht in ihr Belieben gestellt, sondern ergibt sich aus ihrem beruflichen Ethos, aus ihrer Verantwortung sowohl gegenüber dem jeweiligen Ratsuchenden, den Bewohnern des Viertels als auch gegenüber der gesamten Gesellschaft.

Lesehinweise

Boulet, J./Kraus, E.J./Oelschlägel, D.: Gemeinwesenarbeit. Eine Grundlegung, Bielefeld 1980.
Wer mehr über die Gemeinwesenarbeit wissen möchte, dem ist dieses (leider beim Verlag vergriffene) Buch sehr zu empfehlen.

Mohrlok, M./Neubauer, M./Neubauer, R./Schönfelder, W.: Let's Organize! Gemeinwesenarbeit und Community Organization im Vergleich, München 1993.
Dieses Buch ist die gegenwärtig aktuellste und umfassendste Darstellung der Gemeinwesenarbeit in Deutschland, auch im Vergleich mit den USA.

Müller, C.W.: Wie Helfen zum Beruf wurde. Eine Methodengeschichte der Sozialarbeit, 2 Bde., Weinheim/Basel 1982ff.
Ein Standardwerk zur Geschichte des methodischen Handelns in der Sozialen Arbeit. Der gut lesbare Text stellt die Entwicklung der Einzelhilfe, Gruppenpädagogik und, was für dieses Kapitel wichtig ist, der Gemeinwesenarbeit ausführlich dar.

Preußer, N.: ObDach. Eine Einführung in die Politik und Praxis sozialer Aussonderung, Weinheim/Basel 1993.
Eine geschichtlich angelegte Darstellung vieler Problemlagen der Obdachlosigkeit in Deutschland. Auch die im vorstehenden Beitrag behandelte „Hacketäuer-Siedlung" (Köln) wird beschrieben.

Richter, H.E.: Die Gruppe. Hoffnung auf einen neuen Weg, sich selbst und andere zu befreien. Psychoanalyse in Kooperation mit Gruppeninitiativen, Reinbek 1972.
Darstellung eines Projekts von Universitätsangehörigen in einer Wohnsiedlung mit Angehörigen „sozialer Randgruppen". Auch durch die gut verständliche psychoanalytische Sichtweise war dieses Buch viele Jahre lang ein „Klassiker". Es gibt auch eine Taschenbuchausgabe.

Richter, H.E.: Lernziel Solidarität, Reinbek 1974.
Dieses Buch beschäftigt sich mit den Möglichkeiten und Schwierigkeiten des solidarischen Umgangs miteinander in den vielfältigen Formen der Initiativ- und Selbsthilfegruppen. Der letzte Teil dieses Buches stellt auch eine Art Fortsetzung von „Die Gruppe" dar. Ebenfalls als Taschenbuchausgabe erschienen.

Literatur

Arbeitskreis der Leiter der Erziehungsberatungsstellen in Köln: Beratung und gesellschaftliche Verantwortung, Heft 3 der Reihe: Erziehungsberatung in Köln, Beratung für Kinder, Jugendliche und Eltern, Köln 1988.
Bundeskonferenz für Erziehungsberatung e.V. (Hrsg.): Bedingungen und Einflußmöglichkeiten institutioneller Erziehungs- und Familienberatung, Arbeitsgemeinschaft im Zentrum für interdisziplinäre Forschung, Bielefeld/Fürth 1985.

Bundeskonferenz für Erziehungsberatung e.V. (Hrsg.): Bedingungen und Einflußmöglichkeiten institutioneller Erziehungs- und Familienberatung (Zweite Arbeitsgemeinschaft im Zentrum für interdisziplinäre Forschung, Bielefeld), Fürth 1986.

Clemenz, M./Combe, A. u.a.: Soziale Krise, Institution und Familiendynamik, Konfliktstrukturen und Chancen therapeutischer Arbeit bei Multiproblem-Familien, Opladen 1990.

Deutscher Verein für öffentliche und private Fürsorge (Hrsg.): Fachlexikon der sozialen Arbeit, Stuttgart 1986.

Dressel, E./Wagner, D.: Sonnenland. Wohngebietsbezogene Sozialarbeit in einem Arbeiterviertel, Weinheim/Basel 1981.

Hess-Diebäcker, D.: Deklassierte Arbeiterfamilien, Berlin 1980.

Hinte, W./Karas, F.: Studienbuch Gruppen- und Gemeinwesenarbeit, Neuwied/Frankfurt a.M. 1989.

Langnickel, H.: Obdachlosenhilfe und quartierbezogene Sozialarbeit, Weinheim/Basel 1985.

Menne, K./Alter K. (Hrsg.): Familie in der Krise. Sozialer Wandel, Familie und Erziehungsberatung (Veröffentlichung der Bundeskonferenz für Erziehungsberatung), Weinheim/München 1988.

Oelschlägel, D./Hinte, W. u.a.: Gemeinwesenarbeit (Brennpunkte Sozialer Arbeit, hrsg. von C. Mühlfeld u.a.), Neuwied 1990.

Richter, H.E.: Lernziel Solidarität, Reinbek 1978.

Seippel, A.: Handbuch Aktivierende Gemeinwesenarbeit. Konzepte – Bedingungen – Strategien – Methoden, Gelnhausen/Berlin 1976.

Preußer, N.: ObDach, Weinheim/Basel 1993.

Wirth, H. J.: Motive sozialen Engagements. Über Selbstbild, Einstellung und Arbeitsweise sozialpolitisch handelnder Gruppen am Beispiel der Initiativgruppe Eulenkopf, Lollar 1979.

4

Ausländerberatung

Lale Akgün

Bei der Beratung ausländischer Mitbürger spielen alle Hinweise aus den früheren Kapiteln dieses Buches wie auch die nachfolgenden arbeitsfeldspezifischen Darstellungen eine Rolle. Als besonderes Merkmal kommt noch die Herkunft aus einem anderen Kulturkreis hinzu. Insofern ist die „Ausländerberatung" auch ein *Querschnitthema* der Beratungsarbeit. Gleichzeitig liefert dieser Beitrag ein gutes Beispiel für ein relativ neues Beratungsfeld, das einzig und allein durch Arbeitskräftemangel und Migrationsprozesse entstanden ist. „Man hat Arbeitskräfte gerufen, und es kommen Menschen", hat Max Frisch einmal sehr treffend festgestellt. Und wenn Menschen anderer Herkunft bei uns leben, dann haben sie in sozialpädagogischer Sicht dasselbe Recht auf Probleme wie die Deutschen. Bei der Beratung von ausländischen Familien geht es in erster Linie nicht um irgendwelche speziellen defizitären Problemlagen, sondern um alle möglichen („normalen") neuen, schwierigen Lebensumstände, die in einer multikulturellen Gesellschaft entstehen können. Daneben finden sich auch spezialisierte Schwierigkeiten. Dann müssen institutionale Beratungshilfen zur Verfügung stehen. Optimal ist es, wenn eine derartige Beratungsstelle auch das leisten kann.

Allgemeine Informationen

Knapp sieben Millionen der Einwohner Deutschlands (oder 8,5 Prozent) haben eine ausländische Staatsbürgerschaft. 97% der Ausländer leben in den alten Bundesländern. Etwa die Hälfte hält sich länger als zehn Jahre bei uns auf. Die weitaus größte Gruppe sind türkische Staatsbürger; danach kommen etwa ½ Mio. Menschen aus dem ehemaligen Jugoslawien und dann Nationalitäten wie Italiener, Griechen, Spanier mit jeweils einigen hunderttausend Einwohnern. Die großen Wohlfahrtsverbände haben sich die Betreuung und Beratung von ausländischen Mitbürgern in der Regel wie folgt aufgeteilt:

- *Caritas*: vorwiegend katholische Gruppen: Italiener, Spanier, Portugiesen.
- *Diakonisches Werk:* Griechen.
- *Arbeiterwohlfahrt und andere:* Türken wie auch weitere moslemische Gruppen.

Auch diese trägermäßige Aufteilung hat zur Folge, daß die ausländischen Mitbürger bei uns unterschiedlich betreut werden. Im Durchschnitt ist eine Fachkraft zuständig für:

- 1.698 Spanier
- 2.028 Portugiesen
- 2.574 Griechen
- 2.911 Menschen aus dem ehemaligen Jugoslawien
- 3.823 Italiener
- 4.340 Türken

Seit dem Anwerbevertrag für Arbeitnehmer zwischen der Türkei und der Bundesrepublik Deutschland ist die Zahl der hier lebenden Türken von knapp 7.000 (1961) auf über 1,7 Mio. (1994) Menschen angestiegen. Von diesen 1,7 Mio. Türken sind etwa 33% Kinder und Jugendliche unter 16 Jahren. Die für die Türken zuständigen Sozialdienste fühlten sich vor allem bei psychologischen Fragen überfordert, so daß der Ruf nach speziellen Beratungsdiensten bei bestimmten Problemlagen immer deutlicher wurde. Im Jahre 1978 begann die Stadt Köln als erste Kommune im Rahmen ihrer Erziehungsberatungsstelle mit einem dreijährigen Pilotprojekt „Erziehungsberatung für türkische Familien", bei dem deutsche und türkische Fachkräfte gemeinsam in einem Team arbeiteten. Ende 1981 konnte das Projekt erfolgreich abgeschlossen und die *Psychologische Beratungsstelle für türkische Familien* als Zweigstelle der städtischen Erziehungsberatungsstelle installiert werden.

Die Bedeutung der Erziehungs- und Familienberatung für ausländische Mitbürger wird auch im *Achten Jugendbericht* der Bundesregierung (1990) herausgestellt:

Weil die Familien- und Erziehungsberatung bzw. die psychosoziale Versorgung von ethnischen Minderheiten eine besondere Vertrauenssituation und eine besondere Kenntnis soziokultureller Wertvorstellungen und Erziehungspraktiken erfordert, werden nationalitätenspezifische Angebote auch in Zukunft notwendig sein. Eine personelle Verstärkung der kommunalen Beratungsstellen mit entsprechend ausgebildeten ausländischen Fachkräften und eine entsprechende Weiterbildung der deutschen Mitarbeiter würden aber eine stärkere Einbeziehung der Ausländer in die Regelversorgung ermöglichen, ohne daß die kulturell bedingten Anliegen ausländischer Familien dabei zu kurz kommen müßten. Das entspräche auch der Situation von Ausländern der zweiten und dritten Generation bzw. dem Beratungsbedürfnis ehemaliger „Gastarbeiterkinder", die inzwischen selbst Familien gründen. (Deutscher Bundestag, 11. Wahlperiode, Drucksache 11/6576, S. 137)

Was zeichnet die Lebenssituation der hier lebenden Ausländer, im folgenden der Türken, aus, und welche Umstände machen Beratung notwendig, aber auch schwierig?

Drei zentrale Faktoren prägen das Leben ausländischer Mitbürger

Der „normale Türke", der in Deutschland dem Berater gegenübersitzt, entstammt dem orientalischem Kulturkreis und ist ein „Unterschichtangehöriger", der aus wirtschaftlichen Gründen in den Westen emigriert ist. Die von dem Berater empfundene (teilweise) Andersartigkeit seiner Weltanschauung, Ideen und Probleme wird von den folgenden drei Faktoren und deren Wechselwirkung miteinander bestimmt: *Kultur*, *Schicht* und *Migration*.

Die Gleichwertigkeit dieser drei Faktoren muß besonders betont werden, weil

Berater oft der irrigen Annahme erliegen, daß das Verhalten und die Probleme der Familie allein durch den kulturellen Ursprung zu erklären sind. Dabei treten die beiden anderen genauso wichtigen Faktoren in den Hintergrund, und die Problemdiagnostik wird einseitig erstellt. Das erschwert folglich die Beratung und schränkt die Lösungsmöglichkeiten ungemein ein.

Es kann nicht oft genug betont werden, daß die Probleme, welche türkische Familien haben, nicht immer mit der kulturellen Besonderheit erklärt werden können. Die Schichtzugehörigkeit spielt genauso eine Rolle wie die Tatsache, daß die Migration als solche sich Phänomene schafft, die im Heimatland in dieser Weise nie entstanden wären.

Beispiel: Eine türkische Frau flüchtet mit ihren Kindern in ein Frauenhaus, weil sie Schwierigkeiten mit ihrem Mann hat. Obwohl das Heim mit deutschen Frauen, die alle in der gleichen Situation wie sie sind, überfüllt ist, wird ihr Problem als etwas besonderes „gehandelt". Wohl auch, weil sie auch ein Kopftuch trägt und schlecht Deutsch spricht. Aufgrund äußerer Faktoren werden in diesem Fall die kulturellen Hintergründe besonders beachtet. Da ist von einer „anderen Mentalität" die Rede, und der Ehemann, den niemand kennt, erscheint vielen furchterregender als all die anderen deutschen Ehemänner, vor denen die deutschen Frauen schließlich auch geflohen sind. Die äußeren Zeichen der ethnischen und kulturellen Zugehörigkeit (dunkel, Kopftuch, schlechte Deutschkenntnisse) lenken den Blick des Beraters sofort auf diese Ebenen und verschleiern die Sicht für die vordergründigen psychosozialen Familienprobleme.

Berater müssen *Prioritäten* setzen können bezüglich der Bedeutung kultureller und/oder Migrationsfaktoren bei der Entstehung von Problemen.

Kulturelle Faktoren

In diesem Buch kann man natürlich keine türkische Kulturgeschichte darstellen. Aus dem Universum der kulturellen Besonderheiten soll ein Bereich diskutiert werden, der für Außenstehende oft schwer verständlich, aber für die Beratungstätigkeit von außerordentlicher Wichtigkeit ist, der Bereich der *Ehre*. Der Ehrbegriff regelt die Beziehungen innerhalb und außerhalb der Familie. Er kommt den deutschen Fachkräften sehr archaisch vor und ist auch sicherlich einer orientalischen Feudalgesellschaft eher angemessen als der westlichen Industriegesellschaft. Aber es ist ein Bereich, der so eng mit der Persönlichkeit und der Identität verknüpft ist, daß ein Verstoß gegen die Spielregeln als eine Grenzübertretung und folglich als tiefe persönliche Kränkung erlebt wird. Der Umgang mit der Ehre und ihren Verletzungen ist sehr unterschiedlich. Er ist von Faktoren wie Ursprungsregion, familiärer Situation, gesellschaftlichem Druck usw. abhängig. Im Gegensatz zum deutschen Ehrbegriff unterteilt sich das türkische Verständnis von Ehre in drei Schwerpunkte:

Seref ist die Ehre, die jemand in der Gesellschaft genießt; sie ist eng verknüpft mit Ansehen und Würde. *Seref* kann schon verletzt werden durch ein beleidigendes Wort. Zur Wiederherstellung der Ehre wird Satisfaktion gefordert, das kann auch bis zur Tötung des Beleidigers durch den Beleidigten gehen. Man kann seine Ehre auch selber verletzten, indem man eine unrühmliche Tat begeht. Dann ist der Suizid die einzige Möglichkeit, die verlorene Ehre wiederherzustellen. Damit ähnelt *Seref* in seiner Ausprägung dem westeuropäischen Ehrbegriff des 19. Jahrhunderts. *Saygi* ist die Ehrerbietung, die ein Individuum anderen gegenüber zeigt. Das wird vor allem von Jüngeren den Älteren und von Kindern den Eltern gegenüber erwartet, so lange, bis die Eltern sterben. *Saygi* beinhaltet, daß man den Älteren nicht widerspricht, sich ihren Anordnungen fügt (das geht bis zur Berufs- und Partnerwahl der Kinder), sich in Gegenwart der Eltern gesittet benimmt (d.h. nicht raucht, keinen Alkohol trinkt, intime Körperkontakte zum Partner unterläßt, ordentlich sitzt und in manchen Gegenden nur dann redet, wenn man von den Älteren angesprochen wird). Verletzt ein jüngerer Mensch die Regeln der Ehrerbietung, verliert nicht der ältere sein Gesicht, sondern die gesellschaftliche Ächtung trifft den jungen *Saygi-siz* (der ohne Ehre).

Namus ist die Ehre auf sexuellem Gebiet und betrifft die weiblichen Familienmitglieder. Dieser Begriff erfordert sexuelle Enthaltsamkeit vor der Ehe und monogame Lebensführung in der Ehe. Sexuelle Enthaltsamkeit beinhaltet nicht nur den Geschlechtsverkehr. Auch Austausch von Zärtlichkeiten, Ausgehen oder sogar vertrauter Umgang mit Männern ist untersagt. Die Übertretung des mehr oder weniger strengen Sittenkodex durch eine Frau verletzt deren *Namus* und gleichzeitig die gesellschaftliche Ehre *(Seref)* des für sie verantwortlichen Mannes (Vater, Bruder, Ehemann). Die Strafe dafür ist hart. Meistens endet ein Regelverstoß mit dem Ausschluß der Frau aus dem Familienverband. Im europäischen Kulturraum kennen wir ähnliche Darstellungen aus Fontanes „Effi Briest".

Beispiel für eine kulturell bedingte Problematik: Zur Beratung kommt ein Vater, mit der Erwartung, daß sein Sohn „zur Vernunft gebracht" wird, also die vom Vater gefällte Entscheidung bezüglich der Partnerwahl akzeptieren soll. Der Sohn A, ein 16jähriger Hauptschüler, sei bereits vor einem Jahr mit seiner damals 14jährigen Cousine nach islamischen Ritus verheiratet worden.[1]

Der Sohn stimmte der Eheschließung zu. Jetzt habe er seine Schwiegertochter (und gleichzeitig Nichte) nach Deutschland geholt, aber sein Sohn weigere sich, sie als seine Frau zu akzeptieren. Da auch keine sexuellen Kontakte stattgefunden hätten, verlange er von ihm, er solle sie zurückschicken. Das aber ginge nicht; es würde sowohl das Ehrgefühl der Familie als auch das des jungen Mädchens verletzt. Die Beraterin müsse dem Sohn klarmachen, daß die Ehre der Familie über den persönlichen Interessen des Sohnes zu stehen habe. Ein Gespräch mit dem 16jährigen zeigt, daß er mehr an Fußball und Lehrstelle interessiert ist als an Ehe und Ehre. Es stimme, daß er damals „ja" gesagt habe, aber er verstehe selber nicht mehr, wie das passiert sei. Sie sei seine Cousine, und überhaupt, die islamische Eheschließung sei sowieso nicht rechtskräftig, fügt er erleichtert hinzu. In den Augen des alten Mannes (der 16jährige ist ein Nachkömmling) ist der islamische Ritus sehr wohl gültig, und was würde man in seinem Dorf über ihn und seine Familie denken, wenn er sich der Meinung seines Sohnes anschließen und die Braut in die Heimat schicken würde? Das nächste Gespräch findet mit allen Beteiligten statt. Vater, Mutter, Sohn und Nichte bzw. Schwiegertochter. Gemeinsam wird die Situation analysiert:

Der Vater hat nach bäuerlich-großfamilialen Gesichtspunkten eine in das System seiner Familie passende Schwiegertochter ausgesucht. Dabei war es für ihn irrelevant, ob sie die richtige Partnerin für seinen Sohn war. Der Vater hatte das ganze System der Familie im Auge. Der junge Mann fühlt sich übergangen, ausgenutzt und ist nicht in der Lage, eine Beziehung einzugehen. Ja, er schämt sich vor seinen Schulkameraden und hat Angst, irgend jemand könnte erfahren, er sei „verheiratet". Das junge Mädchen hält sich taktvoll zurück; aber sie ist noch so kindlich, daß sie der provokativen Aussage der Beraterin, für sie sei wohl alles ein „Spiel", in dem sie die Hauptrolle spiele, lachend zustimmt. Die Intervention nach dieser Sitzung lautet: Beide Kinder (mit Betonung auf „Kinder") würden diese Ehe als ein Theaterstück erleben, in dem sie beide die Helden sind; er als eine Tragödie und sich als tragischer Held; sie als eine Komödie mit Schelm in den Augen. Die Jugendlichen stimmen zu. Es ist schwer für den Vater mitzuerleben, daß seine Lebensplanung für zwei junge Leute nicht angenommen worden ist. Aber es geht auch um seine Ehre; er kann nicht einfach zurück.

Der Vorschlag nach einer zweiten Sitzung lautet: Die junge Frau soll dableiben (also nicht heimkehren), aber nicht als Schwiegertochter, sondern als Nichte und Cousine (Veränderung der Zuschreibung, Umdefinition). In weiteren Gesprächen gelingt es, den Vater davon zu überzeugen, daß seine Nichte (mit Betonung auf „Nichte") eine Schule besuchen soll; dadurch wird die Rolle des jungen Mädchens immer mehr auf die eines Kindes in der Familie eingeengt. Damit wird eine Lösung angestrebt, bei der die Jugendlichen nicht unglücklich werden, der Vater aber nach außen sein „Gesicht" wahren kann.

Schichtfaktoren

Türkische Familien in Deutschland stammen meistens aus sozial benachteiligten Schichten.

In dieser Hinsicht spielen neben familiären und persönlichen Problemen alle Faktoren eine Rolle, die auch für Extremsituationen in deutschen Familien aus der „Unterschicht" gelten:

- niedriger Bildungsgrad
- frühe Partnerbindung
- autoritärer Erziehungsstil
- rigide Geschlechterrollenverteilung
- geringe Problemeinsicht
- gewaltsame Problemlösungsstrategien
- unterschiedliche Welten von Beratungspersonen und Ratsuchenden.

Beispiel für eine schichtbedingte Problematik: Ein fünfjähriges Mädchen zeigt im Kindergarten Auffälligkeiten, die auf sexuellen Mißbrauch deuten. Das Kindergartenpersonal bespricht den Fall mit einer Fachfrau für sexuellen Mißbrauch. Diese untersucht das Kind und kommt zu dem Schluß, daß es nicht körperlich mißbraucht worden sei, ihrer Meinung nach aber Zugang zu Pornovideos haben müsse. Darauf angesprochen, geben die Eltern dies beschämt zu. Ihre Wohnung sei zu klein. Sie würden die Kinder zwar rechtzeitig ins Bett schicken. Weil die Kinder jedoch nicht rechtzeitig einschliefen, dürften sie die Videofilme für Erwachsene mitansehen. An besonders „schlimmen" Stellen würde man ihnen die Augen zuhalten. Die Eltern führen das Gespräch eher auf der „Peinlichkeitsebene", weil sich das nicht „gehört" und weil der Kindergarten „das" erfahren hat. Im Verlaufe dieser Unterhaltung werden folgende Dinge deutlich:

– *Die Wohnung ist zu klein.*
– *Der Bildungsgrad der Eltern ist unter der Norm.*
– *Die Eltern praktizieren in der Erziehung einen Laissez-faire-Stil (Gleichgültigkeit).*
– *Die sozialen (Scham-)Grenzen innerhalb der Familie sind aufgehoben.*

Alle diese Faktoren sind „unterschichtspezifisch" und haben mit der kulturellen Herkunft der Familie nichts zu tun. Bei der Beratung dieser Familie würde man ebenso verfahren, wie bei jeder deutschen Familie auch. Nur halt in türkischer Sprache.

Migrationsfaktoren

Über die Migration und die Probleme, die sie verursacht, ist viel geschrieben worden. „Heimat", „Entwurzelung", „Nostalgie", „Kulturschock", „Ghetto", „Integration", „Assimilation" sind einige Schlagworte, die jeder mit dem Begriff „Migration" verbindet.

Einige Krankheitsbilder, die dadurch verursacht worden sind, können wir nur kurz benennen: Das *Mamma-Mia-Syndrom* (häufiger Arztbesuch mit wechselnden Symptomen ohne organischen Befund) oder den *Gastarbeiter-Ulcus* (Magengeschwür) sind Beispiele dafür, wie man erkranken kann, wenn man die Heimat verläßt. Eines muß nämlich deutlich gesagt werden. Die meisten Migranten sind körperlich und psychisch gesund. Allerdings wäre es falsch anzunehmen, daß jeder unter der Migration leidet. Umgang und Verarbeitung des Phänomens Migration hängen von vielen Faktoren ab. Einreisealter in das neue Land, Lebensplan im neuen Land, Aufnahme im neuen Land, Qualität und Quantität der Bindungen zum Herkunftsland und im neuen Land. Ebenso der immerwährende Vergleich der Lebensqualität damals und jetzt. Dabei gehen in die Berechnung der Lebensqualität sehr unterschiedliche Faktoren ein. Geht der Vergleich (im Kopf des Migranten – also völlig subjektiv) zugunsten des neuen Landes aus, fühlt sich der Migrant in seiner Entscheidung zu migrieren bestätigt und ist zufrieden. Hat er jedoch das Gefühl, daß die Migration ein Fehler war, wird er sich immerzu unglücklich fühlen. Migration bedeutet Veränderung in allen Lebensbereichen. Der Migrant führt ein Leben im Übergang; sei es in der Familienform, im Rollenverständnis oder in der Kindererziehung. Seine gesellschaftlichen Werte und Normen sind *bikulturell* geprägt. Je nach Familie mal mehr von der einen, mal mehr von der anderen Kultur. Es ist durchaus auch so, daß bestimmte Lebensbereiche mehr von der westlichen Kultur beeinflußt werden (z.B. Schule und Bildung) und andere Bereiche eher von der orientalischen Tradition (z.B. zwischenmenschliche Bindungen). Oft sind Migranten der *ersten Generation* mit ihren nostalgischen Verklärungen in ihren Anschauungen konservativer als vergleichbare Familien in der Türkei. Dieser Sachverhalt verstärkt den *Generationenkonflikt*, weil bei den Jugendlichen der *zweiten Generation* der Wunsch nach Anpassung an die hiesigen Verhältnisse im Vordergrund steht. Migrationsspezifische Probleme betreffen vor allem Kinder und Jugendliche. Diese leiden ganz besonders unter der Situation, weil täglich unterschiedliche Anforderungen an sie gestellt werden, die zu schweren Identitätskrisen führen können. Wenn man vom klassischen Verständnis von *Identität* ausgeht, nämlich einer auf relativer Konstanz von Einstellungen und Verhaltensweisen beruhende, relativ überdauernde Einheitlichkeit in der Betrachtung seiner selbst und anderer, dann versteht man, daß bei den Angehörigen der zweiten und dritten Generation von *einer* Identität nicht die Rede sein kann. Ihre oft als „neurotisch" oder wenigstens „gestört" bezeichneten Verhaltensweisen, manchmal aber auch überkompensierenden Schul- und Berufsleistungen, ihre schwankenden Stimmungsbilder sind der Versuch zu vermeiden, im „Spagat" zwischen den beiden Kulturen zerrissen zu werden.

Wenn man als Kind und Jugendlicher vielen „Herren" dienen muß, entwickelt man Ausweichstrategien, mit denen man sich durchs Leben lavieren kann. Ein weiterer wichtiger Gesichtspunkt wird allzuoft übersehen: Die Verletzlichkeit dieser Personengruppe, die dann später oft in Stärkeverhalten „umgedreht" wird. Wer als Kind und Jugendlicher ein Außenseiter war oder sich auch nur so gefühlt hat, bekommt Schwierigkeiten mit seiner Ich-Stärke und Angst vor Beziehungsverlusten. Ersteres kann man kompensieren durch Großmäuligkeit, das zweite durch Ablehnung des Liebesobjektes. Es ist also besser, den Sozialpädagogen beim geringsten Konflikt als den „blöden Deutschen" abzulehnen, als die Gefahr einzugehen, von ihm abgelehnt zu werden.

Beispiel für eine Migrationsproblematik: Der folgende „Fall" wurde von einem Familienrichter mit der Bitte zur Stellungnahme überwiesen. Die 16jährige Tochter ist von zu Hause weggelaufen und wohnt zur Zeit in einem Heim. Zum Erstgespräch erscheint sie in Begleitung einer Sozialpädagogin. Sie äußert sich negativ über ihre Eltern sowie deren Erziehungspraktiken und weigert sich, in irgendeiner Form mit ihnen Kontakt aufzunehmen. Auch gemeinsame Gespräche in der Beratungssituation lehnt sie ab. Die Auslösesituation für die Krise war der Umstand, daß der Vater sie – auf dem Nachhauseweg von der Spätschicht – auf einer Straßenbank beim Schmusen mit einem Jungen gesehen hatte. Es habe danach zu Hause ein Riesentheater gegeben. Der Vater habe sie geschlagen. Sie habe doch nichts anderes gemacht als ihre deutschen Freundinnen auch; ihre Eltern seien „türkische Spießer". Die Eltern, die danach zum Gespräch erscheinen, bestätigen die Darstellung ihrer Tochter. Für den Vater kommt noch erschwerend hinzu, daß er in Begleitung eines Arbeitskollegen war, der Zeuge dieser Begegnung wurde. Nun fühlt er sich vor allen Leuten bloßgestellt. Die Eltern möchten, daß ihre Tochter zurück nach Hause kommt. Sie wollen aber auch, daß sie ihre „Schuld" einsieht. Die Tochter müsse verstehen, daß man ihr keinen „deutschen Lebenswandel" erlauben könne; sie solle kein „Flittchen" sein.

Beim zweiten Gespräch mit dem Mädchen reagiert diese schon kompromißbereiter. Nach einer Woche Heimaufenthalt möchte sie schon gern nach Hause zurück. Ihre Eltern sollen jedoch die „Schuld" auf sich nehmen. Dabei handelt es sich um eine typische Situation. Aus der Sicht der Tochter sind die Eltern „türkische Spießer". In der Wahrnehmung konservativer türkischer Eltern ist das Verhalten der Tochter das eines „Flittchens". Die Migration hat den Generationenkonflikt um kulturelle Unterschiede bezüglich der Freiheitsgrade in der Pubertät verschärft.

Zwei Wochen später kommt es auf Wunsch aller Beteiligten zu einem gemeinsamen Gespräch. Alle drei sind von dieser Begegnung gefühlsmäßig so überwältigt, daß sie sich heulend in die Arme fallen, und von nun an ist von „Schuld" nicht mehr die Rede. Die familiären Bindungen sind stark genug, um die Differenzen zu überwinden. Bei weiteren Familiengesprächen wird folgendes Beratungsziel betont: Verständnis für die jeweils andere Sichtweise.

Innerhalb der Familie stoßen unterschiedliche Ansichten mit verschiedenen kulturellen Hintergründen immer wieder aufeinander. Diese Konflikte sind typisch für Migrantenfamilien. Die Eltern bringen ihre Heimatkultur mit. Die Kinder und Jugendlichen dagegen sind viel mehr an den Lebensverhältnissen des neuen Landes interessiert. Angesichts dieser Probleme ist es kein Wunder, daß die meisten Sozialpädagogen Schwierigkeiten empfinden oder gar Angst bekommen, wenn sie türkische Familien beraten sollen. Sie fürchten, im „Bermudadreieck" Schicht, Kultur und Migrationsproblematik unterzugehen.

Gemeinwesenorientierte Beratung für Ausländer

Wir haben schon darauf hingewiesen: Auch für ausländische Bürger ist gemeinwesenorientierte psychosoziale Beratung erforderlich. Die klassischen Beratungs- und Therapieformen sind viel zu sehr „mittelschichtorientiert"; wenn diese Ansätze in der Ausländerberatung in Reinkultur verwendet werden, klaffen die Welten zwischen Fachkräften und Betroffenen noch mehr auseinander.

Beispiel: Eine Arbeiterfrau, die mit vier Kindern und einem arbeitslosen Ehemann auf 60 qm leben muß, kann mit den aus der „Humanistischen Psychotherapie" stammenden Begriffen „Selbstverwirklichung" oder „Freiraum" sehr wenig anfangen.

Solche Ratsuchenden kommen ja selbst mit Problemen, die oft wenig „psychologisch" erscheinen, so daß man als Beratungsperson meint, diese Ratsuchenden haben sich wohl in der Tür geirrt. Hat man dann die psychodynamische Seite des Problems herausgeschält und präsentiert sie dann den Betroffenen, so verstehen sie oft nicht den Zusammenhang zwischen dem Problem und der Interpretation der Fachleute. Häufig wird die Beratung dann nach einigen Sitzungen abgebrochen. Die „Unterschichteltern" kamen wegen der Kaufhausdiebstähle des Kindes. Die Sozialpädagogen suchen die „Schuld" bei den Eltern. Ein unpassendes Gespann. Kommen die Betroffenen dann noch mit geringer Eigenmotivation oder wurden sie sogar vom Jugendamt, der Schule oder dem Arzt geschickt, so ist der Abbruch fast unvermeidlich. Die Diskrepanz zwischen *Problemdefinitionen*, *Zielvorstellungen* und *Beratungsabläufen* zwischen methodisch eng orientierten Beratern und den „Unterschichtklienten" scheint so unvereinbar, daß es nur zwei Möglichkeiten gibt. Einige Fachleute erklären diese „Unterschichtklienten" als *therapieresistent;* andere versuchen einen *neuen Ansatz* zu praktizieren, der dieser Gruppe angepaßt ist. Der gemeinwesenorientierte Beratungsansatz versucht Wege zu finden, auf denen man auch sozial schwachen Familien helfen kann: Demnach verliert die Beratung ihren Anspruch als „Wendepunkt" im Leben der Betroffenen. Sie ist nicht mehr eine Macht, die auf den Ratsuchenden einwirkt und ungeahnte Kräfte in ihm wachruft. Der Berater ist nicht der „Prinz", und die Beratung ist nicht mehr der „Kuß", wodurch „Dornröschen" aus ihrem Schlaf erwacht und zu einem neuen Leben bereit ist. Die Realität des Alltags und die psychosozialen Zusammenhänge im Leben der Ratsuchenden stehen im Vordergrund. Der Berater ist Mitkämpfer bei der Bewältigung der Probleme.

Ängste deutscher Berater vor ausländischen Ratsuchenden

Die Arbeit der Fachkräfte wird vor allem durch die Faktoren Angst, Scham und Mißtrauen erschwert:

Angst vor unbekannten Institutionen und professionellen Helfern, die als Behörde wahrgenommen und folglich mehr als Kontrolle denn als Hilfe erlebt werden, schlägt ihnen seitens der Betroffenen entgegen. In diesem Gesichtspunkt bestehen Ähnlichkeiten zur Arbeit mit deutschen „Unterschichtfamilien"; wobei im Kontakt mit den ausländischen Familien die Schwellenängste durch deren Ausländerstatus noch weiter verstärkt werden.

Der angst machende Fremde: Sozialpädagogen sollten wissen, daß Ausländer keine fremden, uneinfühlbaren Wesen sind. Ihre Psyche funktioniert genauso wie die der

Deutschen, Chinesen oder Eskimos. Die besonderen kulturellen Bedingungen kann man hinzulernen.

Scham kann aufkommen, wenn die Sozialpädagogen sehen, wie die Ausländer leben. Dann regt sich bei ihnen „Mitleid" mit den „armen Fremden". Doch das hilft diesen nicht weiter. Ein kompetenter Berater kann mehr bewirken als ein mitfühlender „hilfloser Helfer".

Mißtrauen: Das Unbekannte, was man nicht versteht, macht mißtrauisch. Mißtrauen erschwert jede Beziehung und Beratung. Dagegen gibt es ein Heilmittel: Was man nicht weiß, was einem angst macht, kann man sich bekannt machen.

Vorbehalte der Ausländer gegenüber den deutschen Sozialpädagogen

Auch auf türkischer Seite existiert Angst, Scham und Mißtrauen. Institutionale Beratung, wie sie heute in einem westlichen Industrieland üblich ist, wird unter den immigrierten Türken erst langsam angenommen. Diese Art der Beratung ist ja eine gesellschaftliche Folge der Industrialisierung und deswegen Angehörigen aus Agrarländern unbekannt.

Angst vor der Auflösung der Familie, die – in einer magisch anmutenden Weise – als Preis für den Wohlstand in der Migration angesehen wird. Angst vor Prestigeverlust in der eigenen Ghettogesellschaft als Folge der Familienkrise (vgl. „Ehrbegriff" türkischer Familien).

Das *Mißtrauen* wird genährt durch wilde Gerüchte, die in den ausländischen Reihen über professionelle Helfer kursieren. Am hartnäckigsten hält sich wohl das Gerücht, deutsche Behörden würden ausländischen Jugendliche, die einfach keine Lust mehr hätten, zu Hause zu wohnen, den „roten Teppich" zum Erziehungsheim ausrollen. Genährt wird dieses Gerücht auch durch die Jugendlichen selber, die damit ihre Eltern schlichtweg erpressen. Vertrauensbildende Maßnahmen sind deshalb eine Voraussetzung für erfolgreiche Beratung.

Die landläufige Meinung, fehlende Sprachkenntnisse deutscher Fachkräfte würden der Verständigung zwangsläufig im Wege stehen, ist eine nur allzu willkommene Vermeidungsstrategie. Denn die Sprachbarriere kann leicht überwunden werden, wenn keine anderen Barrieren da sind wie eben Angst, Scham und Mißtrauen. Das gilt für beide Seiten, Berater und Ratsuchende. Jeder Berater kennt die berühmten Worte „nix verstehen", mit denen jede Kommunikation von vornherein vermieden werden kann. Vermeidungsbarrieren wären jedoch auch da, wenn beide sich sprachlich besser verständigen können, denn sie sind auch ein Teil der „normalen" Ambivalenz. Andererseits müssen Ausländer auch erleben können, daß Sozialpädagogen keine Geheimagenten sind, die den Auftrag haben, ihre Familie auseinanderzubringen. Die Normalität des alltäglichen Zusammenlebens von Deutschen und Ausländern soll jeden Bereich des Lebens erreichen, d.h. auch den psychosozialen Sektor. Die ausländischen Familien müssen lernen, daß in Deutschland Hilfen in institutionaler Form angeboten werden und die Welt nicht untergeht, wenn ein Sozialpädagoge vor der Tür steht. Die deutschen Sozialpädagogen haben zu akzeptieren, daß Ausländer in erster Linie Menschen mit ganz „normalen" Alltagsproblemen sind.

Lesehinweise

Auernheimer, G.: Handbuch Ausländerarbeit, Weinheim/Basel 1985.
Das Standardwörterbuch der Ausländerarbeit. Es werden nahezu alle Lebensbereiche, Hilfemöglichkeiten sowie sozialpolitische und rechtliche Fragen behandelt.

Banning, H.: Bessere Kommunikation mit Migranten. Ein Lehr- und Trainingsbuch, Weinheim/Basel 1995.
Übersetzung aus dem Niederländischen mit konkreten Informationen und Tips für die Gesprächsführung mit Migranten.

Jaede, W./Portera, A.: Ausländerberatung, Freiburg 1986.
Verschiedene Fachleute haben Beiträge über psychosoziale Aspekte der Beratung mit Türken, Italienern und Jugoslawen verfaßt. Im Mittelpunkt stehen die Bereiche Kinder, Familie und Schule.

Karsten, M. E.: Sozialarbeit mit Ausländern, München 1984.
Gut lesbares Buch über die Lebenssituation von Ausländern in Deutschland sowie über das Berufsfeld Sozialer Arbeit mit ausländischen Bürgern. Sozialpädagogische Konzepte. Weiterführende Hinweise. Beim Verlag vergriffen.

Schiffauer, W.: Die Gewalt der Ehre. Erläuterungen zu einem türkisch-deutschen Sexualkonflikt, Frankfurt a.M. 1983.
Vielgelesenes Buch über die Folgen eines Mißverständnisses im türkisch-deutschen Kulturkonflikt. Besteht größtenteils aus kommentierten Gerichtsprotokollen.

Literatur

Akgün, L.: Sprache und Wirklichkeit in der interkulturellen Kommunikation, Informationsdienst zur Ausländerarbeit Nr. 3/4, 1992.
Akpinar, U. u.a.: Pädagogische Arbeit mit ausländischen Kindern und Jugendlichen, München 1977.
Auernheimer, G. (Hrsg.): Handbuch Ausländerarbeit, Weinheim 1985.
Auernheimer, G.: Einführung in die interkulturelle Erziehung, Darmstadt 1990.
Elschenbroich, D. (Hrsg.): Einwanderung, Integration, ethnische Bindung, Frankfurt a.M. 1985.
Ergin, Ö.: Charlie Kemal, Köln 1992.
Hoffmann, L./Even, H.: Soziologie der Ausländerfeindlichkeit. Zwischen nationaler Identität und multikultureller Gesellschaft, Weinheim/Basel 1984.
Keskin, H.: Die Türkei, Berlin 1981.
Lajios, K. (Hrsg.): Die zweite und dritte Ausländergeneration, Opladen 1991.
Neusel, A. u.a. (Hrsg.): Aufstand im Haus der Frauen, Berlin 1991.
Tiedt, F.: Sozialberatung für Ausländer. Perspektiven für die Praxis, Weinheim/Basel 1985.

5

Schuldnerberatung

Brigitte Gregor

Die Beratung von Schuldnern ist in der Sozialarbeit nicht neu. Schon seit den fünf-
ziger Jahren war die Schuldnerberatung integrierter Bestandteil der verschiedenen
sozialen Dienste. Insbesondere in der Straffälligenhilfe haben sich Sozialarbeiter
damit beschäftigt und kamen in den siebziger Jahren zu der Auffassung, daß diese
Problematik eines speziellen Beratungsangebotes bedarf. In Lübeck wurde dann im
Jahre 1978 die *erste Schuldnerberatungsstelle* in kommunaler Trägerschaft eröffnet.
In den achtziger Jahren entwickelte sich ein regelrechter „Schuldnerberatungs-
boom". Die wirtschaftlichen und sozialen Hintergründe dieser Entwicklung sind im
ersten Teil dieses Buches schon unter den Stichworten „neue Armut", „Risikogesellschaft" und „Veränderungen in den Familien" benannt worden. Angesichts der starken Konsumorientierung unserer Gesellschaft fällt vielen Familien ein den jeweiligen Einkünften angemessenes Verhalten recht schwer. Gegenwärtig sind etwa 20
Prozent der Haushalte verschuldet (MAGS 1993, S. 57). Von dieser „Normalver-
schuldung" ist jedoch die Überschuldung zu unterscheiden. „Übersteigt die Rate für
Kredittilgung ein Drittel des verfügbaren Haushaltsnettoeinkommens, ist von einem
deutlich erhöhten Überschuldungsrisiko auszugehen". Oftmals können schon dann
die Lebenshaltungskosten nicht mehr abgedeckt werden. Eine exakte Definition
von Überschuldung gibt es nicht. In Deutschland sollen insgesamt mindestens 2 Mio.
Haushalte überschuldet sein. Fachleute gehen jedoch davon aus, daß spätestens bei
der Abgabe einer vom Gericht erzwungenen eidesstattlichen Versicherung über die
Vermögensverhältnisse der Überschuldungsfall eingetreten ist. In Nordrhein-Westfalen waren das zu Anfang der neunziger Jahre etwa fünf Prozent aller Haushalte
(MAGS 1993, S. 116f.). Aus der Fachliteratur sind folgende Gründe für Zahlungs-
schwierigkeiten bekannt:

- 30% Arbeitsplatzverlust eines Familienmitgliedes
- 27% unzureichende Planung der persönlichen Ausgaben
- 17% Ehescheidung oder Trennung
- 10% Krankheit
- 9% Eintritt in den Vorruhestand oder Rente
- 8% Familienzuwachs
- 7% Arbeitsplatzwechsel
- 7% Wegfall des Zweitverdienstes aus familiären Gründen
- 5% Suchtproblcmc

(MAGS 1993, S. 98)

Träger von Schuldnerberatungsstellen sind die großen Wohlfahrtsverbände sowie die Städte und Kommunen. Viele Ratsuchende gehen lieber zu Schuldnerberatungsstellen, die von freien Trägern oder gemeinnützigen Vereinen unterhalten werden. Denn bei den kommunalen Einrichtungen befürchten sie Verbindung zu anderen kommunalen Diensten. Die Schuldnerberatung kann in unterschiedlichen Formen praktiziert werden. Sie wird einerseits im Rahmen allgemeiner Sozialarbeit als *funktionale Beratung* neben anderen sozialen Hilfestellungen angeboten und hat damit die bekannte „Querschnittfunktion" von Beratung. Andererseits ist sie als *institutionale Beratung* auch ein Angebot spezialisierter Schuldnerberatungsstellen. Die Fachkräfte dieser Einrichtungen bieten Mitarbeitern anderer sozialer Dienste auch Fort- und Weiterbildungsmöglichkeiten an (Multiplikatorenarbeit). Allgemeines Ziel der Schuldnerberatung ist es, die zunehmende Armut zu bekämpfen (André 1994) und ein Abrutschen in die Obdachlosigkeit (Preußer 1993) zu verhindern.

Rechtsansprüche

Nach § 8 des Bundessozialhilfegesetzes (BSHG) ist die Schuldnerberatung eine Form der Sozialhilfe. Sie steht vor allem hilfebedürftigen Personen zu, die Ansprüche nach dem BSHG haben. Hierzu gehören: Hilfe zum Lebensunterhalt (§§ 11, 12 BSHG), Hilfe in besonderen Lebenslagen (§§ 27, 72 BSHG). Diese Hilfe kann auch für Personen, die noch keinen Sozialhilfeanspruch haben, vorbeugend und nachgehend genutzt werden (§ 6 BSHG). Schuldnerberatung gehört auch zu den Aufgaben und Leistungen nach dem Kinder- und Jugendhilfegesetz (KJHG) bzw. Sozialgesetzbuch (SGB VIII). Hier kommen vor allem die §§ 2, 13, 31, 35 und 41 in Frage.

Wer sind die Betroffenen?

Von den verschuldeten bzw. überschuldeten Haushalten wissen wir, daß

- die meisten ein Haushaltseinkommen von monatlich 2.000 bis 6.000 DM zur Verfügung haben,
- vorwiegend Ehepaare und Alleinerziehende mit Kindern verschuldet sind.
(MAGS 1993, S. 57f.; Bundesminister 1992)

Wie finden die Ratsuchenden Zugang zu den Schuldnerberatungsstellen?

- Knapp 30% erhielten die Informationen über die Medien.
- Ein Viertel bis ein Drittel bekamen Hinweise von den Kommunalbehörden.
- Rund 10% nehmen den Kontakt durch Empfehlung von anderen Betroffenen, die bereits in der Beratung sind, auf.

Weitere Zugänge ergeben sich über soziale Dienste am Ort, Arbeitsämter, Arbeitgeber, Amtsgerichte, Rechtsanwälte, Ärzte usw. (Münder u.a. 1992, S. 51).

Zielgruppe von Schuldnerberatung sind alle Personen und Haushalte, die verschuldet oder überschuldet sind und ihre Situation ohne „fremde Hilfe" nicht verändern können. Es wurden Kredite aufgenommen, um PKWs oder Möbel zu bezahlen. Etwa jede vierte Person hat Miet- oder Energieschulden. Die Kreditrückzahlung verläuft so lange problemlos, wie kein *kritisches Lebensereignis* eintritt. Viele Menschen mit Überschuldungsproblemen befinden sich in einer Trennungs- bzw. Scheidungsphase oder verlieren ihren Arbeitsplatz. Oftmals verfügen die Betroffenen über ein niedriges Bildungsniveau. Das erklärt, warum Kontoauszüge und Kreditverträge nicht verstanden werden und der Umgang mit dem bargeldlosen Zahlungsverkehr und den Kreditkarten so schwierig ist. Raten- und Leasinggeschäfte können negative Folgen haben. Aber auch bei Schicksalsschlägen, etwa Verlust des Partners, Suchtproblemen (Alkohol-, Drogen-, Spielsucht) und anderen Krankheiten, droht die Überschuldung.

Ablaufschema einer Verschuldung und einer Überschuldung

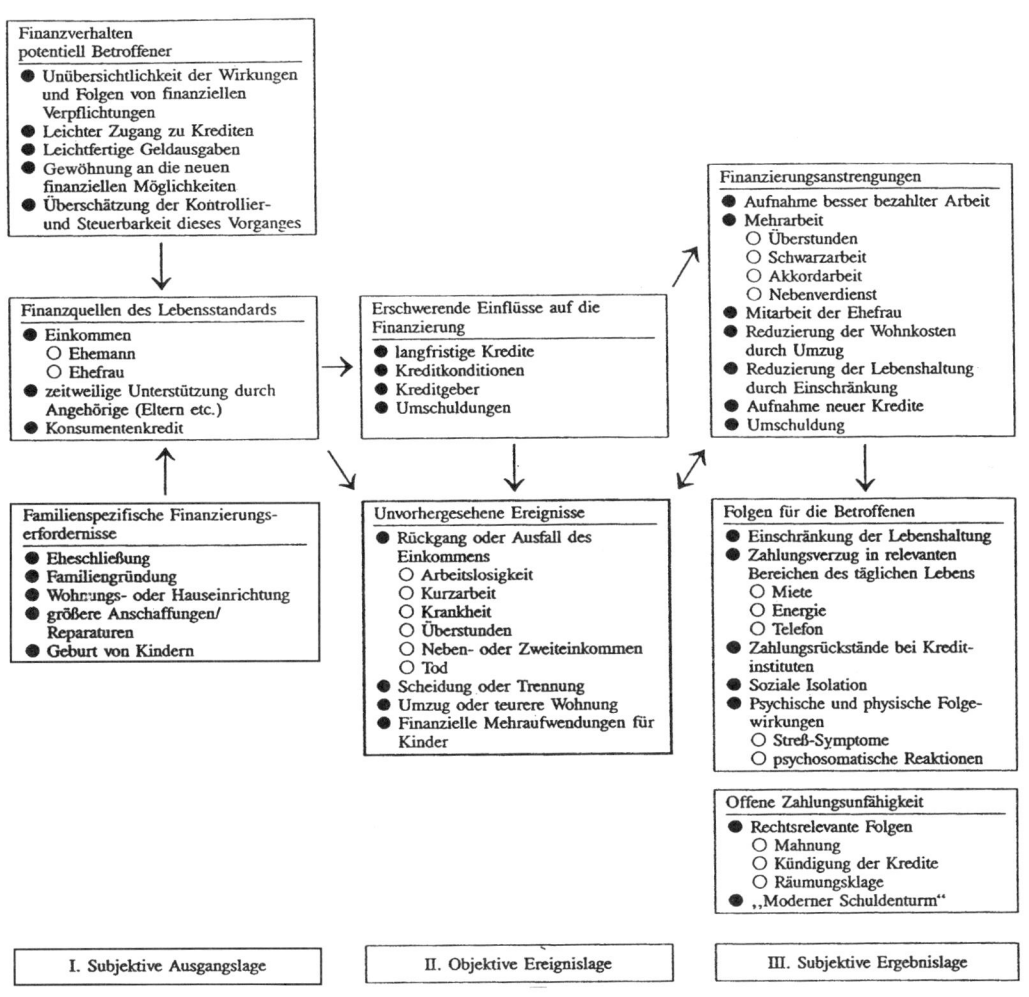

(Aus: Ministerium für Arbeit, Gesundheit und Soziales des Landes NRW (Hrsg.): Landessozialbericht. Band 4: Verschuldung, Überschuldung und Schuldnerberatung, Düsseldorf 1993, S. 6)

Etwas Statistik aus der Schuldnerberatungsstelle einer Stadt mit 100.000 Einwohnern:

- Das *Monatseinkommen* liegt für 28% der Ratsuchenden unter 1.500,– DM.
- Die *Durchschnittsverschuldung* jedes Betroffenen beträgt 30.000,– DM.
- Von 1991 bis 1992 hat sich die *Zahl* der Ratsuchenden von 230 auf 370 erhöht.
- Der *Arbeitslosenanteil* beträgt 24 Prozent.
- Das *Alter* der meisten Betroffenen liegt zwischen 30 und 40 Jahren.
- *Hauptursachen* für die Verschuldung sind Arbeitsplatzverlust und Ehescheidung.

Vor allem zwischen Trennung und Überschuldung besteht eine sich gegenseitig verstärkende negative Wechselwirkung. Schulden führen oftmals auch in eine Trennung. Scheidungsverfahren sind immer teurer geworden. Zusätzlich kommen noch die Kosten für die doppelte Haushaltsführung dazu. Das wiederum erhöht die Schulden.

Wie arbeiten Schuldnerberatungsstellen?

Die Bezeichnung dieser Beratungsstellen liefert schon einen deutlichen Hinweis auf den Schwerpunkt des Angebots: Es geht nicht nur um Schulden, sondern um *den* Schuldner. Der Beratungsansatz bezieht sich, ähnlich wie in der gemeinwesenorientierten Familienberatung, in ganzheitlicher Sichtweise auf die gesamte Person oder Familie. Auf der anderen Seite haben Schuldnerberatungsstellen mit der Erziehungsberatung folgende Merkmale gemeinsam:

- Freiwilligkeit
- Komm-Struktur und
- Personalknappheit.

Vielen Schuldnerberatungsstellen fehlen die Finanzierungsgarantien für mehr Personalstellen. Auch deswegen mangelt es vor allem in ländlichen Regionen an Beratungsmöglichkeiten. Vielerorts arbeitet nur eine Fachkraft in der Einrichtung. Vor allem in größeren Beratungsstellen der Großstädte sind Teams vorhanden. Hier ergibt sich dann die Chance multiprofessioneller Zusammenarbeit (Sozialarbeiter, Jurist, Finanzfachkraft). Teilweise verfügen die Mitarbeiter nur über befristete Arbeitsverträge (Zeitverträge, ABM), was zur Folge hat, daß das Beratungsangebot für die Zukunft nicht sichergestellt ist und immer wieder neue Kolleginnen und Kollegen eingearbeitet werden müssen. Die *Arbeitsweise* in der Schuldnerberatung ist überwiegend *direktiv*, denn es geht um konkrete Inhalte, die einen bestimmten Handlungsbedarf mit sich bringen: Wann ist was und wie abzuzahlen?

Wartezeit und Dauer

Ähnlich wie in den Erziehungsberatungsstellen ist die Nachfrage nach Terminen in der Schuldnerberatung größer als die zur Verfügung stehende Zeit. „Im Mittel beträgt die Wartezeit bis zu einem ausführlichen Erstgespräch 46 Tage, im extremsten Fall müssen die überschuldeten Ratsuchenden bis zu einem halben Jahr warten, im

günstigsten Fall beträgt die Wartezeit knapp zwei Wochen" (MAG
Verbindung mit der „Komm-Struktur" der meisten Schuldnerbera
den diese Wartezeiten eine große „Zugangsbarriere". Niedriger ins
(niederschwellige) und gemeinwesenorientierte Angebote (vgl. obei
ren als Ergänzung dringend notwendig. Die durchschnittliche Bet
zeigt, daß über die Hälfte aller Ratsuchenden die Unterstützung der S
ratungsstellen mehr als 12 Monate in Anspruch nehmen mußte:

Durchschnittliche Betreuungsdauer der aktenkundigen Fälle in NRW

1 Monat	15 Prozent der Ratsuchenden
3 Monate	10 Prozent der Ratsuchenden
6 Monate	11 Prozent der Ratsuchenden
9 Monate	6 Prozent der Ratsuchenden
12 Monate	14 Prozent der Ratsuchenden
18 Monate	11 Prozent der Ratsuchenden
2 Jahre	6 Prozent der Ratsuchenden
mehr als 2 Jahre	26 Prozent der Ratsuchenden

(MAGS 1993, S. 128)

Was müssen Berater können?

Die Schuldnerberatung ist ein typisches Arbeitsfeld, das sich aus dem Ansteigen
neuer Problemlagen während des letzten Jahrzehntes aus dem allgemeinen Bereich
der Sozialen Arbeit herausspezialisiert hat. In dieser Hinsicht hat sie Ähnlichkeiten
mit der Drogenhilfe. In der allgemeinen Ausbildung an den Hochschulen werden
höchstens Einzelseminare zur Schuldnerberatung angeboten. Deswegen haben
Schuldnerberater keine spezielle Ausbildung. Wie so oft in der Sozialen Arbeit muß
man sich das notwendige Fachwissen in der Praxis und Weiterbildung aneignen.
Wichtig sind dabei auch Teamgespräche und Supervision. Die Erfahrungen aus einem sozialpädagogischen Arbeitsfeld reichen in der Regel nicht aus, um den vielfältigen Anforderungen gerecht zu werden. Denn neben sozialpädagogischen sind
noch juristische und kaufmännische Kenntnisse erforderlich. Angehörige der sozialpädagogischen Berufe stellen den größten Anteil unter den Schuldnerberatern.
Weiterhin sind auch Juristen, Bankkaufleute, Verwaltungsfachkräfte, Versicherungs-
kaufleute in diesem Bereich tätig. Optimal ist ein multiprofessionell zusammenge-
setztes Team. Häufig geht es in der Schuldnerberatung um Fragestellungen aus den
folgenden Bereichen:

- Mietrecht
- Vertragsrecht
- Schuldnerschutz
- Kreditwesen

Deswegen gehören BGB und BSHG zum „Handwerkszeug" der Schuldnerberatung. Die Unterlagen, welche die Betroffenen mitbringen, müssen durchgesehen
und mit ihnen besprochen werden, um entsprechende Handlungsschritte einzuleiten. Dazu ist ein *Vertrauensverhältnis* zwischen Schuldnerberater und Betroffenen
notwendig. Oft sind die Kontakte von Schuldnerberatern mit Institutionen von

...naft, Banken oder der Justiz häufiger als mit anderen sozialpädagogischen ...nrichtungen. Das erfordert nicht nur Verhandlungsgeschick, sondern auch Kenntnisse und Einfühlungsvermögen in die Gepflogenheiten der Geschäftswelt. Schuldnerberater erleben sich oft als Sprachrohr oder Vermittler zwischen Gläubigern und Ratsuchenden. Sie dürfen sich nicht vereinnahmen lassen und sollten Verständnis und Geduld für beide Seiten aufbringen. Oftmals erhalten sie von einem Gläubiger Informationen, die der Schuldner verschwiegen hat. Es kommt nicht selten vor, daß Berater feststellen, daß sie von den Schuldnern belogen worden sind. Denn diese verschweigen beispielsweise gerne Neuverschuldungen. Wenn die Schuldnerberater nun ihrerseits ohne Kenntnis dieser Hintergründe in Gesprächen mit den Gläubigern einseitig für die Ratsuchenden Partei ergreifen, kann es vorkommen, daß sie von den Gäubigern nicht mehr ernst genommen werden. Dann kann sich der Ärger auf die Schuldner so steigern, daß die Zusammenarbeit gefährdet ist. Auch hier gilt das Prinzip „Störungen haben Vorrang". Deswegen müssen derartige Unklarheiten bereinigt werden, sonst droht eventuell der Abbruch der Beratung. Um derartige komplexe Situationen meistern zu können, genügen nicht nur die obengenannten Fachkenntnisse. Eine Weiterbildung in Gesprächsführung bzw. einer Beratungsrichtung ist notwendig. Gerade wenn die Verschuldung mit einer Lebenskrise oder schwerwiegenden Störungen im Familiensystem verknüpft ist, kann ein fundierter Wissensbestand aus der Familienberatung hilfreich sein. Aber auch das juristische und kreditwirtschaftliche Fachwissen unterliegt ständigen Veränderungen. Deshalb benötigen Schuldnerberater entsprechende Fachliteratur, wie beispielsweise einschlägige Fachzeitschriften, Bundesgesetzblätter, Gesetzestexte, Verbraucherinformationen und juristisches Schrifttum. Die Wissenslücken werden durch das Literaturstudium über kollegialen Austausch und Fortbildung geschlossen. Für die Schuldnerberater ist es unerläßlich, diese Zeiten in ihr Arbeitspensum mit einzuplanen.
Tätigkeitsanteile in der Schuldnerberatung

52 % Beratung und Betreuung
14 % interne Verwaltung
 9 % Kooperation mit anderen und internen Diensten
 9 % Präventionsarbeit
 6 % Teilnahme an Arbeitskreisen
 4 % Fortbildung
 4 % Öffentlichkeitsarbeit
 2 % Sonstiges
(MAGS 1993, S. 126)

Ziele und Aufgaben

Hinsichtlich der Ratsuchenden arbeitet die Schuldnerberatung mit dem Ziel, daß diese

• schuldenfrei werden;
• lernen, mit dem vorhandenen Geld zu wirtschaften und ein einkommensadäquates Verhalten zu praktizieren;
• keine neuen Schulden machen;
• ihre Berufs- und Lebensplanung selbständig gestalten.

Darüber hinaus können noch die folgenden gesamtgesellschaftlichen Zielvorstellungen genannt werden:

- Professionelle Helfer aus anderen Bereichen sollen die Möglichkeiten von Schuldnerberatung erkennen oder zumindest mit den entsprechenden Stellen kooperieren.
- Ursachen und Auswirkungen von Überschuldung müssen aufgedeckt und einer breiten Öffentlichkeit zugänglich gemacht werden, um weitere Überschuldung zu vermeiden.
- Anregungen, Strategien und Maßnahmen aus sozialrechtlicher und rechtspolitischer Sicht sind an entsprechende Träger, Ämter und Behörden weiterzuleiten.

Diese Globalziele können oft nur in Teilzielen erreicht werden. Da die Schulden vieler Betroffenen zu hoch sind, kann ein Leben an der Pfändungsfreigrenze schon ein Erfolg sein. Einige Ratsuchende sind leider nicht fähig, ihr Leben in Schuldenfreiheit zu gestalten; sie bleiben *Dauerkunden* der Beratungsstelle. Das normale Tagesgeschäft eines Schuldnerberaters bei steigenden Fallzahlen erschwert eine intensive Aufklärungs-, Vorbereitungs- und Öffentlichkeitsarbeit. Obwohl alle Beratungsstellen den Anspruch auf Ganzheitlichkeit hervorheben, werden die Ziele, je nach Ausrichtung des Trägers, unterschiedlich verfolgt. So stehen bei den kirchlichen Trägern eher psychosoziale Aspekte und bei den Kommunen dagegen die ökonomische Entschuldung im Vordergrund. Dieses schlägt sich auch in den unterschiedlichen Konzeptionen nieder, da kontrovers diskutiert wird.

Schwerpunktmäßige Leistungsangebote

Die wirtschaftliche Situation eines Haushaltes: Sämtliche Einnahmen und Ausgaben des Haushaltes und die bestehenden Zahlungsverpflichtungen müssen für den Monat und das Jahr umgerechnet werden. Schon diese Bilanz kann Aufschluß über die Ursachen von Verschuldung geben. Schwierigkeit: Wenn verschiedene bzw. wechselnde Gläubiger vorhanden sind, müssen alle Forderungen auf ihre Berechtigung hin überprüft werden.

Beispiel: Zunächst hat eine Möbelfirma den Kredit vergeben, die Sparkasse hat diesen dann übernommen, danach ein Inkassobüro.

Ökonomische Krisenintervention: Oft entstehen durch die Überschuldung Primärschulden. Es sind also nicht mehr genügend Mittel zur Lebenssicherung vorhanden. Hier muß beispielsweise nach dem BSHG geprüft werden, ob Hilfe zum Lebensunterhalt (§§ 11ff.) gewährt werden kann bzw. Hilfe in besonderen Lebenslagen (§§ 27ff.). Aber auch, ob Miete und Energieversorgungkosten in Zukunft bezahlt werden können.

Hauswirtschaftliche Beratung: Diese ergänzt die Budgeterfassung. Nachdem die Ein- und Ausgaben festgestellt wurden, wird versucht, mit den Betroffenen bzw. den Ehepartnern das Ein- und Ausgabeverhalten zu verändern. Zu diesem Zweck sollte ein Haushaltsbuch angelegt werden, damit die Ratsuchenden ihr eigenes Ausgabeverhalten kontrollieren können. Auch wenn dies nicht immer durchführbar ist, sind Teilziele möglich.

Rechtsberatung: „Da es sich bei der Schuldnerberatung um eine ganzheitliche Sozialberatung handelt, gehört eine Beratung in bestimmten rechtlichen Fragen, die wiederum eine Vorprüfung und Unterlagenzusammenstellung voraussetzt, unbedingt zur ‚sachgerechten und ordnungsgemäßen Hilfe‘" (Groth 1988, S. 20). Im Rahmen dieser Tätigkeit dürfen auch Hinweise und Auskünfte über sozialrechtliche Ansprüche gegeben werden, wie z.B. bei Kindergeld, Sozialhilfe, Erziehungsgeld, Befreiung von Fernseh- und Rundfunkgebühren. Auch Unterstützung beim Abfassen von Rechtsbehelfen gehört dazu. Schwierige Angelegenheiten gehören jedoch in die Hände von Rechtsanwälten. Durch diese Maßnahmen kann man das Ausgabevolumen verringern oder eventuelle Versäumniszuschläge einsparen.

Finanzberatung: Diese erfolgt auf dem Hintergrund der Budgetübersicht. Die Forderungen der Gläubiger werden überprüft. Die Gespräche, Rücksprachen, aber auch der Schriftverkehr mit den Gläubigern sollten in Absprache mit den Klienten erfolgen. Verhandlungsziel ist es, einen realistischen Schuldenregulierungsplan aufzustellen, der die Ratenzahlungsverpflichtungen, Ratenreduzierungen, Stundungen etc. regelt. Ob eine Umschuldung sinnvoll ist, muß im Einzelfall sehr sorgsam geprüft werden (Wagner 1990, S. 549ff.). Die Beratung über Kredite und Versicherungen gehört auch in diesen Bereich. Diese ist jedoch von der Qualifikation der Schuldnerberaterin bzw. des Schuldnerberaters abhängig. Hierbei sind kaufmännische Kenntnisse erforderlich.

Psychosoziale Beratung: Mit den genannten materiellen Problemen stehen oftmals persönliche Krisen im Zusammenhang (Scheidung, Trennung, Suchtproblematik), die auch selber bearbeitet oder an andere Institutionen überwiesen werden müssen. Nach Möglichkeit sind alle zwischenmenschlichen Aspekte, welche die Ratsuchenden im Zusammenhang mit ihren Schulden mitbringen, zu thematisieren. Die Bearbeitung solcher Probleme hängt von den Qualifikationen der Berater und natürlich der Bereitwilligkeit der Betroffenen selber ab. Kompetenzen, wie sie im ersten Teil dieses Buches beschrieben worden sind, können hilfreich sein.

Sozialpädagogisch präventive Hilfen: Neben allen sozialrechtlichen, hauswirtschaftlichen und finanziellen Hilfestellungen darf der Ratsuchende und sein bisheriges Verhalten, das zur Überschuldung geführt hat, nicht aus dem Blickwinkel geraten. Dieses Verhalten muß mit ihm verändert und neu gestaltet werden, wobei seine bisherigen Überlebensstrategien durchaus von Bedeutung sein können. Seine Selbsthilfepotentiale sind deswegen zu fördern. Ziel ist es, ihn zu einem einkommensadäquatem Verhalten zu bewegen. Die Schritte hierzu hat der Schuldnerberater mit dem Betroffenen auszuhandeln, ihn zu beraten und zu unterstützen. Er sollte ihn motivieren, diesen oftmals langen Prozeß durchzustehen, kleine Teilziele stekken, die bei ihm das Gefühl von Erfolg erzeugen (Bundesregierung 1992).

Formen von Schuldnerberatung

Grundsätzlich kann die Schuldnerberatung vier unterschiedliche Formen aufweisen.

1. *Als integrierter Bestandteil von allgemeiner Sozialberatung*: Hierbei kommt die Schuldnerberatung über andere Fragestellungen zustande. Sie wird auch genutzt, um die materiellen Schwierigkeiten zu bearbeiten. In diesen Fällen ist sie bei folgenden Institutionen angesiedelt: Allgemeiner Sozialdienst (ASD), Sozial- oder Wohnungsamt; sie wird vom Sozialarbeiter unter eher generalistischen Aspekten neben allen anderen Hilfen angeboten.

Nachteil: Im Rahmen der Anforderungen an die Fachlichkeit von Schuldnerberatung reicht diese Hilfsmöglichkeit oftmals nicht aus. Denn sie ist nur zugänglich für Personen, die aufgrund anderer Probleme in die Besucherstruktur passen.

Vorteil: Der Ratsuchende hat einen Ansprechpartner für verschiedene Fragen. Das kann für ihn mehr Vertrauen und Sicherheit bedeuten.

2. *Als spezialisierter Bestandteil von allgemeiner Sozialberatung*: Aufgrund des erforderlichen Wissens sowie der ständigen Veränderungen in diesem Bereich (Gesetzgebung, Kredit- und Rahmenbedingungen) sind viele Träger dazu übergangen, einen spezialisierten Sachbearbeiter einzustellen. Dieser ist angesiedelt wie 1., aber auch bei freien Trägern innerhalb von Sozialberatungseinrichtungen.

Nachteil: Der Schuldner hat für unterschiedliche Probleme verschiedene Ansprechpartner. Hierbei fehlt der allgemeine Zugang zur Schuldnerberatung, da dieser Dienst nur über bereits bestehende Beratungskontakte vermittelt wird.

Vorteil: Die Ratsuchenden erhalten gezielt Informationen und Hilfestellungen. Die Berater können sich auf einen Problemkreis beschränken. Alles außerhalb von Schulden kann wieder an andere Fachkräfte delegiert werden.

3. *Als spezialisiertes Beratungsstellenangebot*: In diesen Fällen werden alle Bereiche von Schuldnerberatung mit unterschiedlichen Schwerpunkten angeboten, je nachdem, welche Berufsgruppen in der Beratungsstelle vertreten sind (Sozialarbeiter, Bankkaufleute, Juristen, Verwaltungsfachkräfte) und wie die Dienststelle konzeptionell ausgerichtet ist (Ganzheitlichkeit oder Operationalisierung). Angesiedelt bei: Kommunen, Kreisen, freien Trägern, gemeinnützigen Vereinen.

Nachteil: Je nach Organisationsform der Beratungsstelle kann die Kooperation der Mitarbeiter untereinander mangelhaft sein und eine zu starke Spezialisierung auftreten. Gleiches gilt für die Überforderung einzelner Berufsgruppen. Der Sozialarbeiter muß sich zuviel juristische Kenntnisse aneignen; die Verwaltungsfachkraft fühlt sich von den zwischenmenschlichen Problemen überschwemmt.

Vorteil: hohe Kompetenz der Berater. Im Idealfall gutes interdisziplinäres Zusammenspiel innerhalb des Teams. Zugänglich für alle verschuldeten Personengruppen (vgl. Münder u.a. 1992, S. 40ff.).

4. *Als Fachteam für Multiplikatoren*: Ein solches Team führt nicht nur die Schuldnerberatung durch, sondern bietet Fortbildung und Beratung für Schuldnerberater und andere professionelle Helfer an, die diesen Beratungsschwerpunkt erlernen und in ihrer Arbeit einsetzen möchten sowie Austausch und Anregung für die Arbeit mit überschuldeten Personen benötigen. So sind beispielsweise im Sektor der Schuldnerberatung Fachteams und Fachberater tätig, die vorwiegend andere Fachkräfte in Familienberatungsstellen, Familienbildungsstätten oder dem ASD schulen, damit diese die Schuldner oder Besucher in der Budget- und Haushaltsplanung unterstützen können. Angesiedelt: bei den freien Wohlfahrtsverbänden.

Nachteil: Diese Aufgaben werden derzeit nur von sehr wenigen Trägern wahrgenommen.

Vorteil: Diese Arbeitsweise kann dazu beitragen, daß professionelle Helfer schneller und sicherer bei drohender Überschuldung eingreifen.

Beispiel: Ein Drogenabhängiger wird von einer Drogenberatungsstelle ambulant begleitet. Schulden, die durch die Sucht verursacht wurden, veranlassen den Drogenberater, den Abhängigen zur Schuldnerberatung zu schicken. Dieser Beratungsauftrag ist eindeutig: Schuldnerberatung beschäftigt sich hier mit ökonomischer Kri-

senintervention, Finanz- und Rechtsberatung. Die psychosozialen Aspekte, wie es zur Sucht und damit zu den Schulden kam, gehören weiterhin in die Hände des Drogenberaters. Eine Zusammenarbeit der beiden Beratungsdienste ist von Vorteil. Sofern der Klient sich zu einer stationären Therapie entschließt und diese auch erfolgreich durchsteht, kann anschließend wieder die Schuldnerberatung in Anspruch genommen werden, um präventive Maßnahmen zu ergreifen. Denn die Schuldnerberatung ist auch Bestandteil von ambulanter Nachsorge. Schwierigkeit: Viele notwendige Absprachen führen häufig zur Überforderung der Beratungsdienste. Auch der umgekehrte Weg ist möglich:

Eine Frau sucht die Schuldnerberatungsstelle auf und bringt mehrere Mahnbescheide mit. Im Gespräch mit ihr wird deutlich, daß sie sich in einer Ehekrise befindet. Die Schulden wurden vom Ehepaar gemeinsam gemacht, die partnerschaftlichen Probleme haben zu einer Ausweitung der Schulden beigetragen. Für den Schuldnerberater ist es wichtig, mit beiden Ehepartnern gemeinsam zu arbeiten. Im weiteren Verlauf der Beratungskontakte wird deutlich, daß über die Beratungsgespräche überwiegend Ehekonflikte zum Vorschein kommen. Auch waren die Schulden durch Beziehungsstörungen des Ehepaares mitverursacht worden (mangelnde Absprachen, kompensatorischer „Kaufrausch"). Deswegen kann die ursprünglich geäußerte Absicht, die Schulden zu beseitigen, von den Ehepartnern nicht weiter behandelt werden. Der Schuldnerberater versucht dann, die Klienten auch zu einer (parallel verlaufenden) Eheberatung zu motivieren. Falls er über entsprechende Kenntnisse verfügt, kann er diese Gespräche auch selber führen. Schwierigkeit: Neben dem Wunsch der Schuldner, daß die Schulden reguliert werden sollen, überlagern ehelichen Probleme die materiellen Sorgen. Der Schuldnerberater muß die richtige Mischung zwischen direktiver und nondirektiver Beratung finden. Die Beratungsziele müssen klar abgesteckt werden. Was ist vorrangig?

Beispiel: Eine geschiedene Mutter von zwei Kindern, die von der Sozialhilfe lebt und hoch verschuldet ist, kommt zur Schuldnerberatung. Nach der Untersuchung der ökonomischen Situation wird deutlich, daß die Frau aus Unkenntnis verschiedene Hilfen, die ihr zustehen würden, nicht beantragt hat, dazu auch nicht in der Lage ist. Außerdem haben die verschiedenen Gläubiger Forderungen an sie gestellt, die teilweise unberechtigt sind. Ihre Ausgaben sind höher als die Einnahmen; der geschiedene Ehemann kommt seinen Unterhaltsverpflichtungen nicht nach.

In einem solchen Fall sind neben der genauen Budgetplanung, umfangreichem Schriftverkehr auch Verhandlungen mit den Gläubigern zu führen.

Neben der sozialrechtlichen und hauswirtschaftlichen Beratung dürfen die psychosozialen Aspekte nicht übersehen werden: Ist die Frau psychisch stabil oder labil? Wie hat sie die Scheidung verkraftet? Fühlt sie sich überlastet und allein gelassen? Wird der Schuldnerberater zum einzigen Gesprächspartner? Wie sehen die sozialen Kontakte außerhalb der Familie aus (soziales Netzwerk)? Wie entwickeln sich die Kinder in dieser Situation? Welche psychosozialen Einrichtungen können mit eingebunden werden, welche Selbsthilfegruppe wäre für die Frau wichtig?

Schwierigkeit: Das Sozialamt hat das Problem delegiert, übt oftmals auch Druck auf den Schuldnerberater aus nach dem Motto: „Du hast dafür zu sorgen, daß die Schulden beglichen werden und die Frau uns nicht auf der Tasche liegt."

Fehlerquelle: Der Schuldnerberater übernimmt die komplette Verantwortung, weil die Frau bislang nicht in der Lage war, selbst die nötigen Schritte einzuleiten, und bezieht sie aus Zeitgründen nicht genügend in die Planung ein. Die Frau versucht möglicherweise auch, ihr Problem zu delegieren. Ihre Motivation und ihre

Selbsthilfepotentiale werden im Beratungsprozeß nicht genügend genutzt. Es ist dem Berater zu langwierig und mühsam, mit der Frau ein einkommenadäquates Verhalten einzuüben.

Erfolge in der Schuldnerberatung

Positive Veränderungen können auf sehr unterschiedlichen Ebenen angesiedelt sein:

- Schuldenregulierung
- Stabilisierung der Person bzw. Familie
- Bearbeitung spezieller Probleme (z. B. Suchtverhalten)
- Verhinderung von Arbeits- oder Wohnungslosigkeit

Angesichts der Vielfalt und Schwierigkeit von Problemlagen sind die Erfolge der Schuldnerberatung nach einer empirischen Untersuchung erstaunlich: „In einem Viertel der Fälle konnte nach Verhandlungen mit Gläubigern eine Reduzierung der Gesamtforderung erreicht werden, bei weiteren 11% zumindest eine Reduzierung des Verzugszinses. In 4% der Fälle wurde eine Forderung ausgebucht (entweder freiwilliger Verzicht des Gläubigers oder Ausbuchung nach Erwirkung einer eidesstattlichen Versicherung mit steuerlicher Abschreibung)". Nur bei 7% der Beratungsfälle kam überhaupt keine Einigung zustande (MAGS 1993, S. 132f.).

Zusammenfassung

Schuldnerberatung ist eine Form von Sozialer Arbeit, die sich im vergangenen Jahrzehnt zu einem neuen Beratungsschwerpunkt entwickelt hat. Scheinbar hat sie den Charakter einer hochspezialisierten *institutionalen* Beratung, denn ähnlich wie in der Drogenhilfe geht es um *ein* Thema. Wenn dahinter jedoch auch andere Lebensschwierigkeiten stehen, können sich die Beratungsthemen auch breiter ausfächern. Gegenwärtig ist die Schuldnerberatung weder in der Organisations- noch in der Finanzierungsform festgelegt, sie befindet sich noch in der Entwicklung. Damit sind gleichzeitig Chancen und Risiken von Schuldnerberatung benannt.

Chancen: Sie stellt ein breites und interessantes Arbeitsfeld für Sozialpädagogen dar, auch in der Verbindung mit fachfremden Berufsgruppen und der Kooperation mit Banken, Sparkassen, Wirtschaftsunternehmen und psychosozialen Einrichtungen.

Risiken: Die Schuldnerberatung hat sich noch nicht genügend etabliert. Sie wird von seiten des Gesetzgebers noch nicht als Pflichtaufgabe oder notwendige Serviceleistung für Bürger behandelt. Schuldnerberatungsstellen sind deshalb noch mit eigenen Finanzierungsfragen und Akzeptanzproblemen beschäftigt. An den einzelnen Schuldnerberater werden sehr hohe Anforderungen gestellt, mit denen sich die Ausbildung im Sozialwesen bislang nicht ausreichend beschäftigt hat. Das bedeutet, daß berufsfeldspezifische Kenntnisse in der Regel erst am Arbeitsplatz erworben werden können. Die bereits bestehenden Beratungsstellen sind vielerorts überlastet. Für die präventive Öffentlichkeitsarbeit mangelt es an Zeit. Hierbei leisten die Verbraucherzentralen sinnvolle Arbeit. Eine Gesellschaft, die einerseits zur Verschuldung animiert und andererseits gerade einkommensschwachen Familien ein Überleben ohne Schulden in der derzeitigen Wirtschaftslage unmöglich macht, muß auch Verantwortung für die daraus resultierenden Folgen übernehmen. Die Schuldnerberatung darf nicht ausschließlich in der Einzelfallarbeit versinken. Sie hat auf Mängel und Mißstände in Gesetzgebung und Sozialpolitik hinzuweisen. Ansonsten „muß sie sich die Frage gefallen lassen, ob sie durch ihre Arbeit nicht in erster Linie Gläubigerdienste leistet, (…) während sie für das Klientel der Überschuldeten nur Feuerwehr spielt, ohne die eigentlichen auslösenden Gründe abzuschaffen" (Oetchen 1992, S. 23). Im Rahmen der Ausbildung von Sozialpädagogen wird Schuldnerberatung in der Zukunft einen höheren Stellenwert erhalten müssen, sofern die Ausbildungsstätten den Praxisbezug ernst nehmen. In der Fort- und Weiterbildung ist Schuldnerberatung nicht mehr wegzudenken und oftmals schon von Praktikern vor Ort organisiert. Eine intensive Zusammenarbeit mit den Verbraucherzentralen wird in Zukunft auch von Nutzen sein, um eine verstärkte Lobby für die Schuldner bilden zu können.

Lesehinweise

BAG – SB – Informationen. Informationsdienst der Bundesarbeitsgemeinschaft Schuldnerberatung. Fachzeitschrift für Schuldnerberatung.

Buschkamp, H. W.: Das Arbeitsfeld Schuldnerberatung.
In: Deutscher Verein für öffentliche und private Fürsorge (Hrsg.): Soziale Arbeit und Schuldnerberatung, Heft 39, Arbeitshilfen, Frankfurt (a.M.) 1989.

Groth, U./Schulz, R./Schulz-Rackoll, R.: Handbuch Schuldnerberatung. Neue Praxis der Wirtschaftssozialarbeit, Frankfurt a.M. 1994.
Mit diesem Buch legen die bekannten Fachleute ein umfassendes Standardwerk zum Thema vor. Alle Aspekte der Schuldnerberatung werden angesprochen. Dabei steht allerdings das rechtliche Grundlagenwissen im Vordergrund. Ein unbedingtes „Muß" für alle, die mehr über Schuldnerberatung wissen wollen oder dort arbeiten.

Just, W. u.a.: Sozialberatung für SchuldnerInnen. Methodische, psychodynamische und rechtliche Aspekte, Freiburg 1993.
In diesem Buch stehen psychodynamische Aspekte der Beziehung zwischen Berater und Ratsuchenden direkt neben der Fachberatung, die sich auf die Reduzierung der Schulden bezieht.

Münder, J. u.a.: Schuldnerberatung in der sozialen Arbeit, Münster 1992.
Umfassende und klar gegliederte Darstellung wesentlicher Aufgaben und Schwerpunkte der Schuldnerberatung. Im Mittelpunkt stehen die rechtlichen Bezüge.

Ministerium für Arbeit, Gesundheit und Soziales des Landes Nordrhein-Westfalen (Hrsg.): Landessozialbericht. Band 4: Verschuldung, Überschuldung und Schuldnerberatung, Düsseldorf 1993.
Gut lesbarer Bericht über eine breitangelegte empirische Untersuchung zur Verschuldungssituation in NRW: Ursachen, Formen, Hintergründe, Zusammenhänge sowie Hilfsmöglichkeiten durch die Schuldnerberatung. Einen breiten Raum nehmen mehrere Fallbeispiele ein. Kann kostenlos im Landesministerium angefordert werden (Horionplatz, 40213 Düsseldorf).

Bundesministerium für Familie und Senioren (Hrsg.): Was mache ich mit meinen Schulden? Hilfe für überschuldete Familien durch Schuldnerberatung, Bonn 1993.
Diese nun in der dritten Auflage publizierte Broschüre klärt in einfacher Sprache auf wenigen Seiten viele Grundfragen zum Thema: Was ist Überschuldung? Rechtliche Möglichkeiten, Hilfen durch die Schuldnerberatung, besonderer Vollstreckungsschutz in den neuen Bundesländern und Ostberlin. Den größten Teil dieser Broschüre nimmt das wohl umfangreichste Adressenverzeichnis aller derzeit etwa 650 Schuldnerberatungsstellen in Deutschland ein. Diese Broschüre kann im Bundesministerium kostenlos angefordert werden (Postfach 20 15 51, 53175 Bonn).

Anschriften

Arbeitsgemeinschaft der Verbraucherverbände (AgV): Heilsbachstr. 20, 53123 Bonn. Dort erfährt man die Adresse der nächstgelegenen Verbraucherberatung.

Die Anschriften der Schuldnerberatungsstellen erhält man über das Telefonbuch oder vom Jugendamt, Sozialamt bzw. den freien Trägern der Wohlfahrt.

Literatur

André, G.: SozialAmt. Eine historisch-systematische Einführung in seine Entwicklung, Weinheim/Basel 1994.

Bundesminister für Jugend, Familie, Frauen und Gesundheit (Hrsg.): Überschuldungssituation und Schuldnerberatung in der Bundesrepublik, Stuttgart 1992.

Bundesminister für Familie und Senioren (Hrsg.): Was mache ich mit meinen Schulden? Hilfe für überschuldete Familien durch Schuldnerberatung, Bonn 1992 (darin ist auch ein umfassendes Verzeichnis der Schuldnerberatungsstellen in Deutschland).

Groth, U.: Schuldnerberatung, Frankfurt a. M. 1988.

Groth, U.: Zehn Jahre Schuldnerberatung, Sozialpädagogik 3/1992.

Groth, U./Ehlen H.P.: Schuldnerberatung im Lande Bremen, Bremen 1992.

Just, W. u.a.: Sozialberatung für SchuldnerInnen, Freiburg 1990.

(MAGS) Ministerium für Arbeit, Gesundheit und Soziales des Landes Nordrhein-Westfalen (Hrsg.): Landessozialbericht. Band 4: Verschuldung, Überschuldung und Schuldnerberatung, Düsseldorf 1993.

Münder, J., u.a.: Schuldnerberatung in der sozialen Arbeit, Münster 1992.

Münder, J.: Beratung, Betreuung, Erziehung und Recht, Münster 1992.

Oetchen, W. : Schuldnerberatung, Sozialmagazin 6/1992.

Preußer, N.: ObDach. Eine Einführung in die Politik und Praxis sozialer Aussonderung, Weinheim/Basel 1993.

Wagner, H.: Schuldnerberatung, in: Textor, M. (Hrsg.): Hilfen für Familien, Frankfurt a.M. 1992.

6

Drogenberatung

Thomas Pütz

Die Drogenhilfe ist ein relativ neuer Tätigkeitsbereich der Sozialen Arbeit. Drogenhilfe wird angeboten in stationären Einrichtungen (z.B. Drogen- bzw. Suchtkliniken) sowie in ambulanten Drogenberatungsstellen. Die Einrichtungen der Drogenberatung haben sich ähnlich wie die Schuldnerberatung durch starkes Ansteigen einer neuen Betroffenengruppe aus der allgemeinen Sozialberatung herausspezialisiert. Wie in der Schuldnerberatung und der Schwangerschaftskonfliktberatung ist die Beratungsstelle vordergründig auf ein „Leitproblem" hin ausgerichtet: Drogenkonsum. Gleichzeitig haben die Betroffenen aber noch viele damit verbundene hintergründige Schwierigkeiten: finanzielle Not, Wohnungsprobleme, psychische Schwierigkeiten und die Gefahr, in die Kriminalität abzurutschen. Wir werden darstellen, daß das Arbeitsfeld Drogenhilfe hinsichtlich der Problemlagen einerseits „typisch" für die Soziale Arbeit ist. Andererseits weist es durch die starke Abgeschlossenheit und die mit dem Suchtmittelkonsum verbundenen Themen (Kriminalisierung, spezielle Beziehungsdynamik) zusätzlich noch besondere Merkmale auf.

Die süchtige Gesellschaft

Der Suchtmittelkonsum in Deutschland hat in den letzten Jahrzehnten zugenommen. Nach Mitteilungen der „Deutschen Hauptstelle gegen Suchtgefahren" sollen bei uns knapp drei Millionen behandlungsbedürftige Alkoholkranke (darunter ca. 250.000 Jugendliche) und etwa 1,5 Mio. Medikamentenabhängige leben. Etwa 20.000 Menschen sterben jährlich direkt und wohl die zehnfache Anzahl indirekt (z.B. durch Leberschäden) am Alkoholismus. Die Zahl der Drogenkranken dürfte in den letzten Jahren auf über 140.000 Personen angestiegen sein. Zur komplexen Vielfalt der Ursachen des Drogenkonsums können hier nur einige Stichworte gesagt werden. Ergänzend zu den im ersten Teil des Buches erwähnten Veränderungen in Gesellschaft und Familie sei auf den sozial anerkannten hohen Wert von Genuß, Erlebnis und Konsum verwiesen. Vor allem bei Heranwachsenden in der Identitätskrise und psychisch labilen Menschen sind Drogen und andere Suchtmittel (auch nichtstoffliche: Glücksspiel, U-Bahn-Surfen, Autorasen) eine zwar falsche, aber nicht seltene Kompensationsmöglichkeit für persönliche Probleme oder unerfüllte Wunschträume. Auch das erklärt gerade die Zunahme von „harten" Drogen. Die folgende Tabelle zeigt die beschlagnahmten Mengen an Heroin im Verhältnis zu den offiziell registrierten Todesfällen durch Drogenkonsum. Hierbei ist zu bedenken, daß die Dunkelziffer wesentlich höher liegen kann.

Jahr	1973	1980	1988	1992
Beschlagnahmte Menge an Heroin in kg	1	267	537	5.900
Drogentote (offizielle Zahl)	1	494	670	2.096

Drogenarbeit

Die ambulante Drogenarbeit ist ein recht junges Arbeitsfeld und hat sich, von den USA herkommend, aus der Selbsthilfebewegung entwickelt. Die ältesten Suchthilfeeinrichtungen in Deutschland feiern in diesen Jahren gerade mal 20jährige Jubiläen. Im Gegensatz zu anderen Arbeitsfeldern der Behandlung kranker Menschen hat die Medizin der Sozialarbeit den Drogenbereich lange weitgehend überlassen. Erst in jüngerer Zeit ist eine zunehmende Medizinalisierung zu beobachten. Die reine medizinisch orientierte Entziehungsbehandlung wird aufgrund der vorhandenen Erfahrungen als erfolglos angesehen. Das beweisen die hohen Rückfallquoten. Die stationäre Betreuung Drogenabhängiger findet in etwa 150 Therapiezentren statt und hat ungefähr nur 2.600 Plätze. Entsprechend lange gestalten sich die Wartezeiten. Die ambulante Beratung in der Drogenhilfe arbeitet mit den stationären Einrichtungen zusammen und bereitet die Ratsuchenden dafür vor.

Die Beratungsstelle

Die Drogenhilfe befindet sich in einer kreisfreien Stadt. Hauptaufgabe der Beratungsstelle ist es, die von Drogenproblemen betroffene Einwohnerschaft der Stadt und von Teilen des umliegenden Kreisgebietes zu versorgen. Daraus ergibt sich ein Einzugsbereich von etwa 300.000 Einwohnern. In unmittelbarer Nähe liegt die Millionenstadt Köln, und bis zur holländischen Grenze sind es nur wenige Kilometer. Beide Faktoren spielen eine Rolle. Träger der Einrichtung ist ein kleiner katholischer Verein, der neben dieser Institution noch zwei Erziehungsberatungsstellen unterhält. Die Drogenberatungsstelle wurde im Jahre 1980 auf Initiative des Bewährungshilfevereins in Zusammenarbeit mit den örtlichen Richtern gegründet. Denn Bewährungshilfe und das Amtsgericht haben immer wieder auf die Suchtproblematik in Stadt und Kreis aufmerksam gemacht. Die Beratungsstelle wird zum größten Teil aus öffentlichen Mitteln finanziert. Hierbei handelt es sich um eine Mischfinanzierung, zu der das Land einen kleinen Teil beiträgt. Stadt und Kreis zahlen bis auf einen Restanteil von etwa 20%, den der Träger zu erbringen hat, die Hauptlast. Da der Träger nicht auf Kapital oder Grundvermögen zurückgreifen kann, ist er darauf angewiesen, seinen Anteil über Spenden und Bußgelder zu finanzieren. In Zeiten, wo die Kassen voll sind, ist die Finanzierung gesichert. Wenn aber die Haushaltslage der öffentlichen Hand angespannt ist, schlägt das in der Regel sofort in den Sozialbereich durch. Dies kann dann unter Umständen bedeuten, daß eine Planstelle gestrichen werden muß. Die Beratungsstelle ist mit Räumlichkeiten und Material gut ausgestattet. Jedem Mitarbeiter steht ein eigenes Büro zur Verfügung. Darüber hinaus verfügt die Einrichtung über zwei Therapiezimmer und einen großen Gruppenraum mit Küche. Ferner unterhält die Beratungsstelle eine „Cleanwohnung", in welcher durchschnittlich 14 Betroffene leben. Diese halten sich dort ungefähr jeweils vier Monate auf. Im vergangenen Jahr mußten vier von diesen Personen die Wohnung wegen eines Rückfalls verlassen. Sieben zogen regulär und „clean" aus, die anderen drei wohnten zu Jahresende noch dort.

Die Mitarbeiter

Der Betrieb wurde mit zwei und einer halben Planstelle und einer Verwaltungsfachkraft aufgenommen. In der Beratungsstelle sind inzwischen neun Fachkräfte tätig. Dabei handelt es sind um zwei Sozialarbeiterinnen und zwei Sozialarbeiter sowie eine Praktikantin im Anerkennungsjahr, mit je einer ganzen Stelle. Weiterhin wurde ein Psychologe mit einer halben Stelle für die Beratungsarbeit eingestellt. Dazu kommen eine Sozialarbeiterin und ein Sozialarbeiter mit vollen Stellen, die ausschließlich Präventionsarbeit leisten. Die Beratungsstelle arbeitet inhaltlich weitgehend autonom. Der Leiter übernimmt die interne Dienst- und Fachaufsicht und vertritt dem Vorstand gegenüber die geleistete Arbeit. Weiterhin gehört es zu seinen Aufgaben, die Institution in der Öffentlichkeit zu vertreten.

Die Ratsuchenden

Die Fachliteratur unterscheidet grob zwischen vier Konsumentengruppen:

- *Experimentelle Konsumenten*: Hierzu gehören die meisten Jugendlichen. Sie probieren den Stoff ein oder mehrere Male und lassen es dann wieder sein.
- *Integrierte Konsumenten*: Diese benutzen den Stoff, ohne in der Umwelt aufzufallen; sie können auch über längere Zeit, etwa wenn die persönlichen Probleme nachlassen, abstinent bleiben.
- *Problematische Konsumenten*: Trotz regelmäßigen Konsums können sie noch Kontakte außerhalb der Szene haben. Sie sind auch seltener auf Beschaffungskriminalität angewiesen. Die beiden letztgenannten Gruppen haben bei ambulanter Drogenberatung und stationärerer Drogentherapie die größten Erfolgsaussichten.
- *Extrem problematische Konsumenten*: Diese Gruppe hat die meisten Merkmale des in der Öffentlichkeit bekannten „Fixerbildes". Die sozialen Kontakte außerhalb der Szene sind minimal. Neben der Beschaffungskriminalität herrschen soziale und medizinische Verelendung vor. „Man hat sich in die Szenenhierarchie eingefügt, weshalb man hier auch am ehesten von einem auf Drogen fixierten Lebensstile sprechen kann" (Schmidt 1991, S. 419).

Vor allem bei dieser letzten Gruppierung ist die Drogenabhängigkeit Krankheit und Kriminalität zugleich; was Hilfe und Zugänglichkeit noch zusätzlich erschwert.

Die meisten Besucher der Drogenhilfe gehören zu den letztgenannten Gruppen; sind zum überwiegenden Teil von harten, illegalen Drogen wie Heroin, Kokain oder Tabletten abhängig. Es finden sich aber kaum noch Ratsuchende, die ausschließlich *eine* Droge konsumieren. Die meisten benutzen mehrere Suchtmittel („Politoxikomanie"). Durch die Nähe zu Holland ist die Szene in der Regel gut mit Heroin versorgt, so daß die allermeisten Betroffenen dieses als Hauptdroge konsumieren.

- Etwa ein Drittel der Ratsuchenden sind Frauen.
- Die Altersverteilung liegt zwischen 20 und 26 Jahren. Hier muß man allerdings berücksichtigen, daß schon eine „Drogenkarriere" vorausgegangen ist, ehe die Betroffenen zur Beratungsstelle gehen.
  Der Anteil der jungen Menschen, die sich bei der Drogenhilfe anmelden und psychische Auffälligkeiten haben, ist gestiegen. Ihnen kann in der Beratungsstelle oft nicht geholfen werden.
- Alle sozialen Schichten sind vertreten.

Der Satz: *Aus ganz normalen Familien kommen ganz normale Suchtkranke* scheint sich auch hier zu bewahrheiten. Innerhalb eines Jahres kamen

- 380 Menschen zur Beratungsstelle, davon befinden sich 150 in fester, langfristiger Betreuung.
- Die übrigen Gespräche waren Kurzkontakte.
- Insgesamt kam es zu 2.300 Besprechungen mit einstündiger Dauer.

Die Mitarbeiter der Beratungsstellen haben innerhalb eines Jahres an 54 Präventions- und Weiterbildungsveranstaltungen mitgewirkt und dabei über 600 Personen direkt ansprechen können.

Die Betreuung

Die Betreuung dieser Ratsuchenden ist sehr zeit- und arbeitsintensiv. Leider bestehen für solche Menschen keine adäquaten Behandlungsmöglichkeiten, insbesondere im stationären Bereich fehlen Angebote. *Vorgehensweise*: Als erstes muß die Beratungsstelle herausfinden, ob sie örtlich zuständig ist. Das ist sehr formal, aber notwendig. Weil der Andrang zu groß ist, müssen viele Beratungseinrichtungen Wartelisten führen. Für den einzelnen bedeutet das sicher eine große Härte. Aber der ständige Druck einer Warteliste ist auch für Mitarbeiter ein großes Problem. Die durchschnittlichen *Wartezeiten* in der Drogenhilfe betragen bis zu sechs Monaten. Danach ist maximal ein Viertel bereit und in der Lage, eine längerfristige Beratung/Therapie zu beginnen. Denn für einen Teil kommen Einzelgespräche nicht in Frage, da sie die dafür nötigen Voraussetzungen nicht einhalten können: Terminabsprachen, halbwegs klarer Kopf, Bereitschaft zur Auseinandersetzung. Für diese Menschen wird eine offene Gruppe angeboten. Sie können „draufsein"; unregelmäßig erscheinen, reden oder schweigen oder auch mal einschlafen. Dieses *niedrigschwellige Angebot* dient dazu, die *Schwellenangst* zu verringern, um in die Beratungsstelle zu gehen. Sie ist aber nicht nur eine „Warteschleife" für Einzelbetreuung, wohin manche dann wechseln, sondern auch für viele ein Stück Heimat geworden. In der Einzelbetreuung sind die Aufgaben vielfältig. Die Arbeitsschwerpunkte sind jedoch vorwiegend

- suchtbegleitende Betreuung und Begleitung
- Motivationsarbeit zur ambulanten Therapie
- Therapievorbereitung und -vermittlung
- Hilfestellung bei Gericht und Ämtern
- Betreuung in der Justizvollzugsanstalt
- Nachsorgearbeit, etwa Hilfen für Wohnung und Arbeit.

Im Durchschnitt sind die Drogenabhängigen mit etwa DM 28.000,– verschuldet. Deswegen erweist sich unter dem Gesichtspunkt der *Vernetzung* eine Zusammenarbeit mit der Schuldnerberatungsstelle (vgl. oben, S. 141) als notwendig.

Die Arbeit mit HIV-Infizierten und Aidserkrankten nimmt eine Sonderstellung ein (Dunde 1991; Oberlehner u.a. 1994). Denn hier müssen die Ziele und Methoden angesichts des drohenden Todes modifiziert werden.[1]

Ein Teil der Besucher sind die *suchtmittelgefährdeten Jugendlichen,* die gerade erste Kontakte mit Drogen gemacht haben, aber noch nicht suchtkrank sind. Diese kommen häufig über die Eltern, aber auch über Lehrer oder Arbeitgeber zur Beratungsstelle. Leider kann nicht in allen Fällen verhindert werden, daß diese Jugendlichen suchtkrank werden, da deren Einsicht in die Gefährdung nicht sehr groß und ihre Geduld, sich auf einen langwierigen Beratungsprozeß einzulassen, oft nicht vorhanden ist. Aufklärung und Beratung steht hier arbeitsmäßig im Vordergrund. Häufig zeigt sich in den Gesprächen, daß eine ambulante Therapie notwendig wäre, wozu es aus den genannten Gründen jedoch nicht kommen kann.

Angehörigenarbeit

Die Familien von Suchtkranken, Eltern, aber auch Kinder sowie Partner gehören auch zur Klientel der Beratungsstelle. Diese Angehörigen haben oftmals eine eigene behandlungsbedürftige Problematik entwickelt, die sich zwar an der Sucht des Familienmitgliedes orientiert, aber häufig eigenständige Ursachen hat. Hier sind beispielsweise Ehepartner zu nennen, die aufgrund ihrer eigenen Sozialisation ein ausgeprägtes Helferbedürfnis („Helfersyndrom", vgl. Schmidbauer 1990) entwickelten und in ihrem jetzigen, suchtkranken Partner jemand gefunden haben, bei dem sie diese Helferwünsche ausleben, ohne jemals einen Punkt zu erreichen, an dem sie selbst auch zufrieden sein können. Im Gegenteil, durch die Wechselwirkung entwickeln sie selber eine Abhängigkeit, und zwar vom Symptomträger. Der Begriff *Co-Abhängigkeit* (Rennert 1989) findet hier Anwendung. Wie wir schon dargestellt haben, ist aus Sicht der *systemischen Therapie* die „Sucht" nicht ausschließlich das Problem des einzelnen Suchtmittelabhängigen, sondern des gesamten sozialen Systems Familie. In der Behandlung Suchtkranker bzw. süchtiger Systeme spielt die systemische Therapie zunehmend eine wichtige Rolle, da die angedeutete Wechselwirkung erst in den letzten Jahren die nötige Aufmerksamkeit gefunden hat. Allerdings hinken die Kostenträger dieser Entwicklung hinterher. Noch immer wird nur die Arbeit mit dem *Symptomträger*, also dem Suchtkranken, finanziert. Andererseits erwartet man vom Beratungspersonal, daß Angehörigenarbeit geleistet wird. Neben Einzel- und Familiengesprächen ermöglicht die Beratungsstelle eine Selbsterfahrungsgruppe für Angehörige. Außerdem besteht eine gute Zusammenarbeit mit der örtlichen Elternselbsthilfegruppe.

Prävention

Zielgruppe von Prävention sind Jugendliche und junge Erwachsene innerhalb und außerhalb von Institutionen wie z.B. Schule, Jugendzentrum oder auf der Szene. Die Jugendlichen sind aber nie flächendeckend zu erreichen, von daher ist es besonders wichtig, ihre *Multiplikatoren*, also Lehrer, Erzieher oder Sozialarbeiter im Jugendzentrum, anzusprechen und zu schulen. Sie haben sehr viel unmittelbarer und länger andauernd die Möglichkeit, im Alltag suchtpräventiv zu wirken. Zwei Projekte stehen im Zentrum der Präventionsarbeit:

- Supervision mit einem Team einer „Offenen Tür"
- Lehrerfortbildung mit dem Thema „Klassenfahrt"

Die Präventionsfachkräfte der Drogenhilfe sind vorwiegend außerhalb der Drogenhilfe tätig. So veranstalteten sie einen Plakatwettbewerb unter dem Motto:

„Immer gut drauf …?!"
„Wir werben für ein Leben ohne Drogen"

Hierbei geht es darum, daß Jugendliche zwischen 14 und 21 Jahren Plakate entwerfen, die sich mit dem Thema Suchtvorbeugung beschäftigen. Es werden insgesamt zehn Sachpreise ausgelost. Darüber hinaus will man die ersten drei Entwürfe drucken, um sie in Stadt und Kreis zu plakatieren. Ziel der Veranstaltung ist, daß sich möglichst viele Jugendliche und Erwachsene mit dem Thema Suchtvorbeugung beschäftigen und darüber hinaus noch greif- und sichtbare Ergebnisse erarbeitet werden. Die Preise werden von einer prominent besetzten Jury im Rahmen eines Festes vergeben, so daß hierdurch sehr viel öffentliche Wirkung erzielt wird.

Nun noch kurz zum Motto des Wettbewerbes. *Immer gut drauf …?!* Dies ist ja in zweierlei Hinsicht zu verstehen. Zum einen leben wir in einer Gesellschaft, in der es zur Norm geworden ist, gut „draufzusein", sprich: nur gute Gefühle zu haben. Gefühle wie Wut, Angst, Unlust oder gar Trauer sind unerwünscht und z.B. über Filme, Musik oder Videospiele kanalisiert oder halt auch häufig mit Suchtmitteln verdrängt. Zum anderen ist „draufsein" ein Begriff aus der Drogensprache und bedeutet etwa soviel wie, Drogen genommen zu haben. Grundsätzlich ist es natürlich wünschenswert, wenn Menschen, speziell Jugendliche, auch fröhlich und unbeschwert sind, auch gute Gefühle haben, diese wahrnehmen und ausleben können. Wünschenswert ist es aber auch, daß Menschen gute Gefühle aus sich selbst heraus entwickeln, einander gute Gefühle machen und machen lassen. *Wir werben für ein Leben ohne Drogen* soll verdeutlichen, daß es nicht darum geht, die existierenden Suchtmittel, legale oder illegale, zu verteufeln und durch überlebensgroße Spritzen Angst und Schrecken zu verbreiten. Mit Hilfe der Plakate soll die Vielfalt der Lebens- und Erlebnismöglichkeiten von Menschen (groß und klein, jung und alt) dargestellt werden. Zu dieser Vielfalt gehören nicht nur Freude, Spaß und Lust, sondern auch Trauer, Wut und Frust. Erst das Ausleben aller Emotionen, der „guten = schönen" und „schlechten = unangenehmen", machen den Menschen aus und lassen ihn „gut draufsein".

Weiterhin richtet sich Prävention auch an Eltern, die ja den direktesten Einfluß auf ihre Kinder ausüben: Elterninformationen über das Jugendamt, die Volkshochschule und die Medien. Suchtprävention ist nicht nur eine individuelle, sondern auch eine allgemein gesellschaftliche Aufgabe. Von daher ist es folgerichtig, daß die Präventionskräfte die Öffentlichkeitsarbeit als Schwerpunkt gewählt haben und darüber hinaus gezielt auf gesellschaftliche und politische Gremien zugehen, um diesen Beratung anzubieten. Hierbei stoßen sie aber immer noch auf Widerstände.

Arbeitsbeispiele aus der Drogenhilfe

Anhand eines längeren Beispiels aus dem Bereich der Therapievermittlung möchten wir die Tätigkeit der Beratungsstelle illustrieren:

Die 24jährige, junge Frau kam 1989 zum ersten Mal in die Beratungsstelle. Sie machte im ersten Gespräch den hochmotivierten Eindruck, von ihrer Drogenabhängigkeit

Abstand nehmen zu wollen. Sie schilderte, daß sie seit zwei Jahren regelmäßig zusammen mit ihrem Freund „harte" Drogen konsumiert. Sie und ihr Freund waren aus der gemeinsamen Wohnung zunächst in einen Wohnwagen und schließlich jeder zu den Eltern zurückgezogen, da sie wegen des Drogenkonsums die Miete nicht mehr zahlen konnten. Darüber hinaus hatten sie untereinander enorme Schwierigkeiten bekommen, so daß die Beziehung zu scheitern drohte. Auch war zu erfahren, daß sie kürzlich beim Schmuggeln von Heroin an der deutsch-niederländischen Grenze festgenommen worden war. Sie schilderte, daß sie aufgrund der Schwierigkeiten, die ihr aus der Drogensucht erwachsen, nicht mehr wisse, wie es weitergehen könne. Sie möchte eine stationäre Therapie beginnen, um von ihrer Sucht loszukommen. Zunächst fand ein weiteres Gespräch statt. In der Folgezeit wurde jeweils ein neuer Termin vereinbart, den sie aber nicht wahrnahm und sich statt dessen im nachhinein telefonisch entschuldigte, um dann wieder einen neuen Termin auszumachen. Dieser wurde dann ebenfalls von ihr nicht eingehalten. So kam es, daß etwa eineinhalb Monate lang kein Gespräch stattfand. Schließlich kam sie zusammen mit ihrem Vater, der sie zum Gang zur Beratungsstelle gedrängt hatte. Von diesem Zeitpunkt an fanden regelmäßig wöchentlich Gespräche statt. Inzwischen war sie aber unschlüssig, sich für eine Therapie zu entscheiden. Denn sie fühlte sich noch sehr mit ihrem Freund verbunden, der selbst keine Therapie machen wollte; andererseits konnte sie sich noch nicht von der Droge verabschieden. Diese Phase zog sich einige Monate hin, bis sie mit ihrem Freund wieder einmal eine solch heftige Auseinandersetzung hatte, daß er sie verprügelte und sie wegen ihrer Verletzungen einen Arzt aufsuchen mußte. Nun trennte sich die junge Frau von ihrem Freund, war aber innerlich immer noch sehr auf ihn fixiert. Dies führte bei ihr zu einem großen Zwiespalt (Ambivalenz), dessen Spannung sie nicht aushalten konnte. Sie konsumierte immer häufiger stärkere Drogen, um die innere Spannung nicht spüren zu müssen. Dadurch geriet sie zwangsläufig wieder in den Drogenkreislauf. Nach etwa eineinhalb Monaten war sie körperlich und psychisch so fertig, daß sie nun möglichst schnell in eine stationäre Therapie wollte. Zur Vorbereitung des Klinikaufenthaltes sind neben der vorausgegangenen Motivationsarbeit umfangreiche Organisations- und Verwaltungstätigkeiten notwendig:

- Antrag auf Entwöhnungsbehandlung: Dabei handelte es sich um einen sechsseitigen Fragebogen mit vielen Fragen und Rubriken; etwa vergleichbar mit einem Antrag auf Lohnsteuerjahresausgleich.
- Ein Beilageblatt zum Antrag auf Entwöhnungsbehandlung mußte zur Krankenkasse geschickt und von dort ausgefüllt zur Beratungsstelle zurückgesendet werden.
- Ferner war ein fünfseitiger Sozialbericht über die Betroffene anzufertigen, der auch eine Sozialanamnese und Hinweise zur Behandlungsbereitschaft enthielt.
- Außerdem mußte dem Antrag noch eine Anlage zum Sozialbericht beigefügt werden, in dem die Antragstellerin erklärte, daß sie von den umstehenden sozialrechtlichen Vorschriften Kenntnis genommen hatte.
- Es war ein Untersuchungstermin beim vertrauensärztlichen Dienst zu vereinbaren. Die durchschnittliche Wartezeit bis zur Untersuchung selber beträgt 3–4 Wochen.
- Im Anschluß an diesen Arztbesuch erfolgte dann eine Röntgen-Torax-Untersuchung mit schriftlichem Befund, die ein ortsansässiger Röntgenarzt vornahm.
- Nachdem alle diese Formulare, Schreiben und schriftlichen Untersuchungsergebnisse vorlagen, schickte die Beratungsstelle sämtliche Unterlagen zum Kostenträger der Entwöhnungsbehandlung, der „Rheinischen Arbeitsgemeinschaft für Rehabilitation" (RAG).

- *Weiterhin mußte die junge Frau vorher selbst einen etwa zehnseitigen Lebenslauf über ihre Drogenkarriere verfassen und diesen gemeinsam mit einem Bewerbungsschreiben an eine Therapieeinrichtung verschicken. In dieser Klinik vereinbarte man dann mit ihr ein Vorstellungsgespräch. Die Institution erhielt selbstverständlich ebenfalls eine Kopie des vorgenannten Sozialberichtes.*
- *Damit war der Schriftverkehr längst noch nicht erledigt. Zusätzlich mußte noch ein Sozialhilfeantrag auf Ergänzung des Taschengeldes gestellt werden, da die Betreffende zu diesem Zeitpunkt arbeitslos war und nur ein Arbeitslosenhilfegeld in Höhe von DM 40,– monatlich bezog. Bei der Arbeitslosenhilfe wird das Einkommen der Eltern mit angerechnet. In der Therapieeinrichtung erwartete man allerdings, daß ein Taschengeld von ungefähr DM 150,– monatlich zur Verfügung stünde.*
- *Ungefähr sechs Wochen nach dem Entschluß, eine stationäre Therapie zu beginnen, hatte sie endlich ein Vorstellungsgespräch in der Therapieeinrichtung ihrer Wahl. Ein Mitarbeiter der Beratungsstelle begleitete sie dorthin. In diesem Gespräch schilderte sie sehr offen ihre Schwierigkeiten, vor allem ihre äußerst problematische Beziehung zu ihrem Freund. Zwei Tage später bekam sie das Ergebnis des Vorstellungsgespräches mitgeteilt. Die Therapieeinrichtung wollte sie aufgrund der geringen räumlichen Entfernung zu ihrem Freund nicht aufnehmen. Es bestanden zu große Bedenken, der Freund könnte sie während der Therapiezeit aus der Einrichtung herausholen.*

Dies war für sie natürlich ein großer Schock, da sie fest damit gerechnet hatte, eventuell schon vier Wochen später aufgenommen zu werden. Hierdurch stieg ihre Ambivalenz, und ihre Entscheidung für eine stationäre Therapie geriet grundsätzlich noch einmal sehr ins Wanken. Sie erklärte sich dann aber damit einverstanden, daß die Beratungsstelle ihr zumindest vorsorglich noch einen anderen Therapieplatz suchte. Aufgrund der Schilderung der angespannten psychischen Situation der Klientin, die eine baldige Aufnahme in einer stationären Einrichtung erforderte, gelang es der Beratungsstelle, sehr kurzfristig für sie schon sechs Wochen später einen anderen Therapieplatz zu finden. Dies mag vielleicht lang erscheinen, und es ist tatsächlich auch viel zu lange. Aber die durchschnittliche Wartezeit auf einen guten Therapieplatz beträgt derzeit drei bis vier Monate. Ungefähr drei Wochen vor dem Vorstellungsgespräch in der ersten Therapieeinrichtung hatte sich die junge Frau schon einen Platz in der zentralen Drogenentgiftung besorgt. Auch hier existieren Wartezeiten. Die Entgiftung trat sie trotz der ins Wanken geratenen Entscheidung, möglicherweise keine stationäre Therapie machen zu können, an. Eine solche Entgiftung wird aber nur bis zu zwei Wochen von der Krankenkasse finanziert. Dies hatte dann zur Folge, daß die Betroffene nur etwa drei Wochen später zwar einen anderen Therapieplatz als den ursprünglich geplanten erhielt. Allerdings war die Entgiftung in zeitlicher Hinsicht hierzu nicht mehr „passend", da sie für ungefähr eine Woche vor dem Therapieantritt sich wieder zu Hause hätte aufhalten müssen. In dieser Zeit wäre sie mit Sicherheit rückfällig geworden, was wiederum den Therapiebeginn verhindert hätte. Es ging also nur darum, eine Woche länger in der Entgiftung verbleiben zu können. Dies erforderte mehrere Telefonate, drei Schreiben und dann noch persönliches Erscheinen sowohl seitens der Klientin als auch einer Mitarbeiterin der Beratungsstelle bei der Krankenkasse, bevor diese sich dann bereit erklärte, die zusätzlichen Kosten zu übernehmen. Die Zeit in der Entgiftung hatte die junge Frau für viele Gespräche mit anderen Drogenabhängigen und vor allem auch mit den Fachkräften der Entgiftungsstation genutzt und sich dann entschlossen, die Therapie tatsächlich zu beginnen. Es fehlte nur noch die Kostenzusage *für die Maßnahme. Etwa vier Wochen vorher waren die Unterlagen an die RAG in Düsseldorf geschickt worden, da nach den Angaben, welche die Krankenkasse gemacht hatte, die RAG als letzter Rentenversicherungsträger angekreuzt war. Bei der Prüfung in der RAG stellte sich jedoch heraus, daß die Bundesversicherungsanstalt für Angestellte (BfA) in Berlin zuständig war. Deswegen schickte man die Unterlagen zur schnelleren Bearbeitung direkt von der RAG an die BfA in Berlin. Seitens der Beratungsstelle wurde ein Ergänzungsschreiben mit der Kopie der Aufnahmebestätigung der Therapieeinrichtung an die BfA gesandt. Diese teilte dann allerdings einige Zeit später mit, daß die kompletten Antragsunterlagen nicht vorliegen würden. Daraufhin wurden alle Antragsunterlagen nochmals komplett an die BfA geschickt. Erst am Morgen der Therapieaufnahme kam es dann tatsächlich auch zu einer telefonischen Kostenzusage. Parallel zur Entgiftungszeit fand außerdem noch die Gerichtsverhandlung statt, in welcher der erwähnte Heroinschmuggel verhandelt wurde. Hierfür wurde die junge Frau morgens von der Entgiftungsstation abgeholt und im Anschluß an die Gerichtsverhandlung wieder zurückgebracht, da sie die Entgiftung nicht ohne Drogenberater verlassen durfte. Sie erhielt eine Haftstrafe auf Bewährung mit der Auflage, die stationäre Therapie zu absolvieren. Einige Tage später endete die Betreuung dann mit der Aufnahme in der stationären Therapieeinrichtung. Nachstehend wird noch kurz aufgelistet, wieviel Zeit diese Therapievorbereitung in Anspruch genommen hatte:*

- *Es fanden insgesamt 20 Beratungsgespräche von je einer Stunde Dauer statt.*
- *An Fahrtzeiten für Vorstellungsgespräch, Gerichtsverhandlung, Therapieaufnahme, u.a. kamen noch weitere 20 Stunden hinzu.*
- *Telefonate mit Kostenträgern und Justiz sowie der gesamte Schriftverkehr nahmen weitere 15 Stunden in Anspruch.*

An diesem Beispiel wird deutlich, daß man in der Drogenberatung längst nicht mit einem gutgemeinten Ratschlag oder einem tiefschürfenden, psychotherapeutisch orientierten Gespräch auskommt. Vielmehr fällt neben der unmittelbaren Arbeit mit den Ratsuchenden, also Motivation und Unterstützung, noch sehr viel an Verwaltungs-, Organisations- und Vermittlungstätigkeit an. Nahezu das gesamte Spektrum der Sozialen Arbeit muß gekannt und genutzt werden. Mit den letztgenannten Anforderungen an die Fachkräfte geht die Drogenhilfe weit über das „Leitproblem" der Sucht hinaus.

Gibt es Erfolge in der Drogenhilfe?

Konkrete Zahlen über Erfolge in der Drogenhilfe sind natürlich schwierig. Schon aufgrund der „Szene" muß Anonymität gewahrt werden, was exakte Untersuchungen erschwert.[3] Zudem weiß man aus der Forschung, daß ein relativ hoher Anteil der Süchtigen auch oft erst nach Jahren selbständig den Ausstieg schafft. Schätzungsweise liegt die Quote dieser „Selbstheiler" bei über 50%. Wie groß der Anteil der Drogenhilfe daran ist, läßt sich noch schwerer ermitteln. Sicherlich waren die meisten dieser „Selbstheiler" auch in Einrichtungen der Drogenhilfe. Aber selbst nach einer Zeit der Drogenfreiheit kann ein Rückfall erfolgen und dann eine wie auch immer zustande gekommene Abstinenz. Es gibt keinen kausalen Automatismus. Von den Drogenberatungsstellen wissen wir, daß etwa ein

Drittel der Ratsuchenden dauerhaft entwöhnt werden, bei einem weiteren Drittel zeigen sich deutliche Verbesserungen, und das letzte Drittel bleibt abhängig (Degen 1994, S. 55).

Ausblick

Wie wird sich die Drogenarbeit entwickeln? Diese Frage hängt nicht von den Inhalten und Konzepten oder den Betroffenen ab. Vor allem die Höhe der Finanzmittel wird mit entscheiden. Nicht alles, was sinnvoll und notwendig ist, ist auch finanziell machbar. Bei der Suchtkrankenhilfe handelt es sich um ein emotional sehr besetztes Feld, in welchem Ideologien eine große Rolle spielen. Vor allem auf der politischen Ebene fallen wichtige Rahmenentscheidungen. Letztgenanntes läßt sich gut an zwei aktuellen Themen erläutern:

- *Methadonvergabe* ja oder nein? Wenn ja, an wen und zu welchen Kriterien?
- *Legalisierung* ja oder nein? Wenn ja, welche Drogen und zu welchen Bedingungen?

Trotz dieser Einschränkungen sollte aus Sicht der Drogenhilfe im Vorfeld die Prävention gestärkt und ausgebaut werden.

- Es muß ein jeweils der Region angepaßtes, niedrigschwelliges und flächendeckendes Hilfesystem für Suchtkranke geben. Hierzu gehören Kontaktläden, an welchen Notschlafstellen und ärztliche Grundversorgung angegliedert sind; je nach Szene noch verstärkt durch Streetworker.
- Dic Beratungsstellen sind personell so auszustatten, daß sie ihre vielfältigen Aufgaben wahrnehmen können, ohne mit dem Rechenstift in der Hand immer überlegen zu müssen, welche Arbeit gerade liegenbleibt.
- Das Angebot an stationären Hilfen muß differenziert sein: von Entgiftungen über Therapie bis hin zur Nachsorge.
- Ambulante Rehabilitation und Wiedereingliederung sollten etabliert werden, um realistische Chancen zu bieten, die auch dazu einladen, drogenfrei zu werden. Hierzu zählt auch Entschuldungshilfe. Dadurch ergibt sich die Notwendigkeit zur Kooperation mit der Schuldnerberatung.
- Auch die Abgabe von Ersatzmitteln ist in rechtlich geschütztem Rahmen differenziert zu ermöglichen.
- Selbsthilfeeinrichtungen sind anzuregen, zu unterstützen und auszubauen.

Lesehinweise

Deutsche Hauptstelle gegen Suchtgefahren (Hrsg.): Jahrbuch 1991 zur Frage der Suchtgefahren, Hamm 1991.
Enthält Grundinformationen, Anschriften, Veröffentlichungen und weiterführende Hinweise über alle Fragen von Sucht und deren Behandlung.

Heckmann, Wolfgang (Hrsg.): Drogentherapie in der Praxis. Ein Arbeitsbuch für die 90er Jahre, Weinheim/Basel 1991.
Beiträge verschiedener Autoren zu vielen praktischen Fragen der Drogenberatung

Kindermann, W. u.a.: Drogenabhängig. Lebenswelten zwischen Szene, Justiz, Therapie und Drogenfreiheit, Freiburg 1989.
Breite Darstellung der Drogenproblematik. Fallbeispiele, Vorstellung ambulanter und stationärer Hilfen. Substitution durch Methadon?

Steffan, W.: Street Work in der Drogenszene, Freiburg 1988.
Praxisbezogene und lebensweltbezogene Darstellung der szenenmäßigen Kontakt- und Beratungsprozesse.

Yablonski, L.: Die therapeutische Gemeinschaft. Ein erfolgreicher Weg aus der Drogenabhängigkeit, Weinheim/Basel 1990.
Nach seinem Welterfolg „Synanon" ein weiteres Buch des bekannten Autors über die Praxis seiner stationären Drogentherapie. Sehr anschauliche Berichte aus der gruppentherapeutischen Arbeit in den Drogenkliniken.

Anschriften

Deutsche Hauptstelle gegen Suchtgefahren (Westring 2, 59065 Hamm). Hier werden die Fachzeitschrift „Sucht" und weitere Publikationen herausgegeben.

Fachverband Drogen und Rauschmittel (Odeonstrasse 14, 30159 Hanover).

Verband ambulanter Behandlungsstellen für Suchtkranke (c/o Caritasverband, 79104 Freiburg).

Literatur

Degen, R.: Wie sich Süchtige selbst heilen, Psychologie heute 10/1994.
Deutsche Hauptstelle gegen Suchtgefahren (Hrsg.): Sucht und Familie. Schriftenreihe zum Problem der Suchtgefahren, Bd. 35, Freiburg 1993.
Dunde, S.R. (Hrsg.): Beratungsführer zu AIDS für Angehörige psychosozialer und medizinischer Berufe, Stuttgart 1991.
Heckmann, W. (Hrsg.): Drogentherapie in der Praxis. Ein Arbeitsbuch für die 90er Jahre, Weinheim/ Basel 1991.
Ministerium für Arbeit, Gesundheit und Soziales (Hrsg.): Landesdrogenprogramm NRW, Düsseldorf 1990.
Müller, C.W. (Hrsg.): SelbstHilfe. Ein einführendes Lesebuch, Weinheim/Basel 1993.
Oberlehner, F. u.a.: Beratung unter extremen Bedingungen: Das Beispiel AIDS-Hilfe, Soziale Welt 2/1994.
Rennert, M.: Co-Abhängigkeit, Freiburg 1989.
Schmidt, T.: Hochschwellig, niedrigschwellig, tiefstschwellig, Neue Praxis 5–6/1991.
Schmidbauer, W.: Die hilflosen Helfer, Reinbek 1990.
Sickinger, R.: Drogenhilfe, München 1992.
Sickinger, R. u.a.: Wege aus der Drogenabhängigkeit, Freiburg 1992.
Steffan, W.: Streetwork in der Drogenszene, Freiburg 1988.
Petzold, H. (Hrsg.): Drogentherapie, Paderborn 1974.

7

Schwangerschaftskonfliktberatung

Brigitte Gregor

Strukturelle Besonderheiten

Die Schwangerschaftskonfliktberatung ist in der Regel im Verbund mit anderen Beratungsangeboten gekoppelt: Ehe- und Lebensberatung, Familienplanungsberatung oder Sexualberatung. Wenn es um Schwangerschaftskonfliktberatung geht, steht ähnlich wie bei der Schuldner- und Drogenberatung hinter dem „Leitproblem" oft noch eine Vielfalt anderer Schwierigkeiten: psychosoziale, wirtschaftliche oder medizinische. Die Schwangerschaftskonfliktberatung hat aber auch noch ein weiteres besonderes Merkmal, das nur in der sozialpädagogischen Beratung, aber nicht in der Beratung im Alltag oder in der Psychotherapie vorkommt. Mit der Jugendgerichtshilfe, Bewährungshilfe und Gesprächen in geschlossenen Einrichtungen teilt sie das Merkmal, daß sie gesetzlich vorgeschrieben ist. Die Motivation, zur Beratungsstelle zu kommen, ist nicht freiwillig. Sie ist eine *Zwangsberatung*.

Entwicklung

Schon immer in der Geschichte hat es Frauen gegeben, die abgetrieben haben. Im Jahre 1871 hat der Gesetzgeber mit dem § 218 die Abtreibung unter Strafe gestellt. Ebensolange versucht man, diesen Paragraphen aus dem Strafgesetzbuch wieder zu streichen.

„In der kurzen Dauer der Weimarer Republik gab es mehrere Versuche, den Strafrechtsparagraphen 218 zu reformieren oder ganz zu streichen. 1920 brachte die USPD einen Antrag im Reichstag ein, der auf die völlige Aufhebung der strafrechtlichen Verfolgung von Schwangerschaftsabbrüchen zielte" (Krieger 1987, S. 29). Eine liberale Reform kam im Jahre 1976 zustande. Mit dieser Veränderung wurde zum ersten Mal Beratung verpflichtend in das Gesetz einbezogen, die sogenannte *Schwangerschaftskonfliktberatung*. Diese Gesetzesänderung machte es möglich, daß Frauen unter ganz bestimmten Voraussetzungen eine legale Abtreibung vornehmen lassen konnten, wenn eine der folgenden *Indikationen* vorlag. Unter Indikation ist zu verstehen, daß die Fortsetzung der Schwangerschaft für die Schwangere mit einer Belastung verbunden wäre, die erheblich über das mit einer Schwangerschaft sonst verbundene Risiko hinausgeht:

- *Medizinische Indikation*: Gefahr für das Leben der Schwangeren durch die Schwangerschaft. Hierbei war keine zeitliche Begrenzung vorgegeben.

- *Kindliche oder eugenische Indikation*: Nicht behebbare Schädigung des Kindes.
- *Kriminologische Indikation*: Wenn es durch eine Vergewaltigung zu einer Schwangerschaft kam und weniger als zwölf Wochen nach der Empfängnis vergangen waren.
- *Notlagenindikation*: Hierbei muß sich die Schwangere in einer Notlage befinden, die so schwerwiegend ist, daß von ihr nicht verlangt werden kann, die Schwangerschaft auszutragen. Weiterhin dürfen nicht mehr als zwölf Wochen nach der Empfängnis vergangen sein.

Die Indikationen konnten nur von Ärzten ausgestellt werden. Bei der dritten und vierten Indikation hat der Gesetzgeber zusätzlich die *soziale Beratung*, im weiteren *Schwangerschaftskonfliktberatung* genannt, vorgesehen. Diese wurde von Beraterinnen in anerkannten Beratungsstellen durchgeführt. Im Juli 1992 ist ein Bundesgesetz verabschiedet worden, das den Abbruch neu regelte. Die Frauen erhielten die Möglichkeit, selbst zu entscheiden, ob sie eine Abtreibung vornehmen lassen wollten oder nicht (Fristenlösung statt Indikationsregelung). Das Bundesverfassungsgericht setzte diese Neuregelung außer Kraft. Am 28. Mai 1993 wurde schließlich ein Grundsatzurteil gefällt. Demnach ist ein Schwangerschaftsabbruch weiterhin mit medizinischer, kriminologischer und embryopathischer (entspricht der früheren eugenischen) Indikation möglich. Die Kosten hierfür werden von den Krankenkassen übernommen. Die sogenannte Notlagenindikation entfällt. Ein Abbruch ohne Indikation bleibt zwar straffrei, gilt aber als rechtswidrig und wird nicht von den Krankenkassen finanziert. Aufgrund dieser Vorgabe des Bundesverfassungsgerichts hat der Bundestag ein neues Abtreibungsrecht verabschiedet, das seit dem 1. Oktober 1995 gilt. Hierbei handelt es sich um eine Fristenregelung mit Beratungspflicht, also eine *Zwangsberatung*. Ein Abbruch bleibt danach in den ersten zwölf Wochen straffrei, wenn die betreffende Frau sich mindestens drei Tage vor dem Abbruch einer Beratung unterzogen hat und dieses durch eine Bescheinigung nachweist. Die Beratung soll dem Schutz des Lebens dienen und zur Fortsetzung der Schwangerschaft ermutigen; sie sollte aber auch *ergebnisoffen* geführt werden. Die Frau kann anonym bleiben. Sie darf allerdings nicht gezwungen werden, ihre Gründe für die Abtreibung offenzulegen. Nach der Beratung *muß* ihr die Beratungsstelle eine Bescheinigung ausstellen, mit der sie den Abbruch vornehmen lassen kann.

Für die Frauen in den neuen Bundesländern ist das ein Rückschritt, da dort bis zu diesem Zeitpunkt die Fristenlösung ohne Beratungspflicht galt. In den alten Bundesländern existieren über 1.100 anerkannte Beratungsstellen gemäß § 218 StGB. Über Anzahl und Verteilung der Beratung lassen sich keine exakten Aussagen machen, da neben den zuständigen Landesbehörden auch Körperschaften, Anstalten oder Stiftungen des öffentlichen Rechts eine Beratungsstelle anerkennen können (Sadrozinski 1990). In den neuen Bundesländern befinden sich diese Beratungsstellen noch im Aufbau. Das Anschriftenverzeichnis der „Bundeskonferenz für Erziehungsberatung" für die neuen Bundesländer benannte im August 1993 nur etwa 30 derartige Einrichtungen. Die Frauen suchen am häufigsten die überkonfessionellen anerkannten Beratungsstellen (*Pro Familia, Arbeiterwohlfahrt*, vereinzelt auch *Paritätischer Wohlfahrtsverband*) auf. Das ist jedoch nur dann möglich, wenn in der betreffenden Region ein pluralistisches Beratungsangebot besteht, was längst nicht in jedem Bundesland der Fall ist. Aber auch das *Diakonische Werk* und der *Caritasverband* bieten derartige Beratung an. Kirchliche Beratungsstellen nehmen oftmals den staatlichen Auftrag wahr, ohne die Finanzierung zu beanspruchen. Kommunale

Träger (Gesundheitsamt, Jugendamt) führen ebenfalls vereinzelt Schwangerschaftskonfliktberatungen durch.

Zusammenfassend kann festgehalten werden: Schwangerschaftskonfliktberatung ist angesiedelt

- in eigens dafür eingerichteten Beratungsstellen
- teilweise in Ehe- und Lebensberatungsstellen
- in Erziehungsberatungsstellen oder bei
- kommunalen Trägern

Ziele und Aufgaben

Die Beratung muß sich an dem Ziel orientieren, das werdende Leben zu schützen. Die Ratsuchende soll über ihre Rechtsansprüche und sonstige Hilfen informiert werden, welche die Fortsetzung der Schwangerschaft möglich machen. Die Angaben zu Alter, Familienstand, Staatsangehörigkeit sowie die Zahl der Kinder muß die Beraterin protokollarisch festhalten. Insbesondere sollen die Gründe, warum ein Abbruch erwünscht wird, in diesem Gespräch thematisiert werden. Ob die Betroffene davon Gebrauch macht, bleibt ihr überlassen. Das Ziel der Beratung, dem Schutz des ungeborenen Lebens zu dienen, bedeutet nicht, daß die Ratsuchende eingeschüchtert oder bevormundet werden darf. Deswegen ist die Beratung *ergebnisoffen* zu führen, und die Entscheidung liegt bei der Frau. Die Beraterin muß die Dauer der Beratung, die erwähnten Hilfemöglichkeiten und die Erweiterung der Beratungsgespräche (möglicherweise mit Angehörigen) protokollieren. Die Ratsuchenden bleiben jedoch anonym. Lediglich die Beratungsbescheinigung muß mit dem tatsächlichen Namen versehen werden. Wie sich diese gesetzlichen Veränderungen auf den Umfang von Abtreibungen, auf die betroffenen Frauen und auf die Beratung selber auswirken, ist derzeit noch nicht absehbar. Bislang liegen noch keine ausreichend dokumentierten Erfahrungen zu dieser neuen Praxis vor. Alle hier aufgeführten Fakten beziehen sich noch auf die Indikationsregelung. Man kann annehmen, daß der formale Ablauf der Schwangerschaftskonfliktberatung zunächst so bleiben wird.

Formaler Rahmen

Schwangerschaftskonfliktberatung ist eine *Zwangsberatung*. Das prägt den Beratungskontakt, denn die Frauen kommen nicht freiwillig, sondern weil sie die Beratungsbescheinigung benötigen. Dies schließt nicht aus, daß Frauen auch im Einzelfall das Beratungs- und Gesprächsangebot annehmen, sofern ihnen in ihrem sozialen Umfeld etwaige Gesprächspartner fehlen oder diese selbst so betroffen sind, daß ein „Sichaussprechen" erschwert würde. Die Zeitdauer beträgt etwa eine Stunde. Die Zwölfwochenfrist macht es notwendig, die Beratungstermine schnell zu vergeben. Aus diesem Grund haben Beratungsstellen eine offene Sprechstunde oder kombinieren diese mit Terminvergabe, die aber rasch erfolgen muß. Die Beratung wird schwerpunktmäßig von Sozialarbeiterinnen, Sozialpädagoginnen und verwandten Berufen durchgeführt, da diese den Bereich der sozialen Thematik aufgrund ihrer Ausbildung gut abdecken können. Aber auch Ärzte und Psychologen

Protokoll über die Schwangerschaftskonfliktberatung nach § 219 STGB Absatz 2, Satz 2

Wesentliche Gründe die für den Abbruch genannt werden

□ – Klientin wünscht kein Kind
□ – Klientin wünscht z.Zt. kein Kind
□ – Nichtehelichkeit/Außerehelichkeit
□ – Situation als Alleinerziehende
□ – Schwierigkeiten in Partnerbeziehungen
□ – Schwierigkeiten in Beziehung zu den Eltern
□ – Druck der Familie
      des Partners
      des sozialen Umfeldes
□ – Gesundheitliche Situation der Mutter
□ – Alter der Mutter
□ – Physische-psychische Belastung der Mutter

□ – Berufliche Situation der Mutter
□ – Finanzielle Situation
□ – Wohnungsproblem
□ – Arbeitslosigkeit
□ – Bereits behindertes Kind in der Familie
□ – Angst vor Schädigung des Kindes
□ – Angst vor Verantwortung/Zukunftsangst
□ – Probleme als Ausländer/Asylant
□ – Sonstiges ....

Ggfs. hinzugezogene Personen

□ – Partner
□ – Eltern der Mutter
□ – Eltern des Vaters
□ – Freunde
□ – Arbeitgeber

Vermittelte Informationen

□ – Familienfördernde Leistungen
□ – Erziehungsgeld/-urlaub
□ – Mutterschutzgesetz
□ – Kindergeld/-zuschlag
□ – Unterhaltsvorschuß
□ – Leistungen nach dem BSHG
□ – Leistungen nach dem KJHG
□ – Kindergarten/Tagesstätte
□ – Pflegefamilie
□ – Tagespflege
□ – Wohngeld
□ – ....

□ – Rechtliche Informationen
□ – Wohnrecht
□ – Mietrecht
□ – Ausländerrecht
□ – Asylbewerberleistungsrecht
□ – Arbeitsrecht
□ – Arbeitslosengeld/-hilfe
□ – Bafög
□ – Elternrecht und Nichtehelichenrecht
□ – ....

□ – Medizinische Informationen
□ – Vorsorgeuntersuchung
□ – Pränatale Diagnostik
□ – Empfängnisregelung
□ – Folgen nach Abbruch

□ – Mutterschaftshilfe der Krankenkasse

Angebotene Hilfen

□ – Adoptionsberatung
□ – Bundesstiftung
□ – Landesstiftung
□ – Kommunaler Hilfsfonds
□ – Härtefonds
□ – Sonstige Mittel
□ – Sachleistungen
□ – Durchsetzung von Rechtsansprüchen
□ – Hilfe bei Behördenkontakten
      Wohnraumbeschaffung
      Schul- und Berufsausbildung
      Arbeitsplatzsuche
□ – Kur- und Erholungsvermittlung
□ – Familienpflegerin/Haushaltshilfe
□ – Hilfen der Kirchengemeinde
□ – Hilfen ehrenamtlicher Mitarbeiter
□ – Gruppenarbeit
□ – Unterbringung der werdenden Mutter
      von Mutter und Kind
□ – Unterbringung des Kindes in Pflegefamilie/Tagespflege
□ – Hilfen bei Behinderung des Kindes
□ – weitergehendes Beratungsangebot
□ – Begleitung nach der Geburt des Kindes

□ – Vermittlung zur Fachberatung
□ – Schuldnerberatung
□ – Paar-, Eheberatung
□ – Ausländerberatung
□ – Therapie
□ – Humangenetische Beratung
□ – Sexualberatung
□ – Beratungsangebot bei Folgen nach Abbruch
□ – Sonstiges ....

Dauer des Beratungsgesprächs/der Gespräche. ....

(Unterschrift der BeraterIn)

**Ev. Beratungsstelle für
schwangere Frauen
in Konfliktsituationen**

Tunisstraße 3
50667 Köln
Tel. 02 21 - 2 57 74 61

BESCHEINIGUNG

gemäß § 219 STGB Absatz 2, Satz 2
bezüglich der Straffreiheit von
Schwangerschaftsabbrüchen

Frau _____ geb. am _____

ist in unserer Beratungsstelle gemäß § 219 STGB Absatz 2, Satz 2 und Abschnitt 2,
§§ 5 und 6 des Schwangerschaftskonfliktgesetzes beraten worden.

Das letzte Beratungsgespräch fand am _____ statt.

_____   _____
(Ort, Datum)   (Unterschrift)

Die Beratungsstelle ist gemäß § 9 Schwangerschaftskonfliktgesetz staatlich anerkannt und damit zur
Durchführung der zur straffreien Vornahme eines Schwangerschaftsabbruchs erforderlichen Beratung
befugt.

führen derartige Gespräche. Die freien Träger bereiten ihre Mitarbeiter auf diese Arbeit in speziellen Kursen vor. Folgende Hilfen sollten angesprochen werden:

- Leistungen der gesetzlichen Krankenkassen
- Leistungen nach dem Bundeskindergeldgesetz und Wohngeldgesetz
- Leistungen nach dem Bundessozialhilfegesetz
- Leistungen und Hilfen durch freie Verbände und private Träger
- Unterbringungsmöglichkeiten für Kinder
- Adoption (Heimunterbringung)
- Arbeitsschutz während der Schwangerschaft
- Mutterschutzgesetz (Erziehungsurlaub)

In der Regel wird angesprochen, wie es zu der ungewollten Schwangerschaft kam (*Entstehungsgründe*), warum keine Verhütung betrieben wurde oder wie es trotzdem zur Schwangerschaft kam:

- Kinderwunsch (vorhanden, nicht vorhanden, ambivalent)
- Verhütungsverhalten (regelmäßig, gelegentlich)
- Verhütungsmittel und -methoden (Zuverlässigkeit, Nebenwirkungen, Risiken)
- künftiges Verhütungsverhalten (welche Methode und warum)

Die spezielle Thematisierung der individuellen Lebenssituation ist meistens auch Bestandteil von Schwangerschaftskonfliktberatung. Hierzu aus einer Publikation des „Bundesministeriums für Familie und Gesundheit" einige Stichworte zu einem möglichen Gesprächsablauf. Hier finden wir viele Ähnlichkeiten zu den weiter oben im Buch angesprochenen „Fünf Säulen der Identität" (vgl. oben, S. 70).

- *Partnerschaft*: ledig, getrennt, geschieden, häufig wechselnde Partner, Eheprobleme.
- *Materielle Lebensumstände*: schwierig, arbeitslos, Schulden, in Ausbildung, Umschulung, keine Rücklagen.
- *Räumliche Gegebenheiten*: zu kleine Wohnung, obdachlos.
- *Schwierigkeiten* mit dem Vermieter wegen der vorhandenen Kinder, im schwebenden Asylverfahren, Flüchtling.
- *Allgemeiner Gesundheitszustand*: der betroffenen Frau, des Partners, der vorhandenen Kinder, eventuell anderer Angehöriger, die mitversorgt oder gepflegt werden müssen.
- *Lebensphase der Frau*: zu jung, zu alt, in der Ausbildung.
- *Werte und Normvorstellungen*: eigene Einstellungen zum Leben.
- Schwangerschaftsabbruch, Religion, aber auch die des Partners, der Eltern, Freunde und Bekannten.
- *Soziale Kontakte*: Familie, Freunde, Nachbarn, Bekannte, welche Hilfemöglichkeiten, soziales Netz innerhalb des Stadtteils, der Gemeinde, der Region?

Das Abbruchsvorhaben sollte besprochen und dabei auf folgende Gesichtspunkte eingegangen werden:

- Abbruchsmöglichkeiten: ambulant, stationär, Adressen?
- Abbruchsmethoden aus medizinischer Sicht.
- Risiken, welche die Frau eingeht, wenn sie einen Abbruch vornehmen läßt.

Diese stärker medizinisch orientierten Gesichtpunkte werden wohl eher in den Beratungsstellen thematisiert. Dort sind die Mitarbeiterinnen entsprechend ausgebildet; auch gehören oftmals Ärzte zum Team. Deren Beratungsansatz zielt darauf ab, den Frauen auch in diesen Punkten sachgerechte Informationen zu geben (*Pro Familia, Arbeiterwohlfahrt*).

Demgegenüber stellen kirchliche Beratungsstellen verstärkt soziale Hilfen, die zur Austragung der Schwangerschaft motivieren sollen, in den Vordergrund. Eine solch grobe Schematisierung kann nur die unterschiedlichen Schwerpunkte in den Beratungsansätzen skizzieren. Wie die Beratung im Einzelfall verläuft, ist abhängig von der gesamten Situation sowie der Einstellung und Qualifikation der Beraterin. Hierbei spielt auch eine große Rolle, ob die Betroffene wirklich ein Gespräch möchte oder sie sich bereits entschieden hat und damit die Beratung zur *Pflichtübung* wird. Dann fehlt ihr im Vergleich zu allen anderen Beratungsformen die Eigenmotivation der Betroffenen (Nordhoff 1986).

Zielgruppen

Zum Kreis der möglicherweise Betroffenen gehören alle weiblichen Personen zwischen 13 und 50 Jahren, die sich im gebärfähigen Alter befinden, insbesondere:

- Junge Mädchen, die noch keinen Zugang zu den zuverlässigen Verhütungsmethoden haben.
- Ledige Frauen, die unregelmäßig Verhütungsmittel nehmen.
- Junge, verheiratete Frauen, die selbst oder deren Partner noch in Ausbildung sind.
- Frauen, die schon Kinder haben, sich aber in einer schwierigen Lebenssituation befinden: alleinerziehend, zu hohe Lebenshaltungskosten, zu kleine Wohnung.
- Frauen, die nach der Familienphase einen Wiedereinstieg ins Berufsleben planen.
- Frauen, die aufgrund ihres fortgeschrittenen Alters eine Risikoschwangerschaft befürchten und sich selbst auch zu alt fühlen, um noch ein Kind aufzuziehen.

Ob die Mädchen oder Frauen ihren jeweiligen Partner zur Beratung mitbringen, bleibt ihnen selbst überlassen. Manchmal ist es ratsam, den jeweiligen Partner zum Gespräch hinzuzuziehen, beispielsweise wenn er Druck ausübt. Wenn die Frau jedoch außerehelichen Geschlechtsverkehr hatte, möchte sie möglicherweise allein zur Beratung kommen. Minderjährige haben das Recht, sich ohne die Eltern beraten zu lassen. Für den Schwangerschaftsabbruch ist die Einwilligung der Eltern dann erforderlich, wenn der Arzt, der den Abbruch vornimmt, sich absichern möchte und das Mädchen nicht für entscheidungsfähig hält. Nach dem Erstgespräch können noch weitere Angehörige zur Beratung kommen, denn diese zählen auch zur Zielgruppe dieser Beratungsarbeit.

Qualifikation der Beraterinnen

Die dargestellten Aufgaben machen deutlich, daß die Beraterinnen über ein breites Spektrum von Fachwissen verfügen müssen. Sie sollten die sozialen Hilfen kennen und anbieten können, Kontakte zu freien Verbänden herstellen, die über weitere

Hilfemöglichkeiten verfügen, mit Verhütungsmitteln vertraut sein, juristisches und medizinisches Wissen über Abtreibung haben, psychologische Grundlagen sowie allgemeine Beratungsmethoden kennen. Neben den klassischen sozialarbeiterischen Kompetenzen sollten Methoden der Krisenintervention beherrscht werden, familientherapeutische Kenntnisse vorhanden sein und Techniken von Paarberatung eingesetzt werden können.

Schwangerschaftskonfliktberatung stellt ein Dauerproblem für Beraterinnen dar. Diese konfrontieren sich in unzähligen Varianten mit dem immer gleichen Thema: *ungewollte Schwangerschaft*. Um nicht schon nach wenigen Berufsjahren ein professionelles „Ausbrennen" (Burnout) zu erleiden, empfiehlt es sich, neben diesem Arbeitsbereich auch noch andere Aufgaben zu verrichten. Denn die persönliche Belastung wird sonst zu einseitig. Die meisten Fachkräfte sind Frauen im gebärfähigen Alter, die sich in der Familienphase befinden. Bei dieser Berufstätigkeit werden sie mit ihrem eigenem Kinderwunsch, Familienplanungs- und Verhütungsverhalten, persönlichen und familiären Konflikten konfrontiert. Die Träger bieten zu ihrer Entlastung Fortbildungen und *Supervision* an. Auf die Dauer ist dieser Beruf schwer durchzuhalten. So ist es verständlich, daß die Schwangerschaftskonfliktberatung oftmals als „Trittbrett" genutzt wird, um später in andere Beratungsbereiche umzusteigen.

Arbeitsschwerpunkte

Seit der Reform von 1976 wird kontrovers diskutiert, ob sich psychosoziale Beratungsformen auf Konzepte der Schwangerschaftskonfliktberatung übertragen lassen. In der Beratungsarbeit muß der Konflikt nicht immer sichtbar werden. In jedem Fall befindet sich die betroffene Frau in einer zwiespältigen Lage, auch wenn Verhütung betrieben wurde und kein Kinderwunsch besteht. Mit dieser Situation hat sie sich auseinanderzusetzen. Schwangerschaftskonflikte sind häufig Ausdruck bereits bestehender persönlicher Schwierigkeiten:

- persönlicher Konflikt (Identitätskrise; Zwiespalt: Berufs- und Mutterrolle);
- partnerschaftlicher Konflikt (ungeklärte Familienplanungsfragen);
- familiendynamische Konflikte (unterschiedliche Einstellungen zur Erziehung, zur Familienstruktur insgesamt);
- sozioökonomische Konflikte (materielle Existenz ist gefährdet).

Inwieweit die persönlichen Schwierigkeiten zum Beratungsgegenstand werden, hängt vom Können der Beraterin und der Bereitschaft der Betroffenen ab, sich auf den Beratungsprozeß einzulassen. Zumindest kann die Beraterin aufgrund ihrer Kenntnisse und Erfahrungen der Klientin, dem Paar, der Familie sinnvolle Hinweise geben, die über das „Leitproblem" hinausgehen. Für viele Personen ist dieses Gespräch eine Ersterfahrung mit der psychosozialen Beratung und kann möglicherweise eine Weichenstellung (etwa für weiter gehende Beratung/Therapie) oder eine Barriere für die Zukunft sein (etwa als abschreckendes Erlebnis einer „Zwangsberatung").

Beispiel

Eine 32jährige Frau kommt alleine in die Beratungsstelle; sie ist verheiratet und hat zwei Kinder im Alter von acht und zehn Jahren. Sie ist halbtags als Verkäuferin berufstätig. Ihr Ehemann ist Maschinenschlosser.

Klientin: „Ich bin in der zehnten Schwangerschaftswoche. Mein Mann und ich, wir waren uns schon immer einig, daß wir zwei Kinder haben wollten. Ich muß Ihnen sagen, wie das jetzt passiert ist, weiß ich nicht genau. Seit zwei Jahren nehme ich die Pille nicht mehr, ich konnte sie nicht vertragen. Dann haben wir immer Kondome benutzt, oder mein Mann hat aufgepaßt. Ja, da ist wohl jetzt was schiefgegangen.“

Beraterin: „Wie ist das jetzt für Sie?“

Klientin: „Ein bißchen komisch ist es schon, denn zu alt bin ja auf keinen Fall. Aber wir waren gerade aus dem Gröbsten raus. Mein Mann sagt: ,Du mußt das wissen, letzten Endes ist es ja deine Arbeit.' Da hat er auch recht. Er spielt zwar mit den Kindern und unternimmt was mit ihnen, aber letzten Endes bleiben die Hauptaufgaben doch bei mir hängen. Wenn ich ganz ehrlich bin, dann will ich jetzt nicht mehr. Ich habe da auch kein schlechtes Gewissen.“

Beraterin: „Wie sieht es denn mit der Verhütung aus? Die Kombination von Kondomen und Aufpassen hat Sie ja in diese Situation gebracht, und das könnte doch jederzeit wieder passieren.“

Klientin: „Ja, darüber hat mein Frauenarzt auch schon mit mir gesprochen. Er meinte, ich sollte mich vielleicht sterilisieren lassen. Aber das erscheint mir so endgültig. Mein Mann läßt sich auf keinen Fall sterilisieren, obwohl das bei denen ja nur ein kleiner Eingriff ist. Sie wissen ja, wie die Männer so sind.“

Beraterin: „Eine endgültige Entscheidung zu treffen fällt Ihnen im Moment schwer?“

Klientin: „Ja, es könnte mal meinen Kindern was passieren, und vielleicht möchte man dann doch noch mal ein Kind.“

Beraterin: „Was ist jetzt für Sie so schwierig, noch ein Kind zu bekommen?“

Klientin: „Das kann ich Ihnen sagen. Unsere Kinder teilen sich jetzt schon ein Kinderzimmer, zum Glück sind es zwei Jungen. Die Wohnung kostet warm 1.200,– DM. Wir haben 72 qm, nicht gerade besonders groß, aber auch nicht zu klein. Aber wo sollte ich jetzt mit dem dritten Kind hin? Wenn ich nicht zusätzlich arbeiten würde, dann käme auch nicht genug rein.“

Beraterin: „Könnten Sie Wohngeld in Anspruch nehmen?“

Klientin: „Das haben wir schon versucht, aber wir liegen knapp über dem Satz. Wissen Sie, mein Mann hat noch Unterhalt zu zahlen für ein uneheliches Kind. Zehn Jahre lang sind wir nicht in Urlaub gefahren. Das wollen wir nicht noch mal. Unser Jüngster soll auf die Gesamtschule gehen, wie der Ältere. Dann kann ich 30 Stunden arbeiten gehen.“

Die Beraterin geht die Hilfemöglichkeiten mit der 32jährigen durch. Aber keine Hilfe würde so greifen, daß es für die Frau akzeptabel wäre. Der Entschluß, eine Abtreibung vornehmen zu lassen, wird für die Beraterin immer deutlicher. Die Frau signalisiert Gesprächsbereitschaft. In bezug auf die Verhütung wird klar, daß die Frau jetzt nach dieser Erfahrung doch wieder die Pille nehmen möchte, da eine Sterilisation zum gegenwärtigen Zeitpunkt nicht in Frage kommt.

Beraterin: „Was haben Sie denn über Abtreibung gedacht, als Sie noch nicht schwanger waren?“

Klientin: „Das kann ich Ihnen sagen. Gar nichts habe ich darüber gedacht, denn mir ist so was noch nicht passiert. Mir fällt es auch nicht leicht, all diese Gänge auf mich zu nehmen. Aber im Grunde genommen ist es doch eine Sache zwischen mir und meinem Mann. Er hat drei Kinder. Er bezahlt für das eine ja nur und kriegt es nie zu sehen. Wir sind stolz auf das, was wir bisher geschafft haben. Wenn wir ein weiteres Kind bekommen würden, dann würde das bedeuten, wir fangen wieder von vorne an. Eine neue Wohnung suchen. Wissen Sie, was das bedeutet, mit drei Kindern eine Wohnung zu suchen? Ich könnte erst mal nicht mehr arbeiten gehen. Also ehrlich gesagt, da ist die Pille doch das kleinere Übel, das können Sie mir glauben."

Beraterin: „Wie ist das für Sie, daß ihr Mann Ihnen die Entscheidung überläßt? Warum ist er nicht mit zum Gespräch gekommen?"

Klientin: „Der arbeitet doch jetzt. Außerdem wäre ihm das peinlich. Die Abtreibung ist ihm auch peinlich. Aber er hält es auch für die bessere Lösung. Er findet nur, daß ich es letztendlich entscheiden muß."

Beraterin: „Und wie geht es Ihnen mit dieser Entscheidung?"

Klientin: „Eigentlich ganz gut. Ich finde es auch gut, daß wir heute diese Möglichkeiten haben. Ich meine, daß man nicht zu einer ‚Engelmacherin‘ oder so gehen muß. Mit meiner Freundin habe ich schon darüber gesprochen, und sie ist mit mir einer Meinung. Wenn das hier nicht klappt, dann würde ich bestimmt nach Holland fahren. Aber so ist es besser. Ich wollte Sie noch fragen, ob ich denn nun ins Krankenhaus gehen soll oder woanders hin?"

Die Beraterin erklärt die Abbruchsmöglichkeiten und füllt die Beratungsbescheinigung aus.

Der Beratungsverlauf zeigt, daß die Ratsuchende schon im Vorfeld entschieden war. Sie wagte es aber nicht, ihre Entscheidung sofort deutlich in den Vordergrund zu stellen. Denn sie wußte nicht genau, was sie erwartete, ob sie auch sagen konnte, was sie dachte. Die Einbeziehung der Hilfen hätte keine Veränderung ihrer Einstellung gebracht, denn materiell würde sich ihre Situation verschlechtern. Die Familie müßte einen niedrigeren Lebensstandard in Kauf nehmen und wäre möglicherweise sogar in wirtschaftliche Schwierigkeiten gekommen. Ob das Gespräch zur Entlastung beigetragen hat, läßt sich schwer sagen. Denn die Frau hat in ihrem persönlichen Umfeld schon für Entlastung gesorgt. Es läßt sich vermuten, daß die Erfahrung des Schwangerschaftsabbruchs sie dazu bewegt, ihr Verhütungsverhalten zu verändern, auch wenn die Methode nicht zufriedenstellend war und somit nicht die notwendige Akzeptanz gegeben ist. Dieses Beispiel spiegelt auch die eindeutige Rollenverteilung wider, die zum gegenwärtigen Zeitpunkt wohl in unserer Gesellschaft vorhanden ist. Sämtliche Fragen der Familienplanung werden zum größten Teil von den Frauen entschieden, die Männer halten sich eher zurück. Es muß noch hervorgehoben werden, daß dieses Beispiel noch aus der Zeit von vor Juli 1993 stammt. Das Grundsatzurteil verlangt eine stärkere Zentrierung auf die psychosoziale Konfliktlage, die Hervorhebung des Schutzes ungeborenen Lebens und die Erläuterung der Hilfemöglichkeiten für den Fall einer Austragung der Schwangerschaft. Ob manche Beraterinnen gegenwärtig die Gespräche immer noch so führen wie im Beispiel, kann nicht überprüft werden. Möglicherweise wird das weiterhin von einigen so praktiziert. Sie müssen dann allerdings etwas anderes in das Protokoll schreiben, als besprochen wurde. Beraterinnen, die eher für den Abbruch eingestellt sind, bewegen sich damit in einer „Grauzone". Sie gefährden die Anerkennung ihrer Beratungsstelle nach § 218 und ihren Arbeitsplatz. Die „Zwangsberatung" ist für manche noch schwieriger geworden.

Schlußbetrachtung

In der ganzen Welt kämpfen Frauen für ihr Selbstbestimmungsrecht. Sie möchten selbst entscheiden, ob sie eine Schwangerschaft austragen wollen oder nicht. In der Bundesrepublik spricht man von einem Jahrhundertthema, dessen Diskussion durch die deutsche Einheit neu und grundsätzlich belebt wurde. Abtreibung ist ein Tabu. Gerade die jüngsten Auseinandersetzungen haben gezeigt, daß sich hier weiterhin die Geister scheiden: unterschiedliche Meinungen innerhalb der politischen Fraktionen, zwischen Männern und Frauen, innerhalb der Kirchen. Eine ungewollte Schwangerschaft stürzt viele Frauen in Gewissenskonflikte. Oftmals sind sie gezwungen, diese Schwangerschaft und den späteren Abbruch zu verheimlichen. Die gegenwärtige Beratungspraxis trägt nicht dazu bei, daß offen über eine schwierige Situation gesprochen werden kann. Denn die meisten Frauen kommen noch heute mit einem vorbereiteten Überzeugungskonzept zur Beraterin, warum sie sich für einen Schwangerschaftabbruch entschieden haben (Heyer 1994). Der ewige Streit um die Frage, wann das menschliche Leben „beginnt", findet immer wieder zwei gegensätzliche Antworten:

- „Wenn Ei und Samenzelle sich verbinden" oder
- „Ab der dreizehnten Schwangerschaftswoche" bzw. „Mit der Geburt".

Ist Abtreibung Mord oder Tötung? Hat die Frau das Recht, über werdendes Leben zu bestimmen? Die katholische Kirche und andere Gruppierungen sprechen den Frauen in dieser Hinsicht das Selbstbestimmungsrecht ab. Viele gläubige Katholikinnen befinden sich deswegen in einem Konflikt. Ist es nicht die vorrangige Pflicht der Gesellschaft, das werdende Leben zu schützen? Die Lebensschützer treten energisch für ein striktes Abtreibungsverbot ein, auch die embryopathische, medizinische und kriminologische Indikation ist in ihren Augen unhaltbar. Diese Diskussion wird niemals enden. Jede gesetzliche Regelung wird entweder bei den Abtreibungsgegnern oder bei den Befürwortern Widerstand hervorrufen. Die seit 1976 praktizierte „Zwangsberatung" hat daran nichts geändert. Sie liegt genau in diesem Spannungsfeld. Es kommen Frauen zur Beratung, die vorher niemals geglaubt haben, daß sie einen Abbruch auch nur in Erwägung ziehen würden. Weiterhin erscheinen Frauen, die meinen, daß sie sich in einer schwierigen Situation befinden und deswegen klar für eine Abtreibung entscheiden. Aber auch sie erleben sich im Konflikt. Beim Abtreibungsthema ist auch schwer auszumachen, wie gesellschaftliche, religiöse und ethische Einstellungen diese sehr intime Fragestellung beeinflussen. Anfang 1998 haben sich die Caritas-Beratungsstellen auf Wunsch des Vatikans teilweise aus den Beratungsangeboten nach § 218 zurückgezogen. Teilweise werden jedoch auch noch Schwangerschaftskonfliktberatungen angeboten. Allerdings stellen die katholischen Beratungsstellen kiene Beratungsscheine mehr aus. Nicht zuletzt deshalb wird diese Beratung von *unterschiedlichen Trägern* angeboten. Frauen können entscheiden, ob sie zu einem kirchlichen oder freien Träger in die Beratung gehen. Trotzdem bleibt die Beratung immer noch abhängig von der Person, die dann die Beratung durchführt, von der Einstellung der Beraterin, die sich auch verändern kann, vom Kontakt, der zwischen Ratsuchenden und Beratungspersonen entsteht, von den begrenzten Möglichkeiten, die eine Beratungssituation unter Zwang ausmacht. Auch die Beraterin muß sich den ethischen Fragen stellen. Ihre Einstellung zu diesen Themen, der Kontext, in welchem die Beratung stattfindet, beeinflussen den Prozeß. Die Vergangenheit zeigte, daß die Möglichkeiten, die angeboten werden, oftmals keine wirkliche Hilfe bieten. Breite Bevölkerungskreise können viele dieser Angebote gar nicht in Anspruch nehmen. Erfahrungsgemäß verändern strafrechtliche Regelungen das Abbruchsverhalten von Frauen nicht. Sie haben erst recht keinen Einfluß auf die psychosozialen, ökonomischen und medizinisch-biologischen Faktoren, die halt auch zum Abtreibungswunsch geführt haben. Ob mit oder ohne Bestrafung, Frauen haben *immer* abgetrieben. Dort, wo eine liberale Handhabung möglich ist, gehen die Zahlen von illegal durchgeführten Abbrüchen zurück. Ebenso sinkt die Sterblichkeitsrate nach Abbrüchen, da eine bessere medizinische Versorgung von Frauen bei liberalisierter Abbruchspraxis gegeben ist. Die bisherigen Erfahrungen aus der Beratungspraxis verdeutlichen, daß die Hilfemaßnahmen ausgedehnt werden müssen, die Gesellschaft mehr Unterbringungsmöglichkeiten für Kinder zu schaffen hat, Verhütungsmethoden und Verhütungsmittel leichter zugänglich zu machen sind. So lassen sich Schwangerschaftsabbrüche auf lange Sicht reduzieren.

Lesehinweise

Kummer, I.: Wendezeiten im Leben der Frau, München 1992.
Die Autorin beschäftigt sich sehr einfühlsam mit den Identitätsfragen von Frauen: Geschlechtlichkeit, Partnerschaft, weibliche Lebensvorstellungen, Alter, Krankheit und Tod.

Ministerium für die Gleichstellung von Frau und Mann des Landes Nordrhein-Westfalen (Hrsg.): § 218. Ratgeber für Frauen im Schwangerschaftskonflikt (Schriftenreihe Heft 7), Düsseldorf 1994.
Knapp gehaltene Informationsbroschüre mit den wichtigsten Bestimmungen der neuen Regelung. Kann kostenlos angefordert werden beim Ministerium für die Gleichstellung von Mann und Frau NRW (Breite Strasse 27, 40213 Düsseldorf).

Schön, B. (Hrsg.): Emanzipation und Mutterschaft, Weinheim/München 1989.
In diesem Buch geht es um das Problemspektrum von Beruf, familiärer Arbeitsteilung, Lebensentwürfen sowie die Vorstellungen über Mutterschaft von Frauen.

Fachzeitschrift

Pro Familia Magazin.

Literatur

Bundesminister für Jugend, Familie und Gesundheit (Hrsg.): Beratung bei Schwangerschaftskonflikten (Band 11 der Schriftenreihe des Bundesministers für Jugend, Familie und Gesundheit), Bonn 1981.
Koschorke, M./Sandberger, J.F. (Hrsg.): Schwangerschaftskonfliktberatung. Ein Handbuch, Göttingen 1978.
Krieger, Verena: Entscheiden – Was Männer und Frauen über den § 218 wissen sollten, Hamburg 1987.
Heyer, S.: Und immer wieder § 218, Pro Familia Magazin 4/1994.
Nordhoff, I.: Im Grunde genommen eine Farce. Zwangsberatung: Ein seelisch belastender Dauerkonflikt, Pro Familia Magazin 1/1986.
Sadrozinski, R.: Die ungleiche Praxis des § 218 (Schriftenreihe der Heinrich-Böll-Stiftung), Köln 1990.

Beratung bei sexuellem Mißbrauch im Kindesalter

Reinhold Neef

Mit dem Arbeitsfeld „Beratung bei sexuellem Mißbrauch" ist in den letzten Jahren ein neues Aufgabengebiet der sozialpädagogischen Hilfe entstanden. Dafür wurden, vor allem in Verbindung mit den Aktivitäten der Frauen- und Kinderschutzbewegung, spezialisierte Beratungsstellen geschaffen. Auf den ersten Blick scheint es sich um ein „Leitproblem" wie die Schuldnerberatung oder Schwangerschaftskonfliktberatung zu handeln. Doch ebenso wie dort wissen die Fachleute, daß dahinter sich dann vielfältige andere Schwierigkeiten innerhalb und außerhalb von Familien auftun können. Da in diesen Bereich auch gesetzliche Schutzbestimmungen hineinragen, haben wir es mit den für die Soziale Arbeit typischen Merkmalen von Unterstützung und Kontrolle zu tun. Ein Spezifikum für die Beratung bei sexuellem Mißbrauch im Kindesalter ist dabei, daß man für das eine Mitglied der Familie Schutzfunktion (das mißbrauchte Kind) und eventuell für ein anderes (den mißbrauchenden Erwachsenen) als Berater eine Kontrollfunktion wahrnehmen muß. Das erschwert die Beratungsarbeit. Hinzu kommt noch, daß bei dieser Problematik die Tiefendimensionen bei den Beraterinnen und Beratern nicht unberührt bleiben können. Das Thema sexueller Mißbrauch[1] von Kindern ist mit Beginn der 80er Jahre verstärkt in den Mittelpunkt der Öffentlichkeit gelangt. Anstoß für diese Entwicklung gaben vor allem feministische Gruppierungen, die sich z.T. aus eigener Betroffenheit offensiv mit dem Thema auseinandersetzten und sich nicht mehr damit zufrieden geben wollten, Mißbrauchserlebnisse in das Reich der *Phantasie* und der *Privatheit* abdrängen zu lassen.

Seitdem haben sich bei uns zahlreiche Fachberatungsstellen gebildet, die unterschiedliche theoretische Positionen vertreten und verschiedene Beratungskonzepte anbieten.

Ausmaß und Tabu

Über das *Ausmaß* des Mißbrauches existieren unterschiedliche Zahlen. In den Medien und in der Fachliteratur wird derzeit immer wieder die Zahl von 300.000 Mißbrauchsfällen pro Jahr in den alten Bundesländern genannt. Diese entstand aus einer Hochrechnung des Jahres 1984 auf der Grundlage von rund 10.000 kriminalstatistisch erfaßten Anzeigen zum sexuellen Mißbrauch und unter der Annahme einer Dunkelfeldrelation von 1:15 bis 1:30.[2] Die unseres Wissens einzige gezielte empirische Studie in der BRD kommt jedoch zu einem anderen Ergebnis. Demnach kann man von rund 82.000 Mißbrauchsfällen jährlich im vereinigten Deutschland ausgehen.[3] In den USA kennt man wesentlich mehr empirische Forschung auf diesem Feld, die jedoch nicht unbedingt auf deutsche Verhältnisse übertragbar ist. Der bekannte amerikanische Psychohistoriker Lloyd de Mause zitierte während eines Vortrages an der Frankfurter Universität im April 1989 eine kanadische Studie, nach der etwa jede zweite Frau und jeder dritte Mann in seiner Kindheit Mißbrauchserfahrungen gehabt haben sollten. Diese wahllos aus der Fülle der Zahlen herausgegriffen Beispiele belegen deutlich, daß sich beim Thema sexuellen Mißbrauchs immer noch Fakten und Fiktionen mischen. Einer der Gründe hierfür dürfte darin zu suchen sein, daß bei uns die Forschung in diesem Bereich noch relativ jung ist. Eine weitere Erklärung liegt darin, daß in der Auseinandersetzung mit diesem Thema eine Palette unterschiedlicher Gefühle sichtbar wird, die eher auf Abgrenzung als auf Auseinandersetzung hindeuten. Unglaube und Abwehr paaren sich mit Verleugnung des Phänomens. Kastrationswünsche mischen sich mit Sensationsgier und voyeuristisch gefärbter Anteilnahme. Die Diskussion dieser Thematik findet auf dem Hintergrund von drei tabubesetzten Lebensbereichen statt:

- Familie: Die „heile" Familie.
- Sexualität: „Darüber spricht man nicht."
- Gewalt: „Die gibt es bei uns nicht."

Wegen der Verzahnung dieser drei Tabubereiche ist es verständlich, warum die Reaktionen so heftig ausfallen. Gerade diese Verquickung führt auch unter Fachleuten häufig dazu, daß in Fällen von sexuellem Mißbrauch Strafbedürfnisse, Wut, Fassungslosigkeit, Abwehr, Ekel und Abscheu in einer unheiligen Allianz zusammenfinden und zu Kurzschlußreaktionen führen, die eher der eigenen Beruhigung als einer angemessenen Beschäftigung mit dem Thema dienen. Gleichwohl ist damit auch ein wesentliches Charakteristikum und eine wesentliche Schwierigkeit benannt: Jeder Mensch ist mit dem Thema auf irgendeine Weise verwickelt. Weil es zentrale Bereiche unseres Lebens berührt, ist es unmöglich, sich diesen Fragen zu entziehen. Um so notwendiger erscheint es, sich kundig zu machen, sowohl was die Forschung auf diesem Felde angeht als auch die eigene Verstrickung in das Thema. An dieser Stelle soll eine Definition zitiert werden, die mittlerweile allgemein akzeptiert wird:

Unter sexuellem Mißbrauch „versteht man sexuelle Kontakte zwischen Erwachsenen und Kindern, die von den beteiligten Erwachsenen zur Befriedigung eigener Bedürfnisse (nicht nur sexueller, sondern auch Bedürfnisse nach Körperkontakt, nach Anerkennung) hergestellt werden. Das Kind ist aufgrund seines Entwicklungsstandes (und aufgrund seiner Abhängigkeit; d. V.) nicht in der Lage, dieser Art des Kontaktes zuzustimmen und dessen körperliche, psychische und soziale Folgen zu übersehen".[4]

Die Beteiligten

Mißbrauchsfamilien zeichnen sich häufig durch einen Mangel an Fürsorglichkeit, Wärme und emotionaler Nähe aus, der oft über Generationen zurückreicht. In diesem Klima besteht ein wechselseitiges Bedürfnis nach Zuwendung und Anerkennung. Diese Familien erscheinen nach außen hin als hermetisch abgeschlossenes System. Hier gibt es Ähnlichkeiten zum Familientyp der „Festungsfamilie" nach

H.E. Richter. Das „Geheimnis" des Mißbrauches muß sowohl nach innen als auch nach außen gewahrt bleiben. „Obwohl Inzest oberflächlich als sexuelle und genitale Aktivität erscheint, ist ihre psychologische Bedeutung gewöhnlich elementarer. Sie stellt die Suche nach Sicherheit, Wohlfühlen und Nähe dar, Voraussetzungen also, die weder Kind noch Eltern je hatten".[5] Damit ist Inzest „spannungsreduzierend und verringert die Gefahr der Auflösung, er stabilisiert die Familie. Neben der Trennungsangst des Opfers (…) wird auch die der Eltern durch das Inzestagieren gering gehalten; es hat also eine Funktion für die Familienhomöostase, die auch sein meist jahrelanges Fortdauern erklären würde".[6] An dieser Stelle sollen einige wesentliche Erkenntnisse aufgeführt werden, die derzeit empirisch gesichert sind. Da der Mißbrauch sowohl von Männern als auch von Frauen ausgeht und sich sowohl gegen Mädchen als auch gegen Jungen richtet, soll hier *von mißbrauchenden Erwachsenen* und von *mißbrauchten Kindern* die Rede sein:

- Sexueller Mißbrauch findet innerhalb des nahen Umfeldes der Familie statt. Zwischen dem mißbrauchenden Erwachsenen und dem mißbrauchten Kind besteht in der Regel eine Beziehung (Vater – Tochter, Mutter – Sohn, Großvater – Enkel, Freund der Familie – Sohn u.a.).
- Diese Beziehung ist gekennzeichnet durch Macht und unauflösbare Abhängigkeit in existentieller und emotionaler Hinsicht seitens des Kindes.
- Sexueller Mißbrauch erstreckt sich über Jahre oder Jahrzehnte. Er kann im Säuglingsalter beginnen und möglicherweise über das Volljährigkeitsalter andauern.
- Sexueller Mißbrauch findet selten durch Ausübung von körperlicher Gewalt statt, sondern weit häufiger unter Ausbeutung des Abhängigkeitsverhältnisses.
- Sexueller Mißbrauch führt zu kurz-, mittel- und langfristigen Störungen und Schädigungen auf seiten der mißbrauchten Kinder. Diese weisen dann in der Regel klinische Symptome auf, welche bis zur Selbstzerstörung reichen können (z.B. Suizid, Drogenabhängigkeit, Eßstörungen).
- Sexueller Mißbrauch findet in allen Formen von Sexualität statt: vom Eindringen in Scheide bzw. After mit dem Penis oder Gegenständen bis zum Voyeurismus; von der gegenseitigen Befriedigung mit der Hand bis zum Oralverkehr.
- Sexueller Mißbrauch kommt in allen gesellschaftlichen Schichten vor. Der nach den Zahlen häufig entstehende Eindruck, es handele sich eher um ein „Unterschichtsphänomen", belegt eher die Wirksamkeit sozialer Kontrolle in dieser Schicht als das häufigere Vorkommen.
- Sexueller Mißbrauch geht in der Regel von Männern aus und richtet sich meistens gegen Mädchen (so lassen die derzeitigen Zahlen zumindest vermuten). Wir nehmen allerdings an, daß sich die derzeit bekannten Zahlen verschieben und es in Zukunft offensichtlich wird, daß Jungen in einem höheren Maße Opfer von sexuellem Mißbrauch sind und Frauen häufiger als bisher angenommen Kinder sexuell mißbrauchen. Möglicherweise werden Jungen öfters von Nichtfamilienmitgliedern mißbraucht als Mädchen.

Daüber hinaus ist derzeit aufgrund der geringen empirischen Forschung deutlich, daß eigentlich nur die Veränderung der Zahlen konstant bleibt, weil neuere Untersuchungen jeweils auch die in der früheren Forschung stillschweigend eingegangene Ideologie aufdecken.

Voraussetzungen beraterischer Arbeit

In die Beratungsarbeit bei sexuellem Mißbrauch geht unabwendbar eine wesentliche Voraussetzung ein, die unabhängig vom theoretischen Bezugsrahmen der Fachkräfte ist: Sexueller Mißbrauch ist ein sogenanntes „Offizialdelikt". Dies bedeutet, daß die Ermittlungsbehörden, sobald sie Kenntnis von einem Mißbrauch erlangen, durch ihren gesetzlichen Auftrag tätig werden müssen. Nach § 174 *(Sexueller Mißbrauch von Schutzbefohlenen)* und § 176 *(Sexueller Mißbrauch von Kindern)* des Strafgesetzbuches (StGB) ist sexueller Mißbrauch eine Straftat und wird entweder mit einer Geldstrafe oder mit Gefängnis von sechs Monaten bis fünf Jahre und in besonders schweren Fällen bis zu zehn Jahren bestraft. Ein besonders schwerer Fall liegt z.B. vor, wenn der Erwachsene „mit dem Kind den Beischlaf vollzieht" (§ 176, Abs. 3). Berater und Beraterinnen unterliegen zwar nach § 203 StGB der Schweigepflicht. Sie haben jedoch im Rahmen eines Strafverfahrens kein Recht der Aussageverweigerung. Sie können somit gezwungen sein, Auskunft über Beratungsinhalte geben zu müssen (vgl. unten, S. 202).

Dies ist ein wichtiger Gesichtspunkt, der in den Beratungsprozeß eingeht und grundlegende konzeptionelle Voraussetzungen wie Vertraulichkeit und Verschwiegenheit berührt. Beide können eigentlich gar nicht gewährleistet werden, da die Nichteinleitung eines Strafverfahrens nicht der Kontrolle von Beratungspersonen unterliegt. Daher ist es auf seiten der Fachkräfte nötig, zur Frage der Anzeigeerstattung bei sexuellem Mißbrauch *eindeutig Position* zu beziehen und diese auch gegenüber den Betroffenen deutlich zu machen. Entschließt man sich dazu, dann ist eine weitere Zusammenarbeit mit mißbrauchenden Erwachsenen ausgeschlossen. Beratung bei sexuellem Mißbrauch bewegt sich grundsätzlich auf einem *schmalen Grat* zwischen Kontrolle und Unterstützung; Beraterinnen und Berater müssen sich damit auseinandersetzen, wann sie z.B. Interventionen für gerechtfertigt halten, die auf eine Trennung zwischen mißbrauchendem Erwachsenen und mißbrauchtem Kind hinauslaufen. Sollte das so sein, so handeln sie eventuell gegen die Interessen aller Beteiligten und damit nicht mehr im Sinne von Unterstützung. Wir stellen an dieser Stelle eine Vorgehensweise dar, die sich an folgenden Grundsätzen orientiert:

- Familienbezogene Sichtweise des sexuellen Mißbrauchs
- Hilfeorientierte und nichtstrafende Interventionen.

Zwei wesentliche Gründe sind dafür maßgebend:

1. Straforientierte Interventionen vernachlässigen in ihren Auswirkungen die hohe emotionale *Ambivalenz* der Kinder bezüglich der mißbrauchenden Erwachsenen. Kinder wollen häufig nur, daß der Mißbrauch beendet wird. Nicht aber unbedingt, daß der Erwachsene bestraft oder aus der Familie entfernt wird. Darüber hinaus kann bei einem bereits eingeleiteten Strafverfahren nicht, wie beispielsweise im Zivilverfahren, das Verfahren eingestellt werden, weil z.B. die Belastung für das Kind zu hoch ist oder das Kind dies wünscht.
2. Familienbezogene Interventionen verstehen sexuelle Ausbeutung auf dem Hintergrund der Familiendynamik und bieten Unterstützung für alle Beteiligten, auch und gerade für den mißbrauchenden Erwachsenen. Sie berücksichtigen die emotionalen Bindungen innerhalb der Familie und geben den Familien durch ihre Arbeitsweise ein Gefühl von Wertschätzung aller Familienmitglieder. Wenn man

als Beraterin oder Berater den mißbrauchenden Erwachsenen nur als „Schwein" sieht, so hat man es beim Opfer halt mit dem „Kind eines Schweines" zu tun.[7]

Aus der Arbeit mit Mißbrauchsfamilien sowie aus der Forschung wissen wir, daß Mißbrauch ein in Familien tradiertes Phänomen ist. Entweder ist einer der beiden Elternteile schon selbst Opfer eines (oftmals dem Bewußtsein nicht mehr zugänglichen) Mißbrauchs gewesen oder aber sie bzw. er hat eine Summe von Grenzverletzungen erlebt und bringt so eine Geschichte von Demütigung, Gewalttätigkeit, Nichtrespektierung von Körpergrenzen u.a. in die Partnerschaft ein, die dort „wiederbelebt" und „weitergegeben" wird.

Wer kommt zur Beratungsstelle?

An Beratungsstellen wenden sich in der Regel *fünf Gruppen* von betroffenen Familien:

1. Familien, bei denen der nicht mißbrauchende Erwachsene entweder dem Kind glaubt, daß es mißbraucht wird oder doch zumindest so weit verunsichert ist, daß sie bzw. er Hilfe in Anspruch nehmen will.
2. Familien, in denen der Mißbrauch durch das Kind gegenüber einer dritten Person offenbart wurde. Dies ist in der Regel eine Vertrauensperson des Kindes (Lehrer, Erzieherin, Nachbarin, Pfarrer o.a.).
3. Familien, bei denen ohne Einschaltung einer dritten Person der Mißbrauch innerhalb der Familie benannt worden ist und die von sich aus um Hilfe und Unterstützung nachsuchen.
4. Familien, die vom Jugend- bzw. Sozialamt z.T. unter Strafandrohung oder unter Androhung anderer behördlicher Maßnahmen (z.B. Sorgerechtsentzug nach § 1666a BGB) zu den Fachberatungsstellen geschickt werden.
5. Jugendliche, die sich nicht mehr mißbrauchen lassen wollen, aber nicht wissen, was sie tun können, und Unterstützung benötigen.

Die meisten Kinder, die mißbraucht werden, kommen nicht von sich aus in Beratungsstellen, da sie in sich noch keine Vorstellung tragen, daß sie sich bei einer ihnen unbekannten Person oder bei einer Beratungsstelle Hilfe holen können. Das ist erst bei älteren Kindern ab ca. elf bis zwölf Jahren oder bei Jugendlichen der Fall. Sie sind daher auf dritte Personen angewiesen, welche die von ihnen mitgeteilten Hilfesignale richtig verstehen und der Tatsache, daß diese Kinder mißbraucht werden, Glauben schenken können. In allen fünf Fällen ist der Anmeldegrund benannt und bekannt.

Ein typischer „Handlungsfehler"

Gelegentlich kommt es auch vor, daß der Mißbrauch während der laufenden Beratungsarbeit mit den Familien aufgedeckt wird. Dann kann es sein, daß die Fachkraft dadurch in eine Krise gerät. Seitens der Fachkraft kann es dann zu einem Gemisch von „Nicht-glauben-Wollen", Verleugnung und unmittelbarem Handlungsdruck kommen, der sich zu einer schier unlösbaren Hilflosigkeit oder Ohnmacht verdichtet. Dieser Krise wird häufig genug nicht genügend Raum gegeben. Das ist einer der Gründe dafür, daß möglicherweise eher solche Interventionen durchgeführt werden, die mehr der eigenen Beruhigung dienen, als daß sie angemessen sind. Die Krise wird ausgelöst durch die Tatsache, daß die Beraterin oder der Berater sich im ersten Kontakt mit der Familie einerseits spontan und (wie es scheint) nahezu unabwendbar in hohem Maße mit dem mißbrauchten Kind innerhalb der Familie identifiziert und andererseits unter massiven Handlungsdruck geraten kann, den Mißbrauch zu beenden. Aus dieser Position heraus werden dann häufig Interventionen geplant, die sich an den Bedürfnissen der Identifikation orientieren und *nicht* an dem, was die mißbrauchten Kinder wollen und bedürfen. Kennzeichen dieser Phase ist die Tatsache, daß die Kinder selten oder nicht darüber informiert werden, was man mit ihnen vorhat. Damit wiederholt sich (ungewollt) in der Beratungssituation strukturell die innerhalb der Familie erlebte Mißbrauchssituation.

Beim Erstkontakt mit einer Mißbrauchsfamilie gerät eine Beraterin bei der Vorstellung, daß am bevorstehenden Wochenende der Vater erneut die Tochter mißbrauchen könnte, so unter inneren Druck, daß sie unter Zuhilfenahme des Familiengerichts einen sofortigen Entzug des Sorgerechts nach § 1666a BGB veranlaßt. Diese Maßnahme spricht die Beraterin weder mit der 10jährigen Sabine noch mit den Eltern ab. Sabine wird in einem Heim untergebracht. Sie erlebt diesen Vorgang auch als Bestrafung und leidet unter der Trennung von ihren Eltern und ihren Geschwistern. Da sie durch den Mißbrauch gelernt hat, daß sie Kontakt mit Erwachsenen nur sexualisiert aufnehmen kann, wendet sie dieses Verhalten auch gegenüber den Betreuungspersonen im Heim an. Diese wiederum „mißverstehen" ihr Verhalten und interpretieren es als aktive Aufforderung zu sexuellen Handlungen und unterstellen ihr eine aktive Rolle beim Mißbrauch. Damit wird die verhängnisvolle Ereigniskette fortgesetzt. Die Beraterin ist der Meinung, durch die Trennung von Vater und Tochter alles zum Schutz und zum „Kindeswohl" getan zu haben, und reagiert verständnislos, als Sabine den Wunsch „äußert", in die Familie zurückkehren zu wollen.

In diesem Beispiel wird deutlich, daß die Beraterin sich mit dem ohnmächtigen Kind identifiziert, das nicht weiß, wie es den Mißbrauch beenden kann. Die ohnmächtige Position kann die Beraterin nur „ertragen", indem sie eine Intervention plant, bei der sie „Allmacht" erlangt und damit die Situation wieder unter Kontrolle hat. Ohne es zu wissen, handelt sie aus ihrer Angst heraus für sich; sie kontrolliert ihre innere Angst und trägt nicht zu Lösungen für die Familie bei. Sie hat damit wesentliche Beunruhigungsmomente bei sich ausgeschaltet, aber eben nur scheinbar im Interesse des Kindes gehandelt. Eine weitere Untersuchung dieses bei Fachleuten auch als „Agieren" bezeichneten „Handlungsfehlers", etwa in der *Supervision*, würde möglicherweise ergeben, daß sich die Beraterin mit dem Kind identifizierte, eigene Kindheitserlebnisse auf dieses „übertragen" hat und sich aus dieser Verstrickung (*Konfluenz*) mit einem „Befreiungsschlag" lösen wollte. Gerade die Vermeidung des „Agierens" zeichnet die professionelle Beratung vor der blinden Parteinahme bei der Alltagsberatung aus. Dieser Mechanismus, daß Beraterinnen und Berater häufig zu einem bestimmten Gefühl innerhalb der Familie mit dem entsprechenden „Gegengefühl" reagieren, ist typisch für die Arbeit mit Mißbrauchsfamilien. So wird dann aus Ohnmacht Allmacht, aus Hilflosigkeit Kontrolle, aber eben nur bei der Fachkraft.

Beratungsziele

Aus diesem Beispiel können wir auch ableiten: Grundsätzlich gilt für alle Arbeits-
schritte einer Beratung mit Mißbrauchsfamilien folgendes: Die Familien und vor
allem das Kind müssen über die Arbeitsweise der Beratungsstelle und alle Schritte
innerhalb eines Beratungsprozesses informiert sein. Dies ist notwendig, damit die
mißbräuchliche Situation der Familie sich nicht in der Beratungssituation wiederholt. Beispielsweise indem etwas „über den Kopf" des Kindes hinweg geschieht.

Schwerpunkte des Beratungsprozesses

Der Beratungsprozeß gliedert sich typischerweise in *drei Abschnitte*:

Glauben: Der *erste Schritt* der Beratung wird sein, daß mindestens ein Erwachse-
ner in der Familie erst glauben können muß, daß der Mißbrauch *wirklich* passiert
ist. Die Realität des Mißbrauchs muß in der Familie etabliert worden sein.

*Eine etwa 35jährige Mutter von zwei Kindern (1 Junge – 6 Jahre, 1 Mädchen –
4,5 Jahre) kommt nach telefonischer Anmeldung zum Erstkontakt in die Beratungsstelle.*

*Mutter: „Meine Kinder haben mir des öfteren erzählt, daß mein Mann ihnen seit
zwei Jahren bei jeder nur erdenklichen Gelegenheit den Finger in den Po oder in die
Scheide steckt. Ich weiß gar nicht, ob ich das wirklich glauben soll."*

Beraterin: „Was würde passieren, wenn Sie Ihren Kindern glauben?"

*Mutter: „Das wäre ja schrecklich, es sind doch meine eigenen Kinder, und ich hätte
vielleicht die ganze Zeit davon gewußt und vielleicht sogar zugesehen. Ich habe die
Monika sogar schon vor Schmerzen rufen hören, als sie mit meinem Mann im Bad
war. Nein, nein, das kann gar nicht sein."*

*Beraterin: „Es fällt Ihnen offensichtlich sehr schwer zu glauben, daß Ihre Kinder
wirklich mißbraucht werden."*

*Mutter: „Ja, ich weiß gar nicht mehr, was ich glauben soll. Aber meine Kinder haben
mir doch gesagt, daß der Papa den Finger in den Po steckt. Ich war sogar schon beim
Kinderarzt deswegen. Der hat festgestellt, daß der Po von Klaus wund ist. Aber wenn
das wirklich wahr ist, das wäre ja furchtbar …"*

(Mutter fängt an zu weinen.)

Beraterin: „Sie wirken sehr verzweifelt auf mich."

*Mutter: „Was soll ich denn nur tun? Wenn das alles stimmt, dann bin ich ja mit einem
Ungeheuer verheiratet."*

Die Mutter befindet sich eindeutig in einer Krise, die sich schon seit längerer Zeit
zugespitzt hatte. Wie schon angedeutet, hat in dieser Situation die *Krisenintervention*
den Vorrang. Die Mutter ist zu stabilisieren, dann kann man sich wieder der Realität
des Mißbrauches in ihrer Familie zuwenden.

Im *zweiten Schritt* muß mit der Familie bzw. mit einem Elternteil dann erarbeitet
werden, *wer* den Schutz des Kindes vor weiterem Mißbrauch gewährleisten kann.
Dies bedeutet unter Umständen, zusammen mit der Familie herauszufinden, ob es
möglich ist, daß der mißbrauchende Erwachsene zunächst die Familie verläßt oder
ob das Kind aus der Familie herausgenommen werden sollte. In beiden Fällen ist
zu erarbeiten, wie die weiteren Kontakte zwischen Kind und Erwachsenen aussehen, damit kein Beziehungsabbruch stattfindet. Besuchskontakte mit dem mißbrauchenden Erwachsenen könnten beispielsweise natürlich immer unter der Voraus-

setzung, daß das Kind Kontakte wünscht, in Gegenwart einer dritten Person statt-finden.

Verarbeiten: Im *dritten Schritt*, der Verarbeitung des Mißbrauchs, ist eine strikte Trennung von Beratung und Therapie, wie es für andere Felder der Sozialen Arbeit dargelegt wurde, wenig sinnvoll. Zuerst wird zu klären sein, wie es zu dem Mißbrauch innerhalb der Familie kam. Dies kann in unterschiedlichen personellen Zusammen-setzungen ("Settings") der Familienmitglieder geschehen. In der Regel ist davon auszugehen, daß am Anfang dieser Phase getrennte Eltern- und Kindgespräche stattfinden. Dies ist ein Schutz für beide Seiten. Für die Eltern, weil sie durch die Trennung eindeutig als Eltern angesprochen sind und Gelegenheit erhalten, sich mit der "Beziehungsstörung" in ihrer Familie auseinanderzusetzen. Für das Kind, weil es sich nicht mit einer immer noch vorhandenen Tendenz zur Verleugnung des Miß-brauchs konfrontieren muß und somit einen "geschützten Raum" für das eigene Erleben erhält. Dabei ist besonders wichtig für Kinder, daß sie sich in diesem Raum sowohl mit dem erlebten Mißbrauch als auch mit allen hochambivalenten Gefühlen äußern dürfen, ohne daß die Berater diese Gefühle polarisieren müssen. So muß ein Kind Wut und Haß auf die mißbrauchende Person ausdrücken können, ohne be-fürchten zu müssen, daß diese ihr deswegen schadet oder daß sie deshalb keine Beziehung zu ihr mehr haben könnte. Auch in dieser Phase der Verarbeitung steckt die schon erwähnte Gefahr des "Agierens" für die Fachkräfte. So ist es häufig für Beraterinnen und Berater leichter zu ertragen, wenn das mißbrauchte Kind den mißbrauchenden Erwachsenen nur eindeutig haßt. Dabei handelt es sich dann vor allem um Gefühle von Wut, Haß, Ekel, aber auch Sehnsucht, der Wunsch nach kör-perlicher, nichtsexualisierter Zuwendung vom mißbrauchenden Erwachsenen und Liebe gegenüber den Eltern. Wie stark die Tendenz zur Verleugnung in dieser Phase sein kann, soll das folgende Beispiel illustrieren:

Die Mutter des 4jährigen Detlev kommt zur Beratungsstelle. Sie berichtet, der Junge habe ihr erzählt, daß ihr Vater, also sein Großvater, ihn oral mißbraucht habe. Zu-nächst glaubt die Mutter dem Sohn, erkennt also die Realität des Mißbrauches an. Im Verlauf der dreimonatigen Beratung wird ihr jedoch zunehmend stärker klar, daß allerdings ihr Vater sie früher massiv körperlich mißhandelt hatte. Diese Einsicht ist für sie so unerträglich und schmerzhaft, daß sie beginnt, sowohl ihre eigene als auch die Realität des Sohnes zu leugnen. Der Berater erlebt diese Verleugnung wie einen "Sog". Er läßt sich in dieses Geschehen hineinziehen. Zum Schluß "glauben" beide, daß der Sohn alles nur erfunden habe. Die Beratung wird darauf beendet.

Im weiteren Verlauf der Verarbeitung geht es um die Klärung des künftigen Zu-sammenlebens der Familie mit dem Ziel, einen erneuten Mißbrauch zu verhindern. Ergebnis kann hierbei natürlich auch sein, daß die (Ehe-)Partner sich trennen, ohne daß die Beziehung zu den Kindern abbricht. Dann kann man erarbeiten, wie sich die Beziehungen in Zukunft gestalten sollten. Bei dem beschriebenen Prozeß kön-nen jederzeit "Rückschritte" vorkommen. Beispielsweise kann eine Familie durch die Verarbeitung des Mißbrauchs erneut in eine Krise geraten und dessen Realität wieder leugnen.

Bei jedem der drei Schritte und besonderes bei den Rückschritten ist erneut das Verhältnis zwischen Kontrolle und Unterstützung zu klären.

Qualifikationen der Fachkräfte

Beraterinnen und Berater sollten mit der neueren Forschung über diesen Bereich vertraut sein und sich im wesentlichen mit eigenen Gewalterfahrungen, mit ihrem Verhältnis zur eigenen Sexualität und zur Sexualität mit und von Kindern auseinandergesetzt haben. Da Arbeit in diesem Feld vor allem auch Krisenintervention ist, müssen die Fachkräfte über eine fundierte Weiterbildung in Beratungsarbeit verfügen. Hierzu gehören vor allem tiefenpsychologische und familientherapeutische Erfahrungen und Kenntnisse. Das schließt auch ein, eigene Krisen produktiv bewältigt zu haben, um die nötige professionelle Distanz herstellen zu können. Die Dynamik in Mißbrauchsfamilien sollte den Fachkräften vertraut sein: beispielsweise Schutz- und Abwehrverhalten wie Verleugnung, Bagatellisierung, Rollenkonfusion, Beschuldigung, Geheimnis, Sprachlosigkeit, um nicht der Gefahr zu unterliegen, (unbewußt) die gleiche Dynamik bei sich zu entwickeln. Vor allem Erfahrungen in der systemischen Familienberatung/Familientherapie sind sehr nützlich. Weiterhin sollten Beraterinnen und Berater sich darüber im klaren sein, mit welchen *persönlichen Einstellungen* sie mit Familien arbeiten und welche (unbewußten) Setzungen sie durch die Wahl einer bestimmten Vorgehensweise und eines bestimmten Beratungskonzeptes ausüben. Beraterinnen oder Berater, die selbst in ihrer Kindheit mißbraucht wurden, müssen sich fragen, ob sie sich mit dieser Art von Beratung nicht überfordern und an fremden Ratsuchenden etwas austragen möchten, das sie in ihrer eigenen Lebensgeschichte möglicherweise noch nicht geklärt haben. In jedem Falle muß eine Aufarbeitung des eigenen Mißbrauches erfolgt sein, damit die Beratungsarbeit nicht im Dienste der eigenen Verarbeitung steht und somit an den Interessen und Bedürfnissen der Mißbrauchsfamilien vorbeizielt. Die nun seit 1977 andauernde Diskussion um die „Hilflosen Helfer" (Schmidbauer)[8], die an den Ratsuchenden ihre eigenen Probleme abarbeiten möchten, gilt vor allem für das sehr schwierige Feld der Beratung bei sexuellem Mißbrauch. Da es sich hierbei jedoch nicht um erwachsene Patienten, sondern um hilflose Kinder handelt, ist die „Helferproblematik" noch komplizierter.

Schlußbemerkung

Es ist schon angesprochen worden, daß für die Beratungsarbeit bei sexuellem Mißbrauch eine qualifizierte Weiterbildung notwendig ist. Denn es geht ja auch darum, eigene und fremde unbewußte Phantasien zu erkennen und von der Wirklichkeit unterscheiden zu lernen. Kenntnis der eigenen Herkunftsfamilie (etwa über familientherapeutische Erfahrungen) ist notwendig. Das bloße Engagement für mißbrauchte Menschen reicht angesichts der weitreichenden Problematik nicht aus. Wer nur das vorzuweisen hat, macht sich verdächtig, sich selber als „Klient" zu erleben und beruflich „agieren" zu wollen. Darüber hinaus sind noch Erfahrungen und Fähigkeiten in dem Bereich vonnöten, den man in der Fachsprache „Vernetzung" nennt. Gesprächspartner sind: Jugendämter, allgemeine Beratungsstellen, Schulen, Gerichte, Anwälte und die Öffentlichkeit (Medien). Beraterinnen und Berater müssen diese „fremden Institutionen" kennen und kompetent mit ihnen verhandeln können. Das schließt auch eine gutachterliche Tätigkeit vor Gericht ein. Hierzu gehören auch fundierte Kenntnisse im Datenschutz sowie weiterer gesetzlicher Grundlagen (vgl. S. 199ff.). Diese Anforderungen an die Fachkräfte von Beratungsstellen sind gestiegen. Auch seitdem in der Fachöffentlichkeit der „Mißbrauch mit dem Mißbrauch" zunehmend diskutiert wird. Nachdem in der Vergangenheit fälschlich angeschuldigte „Mißbraucher" in Haft kamen, kommt hier auf die Fachkräfte eine besondere professionelle Herausforderung zu.

Die Grenzen der Beratung bei sexuellem Mißbrauch im Kindesalter liegen aber nicht nur in den großen Schwierigkeiten und „Handlungsfehlern" begründet. Häufig kommt es vor, daß die Beteiligten zu einer Beratung nicht bereit oder in der Lage sind. Der vemeintliche Mißbraucher hat die Familie verlassen oder befindet sich in Haft. Das Jugendamt hat das mißbrauchte Kind aus der Familie herausgenommen und in Pflege oder ein Heim gegeben.

Lesehinweise

Bundeskonferenz für Erziehungsberatung: Hinweise zu Rechtsfragen bei Kindesmißhandlung und sexuellem Mißbrauch.
In: Informationen für Erziehungsberatungsstellen 3/1992.
Hier findet man eine Zusammenstellung von Rechtsfragen, möglichen Problemlagen, Adressaten der Offenbarung sowie Literaturhinweise.

Bruder, K.-J./Richter-Unger, S.: Monster oder liebe Eltern? Sexueller Mißbrauch in der Familie, Berlin/Weimar 1993.
Ein empfehlenswertes Buch, da es versucht, sich unprätentiös mit dem Erleben aller Familienmitglieder einer Mißbrauchsfamilie auseinanderzusetzen. Die Autoren stellen Konzepte zur Arbeit mit den mißbrauchenden Erwachsenen vor.

Hirsch, M.: Realer Inzest. Psychodynamik des sexuellen Mißbrauchs in der Familie, Berlin 1987.
Eines der wenigen Bücher, das durch die fundierte Darstellung der psychodynamischen Hintergründe der Problematik in der Fachwelt Anerkennung gefunden hat.

Ramin, G. (Hrsg.): Inzest und sexueller Mißbrauch. Beratung und Therapie. Ein Handbuch, Paderborn 1993.
Es werden unterschiedliche, z.T. grundlegende Beiträge verschiedener Autorinnen und Autoren vorgestellt zu Fragen der Behandlung von Kindern *und* Erwachsenen, juristischen Aspekten usw.

Rijnaarts, J.: Lots Töchter. Über den Vater-Tochter-Inzest, Düsseldorf 1988.
Ein vielgelesenes Buch zum Thema aus feministischer Sicht. Die Autorin setzt sich mit kulturanthropologischen, psychoanalytischen und sozialpsychologischen Theorien zum Mißbrauch auseinander; z.T. empirisch überholt.

Fachzeitschriften

„Familiendynamik"
„Integrative Therapie"
„Psyche"
„Systemische Therapie"

III

Was gehört noch zur sozialpädagogischen Beratung?

1

Weitere Elemente sozialpädagogischer Beratung

Der erste Teil unseres Buches beschäftigte sich mit den Anlässen, Inhalten und Prozessen sozialpädagogischer Beratung. Im zweiten Teil haben wir sieben in sich sehr unterschiedliche Felder institutionalisierter sozialpädagogischer Beratung dargestellt. Im folgenden kürzeren, dritten Teil wollen wir noch einige weitere Fragen des Beratungsgeschehens behandeln. Wenn wir bedenken, daß noch viel mehr sozialpädagogische Institutionen existieren, in welchen *auch* Beratung stattfindet, fragen wir zu Recht, *ob* und *wie* man diese Vielfalt sozialpädagogischer Beratungsmöglichkeiten überhaupt erfassen und institutionell auf den „Begriff" bringen kann.

Es fehlt eine „Theorie" der sozialpädagogischen Beratung

Leider gibt es keine „Theorie der sozialpädagogischen Beratung", denn die Verknüpfung von Beratungszielen und Beratungsmethoden mit den sehr unterschiedlichen Institutionen und Klientelgruppen ist eine unlösbare Aufgabe. Man müßte vielmehr ausgehen von der Vielfalt der Institutionen und den spezifischen Aufgaben (*Beratungsaufträgen*) für die Ratsuchenden. Jetzt wollen wir versuchen, die unterschiedlichen Möglichkeiten sozialpädagogischer Beratung zu ordnen und zu strukturieren. Hierzu greifen wir auf einige Begriffe zurück, die wir schon in den Vorkapiteln verwendet haben. Gleichzeitig soll dabei auf einige andere und bisher noch nicht behandelte Beratungsmöglichkeiten verwiesen werden.

Hohe oder niedrige Zugangsbarriere?

Zu den Einrichtungen mit einem hohen Institutionalisierungsgrad gehört in erster Linie die klassische Erziehungsberatung. Im Vergleich dieser Einrichtung mit der gemeinwesenorientierten Familienberatung haben wir gesehen, daß ein Unterschied hinsichtlich der Zugangsbarrieren und Hemmschwellen deutlich wurde. Allerdings hatte das auch mit einer unterschiedlichen Spezialisierung des Personals zu tun. Neben der typischen Beratungsarbeit waren die Mitarbeiterinnen und Mitarbeiter dieser Familienberatung noch mit vielen anderen Fragen und Problemen der Bewohner des Umfeldes befaßt. In Einrichtungen wie einer gemeinwesenorientierten Familienberatung fallen institutionale und funktionale Beratung weitgehend zusammen. Hier haben wir es mit einer „Idealform" der Beratung für die Soziale Arbeit zu tun.

Spezialisierte Beratung oder generalistische Beratung?

Hohe Institutionalisierung geht oft parallel mit einem hohen Spezialisierungsgrad.

Von den vordergründigen Aufgabenstellungen der verschiedenen Beratungseinrichtungen her gehören Erziehungsberatung, Drogenberatung, Schuldnerberatung, Schwangerschaftskonfliktberatung und Beratung bei sexuellem Mißbrauch durch das jeweilige „Leitproblem" eher in den Bereich der spezialisierten Beratungseinrichtungen. Demgegenüber ist die gemeinwesenorientierte Familienberatung, wie auch die Ausländerberatung durch die Vielfalt ihrer Themen stärker generalistisch orientiert. Ähnlich ist es mit hier nicht näher diskutierten Hilfe- und Beratungsmöglichkeiten in der Arbeit mit Jugendlichen oder älteren Menschen sowie in den sozialen Diensten. Bei genauerem Hinsehen zeigt sich jedoch, daß auch spezialisiert erscheinende Beratungseinrichtungen sich hinter dem vorgetragenen „Leitproblem" sehr wohl auch generalistisch betätigen können und *müssen*. In der Schuldnerberatung werden auch familienorientierte Gespräche geführt; die Drogenberatung hilft beim Sozialhilfeantrag, und die Bewährungshilfe verschafft dem Strafentlassenen möglicherweise einen Wohnheimplatz.

Kontrolle und/oder Hilfe?

Dieses aus der Sozialen Arbeit hinlänglich bekannte Gegensatzpaar finden wir in unterschiedlicher Ausprägung in den Beratungsstellen vor. Mit reduzierter Kontrollfunktion arbeitet man in der Erziehungsberatung. Abgesehen von anzeigepflichtigen Gesetzesverstößen, überwiegt hier die Hilfe. Gleiches gilt für die „Normalsituation" in der Ausländerberatung, in den gemeinwesenorientierten Ansätzen und bei zielgruppenspezifischer Beratungsarbeit, etwa mit Jugendlichen, Frauen oder älteren Menschen. Wie wir gesehen haben, sieht das jedoch bei der Drogenberatung und den Beratungshilfen bei sexuellem Mißbrauch anders aus. Die hierbei auftretenden rechtlichen Aspekte werden wir im nächsten Abschnitt diskutieren. Eine Sonderstellung nimmt die gesetzlich angeordnete Schwangerschaftskonfliktberatung ein.

Der Kontrollaspekt dominiert auch bei der Bewährungshilfe und Gerichtshilfe.

Demgegenüber bezieht die Jugendgerichtshilfe ihren Auftrag aus dem sozialpädagogisch orientierten „Jugendgerichtsgesetz". Sie soll den Entwicklungsstand des angeklagten Jugendlichen oder Heranwachsenden als Hilfestellung für die Urteilsfindung des Jugendgerichts darstellen. Sie hat aber keine Kontroll-, Ermittlungs-, Anklage- oder Verteidigerfunktion.

Hohe oder niedrige Vernetzung?

Unter Vernetzung im Bereich von Beratung verstehen wir den Grad des Informationsaustausches und der Zusammenarbeit

- verschiedener sozialer Dienste miteinander (etwa Allgemeiner Sozialdienst mit der Schuldnerberatung) sowie
- der sozialen Dienste mit Einrichtungen anderer Felder (Justiz, Schulen, Selbsthilfegruppen, Kommunalpolitik);

- der Unterstützung einer sozialpädagogischen Einrichtung für andere. Beispielsweise bieten Mitarbeiter von Erziehungsberatungsstellen Weiterbildung und Supervision für das Personal eines Kindergartens an. Mitarbeiter der Drogenhilfe gehen in Schulen und Jugendhäuser.

Diese Vernetzungsmöglichkeiten reichen von der bloßen Weitergabe von Informationen bis zur Weitervermittlung der Ratsuchenden an andere für die jeweilige Problemsituation besser geeignete Dienste. In der Regel hängt es vom Engagement der Fachkräfte in den Beratungsstellen sowie den jeweiligen örtlichen bzw. regionalen Gegebenheiten ab, wie weit sich Vernetzung entwickeln kann. An den geschilderten Arbeitszusammenhängen der Evangelischen Beratungsstelle wie auch der Katholischen Drogenhilfe sahen wir, welche Angebote möglich sind.

Case-Management als Beratung

Am Anfang der Geschichte der Sozialen Arbeit stand die Einzelhilfe (*Casework*). Seit den dreißiger Jahren wurde sie in den USA unter dem Einfluß der Psychoanalyse eine Art „Minitherapie" für Arme. In dieser Form hat sie auch unsere Einzelhilfe (*Einzelfallhilfe*) etwa von 1960 bis 1970 beeinflußt. Dieses psychotherapeutisch orientierte Verfahren der Beratung wurde seit den siebziger Jahren dann stark kritisiert. Ein Ausdruck dieser Kritik ist das bei uns aufkommende Case-Management (*Unterstützungsmanagement*), das ebenfalls aus den USA stammt und von Wendt bei uns bekanntgemacht wurde. Eigentlich ist es eine „höhere Form" der Vernetzung sozialer Dienstleistungen. Es ist oft notwendig, daß ein Betroffener nach Absprache sogar gleichzeitig von mehreren Institutionen betreut wird. Wenn dann eine Fachkraft die Koordinierung dieser vernetzten Hilfemöglichkeiten übernimmt, so spricht man auch vom „Case-Manager" (Wendt 1991).

Die Suchtberatungsstelle hat einen Alkoholiker nach Klärung der Kostenerstattung durch die Krankenkasse zur Entziehungskur in eine Fachklinik verwiesen. Nach der Entlassung erhält der Mann einen Wohnheimplatz und nimmt an einer Gesprächsgruppe der „Anonymen Alkoholiker" teil. Bei speziellen Fragen wendet er sich wieder an seinen „Suchtberater", der diese Hilfemöglichkeiten für ihn arrangiert hat.

Lebensaltersspezifische Beratung

Wie wir im ersten Teil unseres Buches dargestellt haben, ergeben sich im Lebenslauf und Familienzyklus eine Reihe von Gefährdungsmomenten, die möglicherweise einer Hilfe durch Beratung bedürfen. Eindeutig an diesen „kritischen Lebensereignissen" orientiert sind Erziehungsberatung, Drogen-, Schuldner- und Schwangerschaftskonfliktberatung oder Beratung bei sexuellem Mißbrauch. Demgegenüber wenden sich gemeinwesenorientierte Familienberatung und Ausländerberatung an Menschen aller Lebensalter. Folgt man dem Kriterium „Lebensalter", so wären noch die Angebote der *Jugendberatung, Studentenberatung* und die *Beratung für ältere Menschen* zu nennen.

Neben den Einrichtungen der Erziehungs- und Familienberatung sind in den letzten Jahren noch einige neue und spezialisierte Beratungsstellen mit dem „Leitproblem" psychische Krise entstanden. Jährlich sind etwa 220.000 Kinder von Scheidung betroffen. In vielen Fällen benötigen die Eltern Unterstützung, um ihren Konflikt nicht zu sehr auf dem Rücken der Kinder auszutragen und um zu emotional verträglichen Regelungen zu kommen. *Trennungsberatung* oder *Mediation* (Vermittlung)[1] wird neben den Erziehungs- und Familienberatungsstellen zunehmend als *funktionale* Beratung auch ein Aufgabenbereich des Allgemeinen Sozialdienstes.[2] Wenn Sozialpädagoginnen und Sozialpädagogen diese Tätigkeiten wahrnehmen, haben sie eine „Wächterrolle" für das Kindeswohl. Den Eltern gegenüber müssen sie jedoch auf Unparteilichkeit bedacht sein und vermeiden, in die zuweilen aggressiven Auseinandersetzungen und gerichtlichen Verfahren zu sehr hineingezogen zu werden.

In ungefähr 70.000 Familien findet jährlich ein problematischer Sterbe- und Trauerverlauf statt. Davon sind pro Jahr mehrere hunderttausend Menschen betroffen. *Trauerberatung* kann auch im Rahmen allgemeiner sozialpädagogischer Tätigkeit (funktional) etwa beim ASD, der sozialpädagogischen Familienhilfe oder in spezialisierten Einrichtungen (institutionell) von den Fachkräften angeboten werden.[3]

Beratung zur Anspruchsabsicherung

Wenn der Beratungsauftrag sich in erster Linie auf die Behebung von wirtschaftlichen Problemen bezieht, ist vor allem die Schuldnerberatung oder eine andere weniger spezialisierte Einrichtung zuständig. Auch das Sozialamt leistet nach § 8 BSHG Sozialhilfeberatung. Doch hier existiert der Vorwurf der „Rechtsverkürzung" (Hanesch 1989, S. 17); hierunter ist zu verstehen, daß in manchen Sozialämtern den Anspruchsberechtigten mehr oder minder bewußt Hilfen vorenthalten werden. Zu erwähnen sind noch sehr spezialisierte Einrichtungen der Nichtseßhaften- und Obdachlosenhilfe, die für diese Betroffenen auch Beratung anbieten. Es gibt noch eine Reihe von benachbarten Beratungsmöglichkeiten, die in erster Linie weder sozialpädagogische Ziele verfolgen noch den Trägern der freien Wohlfahrt unterstehen. Wie soll man diese strukturell einordnen? Denn auch hier existieren Beratungsaufträge, die viele Berührungspunkte zur institutionalen sozialpädagogischen Beratung haben. Eine Gemeinsamkeit besteht darin, daß bei vielen dieser Beratungsmöglichkeiten zumindest vordergründig die psychodynamischen Schwerpunkte fehlen (außer bei der Schulpsychologischen Beratung). Das Ziel dieser Beratung ist es eher, die eigenen wirtschaftlichen, bildungsmäßigen oder rechtlichen Ansprüche zu erkennen und durchzusetzen.

- *Verbraucherberatung*: Inzwischen befinden sich in vielen Städten Verbraucherberatungsstellen. Diese helfen bei der Überprüfung des Haushaltsbudgets, von Kauf- oder Ratenverträgen. Bei Überschuldungsproblemen kommt es oft zur Zusammenarbeit zwischen Schuldnerberatung und Verbraucherberatung.
- *Mieterberatung*: Wird von den gemeinnützigen Mieterschutzvereinen, aber auch anderen Sozialberatungstellen (gemeinwesenorientierte Beratung) angeboten. Gesprächspartner sind dabei auch Mieterschutzvereine oder das Wohnungsamt. Auch die vielen Möglichkeiten der
- *Rentenberatung* durch die zuständigen Sozialversicherungsträger gehören hierzu.
- *Berufsberatung*: Die ersten Einrichtungen entstanden nach 1918. Inzwischen leisten über 3.000 Berufsberater in mehr als 200 Arbeitsämtern Hilfestellung zu Fra-

gen von Bildung und Beruf. Hier ergeben sich Querverbindungen zur sozialpädagogisch orientierten Jugendberufshilfe.

- *Bildungsberatung*: Diese informiert über Aus- und Weiterbildungsmöglichkeiten. Vor allem für Erwachsene (zweiter Bildungsweg). In vielen größeren Städten bestehen unterschiedliche (kommunale) Bildungsberatungsstellen. Auch die Volkshochschulen informieren über schulische und berufliche Weiterbildungsmöglichkeiten.
- *Rechtsberatung*: Wird erteilt von Anwälten, Gewerkschaften, Mietervereinen, Rechtsauskunftsstellen der Gemeinden, aber auch in der gemeinwesenorientierten Beratung. Bei vorliegender finanzieller Bedürftigkeit kann man aufgrund des „Beratungshilfegesetzes" von 1980 nach einem Antrag an das zuständige Amtsgericht die Zusage zur Kostenübernahme einer anwaltlichen Beratung erhalten.
- *Schulpsychologische Dienste* leisten Hilfe bei Fragen, die im schulischen Bereich offensichtlich werden: Leistungsstörungen, Schulschwierigkeiten, Legasthenie. Im Schulpsychologischen Dienst können die Probleme gut diagnostiziert werden. Hierzu ist die Mitarbeit der Eltern erforderlich. Die schulpsychologischen Beratungsstellen wirken oft auch als Vermittlungsinstanz für die Erziehungsberatungsstellen oder niedergelassene Psychotherapeuten.

Generalistische Beratung spezieller Zielgruppen

Bei der Ausländerberatung und auch bei der gemeinwesenorientierten Familienberatung ist eine generalistische Orientierung vorgegeben. Strenggenommen gibt es dort kein „Leitproblem" – alle Lebensalter und Themen sind angesprochen. Ähnliches gilt für die

- *Aussiedlerberatung*: In den nächsten Jahren müssen mehrere Millionen Aus- und Übersiedler, die vorwiegend aus den Ländern des ehemaligen Ostblocks kommen, bei uns integriert werden: Wohnung, Arbeit, Schule, Weiterbildung, Umschulung, soziale Kontakte.
- *Behindertenberatung*: Die vielen Einrichtungen für Behinderte (Heime, Tageseinrichtungen und Beratungstellen) sind in den Dachverbänden der freien Wohlfahrtspflege organisiert.

Beratung im Milieu der Justiz

Die Betrachtung von Beratungsmöglichkeiten in Feldern, die nicht direkt zur Sozialen Arbeit gehören, dort aber auch von sozialpädagogischen Fachkräften angeboten werden, ist eine weitere Möglichkeit, Beratung strukturell zu unterscheiden. In diesen Fällen haben wir es mit einer „Pflichtklientenschaft" zu tun.

Familiengerichtshilfe: Aufgrund gesetzlicher Bestimmungen wird das Jugendamt als sachverständige Behörde für das Familiengericht in Scheidungsfragen gutachterlich tätig – ohne Sachverständigenstatus zu haben. Dabei geht es vorwiegend um Stellungnahmen zur elterlichen Sorge sowie zur Regelung des Umgangsrechts der Eltern mit dem Kind.

Oberstes Leitprinzip für die Sorgerechtsregelung ist hierbei das „Kindeswohl".

Hier liegt ein eindeutiger sozialpädagogischer „Beratungsauftrag" vor. Gleiches gilt für die

Jugendgerichtshilfe (Heindl 1992), die nicht bei der Justiz, sondern beim Jugendamt oder einem freien Träger der Jugendhilfe angesiedelt ist. Anders gelagert ist der „Beratungsauftrag" bei der

Bewährungshilfe: Sozialpädagogen können auch als Bewährungshelfer beim Gericht arbeiten. Sie müssen dann die aus der Strafhaft Entlassenen, deren Reststrafe zur Bewährung ausgesetzt wurde, kontrollieren. Neben dieser sehr deutlich ausgeprägten *Kontrollfunktion* haben die Bewährungshelfer auch noch eine *Hilfefunktion*: Sie sollen bei Arbeits- und Wohnungssuche, Verschuldungsfragen und persönlichen Problemen beraten und vermitteln. In der Regel kennen sie Hilfsquellen. Jedoch angesichts der Engpässe auf dem Arbeits- und Wohnungsmarkt sowie der Tatsache, daß ein Bewährungshelfer durchschnittlich 60 Menschen zu betreuen hat, sind die Hilfemöglichkeiten gegenwärtig sehr begrenzt. Damit ist die Resozialisierungsaufgabe der Bewährungshilfe oft nicht einzulösen.

Beratung im Jugendamt, Sozialamt und Gesundheitsamt

In unserem Buch haben wir vorwiegend Beratungsangebote der freien Träger behandelt. Daneben findet Beratung natürlich auch bei den sozialen Diensten der öffentlichen Träger, oft verbunden mit anderen Hilfen, statt. Etwa beim Jugendamt im Allgemeinen Sozialdienst (ASD), bei der sozialpädagogischen Familienhilfe oder der Erziehungsbeistandschaft, im Sozialamt oder im Gesundheitsamt (Sozialpsychiatrischer Dienst u.a.). Der *Beratungsauftrag* ist oft vermischt mit Kontrolle, weil gesetzliche Bestimmungen zu beachten sind. Es handelt sich dabei vorwiegend um unspezifische *funktionale* Beratung. Teilweise können die Aufgaben dieser öffentlichen Träger auch an freie Träger der Wohlfahrt delegiert werden.

Anonyme Beratung: Telefonseelsorge

Ein institutioneller Sonderfall stellt die *Telefonberatung* bzw. *Telefonseelsorge* dar. Denn die Ratsuchenden können nur telefonischen Kontakt mit den Helfern aufnehmen. Hierbei handelt es sich um die Möglichkeit, bei plötzlich auftretenden Krisen, Ängsten, schwierigen Lebensfragen oder Selbsttötungsvorstellungen einen fremden Menschen anzurufen. Diese Einrichtungen sind häufig rund um die Uhr mit speziell ausgebildeten Laienhelfern besetzt; sie befinden sich meistens in kirchlicher Trägerschaft. Ratsuchende haben die Möglichkeit, anonym zu bleiben und dabei „Zugangsbarrieren" zu umgehen. Denn sie können den Kontakt jederzeit abbrechen. Die ersten Telefonberatungsstellen wurden Ende der 50er Jahre gegründet. Gegenwärtig bestehen über 100 derartige Einrichtungen, bei denen mehrere tausend Laienhelfer knapp eine Million Telefongespräche pro Jahr führen.[4]

Selbsthilfe oder professionelle Beratung?

Diese platte Gegenüberstellung ist in jedem Falle falsch! Seit den siebziger Jahren haben sich bei uns die Selbsthilfegruppen auf etwa 50.000 erhöht. Kannte man bis dahin nur die „Anonymen Alkoholiker", so existieren heute nach einem ähnlichen Muster Gruppen von Eßsüchtigen, psychisch Kranken, Spielern u.a. Daneben haben „kritische Lebensereignisse" und die „neue Armut" die Entstehung von weiteren Initiativen begünstigt: Arbeitslosen- bzw. Obdachlosengruppen. Ferner: Selbsthilfegruppen für chronisch oder lebensgefährlich Erkrankte (Muskelschwund, Krebs), Behinderte, Eltern, deren Kinder verstorben sind, alleinerziehende Väter oder Mütter, Angehörigengruppen von Suchtkranken u.v.m. Es ist wissenschaftlich erwiesen, daß die Teilnahme an einer Selbsthilfegruppe einen hohen therapeutischen Effekt haben kann. Die Selbsthilfegruppenbewegung mußte sich erst gegen die seit den 70er Jahren einsetzende verstärkte Professionalisierung im Sozialwesen behaupten. Heute verstehen wir Selbsthilfe keineswegs als Gegensatz zu professioneller Beratung (und Sozialpädagogik), sondern als sinnvolle Ergänzung berufsmäßiger Sozialer Arbeit (Müller 1993).

Reale und vermeintliche Kosten von Beratung

Beim Thema „Zugangsbarrieren" zur Beratung haben wir gesehen, welche enormen psychischen Kosten (Widerstände und Schutzmechanismen) entstehen, um eine Beratung in Anspruch zu nehmen. Manchmal werden dann auch die angeblichen materiellen Kosten einer Beratung als Argument dafür genannt, daß man keine Beratung in Anspruch nehmen kann. Wie steht es nun wirklich um die realen, also finanziellen Aufwendungen für beraterische Hilfen? Kosten für die Beratung entstehen in der Regel bei öffentlichen und freien Beratungsstellen nicht; wohl aber bei freiberuflichen Psychotherapeuten, also in der klinischen Beratung. Für die Kostenerstattung sind die Krankenkassen (ersatzweise Sozialamt) zuständig. Bei der kostenfreien Beratung durch die Beratungsstelle kann das Problem auftauchen, daß etwas, *was nichts kostet, auch nichts wert sein könnte.* D.h., daß die kostenlose Beratung gerade durch ihre Kostenfreiheit „entwertet" wird. Vor allem für Menschen, die ein ausgeprägtes Gefühl für „Geben und Nehmen" haben, ist das manchmal ein Problem – gerade wenn man große Hilfe erlebt hat und selber nichts „zurückgeben" darf. Deswegen kann man bei freien Trägern mit den Ratsuchenden teilweise Spenden oder spendenähnliche Gebühren vereinbaren. Einrichtungen in kommunaler Trägerschaft dürfen allerdings keine Spenden annehmen.

Erfolge in der Beratung

Gesicherte Daten über Erfolge in der Beratung liegen nur für den Bereich der *institutionalen* Beratung und hierbei speziell für die Erziehungs- und Familienberatung vor. Grundsätzlich ist aus vielen Untersuchungen bekannt, daß es etwa 70–80% der Behandelten nach einer Beratung oder Therapie „bessergeht" als dem Durchschnitt der Nichtbehandelten. Hierbei wurden natürlich unterschiedliche Kriterien für den „Erfolg" zugrunde gelegt. Lückert verweist schon 1964 auf Beratungsstellen, welche übereinstimmend zu dem Ergebnis kommen, „daß in 75–80% der

Fälle von deutlicher Besserung, wenn nicht gar von Erfolg gesprochen werden kann" (1964, I, S. 227). Brandt erwähnt bei den behandelten Kindern und Jugendlichen sogar eine Erfolgsquote von 88% (1967, S. 65). Schmidt kommt beim Vergleich der Erfolgskontrolle mehrerer Untersuchungen zum Ergebnis, daß zwischen ein und zwei Drittel der vorgestellten Probleme durch Erziehungsberatung deutlich gebessert worden sind. Der Beratungserfolg war vor allem beim Vorliegen folgender Faktoren besonders hoch: vollständige Familie, Aufsuchen der Beratungsstelle aus eigener Initiative und höhere Bildungs- und Berufsqualifikation der Eltern (1978, S. 163ff.). So empfanden 55% der Teilnehmer einer Eheberatung diese als „erleichternd". 62% aus dieser Gruppe haben nach dem Abschluß dieser Beratung eine „uneingeschränkt positive Beurteilung der eingetretenen Veränderungen" abgegeben. Allerdings hatten sich bei etwas mehr als der Hälfte die Erwartungen nicht erfüllt. Interessant ist, zu erfahren, „daß bei enttäuschten Klienten vor allem passive Erwartungen vorlagen" (Reiter-Theil u.a. 1985, S. 147ff.). Das weist auch darauf hin, daß man möglichst am Anfang einer Beratung die Erwartungen mit den Möglichkeiten vergleichen und diese Ratsuchenden aus ihrer passiven Rolle befreien müßte. Bei aller Problematik der Definition von „Erfolg" informiert auch eine neue Untersuchung über die „Effekte" von Erziehungsberatung darüber, daß bei 71% der Familien eine „Problembehebung oder Verbesserung" zustande kam (Naumann/Beck 1994, S. 260). Knapp 80% der Befragten beurteilten die Beratung als „nützlich" und würden wiederkommen (S. 262).

Lesehinweis

Jall, H.: Überlegungen zum Beratungserfolg in der Sozialen Arbeit, in: Soziale Arbeit 7/1995, S. 226–232.
Kurze und gute Darstellung wichtiger Ergebnisse aus unterschiedlichen Quellen zum Beratungsfeld speziell für die Felder der Sozialen Arbeit.

Literatur

Brandt, G.A.: Probleme und Erfolge in der Erziehungsberatung, Weinheim 1967.
Hanesch, W.: Sozialhilfeberatung in freier Trägerschaft, Weinheim/München 1989.
Heindl, H.: Familiengerichtshilfe, in: Textor, M. (Hrsg.): Hilfen für Familien. Ein Handbuch für psychosoziale Berufe, Frankfurt a.M. 1992.
Lückert, H.R. (Hrsg.): Handbuch der Erziehungsberatung, München/Basel 1964.
Müller, C. W. (Hrsg.): SelbstHilfe. Ein einführendes Lesebuch, Weinheim/Basel 1993.
Naumann, K./Beck, M.: Effekte von Erziehungsberatung. Eine katamnestische Studie, in: Cremer, H./Hundsalz, A./Menne, K. (Hrsg.): Jahrbuch für Erziehungsberatung, Band 1, Weinheim/München 1994.
Reiter-Theil, S. u.a.: Einstellungen von Klienten zur Eheberatung und Beratungserfolg, Familiendynamik 1985.
Schmidt, J.: Einführung in die Erziehungsberatung, Darmstadt 1978.
Wendt, W.R.: Unterstützung fallweise. Case-Management in der Sozialarbeit, Freiburg 1991.

2

Beratung und Recht

Wie wir schon mehrfach angesprochen haben, gibt es vielfältige Bezüge zwischen Beratung und Recht. Die wichtigsten davon sollen in diesem Abschnitt dargestellt werden. Zunächst verweist das KJHG unter dem Stichwort „allgemeine Förderung der Erziehung in der Familie" im § 16 auf „Angebote der Familienbildung" sowie der Beratung in „allgemeinen Fragen der Erziehung und Entwicklung junger Menschen". Daneben bietet dieses Gesetz den Eltern im Rahmen der Jugendhilfe Beratung in Fragen der Partnerschaft, Trennung und Scheidung an (§ 17). Im nächsten Paragraphen wird die Verpflichtung des Jugendamtes erwähnt, einen Elternteil, der für einen jungen Menschen unter 18 Jahren zu sorgen hat, zu beraten und zu unterstützen. Zu den Aufgaben des Jugendamtes zählt ferner die Bereitstellung der *institutionalen* Erziehungsberatung (§ 28) sowie von Möglichkeiten der *funktionalen* Beratung etwa durch die Erziehungsbeistandschaft (§ 30) oder die sozialpädagogische Familienhilfe (§ 31). Durch das KJHG hat die Beratung als typische sozialpädagogische Tätigkeit eine beträchtliche Aufwertung erlebt. Allerdings verpflichtet sie auch die Fachkräfte zu kompetenter und für andere nachvollziehbarer Ausübung ihrer Tätigkeit. So haben die Betroffenen das Recht der „Mitwirkung", und es ist ein „Hilfeplan" zu erstellen (§ 36). Je nach ihrem Entwicklungsstand sind die von der öffentlichen Jugendhilfe betroffenen Kinder und Jugendlichen an allen sie betreffenden Entscheidungen zu beteiligen (§ 8). Auch haben die Betroffenen das Recht, zwischen Einrichtungen und Diensten verschiedener Träger zu wählen und eigene Wünsche zu äußern (§ 5). Das ist auch im Zusammenhang mit der Pluralität von öffentlichen und freien Trägern (§ 3) in der Jugendhilfe zu verstehen. Die Vielfalt der in diesem Buch erwähnten Beratungsfelder bei öffentlichen und freien Trägern weist auf diese Möglichkeit hin.

Auch nach dem Sozialgesetzbuch (SGB) ist die Information und Beratung eine wichtige Dienstleistung am Bürger. Nach § 14 SGB I hat jeder Anspruch auf Beratung über seine Rechte und Pflichten nach dem Sozialgesetzbuch. Nach § 8 (2) des Bundessozialhilfegesetzes (BSHG) ist die „persönliche Hilfe" ein Teil der Beratung in sonstigen sozialen Angelegenheiten (z.B. allgemeine Lebensberatung, Schuldnerberatung), die ihrerseits einen Kernbereich der Sozialhilfe darstellt. Hierzu gehören beispielsweise: Ehe- und Familienprobleme, kritische Lebenslagen, bedingt durch Armut, Krankheit, seelische Probleme, Alter usw. Wie läßt sich diese sozialpädagogische Beratung nun von der Psychotherapie, zu der es – wie im Anfangskapitel dargelegt – fließende Grenzen gibt, rechtlich abgrenzen?

Rechtliche Aspekte von Beratung und Psychotherapie

Psychotherapie ist juristisch gesehen Ausübung von Heilkunde. Das Bundesverwaltungsgericht hat 1983 hervorgehoben, daß Heilkunde „jede berufs- oder gewerbsmäßige Tätigkeit zur Feststellung, Heilung oder Linderung von Krankheiten, Leiden oder Körperschäden bei Menschen" darstellt. Hierbei ist es unwesentlich, ob diese Erkrankung rein körperlich oder rein seelisch bedingt ist. Nach derzeitiger Rechtsprechung (1995) sind nur Ärzte und Heilpraktiker rechtlich dazu befugt. Heilpraktiker wird man durch Ablegung einer entsprechenden Prüfung beim Gesundheitsamt. Zur Prüfungszulassung muß man

- unbescholten, d.h. nicht vorbestraft sein;
- das 25. Lebensjahr vollendet haben und
- die deutsche Staatsbürgerschaft besitzen.

Die Heilpraktikerprüfung erfordert keinerlei fachliche Ausbildung; es werden lediglich Gesetzeskenntnisse und Wissen über das, was ein Heilpraktiker darf bzw. nicht darf, erfragt. Heilpraktiker sind, wie die meisten Psychiater/Neurologen sowie neu examinierte Diplompsychologen, in der Regel nicht beraterisch oder psychotherapeutisch ausgebildet. Die üblichen anerkannten und berufsbegleitenden Weiterbildungen in Beratung und Psychotherapie dauern vier bis sechs Jahre. Sie werden nach Studienabschluß im Weiterbildungsbereich absolviert und müssen i.d.R. privat finanziert werden (vgl. Anschriften, S. 215). Sie erfordern in der Regel eine Selbsterfahrung oder Eigentherapie, Theorieseminare und praktische Beratungs- bzw. Therapiearbeit unter Kontrolle (Supervision). Die *rechtliche Situation der Ausübung von Psychotherapie* durch Nichtärzte bzw. Nichtheilpraktiker ist gesetzlich unbefriedigend. Viele Diplompsychologen und Angehörige der Sozialberufe, die – ohne Heilpraktiker zu sein – mit psychotherapeutischer Zusatzausbildung jahrelang erfolgreich auf diesem Sektor tätig waren, haben eigentlich illegal gearbeitet. Für die Berufsgruppe der Diplompsychologen hat das Bundesverwaltungsgericht mit Urteil vom 10.2.1983 eine juristische „Hintertür" geöffnet. Diplompsychologen dürfen Psychotherapie ausüben, wenn sie dazu die Genehmigung nach dem Heilpraktikergesetz (HPG) erhalten, ohne jedoch Heilpraktiker zu sein. Die Bundesländer haben dieses Genehmigungsverfahren unterschiedlich geregelt. In NRW müssen etwa 700 Stunden anerkannte psychotherapeutische Weiterbildung nach dem Studienabschluß nachgewiesen werden; in Hessen und Bayern ist keine derartige Weiterbildung erforderlich. Das Heilpraktikergesetz stammt in der jetzigen Fassung aus dem Jahre 1939. Inzwischen haben sich Beratung und Psychotherapie als eigenständige Berufstätigkeiten mit neuen grundständigen Berufsausbildungen und vielen Weiterbildungsmöglichkeiten entwickelt. Die Tätigkeit der vorwiegend an der psychotherapeutischen Versorgung beteiligten Diplompsychologen konnte nur durch den „Umweg" des HPG entkriminalisiert werden – auch um die psychosoziale Versorgung der Bevölkerung nicht zu gefährden. Gleichzeitig hat das Bundesverfassungsgericht jedoch 1983 festgestellt, daß es verfassungsrechtlich bedenklich ist, wenn Diplompsychologen psychotherapeutische Tätigkeit nach dem HPG ausüben, und eine Klärung durch ein zu schaffendes *Psychotherapeutengesetz* gefordert. Seit 1991 liegt ein vom Bundesministerium für Jugend, Familie, Frauen und Gesundheit in Auftrag gegebenes „Forschungsgutachten zu Fragen eines Psychotherapeutengesetzes" (Meyer/Richter/Grawe u.a. 1991) vor. Danach sollen aber nur die Diplompsychologen mit anerkannter Zusatzausbildung berechtigt sein, nichtärztliche Psychotherapie auszuüben. Dem Gutachten folgte ein Gesetzesentwurf. Dieser hat zwei Schwerpunkte:

- die *berufsrechtliche Seite* (Erlaubnis zur Ausübung von Psychotherapie);
- die *kassenrechtliche Seite* (Kostenerstattung von psychotherapeutischen Leistungen der Diplompsychologen durch die Krankenkassen wird nur bei anerkannten tiefenpsychologischen und verhaltenstherapeutischen Verfahren genehmigt).

Sozialpädagogen und verwandte Berufe, ihre Verbände bzw. Vertreter oder Ausbildungsstätten waren weder an der Erarbeitung des Gutachtens noch im Gutachtergremium selber vertreten. Obwohl mehrere tausend Sozialpädagogen mit denjenigen der Diplompsychologen vergleichbaren psychotherapeutischen Zusatzausbildungen in den Beratungsstellen tätig sind, sind sie aus dem Psychotherapiegesetz herausgefallen. Die Verabschiedung des Gesetzes ist im Sommer 1994 an einer für die sozialen Berufe nebensächlichen Finanzierungsfrage, nämlich der Höhe der Selbstbeteiligung der Klienten, gescheitert. Anfang 1998 wurde das Gesetz dann endlich nach fünfzehnjährigen Auseinandersetzungen vom Bundestag verabschiedet. Es betrifft jedoch nur die Diplom-Psychologen sowie die Kinder- und Jugendlichen-Psychotherapeuten. Das ist um so bedauerlicher, weil es offensichtlich ist, daß die Angehörigen der Sozialberufe sehr wohl an der psychotherapeutischen Versorgung der Bevölkerung (Beratungsstellen, Psychiatrie, Suchtkliniken) beteiligt und, wie schon erwähnt, die Grenzen zwischen Beratung und Psychotherapie fließender Natur sind.

Wie steht es nun um die *Rechtslage bei der Beratung*?

„Soweit im konkreten Einzelfall keine Krankheit vorliegt, fällt die – im weitesten Sinne – auch auf psychologischer Grundlage und mittels psychotherapeutischer Verfahren durchgeführte Beratung selbstverständlich nicht unter das HPG. Die Schwierigkeit besteht freilich in der Abgrenzung von heilkundlicher zu nichtheilkundlicher Tätigkeit.

Einen Ansatzpunkt geben die genannten Erlasse der Länder Hessen und NRW. Danach ist Beratung in sozialen Konflikten (z.B. Eheberatung, Familienberatung, Erziehungsberatung oder der schulpsychologische Dienst u.ä.) keine Ausübung von Heilkunde. Diese auf nichtärztliche Therapeuten zugeschnittene Regelung gilt um so mehr für Pädagogen, Sozialpädagogen und Sozialarbeiter, da sie ja in erster Linie mit sozialen Konflikten und ihren Folgen konfrontiert werden" (Barabas 1992, S. 35).

Nach dem Forschungsgutachten, welches dem Urteil des Bundesverwaltungsgerichts von 1983 folgt, fallen alle Maßnahmen, die nicht zum Erkennen, zur Verhinderung, Heilung oder Besserung (inclusive Rehabilitation) einer Krankheit bestimmt sind, nicht unter den Begriff der Krankenbehandlung. Alle derartigen Maßnahmen wären als *Beratung* aufzufassen und damit Gegenstand rechtlich erlaubter sozialpädagogischer Arbeit. Hierzu zählen beispielsweise Erziehungs-, Familien- und Partnerschaftsprobleme. Das Forschungsgutachten räumt allerdings ein, daß Beziehungsstörungen auch Ergebnis einer Krankheit sein können. Aber: „Nicht alle Lebensprobleme, Partnerschaftskonflikte, Reifungskrisen sind jedoch als seelische Krankheiten zu werten. Solche Beziehungsstörungen und Entfremdungen sind häufig phasentypische Lebensereignisse" (Meyer u.a. 1991, S. 27). Orientiert an juristischen Urteilen und Kommentaren, definiert das Forschungsgutachten Beratung als einen Vorgang, der an Manipulation grenzt und ein tieferes Verstehen der Betroffenen geradezu verbietet: „Beratung ist dagegen begrenzt auf konkrete Ratschläge und die psychologische Führung und Formung bei persönlichen Schwierigkeiten, Erziehungsfragen, wichtigen Entscheidungen mit dem Ziel, dem Klienten zu helfen, unerwünschte, aber typische Variationen des Menschseins zu bewältigen. Methoden der Beratung sind das Beratungsgespräch, Anhören und Befragen, Veranschaulichen und Informieren" (S. 25).

Diese Abgrenzung ist in mehrfacher Hinsicht unbefriedigend und geht an den Realitäten der Praxis vorbei. Ein Teil unserer Bevölkerung ist nun einmal psychisch „gestört" oder „krank". Was als „harmloser" Beratungsfall beginnt, entwickelt sich dann eventuell zur Psychotherapie. Auch die geringere Anzahl von Sitzungen und die Tatsache, daß die Behandlung in einer Beratungsstelle stattfindet, kann nicht verhindern, daß die Betroffenen in eine Krise geraten und nun zu abhängigen Patienten werden. Wenn Berater dann nach einigen Stunden mit Hilfe von diagnostischen Kategorien feststellen, daß die Ratsuchenden schwerwiegende psychische Probleme haben und sich entsprechend verhalten, betreiben sie Psychotherapie – gleichgültig ob sie es wahrhaben wollen oder nicht. In Kliniken und Beratungsstellen können Berater zuweilen durch dort tätige Ärzte oder Diplompsychologen rechtlich abgesichert sein. Trotzdem bleibt diese Situation unbefriedigend. Ratsuchende in einer Krise werden kein Verständnis dafür haben, wenn ihre Berater plötzlich versuchen, in der Beratungssituation bestimmte Themen und Prozesse zu vermeiden, zur rechtlichen Absicherung einen Arzt hinzuziehen oder sie sogar an eine andere Institution verweisen möchten. Dadurch, daß man Angehörige der Sozialberufe in rechtlicher Hinsicht (bei gleichen Weiterbildungsabschlüssen wie Diplompsychologen) von der Psychotherapie ausgrenzt,

- trägt der Gesetzgeber dazu bei, daß sozialpädagogische Fachkräfte im Grenzbereich zwischen Beratung und Psychotherapie weiterhin rechtlichen und persönlichen Unsicherheiten ausgesetzt sind und daß ehemals eindeutig sozialpädagogische Tätigkeiten in Beratungsstellen, der Psychiatrie und Suchtkliniken zur Domäne der psychotherapeutischen Psychologen werden;
- müssen Sozialpädagoginnen und Sozialpädagogen, die in rechtlich abgesicherter Weise psychotherapeutisch tätig sein möchten, sich weiterhin der Heilpraktikerprüfung unterziehen, die ihrerseits keine Kenntnisse und Fähigkeiten im Bereich Beratung/Psychotherapie verlangt. Eine absurde Situation!

Neuerdings sind jedoch auch Fälle bekanntgeworden, bei welchen psychotherapeutisch ausgebildete Sozialpädagogen (und verwandte Berufe) mit Hilfe des Verwaltungsgerichtes beim örtlichen Gesundheitsamt eine eingeschränkte Zulassung nach dem HPG erhalten haben. Eine Kassenzulassung ist damit jedoch nicht verbunden.

Die gegenwärtige und wohl auch zukünftige rechtliche Praxis folgt eindeutig dem Modell akademisch und gesellschaftlich privilegierter Berufe (Ärzte; neuerdings auch Diplompsychologen).

Die Schweigepflicht nach § 203 StGB

Der § 203 des Strafgesetzbuches (StGB) legt unmißverständlich fest:
    „Wer unbefugt ein fremdes Geheimnis, namentlich ein zum persönlichen Lebensbereich gehörendes Geheimnis oder ein Betriebs- oder Geschäftsgeheimnis, offenbart", das ihm als Arzt, Psychologen, Anwalt, Ehe-, Familien-, Erziehungs-, Sucht-, Schwangerschaftskonflikt- oder Jugendberater, staatlich anerkannter Sozialpädagogen oder Sozialarbeiter anvertraut wurde, „wird mit Freiheitsstrafe bis zu einem Jahr oder mit Geldstrafe bestraft".

Hierbei ist der Begriff des Geheimnisses weit auszulegen. Hierunter zählt alles, was nach dem Interesse des Geheimnisträgers zum persönlichen Lebensbereich gehört und nicht an andere Personen weitergegeben werden sollte. Schon die Weitergabe des Namens oder die Mitteilung, daß diese Person eine Beratungsstelle aufgesucht habe, kann eine Schweigepflichtverletzung darstellen. Auch innerhalb der sozialpädagogischen Teams und bei Supervisionsgesprächen müssen die Namen und Personendaten von Betroffenen in einer derartig anonymisierten Form weitergegeben werden, daß eine Identifikation unmöglich ist. Unklar bleibt, wann und unter welchen Bedingungen jemand rechtlich verpflichtet ist, einen bestimmten Sachverhalt zur Anzeige zu bringen. Wie wir gesehen haben, kommen in der Sozialpädagogik solche Grenzsituationen häufig im Zusammenhang mit sexuellem Mißbrauch, Kindesmißhandlung und Mißhandlung älterer bzw. pflegebedürftiger Menschen vor. Der Paragraph 138 StGB stellt die „Nichtanzeige einer geplanten Straftat" nur dann unter Strafe, wenn es sich um eine schwere Straftat handelt. „Das Vorliegen nur weniger Gerichtsentscheidungen verweist darauf, daß diese Strafbestimmung nur selten zur Verurteilung kommt" (Barabas 1993, S. 40). Auch Dienstvorschriften, welche Jugendamtsmitarbeitern oder anderen Angehörigen der sozialpädagogischen Arbeitsfelder vorschreiben, ihre Klientenerkenntnisse den Strafverfolgungsbehörden zu melden, haben keine ausreichende Rechtsgrundlage. Sie würden die Bediensteten zu Hilfsorganen der Staatsanwaltschaft machen und das Vertrauensverhältnis zu den Klienten derart gefährden, daß der Auftrag des KJHG nicht erfüllt werden könne. „Von der Frage nach der Pflicht, Straftaten im Sinne des Strafgesetzes anzuzeigen, ist zu unterscheiden die Frage, ob es in bestimmten Fällen *pädagogisch sinnvoll* ist, eine Anzeige bei den Strafverfolgungsbehörden zu erstatten, um beispielsweise Kinder vor weiteren Straftaten zu schützen" (ebd., S. 41). Auch die Jugendgerichtshilfe ist „keine Strafverfolgungsbehörde und abgesehen von § 138 StGB (für geplante schwerste Straftaten) ist sie nicht verpflichtet, die vom Probanden neu begangenen Straftaten vor Gericht zu melden" (ebd., S. 42). Bezüglich der Beratung Minderjähriger sind sich die meisten Fachleute einig, daß, abgesehen von einer kurzfristigen oder einmaligen Beratung, bei längeren Beratungsprozessen die Fachkräfte den Eltern gegenüber nicht der Schweigepflicht unterliegen. Insgesamt gesehen hat der § 203 StGB dazu beigetragen, das Vertrauensverhältnis zwischen Sozialarbeitern/Sozialpädagogen und Ratsuchenden zu stärken. Wie sieht es aus, wenn Angehörige der Sozialberufe vor Gericht als Zeuge gegen ihre Klienten auftreten müssen?

Das Zeugnisverweigerungsrecht

Nach der Zivilprozeßordnung haben alle, denen nach § 203 StGB eine Schweige-pflicht vorgeschrieben ist, in Gerichtsverfahren (außer bei Strafprozessen) ein Zeug-nisverweigerungsrecht. „Das bedeutet, daß staatlich anerkannte Sozialpädagogen und Sozialarbeiter in Zivilprozessen, Ehe- und Kindschaftssachen, Sozial- und Ar-beitsgerichtsverfahren sowie Verwaltungsprozessen ein *Schweigerecht* haben, soweit von ihnen Informationen, die mit ihrer Berufsausübung im Zusammenhang stehen, erfragt werden sollen. Eine derartige Regelung enthält die Strafprozeßordnung in-dessen nicht. Der Gesetzgeber hat insoweit die Interessen an der Strafverfolgung höher eingestuft als den Schutz des Vertrauensverhältnisses zwischen Klient und Sozialarbeiter. Dies gilt aber auch nur eingeschränkt" (Barabas 1993, S. 43).

- Mitarbeiterinnen von anerkannten Schwangerschaftsberatungsstellen haben ein strafrechtliches Zeugnisverweigerungsrecht.
- Angehörige des öffentlichen Dienstes benötigen für eine Zeugenaussage die Aus-sagegenehmigung durch ihren jeweiligen Dienstherren (Barabas 1993, S. 43).
- Seit 1992 haben Drogenberater nun das Zeugnisverweigerungsrecht im Strafver-fahren. Sie dürfen nicht mehr unter Androhung von Ordnungsgeld und Beugehaft gezwungen werden, vor Gericht gegen ihre Klienten auszusagen. Das gilt aller-dings nur, wenn es dabei um Fragen der Betäubungsmittelabhängigkeit geht. Fach-leute bemängeln an dieser Regelung, daß dabei die Berater von Alkoholikern, Medikamentenabhängigen oder anderen nicht stoffgebundenen Suchtkranken nicht in gleicher Weise geschützt sind.

Nicht unerwähnt bleiben sollen die vielfältigen Bestimmungen des Datenschutzes.[1]

Das KJHG knüpft in §§ 64 und 65 an entsprechende Bestimmungen des *Sozial-gesetzbuches* (Sozialgeheimnis, Schutz der Sozialdaten) an. Personenbezogene Da-ten dürfen ohne Einwilligung der Betroffenen nicht weitergegeben werden, wenn diese Daten zu Eingriffs- und Kontrollzwecken an eine andere Stelle gelangen kön-nen und damit der Erfolg einer Jugendhilfeleistung gefährdet sein könnte.

Haftung bei unsachgemäßer Beratung

Abschließend soll noch auf die *Haftung* für unsachgemäße Beratung eingegangen werden. Nach § 676 des Bürgerlichen Gesetzbuches (BGB) ergibt sich aus der *unentgeltlichen Beratung* keine Erfolgsgarantie. Falls Ratsuchende durch die Bera-tung zu Schaden kommen, haben sie keinen Schadensersatzanspruch an den Bera-ter. „Dies gilt natürlich dann nicht, wenn der Rat bewußt unzutreffend erteilt wird, um dem Ratsuchenden Schaden zuzufügen. In diesem Fall würde der Ratgeber aus § 826 BGB und der Träger aus § 831 BGB für die Folgen dieses verwerflichen Handelns auf Schadensersatz haften" (Schuschke 1979, S. 45).

Anders bei der *entgeltlichen Beratung* (etwa bei freiberuflichen Beratungen, Me-diation, Psychotherapie). Hier ist die Haftung gegeben, und die Berater haben den verursachten Schaden zu ersetzen. Über weitere Einzelfragen bei der Haftung in Erziehungsberatungsstellen informiert eine spezielle Publikation.[2]

Literatur

Barabas, F.: Recht und Krisenintervention, in: Straumann, U. (Hrsg.): Beratung und Krisenintervention, Köln 1993.

Hammer, U.: Beratungsrecht, in: Oppl, H./Weber-Falkensammer, H. (Hrsg.): Gesundheitswesen und Recht, Frankfurt a.M. 1986.

Meyer, A.E. u.a.: Forschungsgutachten zu Fragen des Psychotherapeutengesetzes (im Auftrage des Bundesministeriums für Jugend, Frauen, Familie und Gesundheit), Hamburg 1991.

Schuschke, W.: Rechtsfragen in Beratungsdiensten, Freiburg 1979.

Maas, U.: Soziale Arbeit als Verwaltungshandeln, Weinheim/München 1992.

Specht, F.: Hinweise zu Aufzeichnungen in Erziehungsberatungsstellen, in: Bundeskonferenz für Erziehungsberatung, Fürth 1983.

Stascheit, U. (Hrsg.): Gesetze für soziale Berufe, 2 Bde., Baden-Baden 1993.

3

Supervision: Hilfen für Berater

Schon häufiger haben wir in diesem Buch auf die große Bedeutung der Supervision für die berufliche Praxis in der Sozialen Arbeit hingewiesen. Was ist Supervision eigentlich?

Supervision oder Praxisberatung hat eine über hundertjährige Geschichte; sie ist die älteste und wichtigste Aus- und Weiterbildungsform der Sozialpädagogik. Schon zu Beginn der Entwicklung der Sozialarbeit als Beruf, seit Ende des letzten Jahrhunderts, entdeckte man in den USA, daß die Helfer ihrerseits selber Hilfe, Orientierung und Beratung benötigten. Bei der Supervision handelte es sich ursprünglich um eine Vorgesetztentätigkeit zur Anleitung und Erfolgskontrolle der vielen ehren- und nebenamtlichen Sozialarbeiterinnen, die damals selten über eine Ausbildung verfügten. Der englische Ausdruck für diese Tätigkeit lautet *supervision*, was im Deutschen den Begriffen *Aufsicht* und *Überwachung* entspricht.

Schon seit der Jahrhundertwende gab es in den USA neben der grundständigen Ausbildung zur Sozialarbeit universitäre Kurse für Casework (Einzelhilfe) und Su-

---

„Helfersyndrom"

Schon Alice Salomon, eine Pionierin der deutschen Sozialarbeit, warnte vor vielen Jahrzehnten vor den „Helfernaturen" im Sozialwesen. Sicherlich haben schon immer Menschen, die im privaten Bereich ihrer Lebensführung zu „kurz" gekommen sind, versucht, sich deswegen über helfende, kreative oder intellektuelle Leistungen zu entschädigen. Seit Schmidbauers Buchveröffentlichung über die „hilflosen Helfer" wissen wir, daß scheinbar selbstlose Hilfe auch kritisch gesehen werden muß. Was erhoffen die Helfer sich persönlich davon, wenn sie sich jahrelang über Gebühr aufopfern? Möchten sie durch machtvolle Helferhaltungen ihr eigenes Selbstwertgefühl auf Kosten der Ratsuchenden stabilisieren? Warum benötigen sie das Gefühl, von anderen „gebraucht" zu werden? Schmidbauers Ergebnisse, die aus Therapien, Supervisionen und Weiterbildungsveranstaltungen von Angehörigen helfender und pädagogischer Berufe stammen, sollten von jedem, der in diesem Bereich arbeitet, zur Kenntnis genommen werden. Gleichzeitig ist davor zu warnen, diese Ergebnisse zu verallgemeinern und die Bedeutung der Lern- und Entwicklungsfähigkeit im Beruf (Supervision) zu unterschätzen.

(Literatur: Schmidbauer, W.: Die hilflosen Helfer, Reinbek 1977/1990; Schmidbauer, W.: Helfen als Beruf, Reinbek 1983/1990)

---

pervision (Praxisanleitung/Praxisberatung). Erst seit den zwanziger Jahren wurde diese vorwiegend administrativ geprägte Supervision auch durch tiefenpsychologisches Gedankengut *(Übertragung* und *Gegenübertragung)* erweitert, wozu später noch soziologische und pädagogische Supervisionsansätze hinzukamen (Belardi 1992).

Wie kam es zur Supervision?

Supervision als Begriff wird bei uns erstmals im Jahre 1950 von H. Kraus erwähnt (S. 406, S. 424ff.). Im Jahre 1964 wurde der erste reguläre Supervisionslehrgang zur Weiterbildung von Sozialarbeitern angeboten. Um den mißverständlichen amerikanischen Begriff *supervision* zu vermeiden, sprach man von *Praxisberatung.* Damit wollte man auch betonen, daß der Supervisor (Praxisberater) in Deutschland *nicht* der Vorgesetzte des Sozialarbeiters sein sollte, sondern diese Tätigkeit nebenberuflich zu verrichten habe. Man wollte, daß Sozialarbeiterinnen und Sozialarbeiter unabhängig von Vorgesetzten- und Autoritätsproblemen ihre beruflichen Probleme reflektieren können. In Deutschland hat sich allerdings der Begriff *Praxisberatung* nicht durchgesetzt. Supervision wird bei uns überwiegend nebenberuflich und organisationsextern ausgeübt. Seit den siebziger Jahren kam es zu einem regelrechten *Supervisionsboom,* der dem *Psychoboom* ähnelt und sich teilweise an den verschiedenen psychotherapeutischen Richtungen orientiert.

Im Jahre 1989 wurde die „Deutsche Gesellschaft für Supervision" (DGSv) gegründet. Sie bemüht sich um einheitliche Standards in Ausbildung und Praxis von Supervision. Gegenwärtig sind die Weiterbildungsgänge von über 20 Ausbildungsinstituten von der DGSv anerkannt. Die DGSv hat derzeit knapp 2.000 Einzelmitglieder. Neben den freien Instituten zur Weiterbildung sind auch Fachhochschulen und zwei Universitäten vertreten: Die Gesamthochschule Universität Kassel, Fachhochschulen in Freiburg, Hannover, Ludwigshafen und Nürnberg und die Vrije Universiteit Amsterdam (in Kooperation mit dem „Fritz-Perls-Institut") ermöglichen ein berufsbegleitendes Studium mit dem Abschluß „Diplomsupervision". Supervision ist inzwischen zum begehrten Weiterbildungs- und Aufstiegsberuf für Sozialpädagogen und andere Berufsgruppen geworden.

Supervision soll „Burnout" vermeiden

Als „Burnout" (berufliches Ausbrennen) bezeichnete der amerikanische Psychoanalytiker Freudenberger im Jahre 1974 die beruflichen Ermüdungserscheinungen von ehemals engagierten Mitarbeiterinnen und Mitarbeitern alternativer Sozialeinrichtungen. In der Zukunft kam es in Deutschland zu einer starken Ausweitung des Begriffs auf alle Felder sozialer, pädagogischer und gesundheitlicher Berufe. International gesehen haben wir es inzwischen mit einer unüberschaubaren Vielzahl von Veröffentlichungen auf diesem Sektor zu tun (Burisch 1989). Angehörige der helfenden Berufe stehen unter besonderen psychosozialen Belastungen. Denn sie sind mit der Anforderung konfrontiert, „zwischenmenschliche Beziehungen mit den Klienten aufzubauen und unter Bedingungen aufrecht zu erhalten, die häufig durch Erfahrungen der Aggression und Autoaggression, des Leidens und Schmerzes usw. gekennzeichnet sind. Die Helfer können diese Tätigkeit – anders als in den meisten gewerblichen Arbeitsbereichen – nicht losgelöst von ihren eigenen Empfindungen, Werten und Überzeugungen ausüben" (Marquard u.a. 1993, S. 2).

Den Burnout-Problemen kann zumindest in *zweierlei Hinsicht* vorgebeugt werden:

- Man muß das „richtige" Verhältnis von *Nähe* und *Distanz* finden; sich dort engagieren, wo es notwendig und wo Erfolg möglich ist. Man muß aber auch lernen, sich abzugrenzen vor der allgegenwärtigen Verführung, unlösbare Probleme doch lösen zu wollen oder zu müssen.
- Jedoch nicht nur die Motive und Handlungsformen der Helfer können die berufliche Resignation verstärken. Sondern auch die Art, *wie* und *wo* man miteinander arbeitet. „Das Grundproblem ist die Offenlegung von Interessen, die Überwindung der Rückzugskultur und die Sicherstellung von Kommunikation mit dem Ziel, Unterschiede wie Gemeinsamkeiten zu thematisieren" (Marquard u.a. S. 230).

Worum geht es in der Supervision?

Als Supervision bezeichnet man heute die Reflexion professioneller Beziehungen zwischen Helfern und Betroffenen (Schreyögg 1991). Die Supervision als „Beratung für Berater" ist in systemtheoretischer Hinsicht auch eine „Beratung zweiter Ordnung". Die Supervision ist keine Psychotherapie oder reine Selbsterfahrung; sie bedient sich aber *auch* psychotherapeutischer und gruppendynamischer Erkenntnisse und Methoden. Diese haben jedoch einen anderen Schwerpunkt, nämlich das Ziel, berufliche Zusammenhänge und Verstrickungen zu beleuchten. Die Supervision ist keine reine Fachberatung; sie ist allerdings *auch* Fachberatung und bedient sich zu diesem Zweck des fachlichen Gesprächs und der didaktischen Analyse im Sinne eines rationalen Dialogs.

Die Supervision für die sozialen Berufe kennt vor allem drei Schwerpunkte:

- Die *Fallarbeit*: Das ist die Selbstreflexion der Helfer mit Hilfe der Supervision, um die Sozialarbeiter-Klient-Beziehung besser zu verstehen. Hierzu gehören Themen, wie wir sie im ersten Teil unseres Buches angesprochen haben: Verbesserung der Selbst- und Fremdwahrnehmung, die Trennung von Beobachtung und Bewertung, das Kennenlernen eigener unbewußter, „blinder Flecke", der richtige Umgang mit Nähe und Distanz bei den Ratsuchenden oder die Untersuchung von Übertragung bzw. Gegenübertragung.
- Die *Selbstreflexion der Arbeitsteams*: Das betrifft die Entwicklung von Kooperation und Teamfähigkeit. Diese Qualifikationen sind in den helfenden Berufen keine Selbstverständlichkeiten. Oftmals kann man das nur über die Aufarbeitung teaminterner Konflikte erlernen. Vor allem im Sozialwesen haben wir es mit einem großen berufsspezifischen *Aushandlungsbedarf* zu tun: Die Arbeitsabläufe, die Binnen- und Außenbeziehungen der Teams sowie das Verhältnis zu den Betroffenen müssen immer wieder neu untersucht und geregelt werden. Als Grunderfahrung gilt: Erst wenn die teaminternen Beziehungen stimmen, kann man sich einigermaßen kollegial und angstfrei über den Umgang mit den Ratsuchenden, Trägern sowie andere Bezugssysteme austauschen.
- Der dritte Gesichtspunkt der Supervision ist die *Organisationsanalyse*, also die Untersuchung aller Vorgänge, welche die Leistungsfähigkeit der jeweiligen Insti-

tution betreffen: Formelle und informelle Strukturen, Subsysteme, Arbeitsteilung, Planung, Verhältnis von Hierarchie und Kooperation, Führungsstil und Betriebsklima, Selbstverständnis, offene und verborgene Regeln und Normen, Konzepte, Zielvorgaben, Zielrealisierung sowie verborgene Ziele. Wann und wodurch sind Arbeits- und Organisationsformen ungeeignet (dysfunktional), um die angestrebten Ziele umzusetzen? (Rappe-Giesecke 1990; Schreyögg 1991)

Methoden und Arbeitsformen

Als die Supervision bei uns seit den sechziger Jahren Verbreitung fand, wurde sie in der Form der *Einzelsupervision* gelehrt. Im Vordergrund stand vor allem die psychoanalytisch geprägte Falluntersuchung von „Helfer-Klient-Beziehungen", mit dem Schwerpunkt der Übertragungs-Gegenübertragungs-Dynamik. Die seit den siebziger Jahren bei uns bekanntgewordenen gruppenorientierten Ansätze (Gruppendynamik, Gruppenanalyse, Balint-Arbeit, Gestaltgruppen u.a.) haben zu einer Methodenvielfalt geführt. Gleichzeitig ist damit die *Gruppensupervision* verbreitet worden: Die Supervisorin bzw. der Supervisor leitet eine Gruppe von Supervisanden, die ihrerseits aus unterschiedlichen Arbeitsbezügen kommen („Stranger Group"). Im folgenden Jahrzehnt wurde Supervision immer mehr auch direkt in Teams und Organisationen wirksam. Gegenwärtig ist die *Teamsupervision* das häufigste Setting im Supervisionsbereich. Die Supervisoren kommen von außerhalb (frei- oder nebenberuflich) und beraten ein Team, das unter Umständen schon jahrelang berufliche Beziehungen miteinander unterhält, in allen Fragen des Arbeitsbereichs: Die Themenspanne reicht von der Fallarbeit mit den Ratsuchenden über die teaminternen Beziehungen bis zu Leitungs-, Hierarchie-, Organisations- und Trägerfragen.

Bei der Teamsupervision haben wir es zumindest mit zwei neuen Gesichtspunkten zu tun:

- Die Beratungsarbeit im Team, oft am Arbeitsplatz, erfordert von den Supervisoren besonderes Geschick im Umgang mit internen, zuweilen intimen („im Team = intim") Informationen. Bei der Teamsupervision handelt es sich sozusagen um eine „Family Group".
- Da alle Supervisanden in der gleichen Organisation tätig sind, gelangen organisationsbezogene Themen stärker in den Vordergrund. Erfahrungsgemäß sind veraltete Organisationsstrukturen ein großes Hemmnis für effizientes Arbeiten. So ist es nur konsequent, wenn in der Teamsupervision auch organisatorische Verbesserungen besprochen werden oder wenn die Teamsupervision noch durch eine umfassendere Beratungs- und Innovationsform ergänzt wird; etwa durch Leitungsberatung und Organisationsentwicklung (Belardi 1992).

Die Supervision hat sich in den letzten Jahren zur wichtigsten Aus- und Weiterbildungsmethode im Sozial- und Gesundheitswesen entwickelt. In vielen Bereichen (Beratungsstellen, Arbeit mit Abhängigen und psychisch Kranken, Soziale Dienste, Modellprojekte) gehört die supervisorische Begleitung inzwischen zum *Muß*.

Supervisorinnen und Supervisoren sollten die Betroffenen sowie die Arbeitsbereiche ihrer Supervisanden aus eigener Erfahrung kennen, also *Feldkompetenz* besitzen. Ferner müssen sie über die Fähigkeit verfügen, *methodenintegrativ* (tiefenpsychologisch, gruppendynamisch, organisationsbezogen u.a.) zu arbeiten. Denn ähnlich wie in der allgemeinen Beratungsarbeit ist ein *einziges* theoretisches und methodisches Deutungsmuster für die komplexen Arbeitszusammenhänge im Sozial- und Gesundheitswesen nicht ausreichend.

Hauptleistungen der Supervision

Inzwischen scheint es wissenschaftlich abgesichert, daß kompetent durchgeführte Supervision, vor allem im Gruppen- und Teamsetting, die fachlichen Fähigkeiten der Sozialpädagogen erhöhen kann. Vor allem arbeitet die Supervision gegen die Gefahren des „Burnout", also der berufsmäßig bedingten Resignation der Fachkräfte, an. Sozialpädagogen „ermüden" nämlich in professioneller Hinsicht sehr schnell angesichts vieler schwieriger oder auswegloser Problemlagen (Fengler 1991). Wie schon angesprochen, unterliegen sie häufig der Gefahr, sich zu sehr mit Schwierigkeiten der Betroffenen zu identifizieren oder angesichts der Größe der Problematik das Machbare nicht sehen zu können. Supervisorinnen und Supervisoren befinden sich in einer ähnlichen Rolle wie die Fachkräfte in der Beratung. Gerade weil sie außenstehend und nicht verstrickt sind, sehen und hören sie mehr. Sie hinterfragen überhöhte Ansprüche oder „Nichtausgesprochenes". Sie kennen aber auch andere Beratungsstellen und deren Organisationsprobleme. Diese Erfahrungen können sie wieder in den Supervisionsprozeß einfließen lassen. In der Fachwelt ist es inzwischen bekannt, daß man durch sinnvoll eingesetzte und qualifiziert ausgeübte Supervision personelle Fluktuationen, Krankenstände und Kündigungen verringern, also Kosten sparen, sowie Arbeitszufriedenheit und Leistungsfähigkeit der Trägereinrichtungen erhöhen kann (Widauer 1991, S. 121).

Lesehinweise

Belardi, N.: Supervision. Von der Praxisberatung zur Organisationsentwicklung, Paderborn 1992 (4. Auflage: 1996).
Bisher einzige und gut lesbare Gesamtdarstellung von Geschichte, Formen und Möglichkeiten der Supervision für soziale Berufe in Deutschland. Ein Standardwerk der Supervisionsliteratur.

Belardi, N.: Supervision. Eine Einführung für soziale Berufe, Freiburg 1996 (2. Auflage: 1998).
Eine gleichermaßen für Studierende, Fachkräfte und Laien gut lesbare Einführung in die Supervision für die helfenden Berufe. Anhand von vielen Beispielen werden Arbeitsformen wie Einzel-, Gruppen- und Teamsupervision sowie die Weiterbildungsmöglichkeiten in Supervision dargestellt.

Pühl, H. (Hrsg.): Handbuch der Supervision (Neuausgabe), Berlin 1994.
In diesem Handbuch beschreiben Fachleute auf knapp 500 Seiten nahezu alle Aspekte der Supervision.

Pühl, H. (Hrsg.): Handbuch Supervision 3. Opladen 1999.
Dieses dritte Handbuch beschäftigt sich schwerpunktmäßig mit der Veränderung von Institutionen und Organisationen.

Zeitschriften

„Organisationsberatung, Supervision, Clinical Management"
„Supervision"

Literatur

Belardi, N.: Supervision. Von der Praxisberatung zur Organisationsentwicklung, Paderborn 1992 (4. Auflage: 1996).

Bernler, G./Johnsson, L.: Supervision in der psychosozialen Arbeit. Integrative Methodik und Praxis, Weinheim/Basel 1993.

Burisch, M.: Das Burnout-Syndrom, Heidelberg 1989.

Fengler, J.: Helfen macht müde, München 1991.

Kraus, H.: Casework in USA, Frankfurt a.M. 1950.

Marquard, A. u.a.: Psychische Belastungen in helfenden Berufen, Opladen 1993.

Pühl, H. (Hrsg.): Handbuch der Supervision, Berlin 1990 (Neuausgabe 1994).

Rappe-Giesecke, K.: Theorie und Praxis der Gruppen- und Teamsupervision, Berlin/Heidelberg 1990 (2. Auflage: 1994).

Schreyögg, A.: Supervision, Paderborn 1991.

Widauer, H.: Supervision für Institutionen und ihre Mitarbeiter, in: Brandau, H. (Hrsg.): Supervision aus systemischer Sicht, Salzburg 1991.

4

Anmerkungen

Anmerkungen zu: Weshalb ist Sozialpädagogische Beratung notwendig?

[1] Cierpka, M. u.a.: Familien in Ost- und Westdeutschland, Familiendynamik 3/1994, S. 295–307.

[2] Hauser, R./Hübinger, W.: Arme unter uns. Teil 1. Ergebnisse und Konsequenzen der Caritas-Armuts-untersuchung, hrsg. vom Deutschen Caritas-Verband, Freiburg 1993; Hanesch, W. u.a.: Armut in Deutschland. Der Armutsbericht des DGB und des Paritätischen Wohlfahrtsverbandes, Reinbek 1994. Nach Angaben des „Deutschen Kinderschutzbundes" leben „derzeit in Deutschland jeder 14. Erwach-sene und jedes siebte Kind (insgesamt etwa 2,2 Millionen Kinder) in Armut. Rund eine halbe Million Kinder lebe unter unzumutbaren Wohnverhältnissen" (Frankfurter Rundschau, 17.8.1994).

[3] In seinem Buch „Eltern, Kind und Neurose" (Erstausgabe: 1963; Taschenbuchausgaben ab 1969) hat Richter folgende als allgemein anerkannte Rollenmöglichkeiten von Kindern als *„Opfer" elterlicher Übertragungen* beschrieben:
– das Kind als Ersatz für eine Elternfigur der Eltern
– das Kind als Ersatz für einen Partner eines Elternteils
– das Kind als Ersatz für eine Geschwisterfigur der Eltern
Eltern neigen nun einmal dazu, ihre (unbewußten) früheren Erfahrungen und daraus resultierende chronische Konflikte mit Hilfe ihres Kindes neu zu beleben. Ohne es zu wissen und zu wollen, drängen sie das Kind in die Ersatzrolle für eine Beziehungsperson aus ihrer Vergangenheit. Das Kind wird zum *Objekt elterlicher Übertragung.*
Die *narzißtische Projektion* der Eltern auf ihr Kind ist ein Teil dieses komplizierten Übertragungsvor-gangs. Hierbei fehlt jedoch die abwesende dritte Person. Denn es geht vor allem darum, daß die Eltern in das Kind Merkmale und Tendenzen *hineinsehen*, die in Wirklichkeit den eigenen (unbewußten) Konflikten und Wünschen entstammen. „Nur *verwechseln* die Eltern das Kind diesmal nicht mit einem anderen Partner, sondern gewissermaßen mit sich selbst. Ohne bewußte Absicht suchen sie im Kind Aspekte ihres eigenen Selbst. Eine normale und alltägliche narzißtische Projektion besteht zum Bei-spiel darin, daß Eltern dringend vom Kind erhoffen, daß es Ziele erreichen soll, die sie selbst verfehlt haben. Sie erleben das Kind als positive Fortsetzung des eigenen Selbst und wollen sich durch seine Erfolge für die eigenen Mißerfolge entschädigen" (a.a.O., S. 77).
Das Kind als *Ersatz für einen Aspekt des eigenen (elterlichen) Selbst* (narzißtische Projektion):
– das Kind als Abbild schlechthin
– das Kind als Ersatz des idealen elterlichen Selbst
– das Kind als Ersatz des negativen elterlichen Selbst („Sündenbock")
Im darauffolgenden Buch „Patient Familie" (Reinbek 1970ff.) wurde dieser Ansatz auf das gesamte *System Familie* erweitert.

Anmerkungen zu: Was ist sozialpädagogische Beratung?

[1] „Psychotherapie. Hohe Akzeptanz: Psychotherapie hat das Image des Geheimnisvollen, Undurch-schaubaren längst verloren. Sie gilt inzwischen neben der medizinischen Behandlung als zweite wich-tige Säule im Gesundheitswesen. Das ist das Ergebnis einer repräsentativen Umfrage des Meinungs-forschungsinstituts EMNID. Im Oktober 1992 wurden mehr als 2000 Personen in den alten und neuen Bundesländern zum Stellenwert der Psychotherapie und der psychotherapeutischen Versorgung be-

fragt. Eine überwältigende Mehrheit von 93 Prozent hält Psychotherapie für die angemessene Behandlungsmethode bei psychischen Störungen und Erkrankungen, lediglich ein Viertel der Befragten plädiert zusätzlich für den Einsatz von Psychopharmaka. Das Wissen um psychotherapeutische Behandlungen ist unter den Befragten weit verbreitet, konkrete Informationen über Psychotherapie haben jedoch vor allem jene Menschen, die schon einmal selber oder deren Angehörige in psychotherapeutischer Behandlung waren. Solche Erfahrungen hatten immerhin 12 Prozent der Befragten. Die persönlichen Erfahrungen mit Psychotherapie steigen mit dem Bildungsgrad. So haben Angestellte und Beamte ebenso wie Personen mit Realschulabschluß, Abitur und Studium mehr Erfahrungen mit Psychotherapie als Arbeiter oder Personen mit Hauptschulabschluß" (Psychologie heute 2/1993, S. 14).

[2] Ein zusammenhängendes Konzept der sozialpädagogischen Beratung existiert nicht; ist wohl auch nicht zu leisten. Weitere Beiträge zum Thema Beratung und Sozialpädagogik: Dewe, B./Scherr, A.: Beratung und Beratungskompetenz, Neue Praxis 6/1990; Hörmann, G.: Beratung zwischen Fürsorge und Therapie, Zeitschrift für Pädagogik 6/1985; Nestmann, F.: Beratung und Beraterqualifikation, in: Müller, S./Otto, H.U. (Hrsg.): Handlungskompetenz in der Sozialarbeit/Sozialpädagogik, 2 Bde., Bielefeld 1982.

[3] Dieser aus der Psychoanalyse stammende Begriff findet zunehmend in Pädagogik und Sozialpädagogik eine Verwendung: Dewe, B. u.a.: Professionelles soziales Handeln, Weinheim/München 1993; Koring, B.: Grundprobleme pädagogischer Berufstätigkeit, Bad Heilbrunn 1992; Koring, B.: Einführung in die moderne Erziehungswissenschaft und Bildungstheorie, Weinheim 1990; Müller, B.: Die Last der großen Hoffnungen, München 1985; Schumann, M.: Methoden als Mittel professioneller Stil- und Identitätsbildung, in: Groddeck, N./Schumann, M. (Hrsg.): Modernisierung Sozialer Arbeit durch Methodenentwicklung und -reflexion, Freiburg 1994.

Anmerkungen zu: Welches Wissen benötigen wir für die sozialpädagogische Beratung?

[1] Ergebnisse aus der vergleichenden Psychotherapieforschung widerlegen Monopolansprüche auf eine bestimmte Beratungs- und Psychotherapiemethode.
Grawe und Mitarbeiter haben aus etwa 3.500 Psychotherapiestudien knapp 900 zu einer genaueren Analyse ausgewählt und die Ergebnisse auch hinsichtlich von Erfolgskriterien verglichen. Das wichtigste Resultat ist, daß die Vorstellung, es gäbe „bessere" bzw. „schlechtere" Beratungs- oder Therapieformen, falsch ist. Beispielsweise haben die Verfasser dieser Studie anhand des Vergleichs zwischen Verhaltenstherapie und nondirektiver Gesprächsführung bei einer Patientengruppe herausgefunden, „daß diese beiden Therapieformen qualitativ unterschiedliche Wirkungen erzielen. Sie unterscheiden sich im wesentlichen nicht dadurch, daß die eine Therapie erfolgreicher ist als die andere, sondern dadurch, daß sie unterschiedliche Effekte bei unterschiedlichen Patienten bewirken" (K. Grawe: Psychotherapieforschung zu Beginn der neunziger Jahre, Psychologische Rundschau 43/1992, S. 132ff).

[2] Vgl. beispielsweise: Gladstein, G.A. u.a.: Empathy and Counseling. Explorations in Theory and Research, New York/Berlin 1987; Truax, C.B./Carkhuff, R.R.: Toward effective counseling and psychotherapy, Chicago 1967.

Anmerkungen zu: Was ist beim Beratungsprozeß zu beachten?

[1] Über diese vielfältigen „Kommunikationsspiele" kann man mehr nachlesen in: Berne, E.: Spiele der Erwachsenen, Reinbek 1967; Watzlawick, P. u.a.: Menschliche Kommunikation, Bern 1969; Schulz von Thun, F.: Miteinander Reden, 2 Bde., Reinbek 1990.

[2] Einige weiterführende Hinweise zur Suizidproblematik in der Beratung: Jährlich kommt es zu über 100.000 Suizidversuchen, von denen etwa 10 Prozent tödlich enden. Nach offiziellen Zahlen haben sich im Jahre 1990 knapp 14.000 Menschen das Leben genommen. Der Anteil der unter 25jährigen betrug 7,6, der über 60jährigen jedoch 38 Prozent. Anders ausgedrückt: Entfallen auf je 100.000 Einwohner 20 Suizide, so sind es bei den über 70jährigen fast dreimal, bei den über 80jährigen über fünfmal soviel. Mit zunehmendem Alter steigt die Suizidgefahr. In jedem Falle sind Suiziddrohungen oder Suizidversuche von Klienten für Berater ernst zu nehmen und können eine vertrauensvolle Beratungsarbeit gefährden. Viele Berater fragen sich dann oft, ob sie *Fehler* gemacht haben, fühlen sich unsicher oder möchten den Klienten eigentlich *loswerden*. Bei derartigen Vorkommnissen sind die Merkmale des „präsuizidalen Syndroms" (Ringel) zu beachten: Einengung der Gefühlswelt, des Werteverständnisses, der persönlichen Möglichkeiten und der zwischenmenschlichen Beziehungen beim Klienten. Ferner:

gehemmte, oft gegen die eigene Person gerichtete Aggression und Selbstmordphantasien. Berater, deren Klienten Merkmale dieses „präsuizidalen Syndroms" aufweisen, sollten diese Fragen offen ansprechen (Gegenübertragung nutzen). Sie sollten mit den Klienten vereinbaren, daß diese vor Suizidversuchen Kontakt mit ihnen aufnehmen. Weiterhin müssen Berater, welche suizidale Klienten betreuen, sich selber schützen und helfen lassen (Supervision) und notfalls einen Facharzt (Psychiater) konsultieren bzw. eine Einweisung in die Psychiatrie veranlassen.
Literatur: Aguilera, D.C./Messick. J.M.: Grundlagen der Krisenintervention, Freiburg 1980; Battegay, R.: Grenzsituationen, Frankfurt a.M. 1992; Bellak, L./Small, L.: Kurzpsychotherapie und Notfallpsychotherapie, Frankfurt a.M. 1960; Henseler, H.: Narzißtische Krisen, Opladen 1984; Pflüger, P.M. (Hrsg.): Kurzpsychotherapie und Krisenintervention in Sozialarbeit, Seelsorge und Therapie, Fellbach 1978; Ringel, E.: Selbstmord: Appell an andere, München 1974; Strupp, H.H./Binder, J.L.: Kurzpsychotherapie, Stuttgart 1991.

[3] Schon 1971 erschien von Mandel u.a. „Einübung in Partnerschaft". Die Bücher von Willi über die „Zweierbeziehung" (1975) und „Therapie der Zweierbeziehung" (1978) wurden hunderttausendfach verkauft. Bereits 1972 begann die Sozialpädagogin Maria Bosch, den Familientherapieansatz der amerikanischen Sozialarbeiterin Virginia Satir in Deutschland zu lehren. Es folgten universitäre Kurse in Heidelberg und Gießen. Inzwischen bieten nahezu alle psychotherapeutischen Schulen, freien Institute und die Weiterbildungseinrichtungen der Wohlfahrtsverbände Kurse in Familienberatung/Familientherapie an.

[4] Die Ansätze der bekannten Pioniere der Familientherapie sind so stark von deren Persönlichkeit, Erfahrung und Intuition geprägt, daß sie nicht ohne weiteres aus der Fachliteratur oder Kursen erlernbar sind. Mehr als zwanzig Institute bilden heute Familientherapeuten aus. In der Regel ist die familientherapeutische Weiterbildung ein zusätzliches Verfahren, das eine bereits vorhandene Grundausbildung in einer Beratungsrichtung ergänzt. Nach den Diplompsychologen sind Sozialpädagogen/Sozialarbeiter die zweitgrößte Berufsgruppe im Feld der Familientherapie. Etwa 55% der in einer Untersuchung befragten Familienberater/Familientherapeuten sind in Beratungsstellen tätig; 22% in der freien Praxis; 23% in Kliniken; 7% in den Sozialen Diensten und 6% in Kinder- und Jugendheimen (Jürgens, G.: Überblick zur Familientherapie: Ausbildung, berufliche Situation, Supervision, in: Schneider, K. (Hrsg.): Familientherapie in der Sicht psychotherapeutischer Schulen, Paderborn 1983, S. 449ff.).

Anmerkungen zu: Erziehungsberatung

[1] Die Frage, ob die Erziehungsberatungsstellen wirklich „mittelschichtorientiert" sind, wird seit einigen Jahren zurückhaltender beurteilt und ist unter Fachleuten inzwischen kontrovers. Hierzu: Presting, G.: Erziehungs- und Familienberatungsstellen in der Bundesrepublik Deutschland, in: Presting, G./Sielert, U. u.a.: Erziehungskonflikte und Beratung (Materialien zum Siebten Jugendbericht der Bundesregierung, Bd.7), München 1987, S. 69; Bundeskonferenz für Erziehungsberatung (Hrsg.): Informationen für Erziehungsberatungsstellen 1 u. 2/1994, S. 5.

[2] Für eine vertiefte Betrachtung hilft die Dissertation von Werner Hagenah: Alltagsprobleme von Beratung. Einzelfallstudie einer Erziehungsberatungsstelle, Tübingen 1981. Sowie: Magdalena Brand: Erziehungsberatung im Spannungsfeld von Familie und Schule, Bad Heilbrunn 1984.

Anmerkungen zu: Gemeinwesenorientierte Familienberatung

[1] Hans Langnickel/Fritz Rolf Sonnen: Die Hacketäuer-Kaserne in Köln-Mülheim, in: Geschichts- und Heimatverein Rechtsrheinisches Köln e.V. (Hrsg.): Rechtsrheinisches Köln, Jahrbuch für Geschichte und Landeskunde, Bd. 12, Köln 1986, S. 129ff.

[2] Zum Begriff „sozialer Brennpunkt": Deutscher Städtetag (Hrsg.): Hinweise zur Arbeit in sozialen Brennpunkten, Beiträge zur Sozialpolitik, H. 10, Köln 1979; sowie Norbert Preußer: ObDach, Weinheim/Basel 1993.

[3] Statistik des Arbeitsamtes Köln 1988.

[4] Horst Eberhard Richter: Was ist Sozialtherapie?, in: H.E. Richter: Engagierte Analysen, Hamburg 1978, S. 145.

Anmerkung zu: Ausländerberatung

[1] Verwandschaftsehen, auch zwischen Vettern und Basen, ersten Grades sind in der Osttürkei und am Schwarzen Meer üblich. Dabei ging es früher in diesen eher kargen Regionen um den Erhalt des Landbesitzes in der Familie. Heute verheiraten Migranten in Westeuropa ihre Kinder gern mit Verwandtenkindern in der Türkei, um „kein Risiko" einzugehen.

Anmerkungen zu: Drogenberatung

[1] Anfang der 90er Jahre waren in Deutschland etwa 50.000 Menschen mit der Immunschwäche Aids infiziert; bei knapp 10.000 von ihnen ist die Krankheit bereits ausgebrochen. Insgesamt sind bei uns schon etwa 5.000 Menschen an Aids gestorben. Um so wichtiger ist Beratung, Aufklärung und Prävention. Schon ab 1982 bildeten sich vereinzelt lokale Aidsinitiativen, die gegenwärtig in über 100 Gruppen der *Aidshilfe* zusammengefaßt sind. Die Aidshilfe versteht sich als politische und soziale Interessenvertretung der HIV-infizierten und an Aids erkrankten Menschen. In nahezu jeder größeren Stadt leistet sie Präventions- und Beratungsarbeit. Die einzelnen Anschriften der örtlichen Organisationen der „Stiftung AIDS-Hilfe" und anderer mit dieser Problematik befaßten Beratungsstellen findet man mit Hilfe des jeweiligen Gesundheitsamts. Weitere Hilfs- und Informationsquellen: Anonyme Telefonberatung, Bundeszentrale für gesundheitliche Aufklärung, Ostmerheimer Str. 200, 51107 Köln; Bundesverband der Deutschen Aidshilfe e.V., Nestorstrasse 8–9, 10709 Berlin.

[2] Die Deutsche Hauptstelle gegen Suchtgefahren ist ein Zusammenschluß von 17 Fachverbänden, die ihrerseits auch in den bekannten Dachorganisationen der Freien Wohlfahrt organisiert sind. Die Hauptstelle ist eine Einrichtung, welche durch Informationen, Fachtagungen und Publikationen (Zeitschrift „Sucht", „Jahrbuch zur Frage der Suchtgefahren" u.a.) bundesweit tätig ist. Anschrift: Westring 2, 59065 Hamm.

[3] Erst seit einigen Jahren haben Drogenberater, wenn sie im Strafprozeß als Zeugen gegen ihre Klienten geladen sind, das Recht, die Aussage zu verweigen, um ihre Klienten nicht zu belasten. Ohne dieses Aussageverweigerungsrecht wäre eine sinnvolle Arbeitsbasis zwischen Beratern und Betroffenen nicht möglich.

Anmerkungen zu: Beratung bei sexuellem Mißbrauch im Kindesalter

[1] Neben dem Begriff „sexueller Mißbrauch" sind in der Fachliteratur noch die Begriffe „Inzest" und „Sexuelle Ausbeutung" gebräuchlich. Inzest bezieht sich auf Mißbrauch durch Großeltern, die Eltern oder die Geschwister. Dieser Begriff deckt also den Bereich Mißbrauch durch Personen aus dem Nahfeld der Familie nicht ab. Sexuelle Ausbeutung betont verstärkt den Abhängigkeitscharakter der Beziehung zwischen dem Kind und dem Erwachsenen und definiert den Mißbrauch als die Ausbeutung eben dieses Abhängigkeitsverhältnisses.

[2] Vgl. auch M.C. Baurmann: Sexualität, Gewalt und psychische Folgen, Bundeskriminalamt Wiesbaden, 1983.

[3] So die noch nicht zitierfähige Ergebnisdokumentation des Kriminologischen Forschungsinstituts Niedersachsen aus dem Jahre 1992.

[4] Deutscher Kinderschutzbund (Hrsg.): Hilfe statt Gewalt, Hannover 1989, S. 13.

[5] A. Rosenfeld: The clinical management of incest and sexual abuse of children; zitiert nach: M. Hirsch: Realer Inzest, Berlin/Heidelberg 1987, S. 15. Das Buch von M. Hirsch ist eines der grundlegenden Werke, die sich mit dem Thema Mißbrauch aus psychoanalytischer und familiendynamischer Sicht auseinandersetzen. Zu einer ausführlichen Darlegung der feministischen Position zum Thema Mißbrauch sei auf das Buch der holländischen Autorin J. Rijnaarts: Lots Töchter (Düsseldorf 1988) verwiesen.

[6] M. Hirsch: Realer Inzest, Berlin/Heidelberg 1987, S. 127.

[7] Diese Verknüpfung ist entnommen aus: H. Saller: Destruktion und Selbstdestruktion und ihre Verlängerungen in therapeutischen Interventionen, Dokumentation, 5. Internationale Konferenz über Inzest und damit zusammenhängende Probleme, Biel 1991, S. 263ff.

[8] W. Schmidbauer: Die hilflosen Helfer (Erstausgabe 1977), Reinbek 1990.

Anmerkungen zu: Weitere Elemente sozialpädagogischer Beratung

[1] Holzheuer, K. u.a.: Erfahrungen zur Trennungs- und Scheidungsberatung, in: Cremer, H./Hundsalz, A./Menne, K. (Hrsg.): Jahrbuch für Erziehungsberatung 1, Weinheim/München 1994; Menne, K./ Golias, E.: Trennungs- und Scheidungsberatung in Erziehungsberatungsstellen, Neue Praxis 5/1992; Menne, K./Schilling, H./Weber, M. (Hrsg.): Kinder im Scheidungskonflikt (Eine Veröffentlichung der „Bundeskonferenz für Erziehungsberatung"), Weinheim/München 1993; Neville, W. G.: Vermittlung, in: Textor M. (Hrsg.): Hilfen für Familien, Frankfurt a.M. 1992; Vergho, C.: Familienberatung bei Trennung und Scheidung am Gericht, in: Cremer, H./Hundsalz, A./Menne, K. (Hrsg.): Jahrbuch für Erziehungsberatung 1, Weinheim/München 1994; Witte, E.H. u.a.: Trennungs- und Scheidungsberatung, Stuttgart 1992; Mörsberger, T.: Trennungs- und Scheidungsberatung für Eltern, Jugendhilfe 31/1993, S. 4.

[2] Der Allgemeine Sozialdienst (ASD): Ist ein Teil des Jugendamtes, der nach dem Kinder- und Jugendhilfegesetz (KJHG) nicht nur Gewährleistungs- sondern auch Eingriffsverwaltung zum Schutze Minderjähriger und Familien ist.
Der ASD hat die Aufgabe, bei Fragen erzieherischer, familiärer, persönlicher und wirtschaftlicher Art Hilfestellung zu leisten – für alle Altersgruppierungen. Er ist keine allgemeine oder spezialisierte Beratungsstelle, sondern die zentrale Einrichtung der öffentlichen Jugendhilfe und kennt nahezu alle anderen Hilfs- und Beratungsquellen. Zwischen dem ASD und den institutionalisierten Beratungsstellen ergeben sich vielfältige Kooperationsnotwendigkeiten, aber auch Abgrenzungen. Barth, K. Möglichkeiten und Grenzen sozialpädagogischer Beratung im Allgemeinen Sozialen Dienst, in: Brunner, E.J./Schönig, W. (Hrsg.): Theorie und Praxis von Beratung, Freiburg 1990.

[3] Belardi, N.: Sterbebegleitung. Eine sozialpädagogische Aufgabe?, Neue Praxis 4/1992; Jerneizig, R. u.a.: Leitfaden zur Trauertherapie und Trauerberatung, Göttingen 1991; Worden, W. J.: Beratung und Therapie in Trauerfällen, Bern 1987.

[4] Brachel, H.U. v./Schramm, T. (Hrsg.): Telefonseelsorge, Freiburg 1989; Schmidt, H.: Die Klientel der Telefonseelsorge, Dissertation Bonn 1983; Fachzeitschrift: „Auf Draht", hrsg. von der Evangelisch-Katholischen Kommission für Telefonseelsorge und Offene Tür (Kaiserstrasse 163, 53113 Bonn).

Anmerkungen zu: Beratung und Recht

[1] Allgemeine Hinweise zu: Datenschutz, Verletzung von Privatgeheimnissen, Schutz von Sozialdaten, Zeugnisverweigerungsrecht, Schweigepflicht der Beamten und Angestellten, Fürth 1989. Bundeskonferenz für Erziehungsberatung (Hrsg.): Informationen für Erziehungsberatungsstellen 3/1991.

[2] Hinweise zur Haftung in Erziehungsberatungsstellen in: Bundeskonferenz für Erziehungsberatung (Hrsg.): Informationen für Erziehungsberatung 3/1994, S. 20f.

5

Anschriften

Die Weiterbildungseinrichtungen der Wohlfahrtsverbände und freie bzw. privatwirtschaftliche Träger der Aus- und Fortbildung im psychosozialen Bereich versenden auf Anfrage ihre Programme.

Wohlfahrtsverbände

Fortbildungswerk der *Arbeiterwohlfahrt*, Bundesverband e.V., Postfach 1149, 53119 Bonn.

Deutscher Caritas-Verband, Karlstraße 40, 79104 Freiburg.

Fortbildungswerk für Sozialarbeiter und Verwaltungsfachkräfte im *Deutschen Verein für öffentliche und private Fürsorge* (Hans-Muthesius-Haus), Am Stockborn 1–3, 60439 Frankfurt a.M.

Diakonische Akademie als zentrale Fortbildungsstätte des Diakonischen Werkes, Heinrich-Mann-Straße 29, 13156 Berlin.

Paritätisches Bildungswerk Bundesverband e.V. (Wilhelm-Polligkeit-Institut), Heinrich-Hoffmann-Straße 3, 60528 Frankfurt a.M.

Weitere Anschriften zur Weiterbildung oder Information

Akademie Münster, Burchardstr. 18, 48145 Münster.

Arbeitskreis Gruppendynamik Münster (AGM), Emsstraße 58, 48145 Münster.

Die *Bundeskonferenz für Erziehungsberatung e.V.*, Amalienstr. 6, 90763 Fürth, ist zuständig für Fragen, die mit Erziehungs- und Familienberatung zusammenhängen. Sie publiziert auch die „Informationen für Erziehungsberatungsstellen".

Das *Burckhardt-Haus*, evangelisches Institut für Jugend- und Sozialarbeit mit Sitz in Gelnhausen und Berlin, ist ein bekanntes Weiterbildungsinstitut für Sozialpädagogik, Gemeinwesenarbeit und Supervision (Herzbachweg 2, 63571 Gelnhausen, und Auguststr. 80, 10117 Berlin).

Die *Deutsche Arbeitsgemeinschaft für Familientherapie (DAF)*, Friedrichstraße 28, 35392 Gießen, informiert über Möglichkeiten der Weiterbildung in Familienberatung/-therapie.

Der *Deutsche Arbeitskreis für Gruppendynamik und Gruppenpsychotherapie (DAGG)*, Georg-Thöne-Str. 18, 34121 Kassel, bietet Weiterbildungsmöglichkeiten zum Gruppendynamiker.

Der *Deutsche Berufsverband der Sozialarbeiter und Sozialpädagogen e.V. (DBS)*, Schützenbahn 17, 45127 Essen, veranstaltet Fortbildungsseminare für verschiedene Bereiche des Sozialwesens.

Die *Deutsche Gesellschaft für Individualpsychologie (DGIP)* bildet neben Ärzten und Diplompsychologen auch Sozialpädagogen, Lehrer und andere Berufe in berufsbegleitender Form zum Berater und Kinder- und Jugendlichen-Psychotherapeuten aus. Ausbildungsinstitute befinden sich in Aachen, Düsseldorf, Delmenhorst und München. Sitz: Ruffinistr. 10, 80637 München.

Die *Deutsche Gesellschaft für Supervision (DGSv)*, Flandrische Straße 2, 50674 Köln, ist der Dachverband von über 20 sehr unterschiedlichen freien Ausbildungsinstituten bzw. hochschulmäßigen Weiterbildungsgängen in Supervision.

Die *Deutsche Gesellschaft für Psychotherapie, Psychosomatik und Tiefenpsychologie e.V. (DGPPT)*, Alte Rabenstr. 24, 20148 Hamburg, ist der Dachverband aller tiefenpsychologisch orientierten Psychotherapiegesellschaften. Hier erfährt man die Anschriften der jeweiligen Regionalinstitute, die Weiterbildung anbieten.

Die *Fachhochschule Frankfurt/M.* bietet einen berufsbegleitenden Weiterbildungsstudiengang „Qualität in Kommunikation und Beratung" an der insgesamt fünf Semester dauert. Informationen: Fachhochschule Frankfurt, Referat Weiterbildung, Nibelungenplatz 1, 60318 Frankfurt a.M.

Der *Fachverband Drogen und Rauschmittel (FDR)*, Brüderstr. 4b, 30159 Hannover, ist ein Zusammenschluß von Trägern aus dem Suchthilfebereich, der auch eine an der Praxis orientierte Zusatzausbildung organisiert.

Das *Fritz-Perls-Institut (FPI)* für Integrative Therapie, Gestalttherapie und Kreativitätsförderung, Kühlwetterstr. 49, 40239 Düsseldorf oder Wefelsen 5, 42499 Hückeswagen, bietet kurz-, mittel- und langfristige Weiterbildungen für die Bereiche Psychotherapie, Soziotherapie, Beratung und Supervision an sowie feldspezifische Programme und Seminare z.B. für Familienberatung, Suchtberatung, Alten- und Krankenpflege.

Die *Gesellschaft für wissenschaftliche Gesprächspsychotherapie (GwG)*, Fachverband für Psychotherapie und Beratung, Richard-Wagner-Str. 12, 50674 Köln, ist die zahlenmäßig größte Beratungs- und Therapieausbildungsstätte Deutschlands. Neben den psychotherapeutischen Weiterbildungsprogrammen für Ärzte und Diplompsychologen (Klientenzentrierte Psychotherapie) werden für die Angehörigen der Sozialberufe auch Ausbildungen in „Klientenzentrierter Beratung" mit feldspezifischen Schwerpunkten (Sucht, Supervision, Erziehungsberatung, Organisation u.a.) sowie „pädagogische und psychotherapeutische Arbeit mit Kindern und Jugendlichen" angeboten.

Das *Kurt-Lewin-Institut* der FernUniversität in Hagen (Fleyer Str. 204, 58084 Hagen) und die Deutsche Gesellschaft für Verhaltenstherapie bereiten ein dreijähriges weiterführendes Studium vor, das die Teilnehmer für die Durchführung von Beratung in psychosozialen Handlungsfeldern qualifiziert.

Pro Familia. Deutsche Gesellschaft für Sexualberatung und Familienplanung e.V., Cronstettenstr. 30, 60322 Frankfurt a.M., ist der Verband von vielen Schwangerschaftskonfliktberatungsstellen und engagiert in der Sexualberatung. Sie hat auch Weiterbildungsangebote.